U0676911

中国信息经济学会电子商务专业委员会 **推荐用书**

高等院校电子商务专业系列教材

电子商务管理（第4版）

主编 王学东 万 辉 副主编 谭春辉 樊 墨

重庆大学出版社

图书在版编目(CIP)数据

电子商务管理/王学东,万辉主编.-- 4 版.-- 重庆:重庆大学出版社,2024.7

高等院校电子商务专业系列教材

ISBN 978-7-5689-4324-6

Ⅰ.①电… Ⅱ.①王…②万… Ⅲ.①电子商务—经济管理—高等学校—教材 Ⅳ.①F713.36

中国国家版本馆 CIP 数据核字(2023)第 254007 号

高等院校电子商务专业系列教材
电子商务管理
(第 4 版)

主 编 王学东 万 辉
副主编 谭春辉 樊 墨
策划编辑:尚东亮

责任编辑:夏 宇　　版式设计:尚东亮
责任校对:邹 忌　　责任印制:张 策

*

重庆大学出版社出版发行
出版人:陈晓阳
社址:重庆市沙坪坝区大学城西路 21 号
邮编:401331
电话:(023) 88617190　88617185(中小学)
传真:(023) 88617186　88617166
网址:http://www.cqup.com.cn
邮箱:fxk@cqup.com.cn(营销中心)
全国新华书店经销
重庆天旭印务有限责任公司印刷

*

开本:787mm×1092mm　1/16　印张:17　字数:416 千
2004 年 7 月第 1 版　2024 年 7 月第 4 版　2024 年 7 月第 14 次印刷
印数:33 501—36 500
ISBN 978-7-5689-4324-6　定价:45.00 元

总 序

重庆大学出版社"高等院校电子商务专业系列教材"出版近20年来,受到了全国众多高校师生的广泛关注,并获得了较高的评价和支持。随着国内外电子商务实践发展和理论研究日新月异,以及高校电子商务专业教学改革的深入,促使我们必须把电子商务最新的理论、实践和教学成果尽可能地反映和充实到教材中来,对教材全面进行内容修订更新,增补新选题,以适应新的电子商务教学的迫切需要,做到与时俱进。为此,我们于2022年启动了本套教材第4版修订和增加新编教材的工作。

电子商务是通过互联网等信息网络销售商品或者提供服务的经营活动,是数字经济和实体经济的重要组成部分,是催生数字产业化、拉动产业数字化、推进治理数字化的重要引擎,是提升人民生活品质的重要方式,是推动国民经济和社会发展的重要力量。我国电子商务已深度融入生产生活各领域,在经济社会数字化转型方面发挥了举足轻重的作用。"十四五"时期,电子商务将充分发挥连通高效线上线下生活学习、生产消费、城乡经济、国内国际经济的独特优势,全面践行新发展理念,以新动能推动新发展,成为促进强大国内市场、推动更高水平对外开放、抢占国际竞争制高点、服务构建新发展格局的关键动力。

商务部发布的《中国电子商务报告2021》指出,2021年全国电子商务交易额达到42.3万亿元,同比增长19.6%;网上零售额达13.1万亿元,同比增长14.1%;实物商品网上零售额10.8万亿元,占社会消费品零售总额比重达24.5%;跨境电商进出口额达1.92万亿元,5年增长近10倍;电子商务相关产业吸纳及带动就业超过6 700万人,国内已连续9年保持全球最大网络零售市场地位。中国互联网络信息中心(CNNIC)数据显示,截至2022年12月,国内网络购物用户规模达8.45亿,较2021年12月增长319万,占网民整体的79.2%。

2012年,在教育部《普通高等学校本科专业目录》中电子商务被调整为一级学科,目前该专业类下辖:电子商务、电子商务及法律、跨境电子商务3个专业。截至2021年,全国共有634所高校开办电子商务本科专业,1 476所职业院校开办电子商务专科专业,随着专业开设院校的逐步增加,每年的招生规模也在快速增长,为我国电子商务产业和相关产业发展奠定了坚实的基础。

重庆大学出版社20余年一直致力于高校电商教材的策划出版,得到了"全国高校电子商务专业建设协作组""中国信息经济学会电子商务专业委员会"和"教育部高等学校电子商务类专业教学指导委员会"的大力支持和帮助,于2004年率先推出国内首套"高等院校电子商务专业本科系列教材",并于2012年修订推出了系列教材的第2版,2015年根据教育部"电子商务类专业教学质量国家标准"修订推出了系列教材的第3版。本次2022年启动的第4次整体修订和增补,增加了新编教材5种,集中修订教材15种,电子商务教指委有10余名委员领衔教材主编,2023年即将形成一个约20个教材品种、比较科学完善的教材体系。这是特别值得庆贺的事。

我们希望此套教材的第4版修订和新编能为繁荣我国电子商务教育事业和专业教材市场、支持我国电子商务专业建设和提高电子商务专业人才培养质量发挥更好更大的作用。同时我们也希望得到同行学者、专家、教师和同学们更好更多的意见和建议,使我们能够不断地提高本套教材的质量。

在此,我谨代表全体编委和工作人员向本套教材的读者和支持者表示由衷的感谢!

总主编　李　琪

2023 年 3 月 3 日

前　言

　　电子商务作为现代电子信息技术和商业活动相结合的经济贸易方式,已经成为21世纪全球经济活动的主要方式之一,电子商务在国民经济和世界经济发展中的作用也日益重要。电子商务能力不仅是企业竞争力的重要表现形式,更关乎国家综合竞争力。当前,中国电子商务已经强势崛起,传统的消费观念、物流体系、金融模式、人才结构等方面受到了电子商务的强烈冲击,电子商务在众多行业已经以"颠覆者"的形象出现,传统的商业规则正在被逐渐改写。随着"互联网+"战略的提出,互联网与传统产业融合更加紧密,传统产业纷纷转战互联网电子商务,电子商务行业必将迎来新的增长点。

　　在我国电子商务专业本科人才培养中,"电子商务管理"被列为专业基础类的核心课程,系统地介绍了电子商务管理的基本原理、基本内容和基本方法等,勾画出电子商务专业知识体系中电子商务管理知识领域的框架与轮廓,为后续专业课程的学习奠定了基础。本书在编写过程中,主要依据是教育部高等学校电子商务类专业教学指导委员会研制出版的《普通高等学校电子商务本科专业知识体系(试行)》,本书中的第4章电子商务战略管理、第5章企业电子商务运营管理、第6章电子商务平台运营管理、第7章电子商务项目管理、第8章电子商务安全管理、第9章电子商务管理工具与方法,与教指委的知识体系相对应,第3章电子商务组织系统管理包括了教指委的电子商务信息流管理和物流管理。绩效评价是现代企业管理的重要组成部分,我们有必要把绩效评价的科学方法引入电子商务组织的经营管理中,建立一套科学合理且适合电子商务组织的绩效评价体系,因此,本书增加了电子商务绩效评价这一章。

　　本书的编写由武汉工商学院电子商务学院院长王学东教授主持,万辉副教授负责具体实施,并融入其他高校的电子商务专业教师,具体执笔人如下:第1、7章由万辉、王学东编写,第2、8章由樊墨编写,第3、10章由谭春辉、王晓宇编写,第4、5、6章由池毛毛、王学东编写,第9章由王俊晶编写。全书由王学东教授拟订大纲,并由王学东和谭春辉负责最后统稿和定稿。整个编写过程得到重庆大学出版社以及武汉工商学院电子商务学院的大力支持,在此一并表示感谢!

本书在编写过程中引用和参考了大量的文献资料和研究成果,限于篇幅,书后只列出了主要参考文献,如有遗漏,谨向作者致歉。

由于自身水平有限,加之时间紧迫,不足之处在所难免,恳请各位专家读者批评指正。

编　者

2023 年 1 月

于武汉黄家湖畔武汉工商学院

目　录

第 1 章

电子商务管理基础

📖 案例导学

电子商务的大时代

随着网络时代的到来,计算机技术的发展使得越来越多的消费人群将消费目光转移到互联网上,亚马逊网、淘宝网等网站的迅速崛起无疑是最好的证明。根据相关数据的统计,2018 年 B2C 电子商务行业的市场规模为 13.68 万亿元左右,2023 年 B2C 电子商务行业的市场规模已达到 26.2 万亿元左右。网络购物已经从一种时尚行为转变为众多网民的生活习惯。尽管淘宝网仅仅是电子商务的一个缩影,但我们仍可以看出,消费者对电子商务的青睐随着时间在不断地加深。

在全面进入网络时代的今天,电子商务已然成为人们生活中的一部分,各种方式的网络购物、付款已经成为主流。如今一部手机就可以让人们减少大部分出门所需携带的物件,并对其产生了依赖。天猫、京东、拼多多等网站的迅速崛起无疑是最典型的案例。

电商 5.0 即消费升级,用户需求多元化、个性化。

消费升级伴随着新零售成为被讨论得最多的话题,本质是需求在升级,用户越来越个性化,倒逼消费体验需要升级。

人们的收入水平普遍提高,互联网令人们足不出户就可以看到外面的大千世界,进而导致人们对消费的态度和观念发生巨大的改变。

另外,人们的消费能力得到提升,对高品质、强品牌产品的需求也随之上升。

移动互联网让人"见多识广",更刺激了需求的多元化和个性化。

电子商务发展对社会生活影响越来越大,不仅在国民经济中占有重要地位,也关乎一个国家的综合实力。电子商务管理是当前最重要的社会活动之一。那么,电子商务管理到底是管理什么的? 电子商务管理的研究对象和内容体系又是什么?

📖 内容提要

在信息技术迅速发展的今天,电子商务已在国民经济中显现出极其重要的作用。电子商务能力不仅是企业竞争力的重要表现形式,更关乎国家综合竞争力。电子商务管理成为当前最重要的社会实践活动之一。作为本书的开篇,本章主要阐述电子商务管理的概念、电子商务管理的性质、电子商务管理的对象、电子商务管理的研究对象与内容体系,以便对电子商务管理有一个总体的认识。

📖 本章重点

- 电子商务管理的内涵。
- 电子商务管理的研究对象。
- 电子商务管理的内容体系。

1.1 电子商务管理的内涵

电子商务作为一种新的管理模式,无论是从深度还是广度上都强烈地冲击着传统的管理模式,给传统的管理理论和方法带来严峻的挑战,也为发展新的管理技术提供了机遇。

1.1.1 电子商务管理的概念

1)管理的定义

管理的定义自古就有,但什么是"管理",从不同的角度出发,可以有不同的理解。从字面上看,管理有管辖、处理、管人、理事等意,即对一定范围的人员及事务进行安排和处理。但这种字面的解释是不可能严格地表达出管理本身所具有的完整含义。

关于管理的定义,至今仍未得到公认和统一。长期以来,许多中外学者从不同的角度出发,对管理的定义作出了不同的解释,其中较有代表性的是管理学家赫伯特·西蒙提出的"管理就是决策"。当前,美国、日本以及欧洲各国的一些管理学著作或管理教材中,也对管理有不同的定义,如管理就是由一个或者更多的人来协调他人的活动,以便收到个人单独活动所不能收到的效果而进行的活动;管理就是计划、组织、控制等活动的过程;管理是筹划、组织和控制一个组织或一组人的工作。给管理下一个广义而又切实可行的定义,可把它看成这样的一种活动,即发挥某些职能,以便有效地获取、分配和利用人的努力和物质资源来实现某个目标;管理就是通过其他人来完成工作。

上述定义可以说是从不同的侧面和角度揭示了管理的含义,或者是揭示了管理某一方面的属性。我们可以从以下定义全面概括管理概念的内涵和外延:管理是指一定组织中的管理者,通过实施计划、组织、人员配备、指导与领导、控制等职能来协调他人的活动,使别人同自己一起实现既定目标的活动过程。由此可见,管理是一种活动,一个过程,其构成主要包含两个方面:一是管理者,即管理主体;二是被管理者,即管理客体。

(1)管理主体与管理客体

管理主体即管理者,是指具有管理科学知识和技能,拥有相应权力,从事管理活动的人,主要包括主管机构和管理人员。

管理客体即被管理者,是指进入管理主体活动领域的人、财、物,主要包括人、物资、资金、业务技术、时间、信息、环境、过程及各种现象。

在管理客体系统中,人是唯一能动的、活的因素,财和物是受人管理的,是被动的因素。

管理主要是对人的管理,对财和物的管理可以通过对人的管理来实现。管理主体是人,管理客体主要也是人。一个人是管理主体还是管理客体,是由他在管理活动中所处的地位和所起的作用决定的。

(2)管理主体和管理客体的关系

管理主体和管理客体作为管理活动的两极,不是各自独立、彼此隔绝的,而是不可分割地联系在一起的。

首先,管理主体和客体相互依存。管理主体和管理客体是在管理活动中形成的,离开管理活动,就无所谓管理主体和管理客体。管理主体拥有权力,处于管理、领导的地位,以自己的聪明才智去指挥、影响下属,但这必须以管理客体的追随、服从为条件。

其次,管理主体和客体相互转化。管理主体和客体的相互转化主要表现为社会角色的变换。这种角色变换主要有两种情况:一种是不同级别之间的变换。各级领导都对下一级进行管理,成为管理主体,但同时又受到上级的管理,成为管理客体。领导干部要想管理好下属,做一个有效的管理者,首先必须服从上级的管理,对上级负责,但服从是为了管理,服从上级的管理,领会上级的精神、意图,目的是将上级的精神变为自己的管理指令,向下级发出,实现管理职能。在社会管理中,这种集管理和服从两种职能于一身的情况,是管理主体和客体角色变换的表现。另一种是同一级别之间的变换。在同一级别、层次的不同管理关系中,往往也发生着角色的变换。如作为管理者的厂长、经理,要受公司内部的党、工会、职工代表大会、监事会等的监督和管理,厂长、经理以个人身份参加其他组织,也要受该组织的管理等。

最后,管理主体的自我管理就是把自己当作管理客体加以对待,对自己的思想、举止行为进行管理。一名管理者,只有严格要求自己,自觉地调整自己的思想和行为,加强自我修养,提高自己的威信,才能有效地进行管理活动。也就是说,只有先管好自己,才能管好别人。

2)电子商务管理的定义

(1)电子商务的含义

1997 年 11 月 6—7 日,国际商会在法国首都巴黎举行了世界电子商务会议(The World Business Agenda for Electronic Commerce)。全世界商业、信息技术、法律等领域的专家和政府部门的代表共同探讨了电子商务的概念问题。会议根据目前电子商务的发展现状,对电子商务的概念作了比较权威的界定,认为电子商务是指对整个贸易活动实现电子化。从涵盖范围方面可以定义为:交易各方以电子交易方式而不是通过当面交换或直接面谈方式进行的任何形式的商业交易。从技术方面可以定义为:电子商务是一种多技术的集合体,包括交换数据(如电子数据交换、电子邮件)、获得数据(共享数据库、电子公告牌)以及自动捕捉数据(条形码)等。

(2)电子商务管理的含义

企业管理是指企业为了有效地实现预期的目标,遵循一定的原则,运用一定的方法对企业生产经营活动中产、供、销各个环节,人、财、物各种要素进行计划、组织、指挥、协调、控制,以取得最佳经济效益的一系列活动的总称。

对于当今企业而言,电子商务管理则主要是利用计算机技术、网络技术、通信技术和计划、组织、领导、控制等基本功能,针对电子商务活动中的财务、营销、人事、生产物料、机器设备及技术等有限资源做妥善的安排,使企业得到更有效率的产出。

具体而言,电子商务管理涵盖几个方面的要素,即电子商务管理的前提条件、电子商务管理的核心、电子商务管理的基础及电子商务管理的对象。

电子商务管理的前提条件是信息技术,特别是以互联网技术为代表的网络技术应用。

电子商务管理的核心是掌握现代信息技术与商务理论及实务的复合型人才,他们是电子商务管理的关键要素。

电子商务管理的基础是综合运用网络环境和各类系统化的电子工具。

电子商务管理的对象是从事以商品交易为中心的各种商务活动。

1.1.2 电子商务管理的性质

对于一般的管理,我们认为它既有同生产力、社会化大生产相联系的自然属性,又有同生产关系、社会制度相联系的社会属性。电子商务管理也一样,不同的是其管理过程是建立在现代科技发展的基础上的,对信息技术的要求也更高一些。

1) 电子商务管理的自然属性

电子商务管理的自然属性主要体现在两个方面:

(1)电子商务管理渗透了电子商务活动的"三流

资金流、信息流、物流相互协同与和谐过程中的每个细节,是现代电子商务活动运行不可或缺的机制。电子商务管理之所以必要,是由电子商务的迅猛发展、电子商务技术不断革新、商务内容不断扩张、商务区域的全球化决定的。电子商务管理是电子商务在全球范围内得以顺利进行的必要条件。随着新技术的不断运用、经济水平的不断发展、信息和资讯的不断膨胀,电子商务管理的作用越来越重要。

(2)电子商务管理对现代电子商务活动具有特殊作用

只有通过电子商务管理,把电子商务活动中的各种要素,包括电子商务的技术核心、电子商务的应用基础、电子商务的活动对象、电子商务的交易内容等要素组合起来,使各种要素发挥各自的作用,才可能使电子商务这一活动产生强大的经济活力,才能为社会创造更大的价值。

2) 电子商务管理的社会属性

管理的社会属性体现在其作为一种社会活动,只能在一定的社会历史条件和社会关系中进行。管理具有维护和巩固生产关系、实现特定生产目的的功能,管理的社会属性与生产关系、社会制度紧密相连。因此,电子商务管理不能脱离管理的基本范畴。虽然电子商务管理是一种新兴的管理类别,其管理的对象是更为抽象的信息、资讯以及不显现为具体经济形态的生产方式,但这些项目的产生仍然是建立在现有的生产关系和社会制度之上的。无论经济形态如何变更,生产方式如何更替,交易方式如何多样化,都必须统一在一个具体的社会制度之下,不可能凌驾于基本的社会制度,诸如法律法规、经济分配、政治制度之上。电子商务管理的社会属性就是其作为一种具体经济活动的管理方式,本质上与一个国家或者一个社会所奉行的社会制度、经济制度、法律制度、政治制度的内涵是一致的,都旨在维护经济活动更好地运行和发展。电子商务管理的自然属性和社会属性是相互联系、相互制约的。一方面,电子商务管理的自然属性不可能孤立存在,必须存在于一定的社会制度、生产关系之中。同时,其社会属性也不可能脱离自然属性而存在,否则就会成为没有内容的形式。另一方面,这两个属性又是互相制约的。电子商务管理的不断发展和革新要求有一定社会属性的组织形式和生产关系与其相适应。同时,电子商务管理的社会属性必然对具体的管理方法和技术产生影响。

因此,电子商务管理的性质是建立在一定的生产关系和社会制度之下的,通过对参与电子商务活动的各种具体要素进行规范和整理,使电子商务的信息流、物流、资金流达到协同与和谐的状态,推进电子商务活动产生具体的经济效益,从而推动整个社会经济向前发展。

1.1.3　电子商务管理的对象

管理的对象也称管理的客体,是指管理者实施管理活动的对象。在一个组织中,管理对象主要指人力、财力、物力、信息、技术、时间等一切资源,其中最重要的是对人的管理。对人力的管理,主要涉及人员调配、工作评价、人力开发、组织发展等。对财力的管理,主要涉及财务管理、预算控制、成本控制、成本效益分析等。对物力的管理,主要涉及物料的采购、存储与使用、设备的保养与更新等。对信息的管理,主要涉及组织外部和内部信息的快速收集、传递、反馈、处理与利用、发展趋势的准确预测等。对技术的管理,主要涉及新技术的研发、引进与使用、各种技术标准的制定与执行等。对时间的管理,主要涉及如何合理安排工作时间并提高工作效率等。

电子商务管理的对象也是电子商务的内容,揭示了电子商务的本质。电子商务是传统商务活动的电子化、网络化,是以传统商务活动为基础的。电子商务继承和发展了传统的商务活动,比如在网上进行的电子商务活动,这种电子商务活动是其他活动无法替代的。因此,我们认为电子商务管理的对象就是电子商务活动,具体可以从横向和纵向两个方面来认识。

1) 横向

从横向来看,电子商务活动主要包括企业与企业、企业与市场(消费者)、企业与政府、企业内部的电子商务。

(1)企业与企业的电子商务

指企业可以使用互联网或各种商务网络向供应商订货、接收发票和付款结算。B2B 的商业模式直接关系到国民经济的发展,且由于企业与企业之间有现成的庞大的交易,通过电子商务可以大大加快这种交易的速度,使企业迅速见效。因此,企业纷纷开展电子商务,企业的改造和管理的提升也明显地向电子商务型企业发展和转移。电子商务的核心是信息流更加有效的管理。企业的电子商务活动主要有三个方面:企业本身、供应商和客户。企业通过应用电子商务,对内能够提高内部管理过程的效率,对外能够有效地定位市场、扩展市场、提供个性化服务以赢得客户满意度,并加强与供应商合作,使业务流程科学化。企业—企业方面,公司可以使用网络向供应商订货、接收发票和付款。电子商务在这方面的应用已经有很多年的历史,而且也使用得很好,特别是通过专用网络或增值网络实施的电子数据交换。

(2)企业与市场(消费者)的电子商务

主要通过网上商品浏览、挑选、在线支付、配送等环节完成。网上零售已无可争议地成为典型的网上的电子商务活动。企业通过网络向消费者推销产品,其中又可为企业销售自己的产品和网站企业提供一个平台,让其他企业向消费者推销产品。企业—消费者方面基本等同于电子化的零售,主要随着 WWW 网的出现而迅速地发展起来。目前,在互联网上遍布各种类型的商业中心,出售从鲜花、书籍到计算机、汽车等各种消费商品和服务。

（3）企业与政府的电子商务

政府上网后通过政府服务网（GSN）提供各种行政应用和便民服务的同时,也直接参加电子商务活动,实施政府网上采购工程。包括信息发布、数据利用、政府采购等。企业可以针对不同的问题访问有关的网站并迅速有效地得到问题的详尽解答。企业—政府方面,包括公司与政府组织间的各项事务。例如,在美国,政府采购清单可以通过互联网发布,公司可以以电子化的方式回应。目前在这方面应用还很少,但随着政府利用自己的行为去促进电子商务的发展,这方面的应用一定会迅速增长。党的十八大以来,党中央、国务院从推进国家治理体系和治理能力现代化全局出发,准确把握全球数字化、网络化、智能化发展趋势和特点,围绕实施网络强国战略、大数据战略等作出了一系列重大部署。经过各方面共同努力,各级政府业务信息系统建设和应用成效显著,数据共享和开发利用取得积极进展,一体化政务服务和监管效能大幅提升,"最多跑一次""一网通办""一网统管""一网协同""接诉即办"等创新实践不断涌现,数字技术在新冠疫情防控中发挥重要支撑作用,数字治理成效不断显现,为迈入数字政府建设新阶段打下坚实基础。

（4）企业内部的电子商务

主要有员工与企业、企业与消费者和员工与消费者等电子商务。企业内部电子商务是利用企业内部网创建的电子商务活动。消费者—政府方面的应用尚未出现,但随着企业—消费者方面和企业—政府方面的发展,政府也许会把电子商务扩展到福利费发放和个人财产税的征收方面。

2）纵向

从纵向来看,电子商务活动主要体现在电子商务的形成和电子商务管理的职能上。企业的发展沿袭了历史,历史是发展的。电子商务活动从产生到发展都不会随时代的变迁而变化。无论是 20 世纪 80 年代基于 EDI 的商务运作全过程的电子化,还是 20 世纪 90 年代基于全球计算机信息网络的电子商务,他们所从事的一直是电子商务活动。

从电子商务管理的职能来看,电子商务管理具有决策、组织、领导、控制、创新等职能。在决策中,决策者可以通过基于全球计算机信息网络的决策软件进行信息收集、市场调查、数据整理等来进行决策。在组织中,组织者可以通过决策目标将适当的人员安排在适当的岗位上,用制度规定各个成员的职责和上下左右的相互关系,形成一个有机的组织结构,使整个组织协调地运转。在领导中,领导者通过指导人们的行为,沟通人们之间的信息,增强相互理解,统一人们的思想和行动,激励每个成员自觉地为实现组织目标共同努力。在控制中,管理者通过计算机信息网络控制系统,使实践活动符合计划。在创新中,特别是技术创新是电子商务管理中最突出的一个职能,电子商务基础技术的发展是与计算机技术、软件技术、网络技术的开发、研制和创新分不开的,因为在电子商务的发展中,新兴的标准、快速的技术创新以及对于处理、存储和数据资源不断提高,都要求技术不断推陈出新。

1.2 电子商务管理的研究对象与内容体系

研究对象是人们进行科学认识的客体,也是人们研究和思考时作为目标的人、事、物或现象。研究对象可以是事物或现象的整体或某一部分、某一方面。研究对象的确定有利于规范研究内容,以便形成体系。

1.2.1 电子商务管理的研究对象

管理作为一门科学,其研究对象是管理要素、管理关系和管理运行规律。管理学是研究一定社会历史条件下,人、物、环境要素的一般管理关系及其管理规律的学说。管理学之所以学派林立,关键是对管理学的研究对象认识不统一。在相当长的一个历史时期,管理学的研究对象并不明确。有些管理理论重点对物的要素进行研究(泰罗制),有些管理理论重点对人的要素进行研究(人际关系学说和各类领导理论),有个别理论结合环境因素对管理进行研究(系统理论和权变理论等)。在现代社会历史条件下,管理已经突破了一个组织内部的人和物的界限,管理活动同外部的环境已经形成了密切的联系,仅仅主张管理好组织内部的人和物已经难以达到预期的管理效果,必须由过去的仅仅注重内部管理,到实现内外管理一体化,综合人、物、环境要素进行整体性管理。管理关系是管理者与被管理者的作用与反作用关系,涉及人的要素的管理关系、物的要素的管理关系和环境要素的管理关系。但由于管理关系的复杂性,管理学主要研究一般的管理关系,或者称为共性的管理关系。在管理活动中,有一定的规律需要遵循,因此,管理学还应当研究人、物、环境要素的一般管理规律。管理关系的配置是明确要素的管理地位及其联系方式问题,管理规律的明定是揭示管理运行的基本指导思想和方略。

互联网在全球迅速普及使得电子商务在企业经营管理领域得到广泛应用,运用电子商务改革企业管理已成为当代企业发展的新趋势。作为管理学科的一个分支,越来越多的专家、学者把更多的精力投向电子商务管理的研究。然而,对于电子商务管理的研究对象的定义尚未达成统一。我们认为,电子商务管理的研究对象是电子商务管理活动中的管理要素、管理关系及其运行规律。首先,电子商务管理要素是指在电子商务活动过程中,企业为了达到个人无法实现的目标,合理分配、协调的相关资源要素。具体来说,电子商务管理要素主要是指人、资金、物、时间、信息、环境、客户等。与传统管理理论中的管理要素不同的是,由于互联网的引入,受聘人员和客户不再受时空所束缚,产品以"客户"为导向,交易时间大大缩短,企业面临的竞争环境愈加激烈。其次,电子商务管理关系同传统管理理论中的管理关系相比,都是研究管理者与被管理者的作用与反作用关系。不同的是,电子商务管理关系不仅涉及人的要素的管理关系、物的要素的管理关系和环境要素的管理关系,还涉及信息流管理以及技术管理等。而且,随着网络越来越深入人心,电子商务管理关系将透明化、清晰化、有序化。最后,在电子商务活动中,有一定的运行规律需要遵循,因此,在探索电子商务活动的规律时,需要系统总结电子商务发展过程中的理论、方法与技术法则。

电子商务的出现对企业管理产生了深刻的影响,从而呈现出新的管理运行规律,具体体现在以下四点:

①电子商务改变了企业的管理模式。在传统的组织理论下形成的金字塔式、自上而下控制的管理结构，随着网络办公以及电脑会议的普及，这种组织结构暴露了越来越多的问题，公司的组织结构将成为一种象征性的虚拟，而这种具有流动性特点的虚拟组织结构将更能适应信息时代的瞬息万变。

②电子商务改变了企业的生产方式。电子商务通过企业生产过程现代化、低库存生产和数字化定制生产三个方面改变了企业的生产方式。

③电子商务改变了企业的经营方式。电子商务以数字化网络和设备替代了传统的纸介质。这种方式突破了传统企业中以单向物流为主的运作格局，实现了以物流为依据、以信息流为核心、以商流为主体的全新运作方式。在这种新型运作方式下，企业的信息化水平将直接影响到企业供应链的有效建立，进而影响企业的竞争力。

④电子商务改变了企业的结算支付方式。企业可通过网上银行系统实现电子付款，进行资金结算、转账、信贷等活动。目前，主要的信用传输安全保障和认证问题还未得到全面解决，但是纸质货币流被无纸电子流代替而引发的结算革命具有不可阻挡的发展趋势。因此，探讨网络环境下电子商务管理面临的新问题及实现电子商务组织功能的新方法，目的就是为管理学补充新的学科知识内容和技术，挖掘新的学科知识生长点。同时，充分利用现代信息技术大发展的网络环境，尽快实现电子商务活动数字化、自动化、网络化、智能化。

网络环境下的电子商务管理被赋予新的内涵，激发出新的活力。中国企业如何健康稳定地发展电子商务，需要根据中国的国情，在政府的引导下开拓创新，发展具有中国特色的电子商务。

1.2.2　电子商务管理的内容体系

电子商务管理的内容体系涵盖了组织系统管理、战略管理、运营管理、项目管理、安全管理、管理工具与方法、绩效评价等内容(图 1.1)。

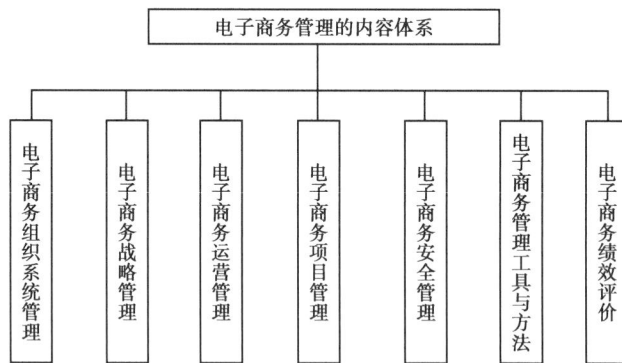

图 1.1　电子商务管理的内容体系

1) 电子商务组织系统管理

电子商务组织系统管理是电子商务管理的核心，是维持电子商务活动顺利、有序进行的首要条件。主要包括电子商务组织管理、电子商务信息流管理、电子商务物流管理和电子商务资金流管理。

2）电子商务战略管理

电子商务战略管理是为了充分发挥电子商务的潜在优势，从战略角度来看待电子商务。电子商务战略分析电子商务外部环境有宏观、微观之分。电子商务战略的基本模式主要有以下几种：抢占快车道战略、专一化战略、人才风险战略、从不定式中寻找定式战略以及隐形进攻战略。电子商务战略实施包含四个相互联系的阶段，而电子商务战略评估与控制活动贯穿于整个电子商务战略实施过程。

3）电子商务运营管理

电子商务运营管理就是企业对电子商务运营过程的计划、组织、实施和控制，是与电子商务活动中的商品生产和服务创造密切相关的各项管理活动的总称。电子商务运营模式的内容主要包括企业电子商务运营管理、电子商务企业运营管理和虚拟企业运营管理。

4）电子商务项目管理

电子商务项目管理是以电子商务项目为对象，运用项目管理的理论和方法，使项目达到预期目标，获得预期收益。电子商务项目策划是整个项目管理工作的核心，是决定项目成功的关键因素。电子商务项目管理包括电子商务项目的概念阶段、规划阶段、实施阶段和收尾阶段。

5）电子商务安全管理

电子商务在运营过程中涉及诸多安全问题，需要加强电子商务安全管理。具体从信息安全管理、安全标准及法律体系、信用管理、风险管理等维度来实现电子商务安全管理。

6）电子商务管理工具与方法

电子商务管理工具与方法主要包括企业资源计划、客户关系管理、供应链管理、知识管理等。这些管理工具与方法都是电子商务环境下管理理论与方法创新的结晶，也正是利用它们电子商务管理的效能才能得以有效提升。

7）电子商务绩效评价

电子商务绩效评价具有认知功能、考核功能、引导与促进功能、挖潜功能，需要从电子商务员工绩效评价、电子商务团队绩效评价、电子商务组织绩效评价三个维度来开展。

本章小结

1.电子商务管理是社会中重要的社会实践活动，电子商务管理学科基础是指导电子商务管理活动有效进行的重要理论。了解电子商务管理的内涵，就是要理解电子商务管理的概念，识别电子商务管理的性质，认清电子商务管理的对象。

2.电子商务管理的研究对象是电子商务管理的活动规律。电子商务管理是一种普遍存在的社会现象，而每一种社会现象都可以作为研究对象。电子商务管理从本质上是对企业的电子商务应用能力的管理。

3.电子商务管理的内容体系主要包括电子商务组织系统管理、电子商务战略管理、电子商务运营管理、电子商务项目管理、电子商务安全管理、电子商务管理工具与方法、电子商务绩效评价等部分。通过对各部分的学习,可解决电子商务管理过程中最基本的问题。

问题讨论

1.电子商务管理内涵从哪几个方面来理解?
2.电子商务管理研究对象有哪些?
3.电子商务管理内容体系是什么?

课后案例

京东——互联网大时代的胜者

一、背景简介

京东商城是中国 B2C 市场最大的 3C 网购专业平台,是中国电子商务领域最受消费者欢迎和最具影响力的电子商务网站之一。京东商城以 50.1% 的市场占有率在中国自主经营式 B2C 网站中排名第一。目前,京东商城已经建立华北、华东、华南、西南、华中、东北六大物流中心,同时在全国超过 300 座城市建立了核心城市配送站。

二、京东的电子商务管理

1.企业的组织管理

互联网公司大多是轻资产模式,但京东却是个例外,京东从一开始走的就是重资产模式——自营、自建物流、货到付款等,但京东在拥有 12 万名员工的基础上,依然能够高速前进,这与京东一直追求的扁平化管控模式——"8150"原则有很大关系。

"8150"原则中的"1"是指每个管理者,而"8"是指京东要求每个管理者直接汇报的下属不得低于 8 人,如果不到 8 人,就要减少中间层级的管理者。只有当向一个管理者直接汇报的下属超过 15 人,公司才允许在同一个管理层级再增加一个管理者。"50"则是指每个管理者管理的同一工种的基层员工不能低于 50 人,只有超过 50 人时,才可以考虑设立第二个团队管理者。比如在京东的"亚洲一号"项目中,就规定一个班次的打包人员如果没有超过 50 人,就只允许设立一个打包主管。如果是一个小库房,总共 20 名打包人员分了两个班,就必须设立两个打包主管。

刘强东认为,"8150"原则的核心是保证组织扁平化,只有坚持"8150"原则,才能保证企业 CEO 和员工之间只隔了 5 层管理者。从理论上来看,只要一个公司的员工不超过 300 万名,就可以只有 6 层管理者。

不只是京东,许多互联网公司的组织架构都非常灵活,没有金字塔式的层级领导,没有中间层管理者,部门的概念也很弱,公司的整个组织结构是扁平的。

2.企业的战略管理

从 2017 年至今,甚至在未来很长一段时间内,京东都处于全面转型期。在此期间,京东金融剥离,京东物流子集团成立,京东基于物流体系和技术平台的优势,开始提供全面的供应链服务,向第三方输出物流服务和技术解决方案。

京东开始从"零售"全面转型到"零售+基础设施服务商"。2017—2019 年,京东处于全面转型时期的初级阶段,京东的盈利模式继续优化,其中,京东物流子集团的成立和技术平台的持续投入对京东盈利模式的影响最为深刻。

(1)成立京东物流子集团

京东仓配一体的物流体系是京东重要的盈利屏障之一,自建的物流体系为京东带来绝对的竞争优势,物流体系的建立需要长时间、大量资金的持续投入,自建物流体系能够降低订单处理成本,将中间环节省的费用让利给客户。此外还能够管控物流进度、保障信息安全和提升物流效率,京东凭借迅速、高效、可靠的物流服务保证了客户的高满意度。目前京东建立的物流体系覆盖了我国各地。

在大陆行政区县内,京东的物流大件和中小件网络几乎已实现全面覆盖。在全国范围内,京东物流运营超过 750 个仓库,拥有当前亚洲规模最大的智能仓群。

2017 年 4 月,京东物流子集团成立并拥有自主经营权,除京东的电商业务之外,还对外提供全面的仓储物流服务。京东物流不再是支撑京东平台的业务部门,而是一个自主经营的子集团。

京东物流的成本和费用核算也发生了较大的改变,京东为平台商家和第三方提供的物流服务所产生的成本,不再是履约费用,而改为营业成本。此外,京东还提供物流业务的技术解决方案和各个垂直市场的一站式供应链管理解决方案。

成立京东物流子集团对京东盈利模式的影响重大,在巩固盈利屏障的同时,也增加了新的盈利对象、盈利点和盈利源。此次转变,京东新增的盈利对象,包括在线零售的客户、供货商、第三方商家和其他业务合作伙伴在内的各类需要仓储物流的群体或个人。

京东自建的物流体系作为支撑零售业务的物流业务部门存在,为在线零售客户提供了快速高效的物流服务,注重并提高零售客户的用户体验是物流部门最重要的职能。

增加为相关的盈利对象提供仓储物流服务、物流技术解决方案是新的盈利点,同时京东物流服务收入也成为盈利源之一。

京东针对不同的客户需求,提供了不同的物流服务,京东提供的服务几乎涉及物流业务的所有方面。此次转型中,京东物流全面开放自己的产品体系,京东物流的产品体系在转型过程中也得到了完善。

京东通过满足不同客户对物流的需求来创造利润,随着京东物流订单数量的稳定增长、用户规模逐步提升,京东自建物流仓储体系的规模效应逐渐凸显,单位订单处理成本将会进一步下降,从而提高盈利能力。

(2)加大技术平台的投入

全面转型期与资本化战略布局期最大的不同在于前者对技术平台的大量投入。在全面转型期间京东不仅寻求技术能力的优化,还在探求技术优势的商业化。

在这个过程中京东增添了新的盈利对象、盈利点和盈利源,巩固了已有的盈利屏障,同时逐步形成了新的利润杠杆。在全面转型期,京东在已有的技术平台的优势之上加大对技术平台的投入,开始向第三方开放技术平台,并提供全面的技术解决方案。

京东利用相关数据和技术平台,提供产品分析、预测优化等服务,将京东的供应链能力商业化。需要技术服务的供应商和合作伙伴成为这一时期新的盈利对象,提供技术服务成为新的盈利点,新增了获取技术服务收入这一盈利源。

京东的技术平台是京东重要的盈利屏障之一,是支持京东庞大且不断增长业务规模、保障京东卓越用户体验的支柱,是京东各业务板块可持续竞争力的源泉。

京东自从2005年建立自己的技术平台开始,不断地加强技术平台的建设,先后开发了智能定价及存货管理系统、智能客户服务解决方案及全渠道智能零售平台,并通过仓库自动化系统、优先路线规划系统及智能硬件实现物流能力的数字化,同时还引进了众多技术专业人才。

京东对技术平台的不断优化,驱动全集团各个业务的精益运营、降本增效以及有质量的增长。例如,在零售业务中京东利用人工智能技术和积累的大数据生成个性化产品推荐并提高复购率。

京东利用各种新技术,如面部识别、产品识别和店内活动追踪等系统来提供动态且具有互动性的全渠道购物体验。在前沿技术领域,京东主要重视大数据、云服务和人工智能三个方面。

在大数据上,京东以价值创造为核心,对其优质的大数据资源展开了全面应用,同时京东十分重视数据隐私和安全,两年被评为中国信息通信技术研究院(CAICT)认证的可信云AAA级提供商。

在云服务方面,京东把云服务、产业服务与云计算深度融合,助力产业互联网生态的快速发展,在云服务的基础设施方面,京东的云服务提供了一个强大的平台,京东的云平台为京东、政府和企业客户提供服务。

在人工智能领域,京东人工智能开放平台涉及多个领域,入选"中国新一代人工智能开放创新平台"。

京东对技术平台的不断投入,不仅巩固了盈利屏障,还为这一时期增添了新的利润杠杆。京东推出开普勒项目,开普勒项目是京东为品牌商在相应的合作平台上提供轻商城、京商城等小程序店铺工具。

开普勒项目的定位是场景"连接器"和流量"倍增器",通过小程序等形式与其他平台开展去中心化场景的流量合作,为京东的广大自营供货商和第三方商家进行站外导流;同时整合京东的数据、技术、物流等综合能力来赋能商家的营销转化和交易履约。

任何需要优质电商供应链的内容和社交平台,都可以成为京东的流量合作场景。截至2019年7月,京东开普勒项目已累计为超过2万京东商家提供了技术服务,帮助品牌在更多场景更广泛地获客销售。

在平台端,开普勒项目目前与近1 000个站外平台建立了商务合作,上线了超过400个站外渠道,覆盖了基础工具、微信生态、资讯内容、短视频等20类场景,为商家拓展了多个线上销售渠道。

随着京东开普勒项目对接的平台越来越多、接入京东开普勒项目的商家越来越多,开普勒项目已经成为为自营供货商和第三方商家引流和转化的重要武器。

(3)盈利模式要素

2017年京东进入全面转型时期,而2017—2019年是京东全面转型时期的初级阶段,在这段时期物流体系和技术平台都进行了大量的投入,巩固了盈利屏障。

在全面转型的初级阶段,京东的盈利模式可以概括如下:以快速高效的物流运输网络、先进的技术平台和完善的财务系统为基础,以价格与质量相匹配的能够给客户带来较好购物体验的自营业务为主,兼顾购物平台建设、广告、物流和技术服务以衍生非主营盈利的价值创造模式。

与前面三个阶段相比,京东以自营业务为主的价值创造模式仍然没有发生变化,但京东的盈利模式在这一段时期发生了三个变化:首先剥离京东金融,京东金融相关的盈利方式不体现在京东集团的盈利模式中;其次,成立京东物流子集团,京东物流的目标导向转向利润中心,在多年物流体系建设的基础上,京东对外提供全面的仓储物流服务;最后,向第三方开放技术平台,并提供全面的技术解决方案,不断拓宽业务范围,丰富盈利模式内容。

京东对电子商务的管理还有很多方面,在此不做赘述,但是从以上的介绍中我们可以看出,京东的成功绝对与其电子商务管理各个方面密不可分。

讨论:

结合案例,谈一谈京东作为电商巨人持续发展的原因是什么?

第 2 章
电子商务管理的产生与发展

📖 案例导学

电子商务管理的大数据时代

大数据时代的到来为电子商务带来观念的转变以及对数据的新管理模式,它为电子商务赋予的新价值,是从凌乱纷繁的数据背后挖掘出更符合用户兴趣和习惯的产品和服务,根据用户的行为习惯和爱好对产品及服务进行针对性的调整和优化。例如,在动态定价方面,电商管理平台可以智慧选品和智慧定价,自动抓取全网的商品数据,根据此数据实时监控平台商品价格的有效性。平台系统会根据流量、位置、商品、竞品等信息实时提供某个时刻的商品价格,并监控商品价格所带来的流量、销量的变化,动态地调整价格,以保障给消费者提供好的价格与服务,同时使公司的收益最大化。电商平台还进一步整合形成"商品、价格、计划、库存、协同"五大领域的智慧供应链解决方案,用技术解决"卖什么、怎么卖、卖多少、放哪里"的问题。电子商务管理的发展在大数据时代已经进入一个精细化、隐形化的阶段,回顾它的发展历程便于我们认识今天电子商务管理所处的阶段。

📖 内容提要

管理产生的根本原因是人的欲望的无限性和资源的有限性之间的矛盾,而不同的生产方式决定着不同的管理:农业经济的生产方式决定着传统的管理;工业经济的生产方式决定着古典的管理和现代的管理。当生产力的发展使人类进入电子商务时代时,电子商务管理也应运而生。在电子商务时代,信息技术的发展日新月异,大数据成为新的信息技术标签,进一步推动了电子商务管理的创新与发展。

📖 本章重点

- 电子商务管理产生的原因。
- 电子商务管理的发展阶段。
- 大数据时代的电子商务管理创新。

2.1 电子商务管理的产生

在人类发明了电报和电话后,其经济活动中就存在了利用电子技术进行的部分商务活动。在商务活动中人们使用电话和电报来互通商务交易中的信息,传递交易中的凭证、文件及合同,但当时却没有人认为这就是电子商务。原因在于它未能成为经济活动中商务活动的主流,社会还没有形成电子商务交易的环境和条件。20 世纪 80 年代以后,计算机和网络技术的发展构建了电子商务赖以存在的环境,并预示着未来商务活动的一种发展方向,电子商务作为一种重要的商务活动被广泛提出并应用。资源具有稀缺性,电子商务活动中的资源同样具有这一特性。而管理产生的根本原因是人的欲望的无限性和资源的有限性之间的矛盾,管理的功能就在于通过科学的方法来提高资源的利用率,力求以有限的资源实现尽可能多或高的目标。而电子商务作为一种活动,同样需要管理,随着电子商务的产生和发展,电子商务管理应运而生。

2.1.1 电子商务管理产生的背景

从管理的早期萌芽到当代全面系统的管理理论的产生、发展历经了几千年。纵观这几千年的管理发展史,管理的发展与社会生产力和社会经济的发展状况密切相关,生产力的每一次突飞猛进无不促进管理的迅速成熟和飞跃发展。可以这么说,社会生产力是影响时代管理发展的主要因素,而生产力又主要取决于科学技术的发展和创新、人类各种文化渗透和融合的程度。其中,生产组织方式的形式是形成新的管理思想的主要来源:农业经济的生产方式,决定着传统的管理,并以此支配着当时的管理过程;工业经济的生产方式,决定着古典的管理思想和现代的管理思想,以及相应的经济规律;生产力的发展使人类进入电子商务时代,首先表现的也是生活和生产方式的转变,如电子商务改变了商务活动方式、人们的消费方式、企业的生产方式等,从而产生了适应电子商务时代的管理——电子商务管理。

2.1.2 电子商务管理产生的原因

1) 网络信息技术的发展

自 20 世纪 60 年代末电子数据交换技术(Electronic Data Interchange,EDI)在美国产生后,人们开始采用 EDI 作为企业电子商务的应用技术,这便是电子商务的雏形。EDI 是将业务文件按一个公认的标准从一台计算机传输到另一台计算机上去的电子传输方法,人们也形象地称其为"无纸贸易""无纸交易"。EDI 的应用有利于降低纸张使用成本,提高工作效率,节省库存费用,减少错误数据处理,节省人员费用,带来其他相关收益等,更为重要的是,这种以 EDI 方式实现的电子商务活动可以说已经将新的电子技术与商业活动较好地融合起来。但是,由于那时应用 EDI 方式的企业所从事的电子商务活动仅限于在封闭的系统中进行运作,真正大规模、普及化的电子商务活动是在超文本传输协议开发和互联网技术成熟后才开始的。

因为 EDI 的局限性,现在人们谈论的电子商务都是基于互联网的。互联网最初起源于阿帕网(ARPANET),是 20 世纪 60 年代末至 70 年代初由美国国防部资助,Advanced

Research Project Agency 公司承建的。1981 年,美国另一个政府机构——全国科学基金会(NSF)开发了 5 个超级计算机中心相连的网络。1982 年,在 ARPA 的资助下,加州大学伯克林分校将 TCP/IP 协议嵌入 UNIXBSD4.1 版本,这极大地推动了 TCP/IP 的应用过程发展。1983 年,TCP/IP 成为该网络的主要协议,真正意义的互联网产生了。1991 年,美国政府宣布互联网向社会公众开放,允许在网上开发商业应用系统。自 1992 年起,互联网进入商业化阶段。1993 年,万维网(World Wide Web,WWW)及其相关技术的推出使得互联网具备了支持多媒体应用的功能,而且突破了平台的局限。1994 年底,互联网已通往全世界 150 个国家和地区,连接了 3 万多个子网,320 多万台计算机主机,直接用户超过 3 500 万。看到互联网的羽翼丰满,NSFNET 于 1995 年 4 月 30 日正式宣布停止运作,由美国政府指定的 3 家私营企业代替。至此,互联网的商业化彻底完成。

2)电子商务的发展

EDI 的电子商务作为现代信息技术和商务活动相结合的一个成功例子,极大地改变了传统的商贸手段和管理手段,不仅对商贸业务的操作方式根本改观,而且影响了企业的行为和效率,在市场结构、国民经济的运行方式等方面都引起了较大变化,因而被认为是一次影响深远的结构性商业革命。它主要应用于制造业、运输业、零售业以及卫生保健和政府部门。EDI 使用的专用增值网(VAN),需架设专门线路,成本较高,因而大量的小型企业和消费者不能进入网络,使得其所处的市场模型依然是一个旧的市场模型——生产商设计的模型,所有的产品都取决于企业和企业的伙伴想让市场需要什么。

随着互联网的迅速普及和商业化,基于互联网的电子商务迅猛发展,电子商务表现出新的活力,几乎囊括了社会和经济活动的各个方面。例如,商品信息采集、信息存储处理、信息交换、广告发布、售前售后服务、促销营销、销售、电子支付、运输、组建虚拟企业、旅游、金融等各种各样的内容。

除此之外,电子商务在政府的应用——电子政务也迅速崛起,使政府通过网络实现政府业务职能、行政管理与服务社会的电子化、信息化、网络化。它不仅可以在政府内部,也可以在政府外部实现信息传递交换、共享、服务功能,使政府的政务程序公开化与透明化,政府办事过程便利化与快捷化。同时,还可以实现政府与社会、企业、公众进行双向交流,进一步完善政府职能。

3)社会经济的变革

互联网和基于互联网的电子商务,对整个社会的经济活动产生了直接、深刻的影响,对管理也提出了全方位的挑战。

(1)改变了交易方式

传统的市场交易逐步过渡到网上交易。表面上,这是最寻常的改变,毫无"石破天惊"之感。然而,最不寻常的改变正孕育在这最寻常的改变之中。回顾银行的诞生:在金属货币时代,它不过是"替富商管理货币"的小角色,也就是给诸多富商当"出纳员"的小角色,由于发现手中的货币可以贷出去赚取利息,而逐步发展成控制社会经济命脉的大亨。当它还是富商"出纳员"的小角色时,谁能想到后来会发生翻天覆地的变化呢?

（2）改变了人们的消费方式

消费者找厂家、跑商场、进银行、排队、交涉、办手续等行为都在被改变着。"腰酸腿疼"的购物方式被轻松地"点击鼠标"所代替,用经济学的语言来说,极大地降低了购买方的交易费用。

（3）改变了厂家的营销方式

①改变厂商的广告方式:网上广告的传播范围更为广泛,平均费用大为降低。

②改变品牌的塑造方式:品牌市场优势的作用正在改变,不知名品牌进入市场的机遇之门正在打开。

③改变销售的组织方式:从接订单,到资信的确认或收款的确认,到货物的准备和发送等一系列工作流程都会发生变化。

④改变客户的管理方式:客户的消费特征可以在网上直接被记录,并可以由一定的软件统计分析,这样厂商可以为客户提供更好的服务。

（4）再造整个流通环节

传统的"厂家—批发—零售—消费者"的方式正在被打破,"厂家—（直接面对）—消费者"的方式正在形成,新的物配体系正在形成,从而新的物流体系正在形成。这是无情的"大浪淘沙"。其结果是流通组织的再造:有的要消亡（特别是传统的商业中介很多要消亡）,有的要改进（不改进,也要消亡）,有的流通组织则要新创。运输体系、运输的组织方式和相应的存储方式也会因电子商务而再造。

（5）改变了厂家的采购方式

从厂家的生产流程来看,电子商务不仅极大地改变了厂家的"出口"端,而且对"入口"端也有巨大的影响。由于更容易"货比三家",所以更有利于找到合适的（物美价廉的）原材料和零部组件,更有利于找到合适的合作伙伴,从而降低采购的交易费用,迫使企业的采购方式和组织发生相应变化,影响企业与供应商战略联盟的建立。

（6）改变了企业资金筹措的操作手段

资金筹措的部分手段（如作为资本市场一部分的股票与债券市场）早已电子化,而且人们已经领教了基于电子信息网络的资本交易,在规则不完善或控制有疏漏时的巨大破坏力,那是震撼世界的力量,1997 年的金融风暴令每一位业内人士记忆犹新。企业资金筹措的另一个重要来源是（作为资金市场中介的）商业银行,它也正因 IT 技术和信息网络的发展而发生巨大的变革。网络银行的出现完全改变了企业资金操作的手段,降低了操作的成本,企业财务管理的部分规则不得不随之而有所变化。例如,在银行授信额度内发出借款信息的时机选择,有关还款数量与时间的决策技术等,将会随着操作手段的更新而改变,以进一步降低成本,提高利润。

（7）人才的挑选与聘用正在发生革命性的变化

在电子商务产生初期,人才市场没有受到足够的重视。事实上,IT 技术、电子信息网络的人才交易（人才自荐、企业对人才的挑选及对人才的测试和聘用）早已进行,而且依托互联网、多媒体正迅速地发展,在网上测评人才的技术（问卷的设计与考察方式之类）也在迅速发展。

（8）企业技术来源与企业 R&D 正在改变

企业生产所需要的技术,部分来源于企业自身的 R&D,部分来源于企业外部。对于不同企业而言,两个来源的比例相差很大,但不可能完全没有外部的技术来源。例如,中国企业技术的外部来源始终是企业"入口"端的要素之一。

输入企业的技术,有两种基本形态:①购买现成的技术;②委托开发,获取所需要的技术(这就是所谓技术外化问题)。后者是中国企业最值得发展的一种形态。

从外部来源的视角看:电子商务也改变着技术交易的形态,大大拓宽了企业搜索所需技术的视野,拓宽了企业委托开发的视野,改变了企业从外部获取所需技术的管理方式。从内部来源的视角看:企业生产所需技术的两个来源是一个有机的体系,外部来源的改变必然导致企业自身 R&D 任务、开发投入与开发组织的变化。

另外,企业自身的 R&D 必然要有技术信息与市场信息的输入,特别是"需求信息"的输入。这必然会改变企业 R&D 的组织形态。例如,消费者可以基于软件设计出自己喜爱的轿车车型,生产厂家在网上与消费者协商好价格后,就必须在足够短的时间内完成设计、生产、送货的工作。

(9)改变了厂家的生产组织和生产过程的管理

离电子商务"距离"最远的,是企业物流链条的中间段,即生产过程的组织与管理。它也同样受到电子商务的深刻影响。企业输出端与输入端的巨大变化,必然带来中间端的巨大变化。为适应电子商务所引起的输入端与输出端的变化,企业生产流程的再造不可避免。事实上,虚拟企业的出现已经把生产过程的组织方式改变到了极致。

总而言之,互联网和基于互联网的电子商务改变了从开发到生产、流通、消费、金融运作的整个经济过程,正在变革、刷新着管理观念、理论与方法,且变革还按照以下逻辑传递着:生产力—生产关系—上层建筑—文化、观念。

4)电子商务环境下管理理论的发展

目前,国内外学者在电子商务对管理变革研究方面已经形成了一些新的观点和理论,如企业再造工程(reengineering)、业务流程再造(BPR)、供应链(supply chain)管理和基于供应链的新型物流(logistics)管理方法等,这些新的管理概念、观点和方法都与电子商务环境密切相关,因此学术界也开始以上述管理变革的观点和方法为出发点来探讨电子商务环境下的管理理论与方法创新问题。从总体上看,目前电子商务环境下新型管理理论框架已初露端倪,一种以信息流为直接管理对象,以高效率、低成本、高质量为目标的管理理念正在形成。这些研究成果表现为大量论文和专著的出版。

统观国内外学术界的研究情况,目前正在研究和已经取得部分成果的,关于电子商务管理的研究体系主要包括以下几个方面:

①电子商务环境下企业战略管理方法,如企业的总体发展战略、经营战略决策以及战略管理模式、方法和工具的创新。

②电子商务环境下信息管理的特点与相应方法研究。

③知识对电子商务的影响以及电子商务环境下知识管理理论、方法与工具研究。

④电子商务环境下供应链研究。

⑤电子商务环境下基于供应链的新型物流管理方法研究。

⑥电子商务环境下网络型产业结构的构造和管理方法以及网络型产业结构中企业的生产管理、组织设计以及竞争和联盟策略问题研究。

⑦电子商务虚拟市场的运行规律研究。

⑧电子商务环境下金融业务创新和金融风险管理方法研究。

⑨电子商务环境下企业财务管理,尤其是资金的运用与监督、审计以及税收等的管理理论、方法及相应的工具研究。

⑩电子商务环境下企业文化以及伦理道德问题研究。

⑪电子商务环境下研究与开发(R&D)的管理理论与方法研究。

⑫电子商务环境下人力资源的管理理论与方法研究。

⑬现代企业适应电子商务环境的基础研究,如信息化过程、管理体制的转轨策略。

5)集中体现电子商务管理思想的软件生产与应用的逐渐成熟

企业管理软件的灵魂是管理思想,它具有双重核心:管理思想和信息技术,而且其本身就是管理思想和管理模式的最好载体。软件的发展过程就是软件开发商与目标企业间交流的互动过程。成熟的软件已经凝聚了本行业中先进的管理思想、管理方法和管理经验。

随着电子商务的不断发展,各种集中体现电子商务管理方法、理念及思想的软件不断被生产和应用,如企业资源计划(ERP)软件、客户关系管理(CRM)软件等。其中 ERP 的代表厂商有浪潮通软、金蝶、用友、SAP、东软、和佳、艾克国际、四班、利玛等;CRM 的代表厂商有TurboCRM、Avaya、Peoplesoft、Onyx、创智等。此外,还有许多厂商也生产管理信息系统(MIS)软件、决策支持系统(DSS)软件。

这些公司开发的软件在不少企业应用取得成功,但同时也有失败,它们的成败反过来不断检验着管理理论的正确与否,这些都为电子商务管理的发展提供了实践基础。

2.2　电子商务管理的发展

作为管理发展的新境界,电子商务管理是利用信息技术对电子商务活动中各个流程、资源的整合管理,实际上就是对电子商务活动中“三流”(即信息流、资金流、物流)的管理。管理的关键不是要实现“三流”合一,而是“三流”协同互动。电子商务管理的实质是实现电子商务活动中信息流、资金流和物流的协同与和谐管理。这也体现了电子商务管理的协同与和谐的管理思想。

电子商务活动中信息流、资金流和物流的协同与和谐是通过信息技术在人类商务活动中不断渗透和融合而实现的,所以电子商务管理当然也产生于信息技术和商务活动不断融合的过程中,我们以此为主要依据将电子商务管理的发展划分为三个阶段来描述。

2.2.1　电子商务管理的萌芽期

尽管电子商务的概念大约是在 20 世纪 90 年代中期被提出并迅速传播和推广,但是其历史可以追溯到 19 世纪 40 年代。那时人们已有意识地用电报这一电子通信来传递商务活动信息。利用电子技术进行商务活动,也可算是广义的电子商务,或者说电子商务的萌芽,因此我们认为电子商务管理思想的萌芽从那时开始。

1)信息技术及经济发展状况

继 1837 年莫尔斯发明电报后,1864 年马可尼和波波夫几乎同时发明了无线电技术,随后无线电电报产生,1876 年贝尔发明了电话,人类进入电子通信时代。在这之前,从英国开始的逐步向其他国家扩展的第一次工业革命使人类进入了蒸汽机时代,生产力水平有了很大的提高,人类从轻工业中的棉纺织业开始,扩展到动力和交通业。尽管如此,当时的经济还是短缺经济,企业最关心的问题是如何提高生产率,信息流的及时协同显得不是十分重要,企业更加关注生产过程中的协调和效率,如劳动分工、提高工人劳动熟练度、工资和劳动量挂钩等内部管理措施。因此,电报、电话作为当时比较先进的通信工具还没能普遍运用到商业活动中。

19 世纪 70 年代,人类第二次科技革命开始,人类进入电气时代。随后,垄断组织出现,作为超大型企业,它是一种新的经济联合体。垄断组织有财力购买先进设备,有能力了解并开辟世界市场,有力量进行科研并不断开发新产品,有能力在竞争中占据优势,这使企业管理幅度和范围增大,难度加大,企业必须重视组织管理的和谐与协调。但此时企业之间进行商务信息交流仍然停留在借助电报、电话等工具。

20 世纪 40 年代,以电子计算机为代表的第三次科技革命爆发,计算机技术、通信技术得到迅猛发展。计算机技术主要成就有:1944 年冯·诺依曼提出程序存储和顺序计算的概念;1946 年第一台电子计算机 ENIAC 诞生;1948 年贝尔实验室发明了二极管;1954 年第一台晶体管计算机诞生;1958 年 Firchrd 公司的诺伊斯发明了第一块集成电路。通信技术主要成就有:电报电话进一步普及;1948 年,维纳、香农提出信息论、控制论、系统论的基础,信息、频谱、时分、频分等概念导致微波多路通信成为 50 年代主体通信技术,以及 60 年代后期开始的卫星通信也是以微波通信为基础的;1958 年集成电路的出现,把布尔代数的基本原理、数字集成电路、数字信号处理结合在一起,数字通信开始出现。计算机和通信工具成为人们经济活动中不可或缺的工具。早期计算机只是用于单机处理一些文件,储存一些数据,随着处理各类商务文件的增多,人们逐渐发现由人工输入一台计算机中的数据约 70% 是来源于另一台计算机输出的文件,由于过多的人为因素,还影响了数据的准确性和工作效率的提高,人们便开始尝试在贸易伙伴之间的计算机上使数据能够自动交换,EDI 随之产生,这也标志着电子商务的诞生。利用 EDI,商务活动的参与者通过网络连成了一个统一的整体,可以方便地进行商务信息流的交互,但还远远没有实现"三流"在同一个系统中的协同运作。

2) 特点

(1)"三流"由捆绑到分离

尽管电报、电话对部分商务信息流的整理和传播有所改善和促进,但在很长一段时间里社会经济的细胞——企业——为了获取最大利润,采用"劳动分工"原理组织生产;为了提高生产率,普遍推行标准化制度;在交易过程中,人们最关心的是获取和占有。这种以产品为导向的理论,导致以物流和资金流为交易中心的商务过程,而且商业也是直接交易方式,"三流"以捆绑形式发生。

随着服务业的发展,促使运输部门与生产部门相分离;随着大众传媒(如报纸、广告、电视)的出现,信息流被剥离出来;随着金融业的发展,为了交易安全,资金流开始不在现场进行,而采用支票等转账结算。于是,"三流"开始分离,被专业化运作,交易水平有了提高,但是交易成本并没有降低多少,并且由于分离的"三流"之间相互协同能力低,反而导致交易效率的降低。

（2）信息技术的冲击力度较小

由于当时的条件限制,电子技术并没有一开始就广泛渗透商业活动,人们更多地关心企业内部的生产协调和高效。随着社会的发展,计算机的发明与 EDI 的产生和应用,人们才更多关注与企业外部环境进行协作和沟通。但是初期的 EDI 仅仅是在社会商务活动的局部范围实现了电子化协同互动。例如,它基本上局限于企业对企业间,社会的终端消费者被拒之门外,而且由于接入的费用限制,很多小企业都不能列入其中。

因此,这一阶段社会经济活动还没有出现。尽管因为生产力水平,尤其是信息技术的发展而开始产生变化,但还不够深刻,对管理活动也没有产生深远的影响。

（3）知识不断积累

从古至今,人们在社会经济活动中就萌发了协同与和谐的思想,但是由于生产力水平的限制,人们找不到实现协同与和谐的方法和途径,因此没有得到管理学研究主流的重视。但在许多管理学成果中,我们都可以分析出协同与和谐的痕迹,如在管理组织理论研究成果中,美国的切斯特·巴纳德就提出了自觉协作活动系统,他认为组织是一个由人们有意识地加以协调的各种活动的系统,这个系统能否长期存在、发展就决定于它的协同效果和效率。另外,系统管理论学派也讲究协同与和谐。

2.2.2　电子商务管理的形成期

电子商务管理思想是在信息技术的迅猛发展和应用,社会经济管理模式不断变革的过程中产生的,其产生没有一个明显的时间界限,根据信息技术和经济发展状况以及管理理论和思想成果,我们大致可以将这一时期确定为 20 世纪六七十年代至 20 世纪末期。

1）信息技术和经济发展状况

20 世纪 60 年代以来,计算机技术及通信技术进一步发展,它们的结合又产生了计算机网络。互联网以及基于它的电子商务的出现和迅速普及成为此时期最为显著的特征。

因为 EDI 的局限性,现在人们谈论的电子商务都是基于互联网的。互联网最初起源于阿帕网,是 20 世纪 60 年代末至 70 年代初由美国国防部资助,Advanced Research Project Agency 公司承建的。为了达到建设此网的目的,如果核弹击毁了军事网络的一部分,数据仍然能通过未被破坏的网络到达目的地,该网络使用"包交换/分组交换"的信息传播技术。阿帕网的关键技术是用一种新的方法使不同的计算机系统互联,成为互联网。

1981 年,美国另一个政府机构——全国科学基金会（NSF）开发了 5 个超级计算机中心相连的网络。当时美国许多大学和学术机构已经建立了一批地区性网络与 5 个超级计算机中心连接,形成了一个新的大网络——NSFNET,该网络成员可以相互进行通信,从而开始了互联网真正的快速发展阶段。NSFNET 逐渐代替了 ARPANET 成为互联网的主干网。

1982 年,在 ARPA 的资助下,加州大学伯克林分校将 TCP/IP 协议嵌入 UNIXBSD4.1 版本,这极大地推动了 TCP/IP 的应用过程。1983 年,TCP/IP 成为该网络的主要协议,真正意义的互联网产生。

1991 年,美国政府宣布互联网向社会公众开放,允许在网上开发商业应用系统。自 1992 年起,互联网进入商业化阶段,其用户向全世界迅速扩张,互联网从一个国防和科研应用的计算机联网系统,发展为全面商业化的全球信息网。

1993年,万维网及其相关技术的推出使得互联网具备了支持多媒体应用的功能,而且突破了平台的局限。互联网迅速走向普及化,逐步从大学、科研机构走向企业和百姓家庭,它的功能也从信息共享转变为一种大众化的信息传播工具。

1994年底,互联网已通往全世界150个国家和地区,连接了3万多个子网,320多万台计算机主机,直接用户超过3 500万人。

看到互联网的羽翼丰满,NSFNET于1995年4月30日正式宣布停止运作,由美国政府指定的3家私营企业代替。至此,互联网的商业化彻底完成。

基于EDI的电子商务是现代信息技术和商务活动相结合的一个成功例子。随着互联网的迅速普及和商业化,基于互联网的电子商务迅猛发展,电子商务表现出新的活力。除此之外,电子商务在政府的应用——电子政务也迅速崛起,它使政府通过网络实现政府业务职能、行政管理与服务社会的电子化、信息化、网络化。

互联网和基于互联网的电子商务,对整个社会的经济活动产生了直接、深刻的影响,对管理也提出了全方位的挑战。

2) 特点

基于互联网的电子商务被称为真正意义上的电子商务,原因从其特点可以看出,它对整个社会的经济活动产生深远影响,同时也对各个管理理论提出了挑战。随着人们对电子商务活动的广泛实践和对电子商务及电子商务管理理论的深入研究,其理论基本成型,我们将这一时期划分为电子商务管理思想的形成期。此阶段的特点主要有以下四点。

(1)"三流"合一并趋向协同

资金流、物流或者信息流,都是流通客体运动在某一个侧面的具体表现,它们从来都是客体整体运动的有机组成部分,而不是游离于整体之外的某种孤立存在。商品流通是资金流、物流和信息流的结合体,但在不同的历史时期、不同的社会经济和技术环境条件下,三流的结合方式存在着明显的区别。

基于互联网的电子商务有了计算机技术、通信技术和网络技术的支撑,使人类第一次能够将商务活动的信息流、资金流和物流集合到一个系统中,并且已不仅仅停留在合并上,而是逐步趋向协同互动。此时"三流"协同互动是这样一个过程:首先由商务活动的需求信息流引发和牵引,然后是供应信息流发生,进而带动物流沿着供应链的方向流动,资金流沿着供应链的方向反动。总之,是信息流带动其他二流,将它们编制成一个整体,使电子商务成为一种非常协调的商业模式。而电子商务管理中的一切管理理论、方法、理念都应该是围绕着"三流"协同互动展开。

(2)信息技术和商务活动已密不可分

随着电子商务的发展,信息技术已深深融入经济活动。例如,在顾客信息收集、整理、挖掘,产品设计,产品生产,产品销售等各个环节,计算机管理无所不在,而且为了使企业的信息流、资金流和物流达到协同,必须借助计算机、通信和网络技术的支持。

商务活动的协同开展离不开信息技术的支持,信息技术又在商务活动不断发展的过程中逐步具备商业观念。这个时期,我们不能把信息技术理解为一种普通资源,其真正的内涵在于对商业观念、商业模式以及商业方法的全面革新。正如全球的汽车都使用一样的燃料,但行驶速度却有天壤之别,更重要的是,"信息技术燃料"是一种能够改变商务"行驶方式"

的"资源"。这是关键所在,我们不能把互联网等信息技术仅仅当作一个技术或者资源的概念,它更是一个商业概念。

(3)理论与实践相互促进

随着电子商务实践活动不断开展,电子商务管理理论也日益丰富。两者相互促进,共同发展,实践活动是理论之源,理论又来指导新的实践活动。而将理论研究与实践结合起来最好的例子是企业管理软件[如电子商务系统、企业资源规划系统(ERP)、客户关系(CRM)系统、供应链管理(SCM)系统、知识管理(KM)系统],它们既包含了最先进的电子商务管理理论和思想,同时又是直接为企业开展电子商务活动服务的,所以能够起到及时地将理论研究新成果应用于实践的桥梁作用,同时也检验了这些理论的正确与否,并为进行新的、更加深入的研究提供了参考。

(4)电子商务管理思想体系初步形成

在此阶段,电子商务已被人们认为是今后的商务形式,社会经济的各个层面都离不开网络,离不开电子商务。但是,这样一种基于网络的经济怎样才能和谐地发展,企业怎样才能有效地组织各种资源,实现比传统经济更加高效、活跃的目标呢?唯有构建一个协同与和谐的组织,因此产生了基于信息流协同的和谐理论,进一步发展,我们提出了电子商务管理的实质:电子商务活动中"三流"的协同与和谐。围绕这一主题,国内外学者对电子商务管理理论进行了广泛的研究,并取得了较大的成果。以电子商务管理思想的实质而展开的理论研究已经初成体系,电子商务管理思想形成。

2.2.3 电子商务管理的发展期

电子商务管理思想的发展时期的主要特征是虚拟组织和协同商务理论研究的逐步深入和整个电子商务学科体系的建设完善。这一时期主要是从 20 世纪末开始的,随着时间的推移,其实践和理论将不断发展和完善。

1)信息技术和经济发展状况

20 世纪末期,信息技术得到进一步发展,可以说在社会生活的每一个角落都能看到其影子。但随着信息技术普及,也出现了新的特点,同时电子商务的发展也出现新景象。

企业软件注重信息集成。信息技术的重要应用就是企业软件,近几年来互联网和电子商务的急速发展引发了企业应用程序可用信息数量和类型的爆炸性增长。企业应用程序面临的挑战是实现跨企业不同信息平台和跨互联网,并尽可能快地将大量可用的数据集成并转换成信息资产,这些信息资产可以让企业更有针对性地回应市场及客户的需求,从而保持领先的市场竞争力并不断开辟新的商机。所以当前企业面临的挑战是信息集成。企业应用程序必须能够与数据库、应用程序服务器、内容管理系统、数据仓库、工作流管理系统、搜索引擎、信息队列、Web crawlers、挖掘和分析包以及其他企业集成应用程序交互。技术集成成为 IT 业竞争力的重要表现。技术集成也是一种技术,实际上是用系统工程的方法来组合各种类型的技术和子系统,高端机的"调谐"也是集成,技术集成能力是竞争力的重要表现。有此技术,信息集成也将更加容易。信息技术向商业技术过渡。在商业社会,人们不仅仅需要IT,更需要结合自身的商业模式所运用的 IT 技术,即商业技术。信息系统工程也出现很多新领域,如虚拟现实技术、新控制算法、CIMS 应用、嵌入式系统。

20 世纪末 21 世纪初,电子商务步入平稳发展时期。随着电子商务管理思想的产生及其对电子商务活动的影响,人类逐步意识到电子商务活动要实现"三流"协同与和谐,必然要构建一个协同的商务平台,并在一定理论指导下进行运作。这时,协同商务的概念诞生了。协同商务将在整个供应链上全面拓展,并将给企业的业务模型和商务运作带来变革。

企业电子商务的发展过程可划分为四个阶段:基础阶段、功能阶段、集成阶段和协同阶段。在基础阶段,企业仅仅通过简单的网站来发布产品信息,电子商务的其他要素都很不完善,因而需要大量的资金、人力和物力来实现电子商务的全过程;在功能阶段,企业已经建立了相对完善的网上交易系统、物流系统,可以完成基本的电子商务功能,但由于没有和企业内部的信息化管理结合起来,因而还算不上完善的电子商务;在集成阶段,电子商务的各个因素,如 ERP、CRM、SCM、OA、网上门户、电子支付系统等都被较好地集成起来,电子商务的运作效率大大提高;而在协同阶段,企业进一步完善了各种应用系统的集成,业务流程实现了重组和优化,全面实现了知识管理,与客户和合作伙伴都能够很好地协同工作。可以说,协同商务是电子商务的发展方向,是充分整合企业知识信息、业务流程、运作环节、关联商务主体的"知识化、智能化和协同化的商务平台"。

2)特点

电子商务管理的发展时期还很漫长,现在看其特点还不是很明显,我们现在只能根据其目前的发展情况归纳其特点。

(1)"三流"协同互动

"三流"的协调匹配、良性互动是电子商务健康发展的必要条件和客观要求。因为电子商务中,信息流便捷、快速、实时,客观上要求资金流可靠、安全、准确,物流快速同步和顺畅。可以这样说,信息流是电子商务的首要标志和特征,资金流是电子商务的实现手段和方式,物流是电子商务的物质基础和保障。成熟完善的电子商务不仅通过快捷便利的信息流来表现,而且需要发达安全的资金流来支持,同时更需要综合可靠的物流来完成。

随着信息化进程的加速,电子支付问题的解决和现代化物流的建设,以及协同电子商务平台的不断完善,"三流"的协同与和谐就可以实现。

(2)信息技术商务化

信息技术商务化是指信息技术的发展,给予企业以新的能力,企业将这些前所未有的能力应用于自己的运营中,从而产生新的商业模式,激发新的利润增长点。

有人说当今 IT 产业已经走向无用的境地,但是更多的人说它的明天充满了阳光,因为 IT 技术发展的最终目标是随时随地向用户提供支持但不打扰用户,即敢于充当配角。比如说 IBM 最初提出电子商务,它提出了一组技术的有机整合,实际上这就是典型的信息技术商务化。未来的竞争生态环境将是围绕商务技术(BT)的竞争,谁能通过有效整合现有的信息技术创造性地缔造出商务技术(BT),谁就可以在未来的竞争中取得自己的市场优势。由此,信息流在商务活动中的通畅和快捷就更有保障。

(3)协同商务从理论走向实践

如果说最初的协同商务只是从理论上加以研究,那么现在国内外已经有很多软件开发商纷纷推出基于协同商务的解决方案,国外以 SAP 公司的 mySAP 为代表,国内以泛微公司的 e-cology 为代表。

mySAP 是 SAP 公司在其著名 ERP 产品 R/3 基础上推出的。在协同电子商务中,SAP 将 30 年的关键业务流程管理经验融入客户关系管理、供应链管理、财务及人力资源管理等应用中,构成一个强大而全面的电子商务平台。通过一体化和协同化的运作方式,企业可以提高销售预测和生产计划能力,降低生产成本和增加收入,增加灵活性以适应市场的不断变化。mySAP 商务套件是一套真正完整集成的协同商务解决方案和应用平台。它提供开放的商务应用软件,通过集成人员、信息和流程来获得最大的回报。mySAP 商务套件使企业从容应对不断变化的客户和市场需求,使企业成功驾驭与客户、供应商、后勤伙伴、银行金融机构、政府机关以及员工等的关系,并从这些关系中获得效率和收益。泛微协同商务系统 e-cology 是由上海泛微软件公司推出的一个内容极其丰富的企业软件集成包,能够有效地管理电子商务的各个环节。它不仅包含传统电子商务的功能,更在横向上进行了扩充,纵向上进行了深化,涉及企业经营管理的各个方面——从知识管理到客户资源管理、资产管理、流程管理等。

(4)虚拟企业理论和协同理论的深入研究

在这一时期,电子商务管理理论研究成果越发丰富,尤其是虚拟企业理论和协同商务理论的研究已经具备一定深度。

早在 20 世纪 90 年代初期,虚拟企业就已经被提出。简而言之,虚拟企业就是各个独立的企业之间建立动态的临时合作来完成业务,包含两个重要的观点:"动态"和"跨企业"。动态是指企业间的这种合作是基于当时的利益,伴随着业务的完成,合作也就自然终结,下一个合作事项完全视业务的需要而定。跨企业是指合作是在两个甚至多个独立个体间展开,彼此并没有固定的关联性。

国内咨询公司 AMT 认为协同商务是一个现代企业经营管理的思想,它强调在全球经济的背景下利用互联网技术,在企业的整个供应链以及跨供应链进行各种业务的合作,最终通过改变业务经营的模式与方式达到资源最充分利用的目的。协同商务是一个基于 Web 架构的应用,为企业(或机构)建立一个以"人"为中心,以企业的业务流程为"血脉"的信息平台,通过这个信息平台来打通企业内部和外部的各种信息节点:人事、工作任务、客户、知识(文档)、资产、产品、项目、财务、合作伙伴(代理商、分销商、供应商),以使所有的信息达到充分的共享,使企业整个供应链上的资源得到最大的开发、使用和增值。协同商务具有协同的信息管理、协同的业务管理、协同的资源交互等特点。

2.3　大数据时代的电子商务管理

在大数据时代,数据将成为企业的核心资产。用以分析的基础数据越完整,得出的结果就越可靠,从事电子商务运作的企业也因此越能从中获取高价值信息,用以改善电子商务管理,进而提升电子商务能力。

2.3.1　大数据概述

随着以博客、社交网络、基于位置的服务 LBS 为代表的新型信息发布方式的不断涌现,以及云计算、物联网等技术的兴起,数据发生了"大爆炸"。2006 年,全球产生了 161 EB

（1 EB = 1 024 PB）的数据,2007 年产生了 280 EB 的数据,2011 年全球被创建和复制的数据总量为 1.8 ZB(1 ZB = 1 024 EB),预测到 2020 年全球将拥有 35.2 ZB 的数据量。人们将这种海量数据称之为大数据。大数据包含互联网、医疗设备、视频监控、移动设备、智能设备、非传统 IT 设备等渠道产生的海量结构化或非结构化数据,并且时时刻刻都在源源不断地渗入现代企业日常管理和运作的方方面面。然而,大数据尚未有一个公认的定义,不同的定义基本是从大数据的特征出发,通过这些特征的阐述和归纳试图给出其定义。在这些定义中,比较有代表性的是 3V 定义,即认为大数据需满足三个特点:Volume(体量浩大)、Variety(模态繁多)、Velocity(生成快速)。除此之外,还有提出 4V 定义的,即尝试在 3V 的基础上增加一个新的特性。关于第四个 V 的说法并不统一,国际数据公司认为大数据还应当具有价值性(Value),大数据的价值往往呈现出稀疏性的特点,而 IBM 认为大数据必然具有真实性(Veracity)。

当前,大数据研究和应用已经成为社会关注的热点。世界各国及相关组织均高度重视大数据领域的研究探索,并从国家战略层面推出发展规划以应对其带来的挑战。2012 年 1 月,达沃斯世界经济论坛将大数据作为主题之一,探讨了如何更好地利用数据产生社会效益;2012 年 5 月,联合国"Global Pulse"特别分析了发展中国家面对大数据的机遇和挑战,并倡议运用大数据促进全球经济发展;2012 年 3 月,美国政府宣布"大数据的研究和发展计划",引发了世界各国的广泛关注,未来国家层面的竞争力将部分体现为一国拥有数据的规模、活性以及解释、运用的能力,数字主权将成为继边防、海防、空防之后另一个大国博弈的空间;2012 年 4 月,英国、美国、德国、芬兰和澳大利亚研究者联合推出"世界大数据周"活动,旨在促使政府制定战略性的大数据措施;2012 年 7 月,日本推出"新 ICT 战略研究计划",其中重点关注"大数据应用";2013 年 6 月,澳大利亚政府信息管理办公室(AGIMO)发布了《公共服务大数据战略》。该战略以六条"大数据原则"为支撑,旨在推动公共行业利用大数据分析进行服务改革。目前,大数据的应用已经在电信、医疗、零售、金融、制造等行业广泛展开,并产生了巨大的社会价值和经济价值。国内外知名电子商务企业(如 Ebay、Amazon、阿里巴巴、百度等)相继推出大数据产品和平台,积极推进了深度商务分析和应用。例如,通过分析结构化和非结构化数据促进其业务创新和利润增长;基于机器学习和数据挖掘方法来管理和优化其库存与供应链,并量化评估其定价策略与营销效果;通过市场分析、竞争分析、客户分析和产品分析以优化经营决策等。

"十三五"时期,我国大数据产业年均复合增长率超过 30%,2021 年产业规模突破 1.3 万亿元,推动大数据产业发展取得明显成效。我国已建成全球规模最大的光纤宽带网络,千兆光网具备覆盖 3.2 亿户家庭能力,建成 5G 基站超过 160 万个,5G 移动电话用户达到 4.1 亿户。大数据应用从互联网、金融、电信等领域逐步向智能制造、数字社会、数字政府等领域拓展,极大地丰富了我国的数据资源,催生出一批新场景新模式新业态。此外,中央出台一系列政策文件,地方探索制定数据条例等地方性法规,设立大数据管理机构,组建数据交易所,数据确权、定价、交易等标准制度不断完善。大数据技术在疫情防控和复工复产中发挥了重要作用,成为各地疫情防控的重要支撑。

同时,大数据也引起了学术界的广泛研究兴趣。2008 年和 2011 年,*Nature* 与 *Science* 杂志分别出版专刊 *Big Data:Science in the Petabyte Era* 和 *Dealing with Data*,从互联网技术、互

联网经济学、超级计算、环境科学、生物医药等多个方面讨论大数据处理和应用专题。更为重要的是,大数据正以前所未有的速度颠覆人们探索世界的方法,引起了科学研究范式的深刻变革。科学家不仅通过对广泛的数据实时、动态的监测与分析来解决难以解决或不可触及的科学问题,更是把数据作为科学研究的对象和工具,基于数据来思考、设计和实施科学研究,由此诞生了科学研究的第四范式——数据密集型的知识发现。

2.3.2 大数据对电子商务管理的影响

在大数据时代,数据判断、决策成为国家、企业和个人的基本技能。大数据的出现改变了企业决策环境,并将对企业的传统决策方式产生巨大影响。由此,从电子商务管理过程来看,电子商务管理决策受到大数据的影响最为深刻。

1)大数据对电子商务管理决策模式的影响

经济学人智库的调查报告《Gut & gigabytes:在决策制定中利用艺术和科学》显示:58%的高层管理者在作决策上还是依据直觉、经验、建议以及在企业中的其他经验;43%的高层管理者承认,那些拥有高度数据驱动的企业,在过去两年的决策制定获得了很大的提升。研究表明,越是以数据驱动的企业,其财务和运营业绩越好。可以预测在大数据时代,决定、评价企业价值的最大核心在于数据,数据积累量、数据分析能力、数据驱动业务的能力将是决定企业价值的最主要因素。由此,数据驱动型决策将是大数据时代电子商务管理决策的主流模式。企业需要尽可能地收集全面数据、完整数据和综合数据,同时使用数学方法对其进行分析和建模,挖掘出背后的关系,从而更好地制订电子商务管理决策。

2)大数据对电子商务管理决策者的影响

在大数据时代,决策者仍然是最重要的电子商务管理决策因素。首先,对于高层管理者,传统的决策因为数据稀缺,重要的决策依赖领导者的经验,而大数据可以保证从问题出发而不用担心数据缺失或者数据获取困难,决策重心回到问题本身,而高层管理者的任务是发现和提出正确的问题。其次,对于中层管理者和员工,可以很方便地获得决策所需的信息,决策能力大大增强,决策倾向于依靠企业一线员工。大数据时代最大的挑战之一就是管理者们必须与一线员工并肩工作,提高电子商务管理决策水平。最后,对于普通民众,他们利用社会化媒体以及社交网络参与电子商务管理决策,使决策主体正从商业精英向社会公众拓展。因此,多元决策在大数据环境下更加突出,决策者来源更广泛,关系更复杂,全员参与成为电子商务管理决策的重要特点。

3)大数据对电子商务管理决策数据的影响

大数据包含互联网、医疗设备、视频监控、移动设备、智能设备、非传统 IT 设备等渠道产生的海量结构化和非结构化数据,并且时时刻刻都在源源不断地渗入企业的方方面面。事实上,从事电子商务运作的企业可以从不断生成的交易数据中获取万亿字节的有关消费者、供应商和运营管理方面的信息,从社交媒体中数以亿计的网民群体的实时交流与内容分享中获得各种评价信息,对这些海量数据的有效利用将成为电子商务管理决策的关键。然而,大数据的特点首先是规模大、类型多、结构多样,包含结构化的数据表和半结构化、非结构化的文本、图片、视频等。在利用大数据进行电子商务管理决策之前,需要对多源数据进行清洗、抽取和集成,保证数据的质量和可靠性,再采用统一结构来存储这些数据。传统的数据库管理系统和数据分析手段已无法适用,需要专门的大数据解决方案。其次,大数据产生速度快,应用场景从离线转向在线,并出现实时处理需求。实时数据处理是大数据分析的一个核心需求,尤其是在电子商务领域,而对实时数据的及时处理和利用也是企业面临的一大挑战。

4)大数据对电子商务管理决策技术的影响

大数据的海量性、多样性、动态性和价值稀疏性,使得传统的结果最优化与算法准确率已不适应大数据下知识发现方法优劣的度量标准,也不适用于传统的基于抽样学习的数据挖掘方法,基于全数据的知识发现方法由此成为大数据知识发现的新途径。同时,大数据通常表现为数据流或特征流等形态,数据的价值随着时间的流逝不断减少,面向流数据的动态知识发现方法是大数据下知识发现的重要内容,它可以对数据碎片之间的关联信息进行深度发掘,并对其中的隐藏信息进行收集从而让数据的价值得以保存。无疑,大数据环境下新兴的知识发现技术将成为电子商务管理决策的重要技术,从而给电子商务管理决策技术创新带来重要机遇。同样,作为重要的管理决策技术之一,决策支持系统能够辅助决策者灵活应对环境变化以作出科学的决策。传统的决策支持系统更强调应用,但它的应用和发展受限于少量的人群使用,不能支持其他渠道数据信息的集成,不能利用分布于别处的系统资源等。在大数据时代,利用云平台可以构建大数据下的数据资源池、知识资源池、模型资源池、方法资源池,进而构建基于服务的、集成智能分析、快速决策分析和具备自主决策功能的大数据决策支持系统接口,从而实现针对不同决策层次的决策服务推送机制。

2.3.3 大数据时代的电子商务管理创新

最近几年,大数据成为最热的技术词汇之一,不仅仅对电子商务管理产生了积极的影响,同时在电子商务管理领域也得到了重要的应用。然而,面对大数据时代的到来,不单单是构建企业信息化这么简单,更重要的是企业应该寻求电子商务管理创新,从而促进电子商务能力的有效提升。

1)提高企业的商业智能化程度

商业智能是指用数据仓库、在线分析处理、数据挖掘等技术进行数据分析以实现商业价值。商业智能技术提供使企业迅速分析数据的技术和方法,包括收集、管理和分析数据,将这些数据转化为有用的信息,然后分发到企业各处。作为适应大数据时代到来的重要技术——商业智能并未在电子商务中得到普遍的使用。企业想提高商业智能化程度,首先应打好信息化这个基础,信息化并不仅仅是在企业内部实现办公自动化、无纸化管理,更为重要的是要培养信息意识和数据质量意识,让电子商务系统的每个用户意识到数据是系统的生命,高质量、真实的、高可靠性的数据是一个电子商务系统成功的关键。

2)让决策者意识到数据的商业价值

大数据时代,许多电子商务管理决策者的意识还禁锢在传统的管理模式中,认为只要实现企业的信息化就能够适应数据爆炸增长的大数据时代。虽然企业拓展了获取数据的渠道,但是却很少深层挖掘数据背后的价值,特别是对电子商务系统中微观数据的关注和利用很少。而且,许多电子商务管理决策者们只是单纯地关心像财务报表、企业盈亏表等宏观的数据,并没有从组成这些报表的细微数据中去发现企业存在的问题,对于竞争对手的分析也是如此。大数据时代是一个以数据为王的时代,电子商务管理决策者应该意识到数据的商业价值,将数据与电子商务管理决策相关联,发挥数据的潜在价值。

3) 正确认识决策主体

在传统的管理模式中,企业的高层管理者、中层管理者和一般员工被认为是电子商务管理决策的主体。在电子商务环境下,科技正促进领域间的融合,产业界限正在模糊,传统的决策主体机制势必降低企业决策的正确性与合理性。如今,随着社会化媒体的出现以及社交网络的普及,社会化决策应运而生。由此,需要树立以社会公众为决策主体的观念,将决策的理念由狭隘的企业内部转移到广泛的社会公众,通过社会媒体、社交网络等平台广泛地收集社会公众的意见和建议。根据高德纳咨询公司的预测,未来 5 年中,企业数据将增长 8 倍,其中 80% 是非结构化数据,因此大数据增加了企业决策的不确定性和不可预测性,企业更应该将社会公众纳入决策主体范畴。

4) 培养首席数据官

大数据时代,对电子商务数据的处理和分析不再是一个领域的范畴,它需要同时具有信息技术知识、网络营销知识、运营管理知识等综合素质的人才来掌控,首席数据官(Chief Data Officer,CDO)由此诞生。首席数据官的主要职能是利用数据推进企业与社会的对话,挖掘信息化过程中更为潜在的价值。他们视数据为资产,负责其运营,通过分析来自传感器、社会网络评论、网络流量等各方面的数据,为电子商务管理决策提供参考。由此,从事电子商务运作的企业应该高度重视首席数据官的培养与引进,并赋予他们更多的话语权。

5) 重视员工的社交网络

在传统的电子商务组织架构中,很少去关注员工的社交网络。这里所说的社交网络不仅指员工在企业内部所建立的关系网络,还包括与企业以外的其他人员的联系、员工在各个在线社交网络平台上的好友等,这是一个庞大的社会关系网络。在大数据和电子商务环境下,企业如果能够很好地利用这一网络,将会大大提高效益。因为社交网络在跨部门的流程改善、联合和合并中起黏合剂的作用,对新产品开发也有着不可忽视的推动效果,这也是工作满意度与员工保持的重要因素。

本章小结

20 世纪 80 年代以后,计算机和网络技术的发展构建了电子商务赖以存在的环境,并预示着未来商务活动的一种发展方向,电子商务作为一种重要的商务活动被广泛提出并应用。而电子商务作为一种活动同样需要管理,随着电子商务的产生和发展,电子商务管理应运而生。电子商务管理是利用信息技术对电子商务活动中各个流程、资源的整合管理,实际上就是对电子商务活动中"三流"(即信息流、资金流、物流)的管理。管理的关键不是要实现"三流"合一,而是"三流"协同互动。电子商务管理的实质是实现电子商务活动中信息流、资金流和物流的协同与和谐管理。这体现了电子商务管理思想即协同与和谐的管理思想。这一思想就其外延而言是极其广泛的,如融合互补、动态协作、系统开放、知识创新等思想,它们是围绕其实质"三流"协同与和谐而进行的细化和扩展,而且在不断充实、发展和完善。电子商务活动中信息流、资金流和物流的协同与和谐是通过信息技术在人类商务活动中不断渗透和融合而实现的,电子商务管理思想产生于信息技术和商务活动不断融合的过程中,电子商务管理的发展历程也可以划分为三个阶段。当前,数据已经渗透到每一个行业和领域,成为国家宏观调控和治理,以及社会各行各业管理和技术应用的基础和要素,大数据时代的电子商务管理成为理论与实践的前沿。

问题讨论

1. 如何理解电子商务管理的形成?
2. 与传统管理相比,电子商务管理有哪些新的变革和挑战?
3. 在大数据时代,电子商务管理面临怎样的挑战,企业该如何应对?

课后案例

大数据时代下的电子商务管理

互联网的出现和相关技术的发展让海量数据的收集和分析成为可能,同时互联网的特征又导致这些数据能够被高速度和大容量地传播。随着社会经济的发展和个人收入的增加,人们的个性化需求开始凸显。构建在互联网基础上的电子商务和传统零售相比的优势之一就是数据的可获得性,电子商务可以实时得到顾客的来访源头,在网站内的搜索、收藏、购买行为,以及购买的商品间的关联性。这些数据可以帮助企业更精准地为顾客服务。当然,这些数据的真实性和可靠性需要进一步核实。

大数据就是以数据为源头,数据是决策和价值创造的基石。下面我们来看看几个运用大数据的实例。

M生鲜超市是国内首家新零售商超,运用大数据、移动互联、智能物联网、自动化等技术及先进设备,实现人、货、场三者之间的最优化匹配,从供应链、仓储到配送,有自己的完整物流体系。M生鲜超市做到顾客行为的数字化,了解市场精准需求以引导农业生产的产量和流通,以此带动行业的数字化。门店3公里社区配送的前置仓模式、大数据精准营销、物联网食品溯源等新技术模式给生鲜行业带来新的生机。从商品的到店、上架、拣货、打包、配送任务等,作业人员都是通过智能设备去识别和作业。用户下单10分钟之内分拣打包,20分钟实现3公里以内的配送,实现店仓一体。产业基地于2022年投入使用,集全自动立库、自动存储输送、分拣加工于一体的加工配送中心,综合运用5G、物联网(IoT)、大数据、云计算、区块链等技术,建设全球最高水平生鲜商品加工中心、半成品及成品食材研发中心、无人自动化冷链物流中心。

L健身房依托"教练脱媒"和"场地共享"的核心理念,用"互联网思维""大数据算法""物联网技术"赋能教练和场地等社会公共资源,实现运动健身场景和服务的供给侧结构性改革,致力于打造"1公里健身圈",提供运动健身服务。L健身房首创健身月付制、门店24

小时开放、教练全程无推销、智能约课签到系统可在全国 8 个城市 450 家门店在线约课。L 健身房实现互联网与健身房的完美结合,线上与线下互融提升了健身服务效率。L 健身房进行资源整合、带动线上流量、撬动线下资源,助力良性运营。一般情况下,普通 3 000~5 000 平方米的健身房有 160~220 人次客流,而 L 健身房以大数据获得客户数据让 300 平方米的健身房里每天的客流量多达 350 人次。普通健身房的年费动辄万元,L 健身房的月卡 129 元,让每个人平等享有平价健身的资源和权利成为可能。

招聘行业本质是提供人力资源与岗位资源的匹配服务,帮企业短时间内招到对的人,快和准是衡量匹配效率的两个最重要的维度。传统招聘平台缺乏量化处理数据的能力,企业与应聘者之间信息不对称,用户只能通过搜索获取信息,匹配效率低下。和传统网络招聘平台搜索逻辑不同,B 招聘平台采取大数据精准匹配策略,采用推荐作为产品的技术选型,通过精准算法将用户信息分割重组,将匹配度最高的推送给用户,提高雇主与人才的匹配精准度,提升求职招聘效率。用户在 B 平台上能垂直化、立体化地展示自己,是基于算法和大数据支撑才能实现的。

S 平台是中国跨境电商巨头,一家国际 B2C 快时尚电子商务公司,主营女装。SHEIN 采取每日上新的模式,平均 4 万~5 万件/周的上新速度。SHEIN 从产品设计、打版与上架仅需要 14 天,上架后生产、配送至消费者仅需要 7 天。支持跨境快时尚模式的是“IT 框架+大数据分析”S 平台供应链生态。IT 研发中心、数字智能中心、商品中心和供应链中心环环相扣,构成了 SHEIN 供应链生态。IT 研发中心为后续数据分析提供基础;数字智能中心提供的个性化推荐算法实现“更准”推荐,以获得更多用户数据和促进潜在订单;趋势分析实现“更快”预测。S 平台作为跨境电商品牌对数据的掌握程度更强,渠道更丰富,迅速观测流行趋势、锁定爆款、抓住用户、产生复购;根据相关查询的搜索数据,快速分析竞争对手,从而确保自己的领先地位。

各种应用的例子难以穷举,但趋势十分清楚:大数据的应用价值和潜力不再被人低估,但并不是所有企业都能在大数据这个金矿里真正挖到金子。只有那些有远见有视野,重视系统,舍得投入,吸引了优秀的分析和系统人才的企业才会有所斩获。

讨论:
结合案例,谈一谈大数据时代电子商务管理的应用主要有哪些。

第 3 章

电子商务组织系统管理

📖 案例导学

海尔集团进军电子商务领域

海尔集团是一个以家电为主,集科研、生产、贸易及金融各领域于一体的国际化企业。2000 年就实现了全球营业额 406 亿元,品牌价值达到 300 亿元。海尔公司向电子商务领域进军,是以虚实结合的策略为指导。在推进电子网络的同时,不断夯实商务基础,海尔认为对于电子商务,最重要的不是投资网络,而是在于建立自己的物流体系、商流体系和资金流体系。这样可以形成数倍的增长,原来的基础在进入电子商务时可以迅速得到扩大。

海尔从两个方面为进入电子商务领域做好了准备。一是准备好电子商务在外界需要的必备条件:配送网络和支付网络。目前,海尔的营销网点从大城市延伸到多个村庄,已经建立起庞大的销售网络;支付网络是和中国建设银行合作的,在全国各地均可进行网络支付和结算。二是调整企业内部的组织结构,使其能够适应外部电子商务的要求,电子商务与其他商务最大的不同就是个性化需求,所以上述工作都做好了之后,最关键的一点就是满足用户个性化的需求。

📖 内容提要

在电子商务环境下,为了突破信息、时间、空间三大障碍,这类以信息技术为基础的,立足于自己的核心技术,利用网络技术整合优势资源,形成动态的、互利的产供销合作网络的企业,不仅带来了企业的技术进步,降低了成本,增强市场竞争力,同时也引发了管理思想、管理方法、管理手段、管理组织等诸多方面的变革。信息流、物流和资金流是电子商务活动的三个基本组成要素,信息流是核心,物流是保障,资金流是实现的手段。成熟完善的电子商务不仅需要及时准确的信息流的支撑,而且需要高效的物流来保障,需要安全的资金流来实现,三流之间的有效互动构成了一个完善的电子商务系统,从而才能进行有效的电子商务组织与管理。

📖 **本章重点**

- 电子商务组织的原理
- 电子商务的信息流管理
- 电子商务的物流管理
- 电子商务的资金流管理
- 电子商务系统管理中的"三流互动"

3.1　电子商务组织管理

随着电子商务时代的到来,许多极富活力的新型企业组织应运而生,它们不仅成为这个时代的主力军,更是构成了传统组织理论的盲区。传统组织理论要么是建立在即将完成其历史使命的官僚组织形态之上,要么就是从特定的角度来研究组织的特定问题,彼此之间缺少统一性,且并不具有前瞻性。因此,传统组织理论不可能对电子商务时代涌现的各种新问题、新现象作出合理的解释,也就更谈不上指导电子商务时代的企业组织了。

3.1.1　电子商务组织原理

1)电子商务组织要素

电子商务活动系统中最基本的单位是要素,要素组成子系统。构成电子商务活动系统的要素主要有人、产品、信息、资金、网络、客户、时间等。产品与客户是构成电子商务系统的基本要素。人是指企业管理人员、技术人员、生产人员、营销人员等,他们是企业产品与客户发生联系的中介,更是电子商务活动能否开展的关键。因此,人是构成电子商务活动系统最活跃的要素。产品是企业生存的价值所在,它决定着企业开展电子商务活动的基本条件,是组成物流的物质基础。资金是支持电子商务活动的能量来源,也是企业生存的血液系统,是企业内部资金流与外部资金流的母体。信息是组成电子商务系统的非物质要素,它包含两种类型的信息:一是推动电子商务活动的各要素的运动信息;二是对各要素进行管理的信息,亦称管理信息的信息。这两类信息的交融汇入电子商务系统中形成信息交流,从而把电子商务活动与社会整个电子商务活动有机地联系起来,形成交流中介。因此,信息成为电子商务系统的联系纽带,是必不可少的要素。网络是企业开展电子商务的特定环境,通过网络技术把企业内部各要素组合起来,形成局域网,组成电子社区,并与外部多媒体网络相联,进入大的电子商务活动平台,形成大电子商务社区,所以网络既是电子商务活动的技术支撑与手段,同时也是电子商务活动超地域超时空展开的电子通道。客户是企业产品直接服务的对象,没有客户就没有企业生存的空间,因此,客户是电子商务活动的终端,也是电子商务系统的目的要素。时间是指速度和速率,电子商务活动各要素是在一定的空间和时间中运转的,电子商务活动的快速响应功能主要体现在时间速率上,时间就是生命,时间就是效益。人、产品、资金、信息、网络、客户、时间七个要素共同构成电子商务活动的各种子系统,如生产子系统、销售子系统、物流子系统、信息流子系统、资金流子系统等。

2) 电子商务组织原则

实施电子商务的企业组织设计并没有一个范本可循,大体上可以遵循以下两个主要的原则。

(1)扁平原则

①企业组织结构将更趋向扁平化。在传统的组织结构中,组织决策层与作业层之间存在着庞大的管理中层。管理中层的存在一方面是在信息处理能力有限的情况下,负责信息的收集与传递,起到信息"中继站"的作用;另一方面则因为管理跨度有限,中层管理人员负责对操作层人员的监督与控制。电子商务技术的发展使信息处理效率提高,企业网络内每一个终端都可以同时获得全面的数据与信息。同时它也使管理人员的管理效率提高,应用各种计算机辅助管理手段可以代替大量的调度资源、安排计划、监督生产等传统管理任务。这就使企业没有必要再维持一个占用巨额行政管理开支的中间管理层。中层管理人员失去了存在的基础,企业成为高效的扁平化组织。

根据美国通用电气公司的管理实践,在有效的电子商务技术的支持下,企业管理层处理 $100\sim150$ 人的管理信息的管理效率与常规条件下处理 $7\sim13$ 人的管理信息的管理效率几乎一样,甚至更高。毫无疑问,电子商务在企业内部管理运作中的应用,将降低企业组织的管理控制成本,提高管理效率。

②企业的生产制造部分柔性化、数字化、敏捷化、跨职能工作团组成为企业组织结构的基础。所谓跨职能工作团组是指企业组织内具有不同方面专长的员工构成的、针对特定的工作任务或业务流程而产生的并具有监督、激励、约束等职能的工作团组。跨职能工作团组直接面向工作人员而产生,实施自我管理,使经济组织进一步扁平化。它取代层级结构成为电子商务企业中组织结构的基础。

首先,跨职能工作团组削减了中间层次,缩短了上、下层的距离,这样既提高了信息传递的速度,保证了信息传送的及时性、完整性和正确性,又提高了管理层决策的效率,从而适应多变的网络经济环境。

其次,跨职能工作团组具有反应快捷性。工作团组直接面向任务而产生,能够快速响应消费者需求。在电子商务活动中,消费者可以通过互联网在线描述对产品的特殊要求,传统的企业层级组织结构无法适应这种快捷化的需求,而跨职能工作团组则可以针对消费者需求,组织团组成员共同分析市场需求,共同研究开发,共同组织生产。

再次,跨职能化工作团组能够适应多样化的需求。在网络经济条件下,大规模生产逐渐被小规模定制所取代,生产企业不得不面对消费者个性化、多样化的需求,传统的组织结构难以适应这一变化,而各个工作团组则可分别对消费者的多样化需求作出反应,按照消费者的要求进行研究开发,适应个性化生产的需要。

最后,跨职能工作团组具有管理上的高效率。工作团组直接接受决策层领导,没有庞大的管理中层,降低了行政管理开支。在基层管理内部虽设有基层主管,但整个团组提倡开放、松散的工作方式,团组成员有相当程度的决策和选择自由。基层主管的管理职能从控制转向支持,从监督转向激励,从命令转向指导,尤其突出集中与协调的功能。

(2)虚拟化原则

"虚拟化"被认为是 21 世纪的企业组织发展模式。虚拟化的实质就是虚拟企业,它是一种比较松散的合作网络,其主要任务是对来自不同企业的核心能力进行动态组合,以应对一场复杂的任务、生产产品或提供服务。目前,企业组织的虚拟化现象已经大量出现,而且在电子商务活动中表现得尤其明显:通过计算机网络,人们可以与工作设备、设计工具、软件连接起来,即使他们处于不同的地点、属于不同的所有者,彼此也可以密切地合作。比如,软件公司的程序员可以坐在任何地方工作,无论他是在家里、办公室还是在遥远的海外。一般而言,"虚拟化"原则的优势体现在以下几个方面。

①企业界限模糊。实施电子商务的企业如果按照传统模式设计组织结构,其规模往往过于庞大,以至于面对迅速发展的市场,企业的反应迟钝。事实上,实施电子商务的企业之间往往是彼此出于自身的某种战略考虑而临时组建的动态合作关系。这种动态合作关系打破了传统企业间明确的组织界限,形成了一种"你中有我,我中有你"的网络形式。

②企业内部组织结构精简。对于虚拟企业中各个独立的网络成员而言,他们以各自的某种优势组建虚拟企业,从而可以集中精力将优先的资源用于保持和发展企业自身的竞争优势,而将其他对企业而言附加值低的功能虚拟化,扩散到企业网络中,借助其他网络成员的力量予以整合,从而大大精简了自身的规模,有助于网络成员保持各自的弹性和创造性。由此,虚拟化打破了传统企业机构的层次和界限,不需要固定的组织结构,具有较大的弹性,员工有非常宽松的环境,有利于发挥其创造性。

③具有强有力的竞争优势。企业成员本身是否具有一定的竞争优势是其是否可以成为虚拟企业成员的前提条件。由此,在此基础上组建的虚拟企业必然是优势互补的,其结构必然使得整个网络成员具有任何一个网络成员所不具有的强大的竞争优势。同时,虚拟企业可以随时根据市场信息进行调整,组织的建立、解散都比较方便快捷,能够灵活适应市场竞争的需要。

④成本低。实施电子商务的企业通过组建虚拟企业可以大幅度降低成本。比如,前面所提的美国的软件公司就可以通过虚拟组织雇用中国、印度、巴西等国的程序员在家为其工作,从而节约了大量的经营成本。

3)电子商务组织思想

电子商务组织思想主要包括以下三个方面:

(1)有利于信息高速传输与交流

电子商务活动根植于网络经济环境,其信息流的有效运动,决定着物流、资金流的调配与聚散,尤其是市场需求的快速响应。因此,电子商务组织体制设计首先要考虑信息流的传输及相互交流的通道,因此,其总体组织结构应该朝扁平化、网络化方向发展。

(2)有利于内部资源整合

电子商务活动有效展开,其基础是充分整合内部人力、财力、技术、时间信息等类型资源。在传统企业的整合过程中,其组织结构是垂直指令型、职能制约型。这种组织结构形式主要体现的是人与物的关系,而在网络经济条件下,影响人与物关系协调因素加大增多,出现了人与物、人与机、人与信息、人与市场、人与环境的多元多层关系,人、财、物的流动已冲破传统计划型和职能制约型,而随着环境、条件、市场的变化朝着有利、有益的市场化方向流动。这种市场化、人格平等自由的文化理念形成,需要电子商务组织结构向充分体现人性化、品位化的格局转移,打破传统集权成分较重的权限式职能结构,实行任务团体、项目结合、目标作业、自我控制的分权式管理,形成以目标或项目为核心组织,有项目则有组织,有组织就有项目,有事则合,无事则分的灵活柔性结构,实现以目标为核心的资源组合,达到企业内部资源的有效利用。

(3)有利于外部资源的利用

在当前条件下,任何一个企业的资源都是有限的,而企业的生存与发展在很大程度上必须利用企业外部资源,而在企业外部各种资源成分均处于流动状态中,因此企业通过电子商务活动,建立或租用各类信息网站,形成企业外部的客户资源、技术资源、项目资源、人才资源生产要素资源等网络体系,建立责、权、利一体化的利用机制,因此电子商务组织结构既有自身内核,又有与外相连的虚拟化、联盟式、电子社区式的网络组织体系,从而实现电子商务活动超时空超地域的发展。

3.1.2 电子商务组织形态

1)虚拟企业

知识经济的兴起和信息技术的日新月异,给人类的经营意识和管理观念带来了巨大的冲击。随着全球一体化经济的出现,市场竞争日益激烈,这给企业的管理方法和管理模式带来了更大的挑战。人们对新的管理方法和管理模式的不断探索,为企业增强自身活力和竞争优势提供了有效的保证。"虚拟企业"这一新概念在这种环境下应运而生。

(1)虚拟企业的概念

关于虚拟企业的含义,至今仍未得到公认和统一。长期以来,许多中外学者从不同研究角度出发,对虚拟企业作出了不同的解释,较为典型的有以下几种:

定义一:美国的 NIIIP(National Industrial Information Infrastructure Protocols)计划项目对虚拟企业的定义为:"虚拟企业是由不同的公司组成的共扣成本、共享技能以开拓快速变化的市场的临时性联盟。"

定义二:虚拟企业是借助高度发达的信息技术和通信技术组建而成,企业之间的合作关系可以突破传统的长期、固定的合作关系,如合资企业、跨国公司等。通过网络,应用信息技术进行分散的合作,一旦合作目的达到,这种合作关系便宣告解散。因此,这是暂时、跨越空间、十分庞大的合作关系。

定义三:虚拟企业是指有完整生产、行销、设计、财务等功能的企业,却没有完整地执行这些功能的组织,仅保留企业中最为关键的功能,其他的功能将之虚拟化,以创造企业高弹性的竞争优势,或者说在有限的资源条件下,为应付激烈竞争的市场,具有开发、生产、经营某种产品所需不同知识和技术的不同企业为共同开辟市场、共同对付其他竞争者而组成的企业联盟。

定义四:虚拟企业是指在市场进入买方市场,竞争异常激烈的情况下出现的一种代表企业经营管理新思维的经营管理方式。它是指公司在组织上突破现有的行政界线,充分利用高速发展信息技术、网络通信技术,在有限的资源条件下,为了取得在市场竞争中的最大优势,通过各种方式借助外力进行整合弥补,以求在竞争中最大效率地发挥企业有限资源的能量。

上述定义从不同的侧面、不同的角度揭示了虚拟企业的含义,或者揭示了虚拟企业在某一层面上的属性。我们认为,虚拟企业是指随着市场竞争的激烈化,基于现代信息技术,包括计算机技术、网络技术和通信技术,在企业之间出现的共享资源、共担风险、联合参与竞争的临时性动态联盟组织。

(2)虚拟企业的特点

作为信息时代的产物,虚拟企业根植于高度发达的通信网络和信息技术,这使虚拟企业与传统企业的组织模式相比,有着根本性的区别。虚拟企业之所以能够迅速适应新的生态环境,必然有传统企业无法比拟的特性,我们从以下三个层面进行分析。

①从整体环境来看:

a.成员和资源的分散性:虚拟企业的成员和生产资源分散在不同的物理空间中,基于共同的市场目的,依靠各种信息网络、支持协同工作的计算机软件以及信息技术而集中于同一虚拟空间中。

b.信息技术和信息网络为依托:信息技术和信息网络是虚拟企业构建的基础,而且虚拟企业中各成员的资源共享与合作只有在利用现代信息技术并依靠现代通信网络的前提下才能顺利完成。另外,虚拟企业中多以项目为中心的协调管理,高效的信息技术手段成为必需的支持。

②从组织结构来看:

a.企业组织模式趋向水平型:与传统企业的"纵向一体化"(垂直型)的企业组织模式不同,虚拟企业的组织模式更趋向于水平型的"横向一体化"。它的优点是具有较大的机动性和适应性,较好地实现了分权与集权的结合。

b.功能的专长化和完整性:从宏观上看,在虚拟企业中,各个成员企业都是具有不同知识、生产技术、市场营销和人才资源优势的企业,将这些成员企业通过通信网络集成在一起,不仅可以在功能上达到完整,而且所具有的功能都是各个成员企业的优势功能。从微观上看,虚拟企业的各成员企业仅仅提供自己最专长的功能,如善于开发的企业就提供开发功能,善于资金运作的企业就提供资金运作功能。

③从企业运作来看:

a.并行分布式作业:在虚拟企业中,成员企业的作业方式在时间上是并行的,在空间上是分布的。这种独特的作业方式,既提高了虚拟企业的生产效率,又减少了市场风险。

b.强大的企业学习机制:虚拟企业作为一种动态的开放式系统,已经超越了时间和空间的障碍,能形成强大的企业学习机制。而虚拟企业的创新机制也只有建立在强大的企业学习机制之上才能最终发挥功效。

c.独特的企业文化:跨地区、跨国家动态联盟的组建必将促使在虚拟企业内部形成跨地域的企业文化。在虚拟企业模式中,企业与企业、人与人之间的合作都要建立在信任的基础上,而这也恰好是虚拟企业的企业文化所要达到的目的。

d.暂时性和动态性:动态联盟就是基于捕捉稍纵即逝的共同的市场机会而迅速成立的。当市场机遇出现时,迅速组建;当市场机遇消失时,自行解体,进入下一轮虚拟合作。正是这种动态性特征使它具有多变市场环境的快速反应能力。

2)企业电子商务

(1)企业电子商务的含义

传统企业若要开展真正意义上的电子商务,实行基于网络的商务运作模式,那么它必然会形成一种有别于实体组织、虚拟企业的新型组织形态——企业电子商务组织。所以从组织形态的角度来讲,企业电子商务就是指传统企业通过计算机技术、通信技术、网络技术三大技术平台来配置资源,进行生产的一种组织形式。

（2）企业电子商务的特征

传统企业一旦成功向企业电子商务转型,其组织形态必然具有以下特征。

①强大的技术基础。企业的电子商务平台是建立在三大技术平台之上的,即计算机技术、通信技术和网络技术。但企业电子商务对信息技术的依托与虚拟企业以及电子商务企业有所不同。虚拟企业既可以通过契约网络进行合作,也可利用以三大技术平台为支撑的信息流网络进行合作。电子商务企业则完全根植于互联网,没有了三大技术它将无法生存。而企业电子商务对信息技术的依托居于两者之间,它既需要强大的技术基础,但又不完全依托于信息技术。

②组织创新。首先,组织结构扁平化。随着电子商务在企业的实施,原有的那种"金字塔形"组织结构已失去了存在的根基,企业内部由于广泛应用信息技术,组织结构不再受到管理幅度的限制,企业可以尽量减少管理层次,扩大管理幅度,改变信息传递机制,节约管理费用。另外,传统的"金字塔"式的官僚组织结构也不能适应当代企业电子商务敏捷灵活、高效快速的经营方式。

其次,组织边界的扩张。20世纪30年代,著名学者罗纳德·科斯认为企业的起源是企业可以节约市场交易费用。科斯同时指出,企业组织替代市场尽管可以节约交易费用,但是企业组织中的交易也是有费用的。当企业组织扩大时,企业内部追加交易的成本可能会上升,以致通过企业内部交易的成本与市场交易的成本相等,这时候,企业规模的扩张就停止了,企业规模与市场规模就处于一种"均衡状态"。相对于市场交易而言,电子商务能给企业组织节约更多的内部交易费用,由此企业可以进一步地扩张。如果企业信息化进程达到一定程度,企业引入虚拟运作机制,组建虚拟企业就成为必然,此时企业组织的界限就更为模糊。

最后,组织体制的变化。组织体制的最大变化就是,实施电子商务运作的企业在为知识的流动和共享提供硬件设施的同时,还设立了知识主管（CKO）一职,并辅之以专门的知识管理部,负责企业知识的积累、共享、利用、创新、扩散,加快企业知识转化为生产力的步伐。知识管理部又下设信息管理部、技术开发部、组织学习部、人力资源开发部、客户关系管理部等。从表面上看,企业中只是多了一个职能部门,但不难发现,在知识主管的领导下,企业电子商务已变革为学习型组织。

③独特的企业文化。同样,对企业电子商务而言,没有企业文化的转型,传统企业向企业电子商务的转型就难以实现。因此,企业电子商务的企业文化必然与传统的企业文化有所不同。电子商务的特点决定了企业发展和成功的关键在于人才。在企业电子商务模式下,员工的工作时间更具弹性,工作范围全球化,工作场所不受限制,员工更依赖于自身的知识创新能力,并逐步摆脱机械设备、原材料、工作条件和岗位的束缚,从而找到内在的自由和平衡。这就需要企业建立一系列新观念、新制度来进行人力资源的开拓,从而形成既具有电子商务特色又兼容传统企业文化的新型企业电子商务文化。

3) 电子商务企业

（1）电子商务企业的概念

在企业实现电子商务的同时，商业主体之间的交易便捷性得到了空前提高，交易的成本大大下降。电子化交易手段大大扩展了交易主体的选择空间并加速全球经济一体化的进程，交易主体之间"多对多"的交易关系推动"全球网络化供应链"的形成。在全球网络化供应链中，交易主体在选择合适的交易对象时，由于数量剧增而极大地影响了交易的效率，如每个零售商都可能需要到很多企业的网站上下订单。在这种情况下，为了提升全球网络供应链的运行效率，在交易主体之间按商品类别建立网上公共交易社区或"网上超市"（这不同于单一企业建立的"网上商店"）将会大大提高交易效率，从而衍生出纯粹的电子商务企业，为交易的双方提供交易信息服务和交易平台服务。

纯粹的电子商务企业是组成全球网络供应链中的一个重要环节，其目标是通过提供交易信息和交易平台（主要是交易订单和交易结算）公共服务提高交易主体之间的交易效率。我们可以将电子商务企业提供的服务概括为以下三个方面：公共交易信息服务、公共交易平台服务、公共应用系统服务。

电子商务企业的收入来源主要提供上述三类服务而取得应有的收入，主要包括：按交易额提取少量（一般不到1%）的交易服务费、广告费、社区会员费、深层次信息服务费、应用系统运行平台租赁费、应用系统租赁费、应用系统实施咨询费、应用基础设施服务费等。

（2）电子商务企业的特征

①中介特征。所谓中介特征指的是电子经纪人在交易双方、当事人之间处于中介地位，为交易双方提供定约机会，充当媒介。当然，电子经纪人从事中介的目的仅仅是基于佣金请求，本身不从事生产或经营。电子经纪人不得从委托他的供方那里购买中介的商品、技术而变成需方，也不得向委托他的需方出售自己商品、技术而成为供方。如果电子经纪人在中介服务过程中，发现了有利可图的商业机会而参与经营的话，其行为的目的是获得利润，而不是收取佣金，这在许多国家都是禁止的。这就是说，经纪人要对他的委托人忠诚，经济行为要为委托人的利益进行，如果允许经纪人可以直接经营所经纪的商品，这样，经纪人就会损害委托人的利益。

②有偿服务特征。电子经纪人的活动性质是一种服务性劳动，这种劳动本身不创造产品价值，而是促进社会流通渠道的畅通，参加商品流通中的价值分配，这种分配反映了电子经纪人服务活动的有偿性，其具体表现形式是佣金。为了使佣金得到保证，采取先付定金再提供服务的保证措施。

③电子经纪的广泛性。电子经纪活动根植于商品经济，在信息经济和网络经济条件下，市场上的供给和需求相当广泛，繁多而复杂。许多商业机会稍纵即逝，企业若抓住了这个机会，就能获取大笔的订单，而若失去了这个机会，往往会对企业的发展造成重大的损失。在这种情况下，电子经纪人有了其用武之地。电子经纪人可利用自己丰富的信息网络，为企业提供所需的有价值的信息。电子经纪人所能发展的空间很广阔。在我国，只要国家法律、法规和政策允许进入市场交易的物质、技术成果、工程项目，电子经纪人均可依法进行中介，为供需双方牵线搭桥。

④知识性与情报性。现代商品交易的中介要求电子经纪人在从事某项商品的交易中介

业务时,不仅要熟悉商品的专业知识、经营业务、市场行情、政策导向、法律规章、交易心理、社会环境,而且还要了解相关商品领域的知识与概况,以利于主动解决或协调处理随机出现的问题。电子经纪人在具备以上知识的基础上,还需一种情报意识,即以宽广的知识面为基础,有善于洞察市场变化的意识,从市场行情中收集情报,从大量事实中分析情报,在接受委托和提供参数服务的内容实质上提供情报服务,其与委托人进行的是一种情报商品的交易,因此,电子经纪人活动的内容具有经济情报服务的特点。

3.1.3 电子商务组织架构

电子商务组织架构概括地讲是指企业、组织或团队的整体结构形式。具体则是指企业、组织或团队在管理要求、管控定位、管理模式及业务需求等多因素的影响下,根据内部资源、业务流程等而形成的职能部门。

电商团队要想长久地发展,在激烈的竞争中站稳脚跟,必须有一个与团队发展相符的组织架构。传统企业中常见的组织架构形式有中央集权制、分权制、直线式以及矩阵式等四种形式,但在电商业务中就简化了许多,以直线和矩阵式为主。

一般来说,电子商务组织架构包括以下部门:

1)运营部

根据公司战略目标,制定公司电商战略规划,把握电商业务发展方向;根据业务目标,制定整体运营方案、具体策略及营销运营模式,并组织实施;负责电商平台运营管理,提升用户活跃度、留存率及平台交易额;深入了解行业特点、用户特点及需求,提出产品优化建议;下设:商品组、活动组、文案组、商务组、推广组、增长组等。

2)技术部

根据公司业务发展战略,负责电商业务系统设计、技术实现、性能优化及系统安全,为业务发展提供全面技术支持;紧密配合公司业务发展,组织团队完成产品设计和研发工作,确保项目按时保质完成;把握公司发展的技术动向,保证公司技术的领先性,为未来业务的实施做好准备;下设:产品组、设计组、前端组、后台组、APP组、测试组、运维组等。

3)采购部

以公司战略目标为导向,组织完成相关市场调查、分析、改善及丰富相关品类;准备掌握市场及季节需求,制定商品规划方案,准确推出符合市场定位的品牌、SKU方案;完成商品订货、价格制定、售货、付款等合同业务洽谈及交付;组织建立和完善供应商开发、维护、淘汰等管理体系,维护供应商资源库;下设:品类组、商务组、信息组等。

4)客服部

通过热线电话、在线客服等渠道,为公司各产品客户提供高效、优质的服务体验,并尝试新的服务模式以实现相应客户价值;通过客户反馈,精准定位客户问题,推进优化服务流程、平台规则、商品供应等服务;根据业务需求进行跨部门协作沟通,积极推进有任务落地,及效果反馈并及时调整;下设客服一组、客服二组等。

5)供应链部

参与制定、组织实施公司供应链战略,建设发展供应链管理体系,为公司实现经营发展战略目标提供有力保障;制定并完善切实可行的计划、采购、仓储物流、生产等管理等工作流程,实施监控和管理,确保产品质量,并根据业务的变化不断优化;建立和健全供应商、承运商的开发、维护、跟踪及评估体系,合理控制采购及运输成本并保证品质和交期;下设:关务组、物流组、仓管组等。

6)财务部

负责公司全面的资产调配、成本核算、会计核算和分析工作;编制及实施财务预算报告,提供财务专题报告或建议;负责月、季、年度财务报告;设定年度预算、资金运作,保障财务会计信息质量,对公司税收进行整体筹划与管理;定期审核公司经营状况,监测和预测现金流量,确定和监控公司负债和资本的合理结构,财务有效措施预防风险;协调银行、工商、税务、审计等部门关系,维护公司利益;下设:出纳组、税务组、会计组等。

7)行政人事部

根据公司发展战略,设定招聘、培训、绩效、薪酬福利、员工发展等管理体系;拟定年度人力资源预算规划,组织制定人才储备及职业发展计划,实现人才优化配置;塑造、维护和推广企业文化,加强员工凝聚力;组织安排各类会议、公关接待等活动的筹备及会务工作;负责公司各重要档案的管理工作;下设:人事组、行政组等。

3.2 电子商务信息流管理

3.2.1 电子商务信息流管理基础

在电子商务环境下,商务活动中的人流、物流和资金流的大部分改为数字信息的流动,仅仅采用信息交流的方式就完成了商品交易的大部分环节,大量减少了人、财、物的流动,使交易效率的过程机制发生了质的飞跃。由此,信息流是电子商务活动的核心,信息流管理也是电子商务管理的核心。

1)信息与信息流

(1)信息

由于人们研究信息的角度与目的不同,所以至今提出的信息定义也是多种多样的,如香农认为:"信息是使不确定性消除的某种东西。"而维纳则从通信的角度将信息定义为:"我们在适应外部世界、控制外部世界的过程中,同外部世界交换的内容的名称。"我们认为,信息的概念是十分广泛的,信息是客观世界(包括自然界、人类社会和人类思维活动)各种事物运动变化状态的反映,是客观事物之间相互联系、相互作用的表征。

信息由信息源、内容、载体、传输、接收者构成。信息可以从不同角度来分类。按照其重要性程度可分为战略信息、战术信息和作业信息;按照其应用领域可分为管理信息、社会信息、科技信息和军事信息;按照信息的加工顺序可分为一次信息、二次信息和三次信息等;按照信息的反映形式可分为数字信息、图像信息和声音信息等;按性质可分为定性信息和定量信息。

一般信息都具有以下特性:

可识别性:信息是可以识别的,识别又可分为直接识别和间接识别,直接识别是指通过感官的识别,间接识别是指通过各种测试手段的识别。不同的信息源有不同的识别方法。

可存储性:信息是可以通过各种方法存储的。

可扩充性:信息随着时间的变化,将不断扩充。

可压缩性:人们对信息进行加工、整理、概括、归纳就可使之精练,从而浓缩。

可传递性:信息的可传递性是信息的本质特征。

可转换性:信息可以由一种形态转换成另一种形态。

特定范围有效性:信息在特定的范围内是有效的,否则是无效的。

(2)信息流

信息流的广义定义是指人们采用各种方式来实现信息交流,从面对面的直接交谈直到采用各种现代化的传递媒介,包括信息的收集、传递、处理、储存、检索、分析等渠道和过程。信息流的狭义定义是从现代信息技术研究、发展、应用的角度看,指的是信息处理过程中信息在计算机系统和通信网络中的流动。

信息流可以说是流通体系的神经,它是流通体系存在和运动的内在机制,其功能主要表现在以下几个方面:

①联结功能。流通过程是作为一个整体的运动,即体系的运动来实现的。流通体系又是各种要素的集合,不同的要素之所以能形成集合,是靠信息把它们联结在一起的。在流通体系中不同主体之间的关系,从本质上讲是交换关系。买卖双方是通过信息的交流了解对方的意愿,联结在一起。没有信息交流,买和卖永远不会结合起来。买卖交易的实现,流通过程的顺利进行,仍然要依靠信息流把一个个孤立的环节,联结成为连续不断的有序活动。

②调控功能。信息流的调控功能产生于联结功能。流通信息是能够被人类理解、接收和利用的信息,是经过一定程度处理的信息。因此,信息在联结要素的时候,所反映的客观内容就是流通当事人行为的状态和结果。这样,在当事人之间就产生了一个过程,每一个当事人都取得其他当事人的信息,这些信息会影响他的行动和后果,而他的信息同时也影响相互联系的其他当事人行为,信息的变化将会使当事人行为发生变化,这就是信息流的调控功能。

③决策功能。流通是不断变化的动态过程,流通所赖以存在的运动的环境也是不断变化的动态环境。无论是运动着的流通过程,还是变化着的动态环境,都存在大量的不确定因素。信息的重要功能,是使决策当事人了解动态变化的状况,以减少不可避免的不确定性,从而为他的行为作出恰当的选择,并控制行为的后果。如不存在不确定因素,经济决策就成为按成规办事,无关紧要了。而这种状况在现实中是根本不存在的。但是,信息越完善、充分、及时,不确定性就越少,决策就越合理。

2)企业信息化

企业信息化是指企业利用网络、计算机、通信等现代信息技术,通过对信息资源的深度开发和广泛利用,不断提高生产、经营、管理、决策效率和水平,从而提高企业经济效益和企业核心竞争力的过程。通俗地讲,企业信息化就是实现企业的资金流、物流、作业流、信息流的数字化、网络化管理,实现企业运行的自动化和企业制度的现代化。企业信息化的内涵可以从四个方面去理解。

（1）企业信息化以现代信息技术为基础条件

企业信息化必然要包含现代化信息技术，否则企业信息化将无从谈起。也就是说，企业信息化必须以现代信息技术的设备和软件为物质基础。企业信息化过程中采用的信息技术是多种多样的，如工程设计领域应用的 CAD、CAM；制造管理领域应用的 MRP II 或 ERP；流通领域应用的 EDI 技术；在企业内部建立内联网；在企业外部使用互联网以及建立信息高速公路等。这些都需要计算机、网络、软件的应用，因此，企业信息化是以现代化信息技术为基础的。

（2）企业信息化是以信息为战略资源

信息是正确决策的前提，只有掌握正确、迅捷的信息，企业才能在市场中拥有较强的竞争优势。随着信息技术的发展和市场竞争的加剧，信息已被视为 5 种投入要素（劳动力、资本、土地、资本家才能、信息）之一，作为企业的一种重要资源，其重要程度正日益提高。并且由于信息技术在发达国家的部分企业中逐渐成为核心技术，信息资源管理也更多地介入企业战略管理层面，信息资源作为企业的一种战略信息资源已融入企业信息化过程中。

（3）企业信息化以推进企业管理现代化和提高核心竞争力为目标

企业信息化的目标是利用现代信息技术来加强管理、改善经营、降低成本，使企业效益得到大幅度提高。任何一家企业如果信息化水平低下，在全球经济一体化的今天，在激烈的市场竞争中就很难生存和发展。

（4）企业信息化是一个不断创新发展的过程

企业信息化范围是如此之大，而且各企业经营特色不同，实施的侧重点也就不同。任何一个企业都不可能一步到位。每个企业要根据企业自身的需求来规划企业信息化进程，并在总体规划下分步实施。企业内部环境的不断变化，对企业信息化会不断提出新的要求，随着技术和实践的发展，企业信息化模式也在发展变化，由此决定企业信息化是一个动态的发展过程。企业信息化没有固定的标准和模式，也没有一成不变的目标，不断地创新发展才是企业信息化的真正内涵。

此外，从企业信息化涉及的深度来看，可以从下述 3 个层面来理解企业信息化的含义：

第一个层面是数据的信息化。把库存信息、销售凭证、费用凭证、采购凭证以一定的数据格式录入计算机，以数字的形式保存起来，以备随时查询。除了利用原有的电话、传真、报纸、电视等方式进行信息获取、沟通交流以外，现在还可以通过网络（企业内联网、外联网或互联网）传输数字化的信息。

第二个层面是流程的信息化。把企业已经规范的流程以软件程序的方式固化下来，使得流程所涉及岗位的工作更加规范、高效，减少人为控制和"拍脑袋"的管理行为，同时也能提升客户满意度，比如联想网络办公系统中的网上报销、网上预订就属于这个层面。

第三个层面是决策的信息化。通过对那些信息化的原始数据进行科学的加工处理，运用一定的计算模型，对管理和决策起到支持作用。

现阶段，企业信息化建设呈现三类明显的发展态势：

企业信息化建设由战术层面上升到战略层面。随着信息技术成果向企业经营各个环节的渗透不断加深，企业信息化逐步实现从作为自动化的工具和信息沟通的手段，到决策支持，甚至推动企业运作模式和组织结构变革的转变。企业实施信息化建设的方式也从学习模仿的战术模式,升级为结合外界环境和自身发展特征的战略模式。越来越多的企业开始重视信息化建设,将其纳入企业的发展战略,构建自身的信息化建设长远规划成为提质增效、提高核心竞争力的关键要素。

企业信息化建设呈现从纵向到横向发展态势。在数字经济时代,协同发展是一种主流趋势,企业在推动纵向信息化建设的同时,横向协同的发展态势也越发明显。与此同时,现阶段,在流程上企业信息化建设向生产部门集中的趋势不断加强。这两种发展态势促使工业互联网的概念进入大众视线,如何通过搭建工业互联网平台实现行业内部信息流、资金流、技术流、人才流的整合和流动,实现企业间的横向协同发展成为企业信息化建设面对的阶段性新主题。

企业信息化建设中数据驱动作用不断凸显。以云计算、大数据为代表的新一代信息技术不断重塑了企业信息化建设的基础,促使数据驱动作用不断凸显,并推动企业从 IT 架构、业务管理,到整个运营模式的变革和重构(数字化转型)。企业上云等助力数据管理的发展工具应运而生,成为企业信息化建设急需攻克的问题。对企业来说,上云成果贯穿未来信息化建设始终,为企业打造灵活、稳定、安全的数字链,它不是一蹴而就的选择题,而是精心设计、仔细谋划的生存题。

企业信息化建设在核心内容和重点方向上的转变,促使其不断面对新命题、新选择和新挑战,加深对信息化建设的理解和认知,进而推动整个信息化建设进入一个全新的阶段。

3)政府信息化

政府信息化指的是为了迎接信息时代的到来,利用信息技术、通信技术、网络技术、办公自动化技术,对传统政府管理和公共服务进行改革。政府信息化是国家信息化的标志,政府信息的开放程度已经成为一个国家信息化程度的重要标志。政府信息化是关系政府工作的效率和决策质量、政府能力和国家能力以及政府形象和国家形象,进而对国民经济和社会发展产生重大影响的大事。世界各国都在认真总结经验教训,加快政府信息化的步伐。

根据国内外政府信息化的发展现状的分析和探讨,对我国政府信息化建设提出以下应对措施:

(1)完善统筹机制,加强中央与地方一体化布局

①要进一步加强各部门协同,充分发挥好中央及地方电子政务统筹协调机制的作用,坚持"全国一盘棋",推动中央及各地方网络互联互通、信息资源按需共享、业务处理加强协同,实现全国电子政务与政府服务融合。持续开展政府信息化工作宣贯,提升政府公务人员及普通民众利用信息化手段办事的意识,形成全民共识。

②完善法律法规和政策体系,参考国外成熟立法经验,加强政府信息化专项法律及信息化建设相关法律研究。综合考虑区块链、云计算、人工智能等新兴技术发展趋势,以及"碳中和"等国家战略,推动政务信息化建设与相关发展规划的融合与协同,提升政府信息化建设水平。

③充分发挥标准的牵引作用,借鉴美国 FEA、英国电 E-GIF 等电子政务框架模式,从技术、服务、数据、业务、绩效等方面研究分析,从增加实用性和易于落地等角度完善我国电子政务整体标准框架。做好标准宣贯与执行监督,推动全国政府信息化项目同标准建设,规范各级政府网站的上网信息。

（2）做好质量管理，通过评估评价提升运行效果

①推动政务流程优化。根据政府信息化建设实际，充分研究分析信息化对原有政务流程的影响，精简流程、推动政务重组，提高政务处理和政务服务的效率与质量。转变政府公务人员意识和工作方式，全面推广文件电子化和线上办理。完善安全保密管理流程，在政务流转过程中增加保密管理等内容。

②组织打通政务平台。各级政府及平台建设单位要严格按照国家标准推动工程实施，统一数据接口。政府信息化建设牵头机构要统筹谋划，组织业务、技术人才明确需求，提出政务互通方案，经专家论证后开展实施。各地方、明确数据使用权限与责任范围。电子政务牵头机构要统筹谋划，组织业务、技术人才明确需求，提出政务互通方案，经专家论证后打通政务平台。

③加强评估与用户评价。建立科学合理的评估指标体系，注重产出投入比等工程质量指标，组织第三方机构开展政府信息化建设绩效的评估，将信息化建设绩效结果纳入各地方政府日常 KPI 考核。开放政务平台评价窗口、电话和网站信箱等公开渠道，定期面向公众组织开展政府网站等政务平台的满意度调查，及时掌握人民群众需求，坚持问题导向、需求牵引以完善政务信息化建设。

（3）合理投入资源，做好基础信息资源支撑保障

①建立全国统一的基础设施平台。面对全国政府信息化建设中"重硬件建设轻开发使用、重电子轻政务"的现象，加强全国生产要素市场整合，统建数据中心、云计算等基础设施，建立和完善全国统一的身份认证体系和信息访问机制，推动底层计算资源共享和数据信息共用，开展集约化建设。

②保持稳定的资金投入。政府信息化建设是新基建的重要组成部分，也是一项重要的政治工程。资金投入体现了中央政府对工作的重视程度，也对信息技术产业明确了未来的市场规模。保持稳定的资金投入对于提高地方政府工作积极性，推动信息技术产业创新发展、做大做强具有重要的拉动作用。

③建立专业人才梯队。加强政务信息化人才培养与队伍建设，通过实践提升人员信息化知识运用水平。结合信息技术产业发展新情况，推动教材、课程、讲师、考评等的完善，充分发挥高校、社会机构、企业等各方作用，推动高层次人才的国内培养和国外引进。做好人才公共服务保障，建立信息化培训与考试平台等基础设施，面向社会各界普及信息化教育。

4）社会信息化

社会信息化有广义和狭义的概念，一种普遍的定义为，社会信息化是通过现代信息技术和网络设施把社会的最基础资源——信息资源充分应用到社会各个领域的过程。它与工业化是相互对应的一个概念，工业化是信息化的物质基础，而信息化是工业向更高层次发展的技术环境。工业化的最大目标是最大限度地开发利用物质和能源资源，向社会提供丰富的物质产品；而信息化的主要目标是最大限度地开发利用信息资源，提高社会各领域信息技术应用和信息资源开发利用的水平，为社会提供更高质量的产品和服务，促进全社会信息化。

（1）加快教育科研信息化步伐

提升基础教育、高等教育和职业教育信息化水平，持续推进农村现代远程教育，实现优质教育资源共享，促进教育均衡发展。构建终身教育体系，发展多层次、交互式网络教育培

训体系,方便公民自主学习。建立并完善全国教育与科研基础条件网络平台,提高教育与科研设备网络化利用水平,推动教育与科研资源的共享。

（2）加强医疗卫生信息化建设

建设并完善覆盖全国、快捷高效的公共卫生信息系统,增强防疫监控、应急处置和救治能力。推进医疗服务信息化,改进医院管理,开展远程医疗。统筹规划电子病历,促进医疗、医药和医保机构的信息共享和业务协同,支持医疗体制改革。

（3）完善就业和社会保障信息服务体系

建设多层次、多功能的就业信息服务体系,加强就业信息统计、分析和发布工作,改善技能培训、就业指导和政策咨询服务。加快全国社会保障信息系统建设,提高工作效率,提高服务质量。

（4）推进社区信息化

整合各类信息系统和资源,构建统一的社区信息平台,加强常住人口和流动人口的信息化管理,改善社区服务。

3.2.2　电子商务信息流管理的内容

电子商务信息流是指电子商务信息通过计算机网络途径进行传输的运动过程,是对企业电子商务经营活动状态的直接反映,包括电子商务信息的产生、收集、传播、运用和反馈的过程。电子商务信息流与传统商务信息流的信息的传输途径不同,但电子商务信息流与传统商务信息流的差异不仅仅如此。电子商务实际上是人类通过对信息流的控制实现对商流、物流和资金流控制的一种活动,因此,信息流在商品和劳务的运动过程中占据了主导地位,成为商流、物流和资金流的先导和基础,从而电子商务信息流也就主导了电子商务这一商务模式。

在现代电子商务社会,商务活动首先是由需求信息流引发和牵引的,然后发生的是供应信息流,供应信息流是物流和资金流的先导,起着拉动或推动现代电子商务发展的作用;物流是沿着供应链的方向流动的流程,是商务活动的目的所在,资金流是沿着供应链的方向反向的流程,是对物流的回应,商流实际上是围绕着物流、资金流和信息流的活动的总称,一般也包括这三流。无论需求信息流还是供应信息流,都是领先于物流与资金流的。因此,要对电子商务的运营进行管理,就有必要研究电子商务信息流的内容。

1）信息源

（1）信息源的概念

人们在科研活动、生产经营活动和其他一切活动中所产生的成果和各种原始记录,以及对这些原始记录的处理而得到的成果都是借以获得信息的重要信息源。联合国教科文组织（UNESCO）在其出版的《文献术语》中从信息源的作用角度将信息源定义为:"个人为满足其信息需要而获得信息的来源。"事实上,我们可以从广义和狭义两个角度来认识信息源。从广义上讲,只要是能产生信息的"源头"都可称为信息源,包括一切产生、存储、负载信息的组织、个人、实物以及各种信息交流的场所。狭义上的信息源专指能够产生信息的组织和个人。本书所指的信息源是广义上的。随着信息技术的不断拓展,以及人们生活方式的不断演变,信息源的外延在不断地扩展。

（2）信息源的属性

随着计算机网络的发展,基于互联网的电子商务活动更加频繁,信息源的属性和特点也丰富起来。从总体上讲,信息源具有以下几个属性:

①客观性:主要表现为信息源是实实在在的客观存在,而不以人的主观意志为转移。

②共享性:大部分的信息源都是公开的,它不是某一机构、团体或个人的私有财产。

③相对性:信息源和信息只是一组相对的概念,在不同的环境下它们可以相互转化。

④非消耗性:信息源是一种取之不尽、用之不竭的特殊源泉,可以多次反复地为其他用户提供信息。

⑤广泛性:信息源无处不有,无处不在,分布的范围十分广泛。

（3）信息源的类型

我们可以从不同的角度来划分信息源的类型。按信息源的性质来划分,可分为政府信息源、公众信息源、商用信息源。按照信息源内容应用领域来划分,可分为政治信息源、军事信息源、经济信息源、科技信息源、文化信息源以及生活信息源等。按照信息存储的载体来划分,可分为文献信息源、非文献信息源。按照信息源的范围来划分,可分为内部信息源和外部信息源。按照信息的公开程度来划分,可分为公开信息源和非公开信息源。至于信息源究竟应该按照什么方式来划分,没有固定的标准,主要取决于人们分析问题的需要。如果从信息源自身的性质和功能来划分,可分为生产型的信息源、存储型的信息源、负载型的信息源和交流型的信息源。

①生产型信息源:生产型信息源即为狭义上的信息源,包括一切产生信息的组织和个人,如高等院校、实验基地、政府机构、企业、学术团体、科技人员、管理人员等。

②存储型信息源:存储型信息源是指以收集、处理、存储和提供信息为主要职能的组织和个人,如图书馆、档案馆、情报所、信息中心、信息咨询机构、大众传播机构、情报信息人员以及其他工作人员等。显然,这种类型的信息源我们也可进一步划分为组织存储型信息源和个人存储型信息源。

③负载型信息源:负载型信息源是指记录和包含信息的各种物质载体,如文献、实物、广告、数据库等。

④交流型信息源:交流型信息源是指信息交流的场所,如各种会议、市场、组织等。随着人类活动空间的不断拓展,网络成为人们交流信息的又一重要场所。

2）信息收集与处理

（1）信息收集

信息的收集就是在电子商务活动中对信息的接收和集中,是信息处理过程的起点,并贯穿整个过程的始终。收集信息时必须注意信息的准确性、完整性、时效性、实用性以及连续性,它直接影响到信息资源管理工作的质量和效率。只有在掌握企业电子商务信息需求规律和电子商务信息源特征的前提下,按照电子商务信息收集的原则、采用各种方法、通过各种途径、遵循一定的程序收集大量的信息,电子商务信息资源管理的后续流程才能得以开展。

信息收集的途径是指获取信息的渠道。对企业来说,企业系统内部每时每刻都产生着大量的信息,除供本身吸收利用外,并对外输出"信息熵流",对其他社会系统施加影响。与此同时,企业又必须从外界输入信息流,才能保证企业自身的有机运行以及与其他社会系统的协同作用。因此,企业信息收集的途径可分为内部途径和外部途径。

①内部途径:市场营销部门、研究开发(R&D)部门、企业内联网(Intranet)。

②外部途径:大众传播媒介、会议信息源、用户和消费者和互联网。

信息收集的方法依信息的类型和性质不同而有所不同。信息按不同标准可分为动态信息和静态信息、公开信息和非公开信息。动态信息是指未纳入正式信息交流渠道,即来自非文献的信息。静态信息指经过人的编辑加工并用文字符号或代码记录在一定载体上的信息。公开信息指来自大众传播媒介、公共信息服务或其他公开渠道的信息。非公开信息指来自非公开途径甚至采取了一定保密措施的信息。一般来说,静态的、公开的信息便于采集,但容易滞后;动态的、非公开的信息比较难于收集,但其价值较高。对于动态的、公开的信息,可采用问卷调查法、专家咨询法、参观考察法等方法来收集;对于动态的、非公开的信息,可采用访问交谈法、技术截获法、诱导法来收集;对于静态的、公开的信息,可采用信息检索法、积累法来收集;对于静态的、非公开的信息,可采用交换法、窃取法等来收集。

(2)信息处理

信息的处理也是电子商务活动的重要环节,就是对收集到的信息按照一定的程序和方法进行分类、计算、分析、判断、编写,使之成为企业的知识。企业根据某一主题收集到的各种信息,在处理之前是处于一种庞杂紊乱的封闭式的状态之中。只有按照一定的程序和方法,才能将它们转化为有序的、系统化的具有战略意义的知识。信息的处理过程恰好能完成上述的"转化"职能。

信息技术的进步直接导致信息处理手段的变革。从传统的手工处理方式,到管理信息系统(Management information system,MIS),到电子数据交换(Electronic data interchange,EDI),再到电子商务(Electronic commerce,EC)阶段,信息处理手段产生了质的飞跃。

①手工处理:早在计算机用于企业信息管理之前,企业的信息工作都是通过手工进行的。手工处理信息缓慢,错误率高,缺乏一致性,需要大量的人力、物力、财力。

②管理信息系统:随着计算机技术的进步,成本降低、手段的丰富使计算机进入了企业的管理工作中。这一阶段,最成熟的形式就是我们熟知的MIS(管理信息系统),其中包含事务处理系统、管理信息系统,以及决策支持系统等。

③电子数据交换:随着网络技术的发展,EDI逐步出现在各企业的MIS系统之间,它能将企业与企业之间的往来文件,以标准化、规范化的文件格式,无须人工介入,无须纸张文件,采用电子化的方式,通过网络系统在计算机应用系统与计算机应用系统之间,直接进行信息业务的交换与处理。

④电子商务:是一个贯穿全球的贸易熔炉,它在信息技术高度发展的基础上,尤其是在万维网和互联网的基础上,通过使用一切电子化的贸易手段将贸易过程中的各方联结到一起。它不仅仅是收发订单或其他什么单证,以使企业运作更加有效,它包括的是一个更加广泛的领域,是企业到企业与企业到消费者等整个贸易过程中所有相关角色之间建立的良好的合作策略。生产、推销、广告、洽谈、成交、支付、税收等一切过程都集中在一个完善的电子商务系统中。

3) 信息存储与检索

(1) 信息存储

企业收集到的信息大多存储于计算机,变成了电子信息,这就使信息存储技术显得更加重要,特别是计算机网络应用的迅速增长更大大增加了对信息存储产品的需求量和对信息存储技术的安全性、可靠性的要求。信息存储对企业来说是非常重要的,它将会为防止数据丢失而提供备份保护;防止因丢失数据带来的费用;防止停机时间影响成本;允许现场或非现场文档的存储。

①磁存储技术。该技术主要利用磁盘存储系统,从而对磁盘当中的数据进行存储。而在传统的存储方式中,主要的存储设备包括磁带、录像带等。此后随着计算机技术的不断发展,开始出现计算机磁盘存储的方式。而所谓的磁存储就是通过改变磁粒子的极性的方式,从而在磁性的介质上对数据进行记录。而在对磁盘中数据进行读取的时候,磁头直接将存储介质上的磁性粒子的极性转换为相应的电脉冲信号,从而转换为可让计算机进行识别的数据。

②光存储技术。该技术是利用激光对介质进行照射,从而让激光与介质相互作用,以此导致介质发生变化,最终将信息存储起来。而在对信息进行存储的过程中,光存储技术主要是以二进制的方式进行存储,并通过二进制数据的转化将数据输入计算机中,最后利用光调制器的方式,散发出不同的光束,并将记录在磁盘中的信息读取出来。

对光存储技术来讲,其典型的优势在于其存储的寿命非常长,同时通常采用非接触式读写方式,另外在信噪比和加工方面都具有很大的优势。对此,光存储技术被广泛地应用,如以往应用的高品质的 CD 光盘,具体包括 CD-ROM、CD-R、CD-RW 等类型。

③DNA 生物介质存储新技术。"DNA 是否可以对数据信息进行编码、储存"对于这一设想,很多人或许都会认为其只是一个玩笑。但在不久的将来,DNA 或许就会如同 U 盘一般用来存储信息。科学研究表明,纸质书籍载体上的信息可以保存数百年;竹简上的信息可保存两千年;石头上的信息则可以保存一万年之久。但对于生物介质而言,理论上其对于信息的保存可持续至物种灭亡为止。

除可长期保存的性能外,DNA 生物存储新技术的主要发展优势,还在于 DNA 所具有的稳定性高、耐用性好以及密度大的特点。DNA 是一种优良的存储介质。一克重量 DNA 的存储容量高达惊人的 200 PB,约等于 10 万块 2 TB 容量的移动硬盘的总和。据统计,全世界范围内所保存的数字化信息容量约为 16 万亿 GB,由超过 300 个大型数据中心予以存储。不过,若是使用 DNA 生物介质存储技术来保存这些海量数据信息,可能仅仅只需要三个小盒子大小的 DNA 就足以保存全部数字化信息。

④五维数据存储的"5D 盘片"。体积小、容量大、保存时间久、安全性能可靠,是数据信息存储技术未来发展的主流趋势。根据这一设想,一支英国的研究团队设计出了一款五维数据存储的"5D 盘片"。当前信息存储技术多采用的是 2D 存储方式,而这一全新技术,采用了纳米技术和玻璃材质,利用五维数据存储方式来进行信息的存储与保存。简言之,即是在玻璃盘片中嵌入五维的纳米结构,并利用玻璃中的微型纳米结构进行信息的编码。

相较现今主流的存储介质,5D 玻璃盘片的面积仅有一枚硬币大小,但其却可以在将近200 摄氏度的高温环境下稳定保存 138 亿年,这一数值也是当前宇宙的寿命。众所周知,玻璃作为一类较为坚固的材料,不易受到化学物质的腐蚀,且能防水,唯有高温环境下才能令玻璃发生融化或者变形。此外,玻璃自身所具有的极为稳定的化学性质,也能保证利用五维纳米结构存储在其内部的数据信息不会丢失。

（2）信息检索

信息检索（Information retrieval）最早是由穆尔斯在其发表的题为《把信息检索看作是时间性的通信》的论文中提出的。从广义上讲,信息检索是指将信息按一定方式组织和存储起来,然后在用户需要（发出信息提问）时找出并提供有关信息的过程,故全称为信息存储与检索。狭义的信息检索仅指该过程的后半部分。

根据企业用户提问的不同,企业信息检索可分为三种类型:文献检索、数据检索、事实检索。文献检索是指不直接解答用户的信息需要,而只提供与之相关的参考文献或文献线索。数据检索是指直接提供用户所需要的确切的数据,而事实检索指直接提供用户所需要的特定的事实。

根据找出的信息的内容性质不同,信息检索可分为多种类型,包括以下几种:

①科技信息检索:查找信息用户所需自然科学和工程技术信息的检索。

②经济信息检索:查找信息用户所需的经济信息的检索,经济信息检索又可进一步细分为经济科学信息检索、经济动态信息检索、市场信息检索等。

③管理信息检索:查找信息用户所需管理科学、管理体制、管理经验和方法等信息的检索。

④法规信息检索:查找信息用户所需的法学信息、方针政策、法律法令、条例规程等信息的检索。

信息检索方法主要有以下几种:

①手工检索:检索者使用印刷型检索工具（如文摘、书本式题录等）直接查找有关信息。该方法的优点是查找方法简单灵活,且几乎不需要特殊设备,缺点是检索效率低。

②计算机信息检索:检索者利用计算机检索系统查找存储在数据库中的有关信息。它是利用计算机存储容量大和查找快速的特点发展起来的一种计算机应用技术,主要用于信息管理。计算机信息检索系统能存储大量的信息,并对信息条目进行分类、编目或编制索引;还具有根据用户要求从已存储的信息库中抽取出特定的信息,并提供插入、修改和删除某些信息的能力。

③网络信息检索:互联网给我们创造了一个新的信息网络环境,提供了便利的信息获取与传输的渠道和工具,是信息资源查询和共享的最大信息市场。因此,网络信息检索也成为企业获取信息的一种重要途径。进行网络信息检索首先要掌握一定的网络检索工具,而搜索引擎（Search Engine）可能是最为流行的网络信息检索工具。

搜索引擎是指根据一定的策略,运用特定的计算机程序收集互联网上的信息,在对信息进行组织和处理后将其显示给用户,是为用户提供检索服务的系统。

4）信息利用与反馈

（1）信息利用

实施信息资源管理就是为了充分利用信息资源,由此信息的利用是信息资源管理的核心。所谓信息的利用就是指各层决策者将各种有用的信息应用于电子商务各项活动的实践过程。它包含的内容很多,主要有电子商务决策中的信息利用,电子商务计划活动中的信息利用,电子商务技术创新中的信息利用,等等。信息利用过程包括:

①认清问题性质,理清思路,判断什么样的信息有利于问题解决。

②梳理组织已有信息,并判断所需的信息是否获取。

③如果所需信息已经存在,则直接利用。不存在,则需要考虑是否可以通过对已有信息重新整合来满足企业的需要。如果不能,则要重新进行信息采集,回到信息管理的源头。

(2)信息反馈

所谓信息反馈就是把输出信息对实际利用者作用的结果输送回来,以便同原来预定的目标值进行比较,及时发现偏差加以修正,从而调节输出。没有良好的信息反馈系统,企业就无法对自己的信息资源管理活动进行有效的控制,因此企业必须建立信息反馈机制,评估信息资源管理效果、效率,用以改进信息资源管理作业。

信息反馈实质上是信息的反向传递过程。信息反馈是信息交流不可缺少的环节,严格地说,没有信息反馈过程的信息活动不能称为信息交流活动,而只是一种信息传递活动。信息反馈作用是:

①提高信息交流的质量和效果。在信息交流中,通过信息反馈可以使企业根据自己的需求来获取信息,提高信息传递的针对性;可以使双方将不清楚的问题得到澄清,提高信息传递的明确性;可以不断修正和多次提供信息,提高信息的可靠性和完整性。

②促进企业的工作和研究。从对方那里反馈回来的信息,可以启发企业工作者的思维,总结过去的经验和教训,为未来计划的制订和活动的安排提供借鉴。

3.3 电子商务物流管理

3.3.1 电子商务物流管理基础

关于电子商务物流,目前并没有明确的定义。有人认为,电子商务物流就是电子物流,或者物流的电子化;也有人认为它是电子商务时期的物流;还有人认为,电子商务物流就是现代物流。上述观点都从不同的侧面强调了电子商务物流与其他物流的联系与不同。我们在此阐述的电子商务物流指的是服务于电子商务活动的物流。本质上,它从属于现代物流,是现代物流的重要组成部分。

1)电子商务与物流的关系

(1)电子商务将改变物流的运作方式

首先,电子商务可使物流实现网络的实时控制。传统的物流活动在其运作过程中,不管是以生产为中心,还是以成本或利润为中心,其实质都是以商流为中心,从属于商流活动,因而物流的运动方式是紧紧伴随着商流来运动。而在电子商务下,物流的运作是以信息为中心的,信息不仅决定了物流的运动方向,而且也决定着物流的运作方式。在实际运作过程中,通过网络上的信息传递,可以有效地实现对物流的实时控制,实现物流的合理化。其次,网络对物流的实时控制是以整体物流来进行的。在传统的物流活动中,虽然也有依据计算机对物流实时控制,但这种控制都是以单个的运作方式来进行的。比如,在实施计算机管理的物流中心或仓储企业中,所实施的计算机管理信息系统,大都是以企业自身为中心来管理物流的。而在电子商务时代,网络全球化的特点,可使物流在全球范围内实施整体的实时控制。

（2）电子商务将改变物流企业的经营形态

首先,电子商务将改变物流企业对物流的组织和管理。在传统经济条件下,物流往往是从某一企业来进行组织和管理的,而电子商务则要求物流从社会的角度来实行系统的组织和管理,以打破传统物流分散的状态。要求企业在组织物流的过程中,不仅考虑本企业的物流组织和管理,而且更重要的是考虑全社会的整体系统。其次,电子商务将改变物流企业的竞争状态。在传统经济活动中,物流企业之间存在激烈的竞争,这种竞争往往是依靠本企业提供优质服务、降低物流费用等来进行的。在电子商务时代,这些竞争内容虽然依然存在,但有效性却大大降低了。原因在于电子商务需要一个全球性的物流系统来保证商品实体的合理流动,对于一个企业来说,即使它的规模再大,也难以达到这一要求。这就要求物流企业应相互联合起来,在竞争中形成一种协同竞争的状态,以实现物流高效化、合理化、系统化。

（3）电子商务将促进物流基础设施的改善和物流技术与物流管理水平的提高

首先,电子商务将促进物流基础设施的改善。电子商务高效率和全球性的特点,要求物流也必须达到这一目标。而物流要达到这一目标,良好的交通运输网络、通信网络等基础设施则是最基本的保证。其次,电子商务将促进物流技术的进步。物流技术主要包括物流硬技术和软技术。物流硬技术是指在组织物流过程中所需的各种材料、机械和设施等;物流软技术是指组织高效率的物流所需的计划、管理、评价等方面的技术和管理方法。从物流环节来考察,物流技术包括运输技术、保管技术、装卸技术、包装技术等。物流技术水平的高低是实现物流效率高低的重要因素,要建立适应电子商务运作的高效率的物流系统,加快提高物流的技术水平则有着重要的作用。第三,电子商务将促进物流管理水平的提高。物流管理水平的高低直接决定和影响着物流效率的高低,也影响着电子商务高效率优势的实现问题。只有提高物流的管理水平,建立科学合理的管理制度,将科学的管理手段和方法应用于物流管理中,才能确保物流的畅通进行,实现物流的合理化和高效化,促进电子商务的发展。

（4）物流服务于商流

在商流活动中,商品所有权在购销合同签订的那一刻起,便由供方转移到需方,而商品实体并没有因此而移动。在传统的交易过程中,除了非实物交割的期货交易,一般的商流都必须伴随相应的物流活动,即按照需方（购方）的需求将商品实体由供方（卖方）以适当的方式、途径向需方（购方）转移。而在电子商务下,消费者通过上网点击购物,完成了商品所有权的交割过程,即商流过程。但电子商务的活动并未结束,只有商品和服务真正转移到消费者手中,商务活动才告以终结。在整个电子商务的交易过程中,物流实际上是以商流的后续者和服务者的姿态出现的。没有现代化的物流,任何商流活动都只能是一纸空文。

（5）物流是电子商务"以客户为中心"的理念得以实现的根本保证

电子商务的出现,极大地方便了消费者,消费者只要坐在家中,就可以在互联网上搜索、查看、挑选、订单、支付,完成商流过程,商品所有权由供方转移到需方,而商品实体并没有因此而转移。只有通过物流,将商品真正送到消费者手中,电子商务活动才结束。在整个电子商务的交易过程中,物流实际上是以商流的后续者和服务者的姿态出现的。没有现代化的物流,任何轻松的商流活动都是纸上谈兵;缺少现代化的物流技术,电子商务给消费者带来的购物便捷等于零。

从上面的论述可以看出,物流与电子商务的关系极为密切。物流对电子商务的实现很重要,电子商务对物流的影响也肯定极为巨大。物流在未来的发展与电子商务的影响是密不可分的。

2) 物流系统

物流系统是指在一定的时间和空间里,由所需要位移的物资、包装设备、装卸搬运机械、运输工具、仓储设施、人员和通信联系等若干相互制约的要素所构成的具有特定功能的有机整体。物流系统的特定功能是使物流活动优化及合理化。

(1)物流系统特征

物流系统具有一般系统所共有的特点,即整体性、相关性、目的性、环境适应性,此外,还具有规模庞大、结构复杂、目标众多等大系统所具有的特征。

①物流系统是一个"人—机系统"。物流系统由人和形成劳动手段的设备、工具组成。它表现为物流劳动者运用运输设备、装卸搬运机械、仓库、港口、车站等设施,作用于物资的一系列生产活动。在这一系列的物流活动中,人是系统的主体。因此,在研究物流系统的各个方面的问题时,通常要把人和物有机地结合起来,作为不可分割的整体,加以考察和分析,而且始终把如何发挥人的主观能动作用放在首位。

②物流系统是一个大跨度系统。这反映在两个方面:一是地域跨度大,二是时间跨度大。在现代经济社会中,企业间物流经常会跨越不同地域,国际物流的地域跨度更大。通常采取储存的方式解决产需之间的时间矛盾,这样时间跨度往往也很大。大跨度系统带来的主要问题是管理难度较大,对信息的依赖程度较高。

③物流系统是一个可分系统。作为物流系统,无论其规模多么庞大,都可以分解成若干相互联系的子系统。子系统的多少和层次的阶数,随着人们对物流的认识和研究的深入而不断扩充,系统与子系统之间,存在着时间和空间及资源利用方面的联系,也存在总目标、总费用以及总运行结果等方面的相互联系。

④物流系统是一个动态系统。一般的物流系统总是连接多个生产企业和用户,随需求、供应、渠道、价格的变化,系统内的要素及系统的运行经常发生变化。这就是说,社会物资的生产状况、社会物资的需求变化、资源变化、企业间的合作关系,都随时随地影响着物流,物流受到社会生产和社会需求的广泛制约。物流系统是一个具有满足社会需要、适应环境能力的动态系统。为适应经常变化的社会环境,人们必须对物流系统的各组成部分经常进行修改、完善,这就要求物流系统具有足够的灵活性与可改变性。在有较大的社会变化情况下,物流系统甚至需要重新进行系统的设计。

⑤物流系统是一个复杂系统。物流系统运行对象——"物",遍及全部社会物质资源。资源的大量化和多样化带来了物流的复杂化。从物流资源上看,品种成千上万,数量极大;从从事物流活动的人员上看,需要数以百万计的庞大队伍;从资金占用上看,占用着大量的流动资金;从物资供应经营网点上看,遍及全国城乡各地。这些人力、物力、财力资源的组织和合理利用,是一个非常复杂的问题。物流系统的边界是广阔的,其范围横跨生产、流通、消

费三大领域。这一庞大的范围,给物流组织系统带来了很大的困难。而且随着科学技术的进步、生产的发展、物流技术的提高,物流系统的边界范围还将不断地向内深化、向外扩张。

⑥物流系统是一个多目标系统。物流系统的总目标是实现宏观和微观的经济效益。但是,系统要素间有着非常强的"背反"现象,常称之为"交替损益"或"效益背反"现象,在处理时稍有不慎就会出现系统总体恶化的结果。通常,人们对物流数量,希望最大;对物流时间,希望最短;对服务质量,希望最好;对物流成本,希望最低。显然,要满足上述所有要求是很难办到的。例如,在储存子系统中,站在保证供应、方便生产的角度,人们会提出储存物资的大数量、多品种问题;而站在加速资金周转、减少资金占用的角度,人们则提出减少库存。又如,在运输中,选择最快的运输方式为航空运输,但运输成本高,时间效用虽好,但经济效益不一定最佳,而选择水路运输,则情况相反。所有这些相互矛盾的问题,在物流系统中广泛存在。而物流系统又恰恰要求在这些矛盾中运行。要使物流系统在诸方面满足人们的要求,显然要建立物流多目标函数,并在多目标中求得物流的最佳效果。由于企业物流系统是企业经营管理系统的子系统,系统目标要服从企业目标;而社会物流系统是社会经济系统的子系统,系统目标也要服从社会经济目标。

(2)物流系统构成要素

①功能要素。物流系统的功能要素指的是物流系统所具有的基本能力,这些基本能力有效地组合、联结在一起,以完成物流系统的目标。一般认为物流系统的功能要素有运输、储存保管、包装、装卸搬运、流通加工、配送和物流信息。

上述功能要素中,运输及保管分别解决了供给者及需要者之间场所和时间的分离,分别是物流创造"场所效用"及"时间效用"的主要功能,因而在物流系统中处于主要功能要素的地位。

②信息要素。在进行物流系统化中需要以下几方面的基本数据,即所研究商品(Products)的种类、品目等;商品的数量(Quantity)多少,年度目标的规模、价格;商品的流向(Route),生产厂配送中心、消费者等;服务(Service)水平、速达性、商品质量的保持等;时间(Time),即不同的季度、月、周、时业务量的波动、特点;物流成本(Cost)。

以上 P、Q、R、S、T、C 称为物流系统化有关基本数据的六个要素。这些数据是物流系统化中必须具备的。

3)电子商务下物流系统的再造

电子商务的迅速发展使得物流再造成为当务之急,物流业的再造体现在以下几个方面。

(1)物流系统的再构造

①专业化构造。将物流企业按照其现实状况,分别转化成:或以提供物流某一智能为中心的,或以提供某一区域服务为中心的物流专业化企业,来提高物流效率。

②社会化构造。彻底打破行政隶属关系,使得物流企业树立为全社会提供物流服务的思想。同样,原来隶属于某一企业或专为本企业提供物流服务的物流机构,也应当树立为全社会提供服务的思想。

③信息化构造。改变现在只重视硬件设备配置而忽视软件技术应用,只重视企业内部信息化建设而忽视对互联网应用的现状。

④个性化构造。电子商务创造了一个个性化的商务活动,它可以根据各个用户的不同

需要,为用户提供不同的产品和服务。在这一背景下,作为支持电子商务活动的物流,也应当根据用户的不同需要,提供个性化的物流服务,以更好地满足用户千差万别的需要。

（2）经营业态的再构造

①竞争业态的再构造。物流企业应转变原有的竞争业态,树立新的竞争思想,依据自己的实际状况,在一个较大的范围内,联合不同区域、不同类型的物流企业,以弥补自己在物流区域、物流功能上的不足,形成一个较大的区域范围,有多种物流功能的经济联系体,以适应电子商务对物流发展的需要。在这一联合体的内部,各物流企业之间既存在着竞争,又存在着利益的统一性,形成一种既竞争又协同的格局。

②经营方式的再构造。物流企业经营方式的再构造,可主要从以下两方面来进行:其一,连锁经营的再构造。连锁经营作为现代零售商业的组织形式和经营形式,也同样适应于物流企业的经营。在电子商务时代,这种方式更能有效地发挥物流企业服务的优势。其二,代理经营的再构造。在电子商务条件下,物流代理经营将会成为网上销售、网上贸易等有形商品网上交易的一种重要物流经营方式。物流代理经营的发展,不仅可以充分发挥工、商、物的优势,解决工、商、物的矛盾,而且也可以有效地稳定工、商的物流渠道,扩大网上交易规模。

③物流管理的再构造。没有高水平的物流管理,也就不会有物流的高效化和合理化。在物流管理的再构造中,不仅要重视物流企业管理水平的构造,而且也要重视全社会物流管理水平的提高。物流企业的管理再构造体现在以下几方面:在管理方法上,要运用先进的科学管理方法,提高管理工作的准确性,实现物流过程的最优化、规范化和标准化;在管理手段上,要大力运用以计算机为主的现代化管理手段;在管理组织上,要合理地设置管理机构,建立健全各种规章制度,明确各自的责任与职能,加强物流的计划管理和质量管理。

④企业信誉的再构造。信誉是企业形象的标志,也是企业服务水平高低的代表,一个没有信誉的物流企业,在电子商务时代是很难生存和发展的;而一个信誉好的物流企业,将会得到更多委托方的青睐和消费者的欢迎。在信誉的再构造中,物流企业不仅要重视自身信誉的再构造,也要重视与自身相关的有密切业务关系的物流企业信誉的再构造。

（3）物流基础设施的再构造

随着互联网、物联网、云计算、大数据、人工智能、区块链等信息技术高速发展,信息互联网（天网）开始与物流物联网（地网）开始融合,铺到了地上,链接了万物,融合了传统的基础设施,变成了全新的基础设施。全新的基础设施是软硬结合、虚实一体的智慧化基础设施,正向智能化、网络化、无人化等方向发展。新的基础设施正在重构经济、社会、行业、企业、个人,推动了大变革与大创新,新零售、新制造、新能源、新技术、新金融等正是经济社会在重构中呈现的基本现象。物流基础设施薄弱一直是困扰中国物流高效化和合理化的一个重要因素。在物流基础设施再构造过程中,一是要加强交通基础设施的建设,构造一个良好的物流动脉系统;二是要加强对物流节点——物流中心及仓库的改造和建设,为物流高效化和合理化构建一个健全的调配中心;三是要加强通信基础设施的建设,为物流信息化、高效化、合理化构建一个灵敏的神经系统。

（4）物流技术的再构造

物流技术主要包括物流硬技术和软技术。物流硬技术是指在组织物流过程中所需的各种材料、机械和设施等;物流软技术是指组织高效率的物流所需的计划、管理、评价等方面的技术和管理方法。从物流环节来考察,物流技术包括运输技术、保管技术、装卸技术、包装技术等。在包装方面,应广泛采用机械化及自动化的装卸设备,提高货物装卸的灵活性;在运输方面,发展集装箱和托盘运输,运用网络先进技术,合理选择运输线路和运输工具;在仓储及物流中心方面,推广和应用先进的立体货架,发展立体仓库,以节省库存空间。同时,在经济条件允许的情况下,发展自动化仓库,提高库存及装卸效率。物流技术水平的高低是实现物流效率高低的一个重要因素,要建立一个适应电子商务运作的高效率的物流系统,加快提高物流的技术水平则有着重要的作用。

(5)物流人才的再构造

国外物流的发展实践表明,物流从业人员是否具有较高的物流知识和操作经验,直接影响企业的生存与发展。在我国,物流从业人员普遍素质不高,物流专业人才匮乏。如何提高物流人才的素质,加强物流人才的培养,是促进中国物流发展的重要问题。一方面,加强对现有职工的培训,提高职工的业务素质和政治素质;另一方面,高校要加强对物流人才的培养,在课程设置上既要加强物流专业知识的设置,又要重视电子商务、管理方面课程的设置。

4)电子商务物流业务流程

(1)普通商务物流业务流程

在普通商务物流业务流程中,物流作业流程与商流、信息流和资金流的作业流程综合在一起,更多地围绕企业的价值链,从实现价值增值的目的安排每一个配送细节(图3.1)。

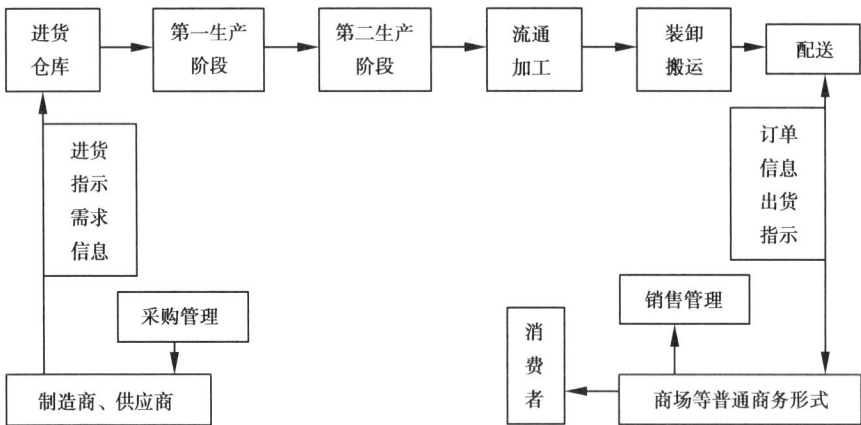

图 3.1　普通商务物流业务流程

(2)电子商务物流业务流程

电子商务的发展及其对配送服务体系的配套要求,极大地推动了物流的发展。与普通商务流程相比,电子商务物流业务流程在企业内部的微观物流业务流程上是相同的,都具有从进货到配送的物流体系。然而,在电子商务环境下,借助电子商务信息平台(包括会员管理、订单管理、产品信息和网站管理),有利于企业提高采购效率,合理地规划配送路线,实现电子商务物流流程和配送体系的优化(图3.2)。

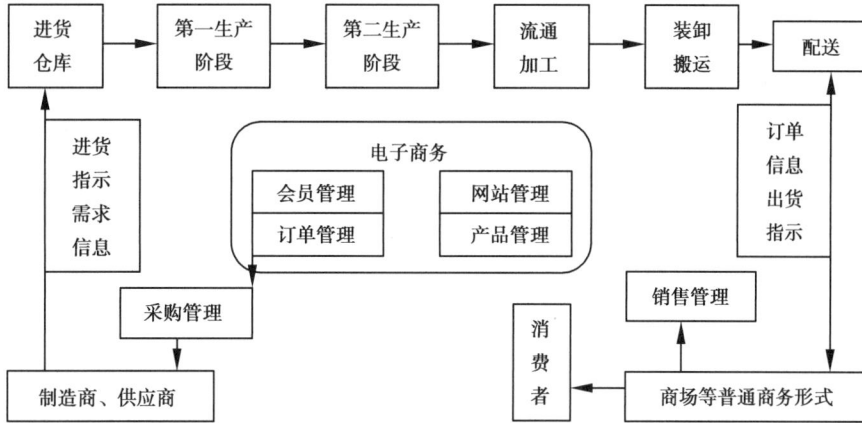

图 3.2　电子商务物流业务流程

5）电子商务中物流服务内容设计

（1）电子商务物流服务的含义

国家质量技术监督局发布的《中华人民共和国国家标准物流术语》对物流作了如下定义："物品从供应地向接受地的实体流动过程，根据实际需要，将运输、储存、装卸搬运、包装、流通加工、配送和信息处理等基本功能实施有机的结合。"根据已有的认识，那么电子商务物流服务就是指利用电子化的手段，尤其是利用互联网技术来完成物流全过程的协调、控制和管理，实现从网络前端到最终客户端的所有中间过程服务，最显著的特点就是各种软件技术与物流服务的融合和应用。

（2）内容设计

如果将电子商务物流的需求仅仅理解为门到门运输、免费送货或保证所订的货物都送货的话，那就错了。因为电子商务需要的不是普通的运输和仓储服务，它需要的是物流服务。那么电子商务物流服务到底包括哪些内容？一般认为，电子商务物流服务包括两方面的内容，即基本物流服务和增值物流服务。

基本物流服务有包装、仓储、装卸搬运、运输、流通加工、配送和物流信息，这些物流运作活动都要在物流信息的引导下进行，否则各项活动就都是盲目的，无法达到预期效果。物流信息系统是物流系统的重要环节之一，也是物流系统的基础。因此在电子商务物流服务中，将物流作业的信息进行实时采集、分析、传递，并向客户提供各种作业明细信息及资讯信息，是相当重要的。

增值物流服务是指根据客户需要，为客户提供的不同于一般物流服务的服务，或者用超出常规的方法提供的物流服务，创新性、非常规的、满足顾客需要是增值性服务的本质特征。增值服务与传统的物流或仓储服务是不同的，它不仅包括基础性物流服务的增值，还包括信息服务增值、金融物流服务增值等。归纳起来，主要有：增加便利性的服务，即解放人的服务；加快反应速度的服务，即让流动过程变快的服务；降低物流成本的服务，即发现第三利润与安全的服务；提供定制服务，即满足特定客户需求；延伸服务；额外的劳动增值服务。

3.3.2 电子商务物流运作模式

当前国内企业将部分物流功能采取外协方式实现的做法较普遍,但外协的范围还相当窄,仅局限于一些作业性活动。另外,以汽车为货运手段的中短距离运输、保管、配送等物流活动领域,仍以自营物流为主。这一方面反映出企业的物流管理水平还比较落后,另一方面也说明我国的物流业暂不具备提供高质的综合物流服务能力。

1) 电子商务物流运作模式的选择

电子商务如火如荼地进行着。投身于电子商务的企业在物流配送方面除了采取传统的自营方式之外,还可考虑逐渐规范的外协模式,或寻找理想的物流企业构建物流联盟。不同企业到底选择何种物流模式,需综合以下几方面进行考虑。

(1)物流对企业成功的关键程度

物流对于企业成功的关键程度由企业的规模和实力、核心能力、行业性质及产品性质、物流系统总成本及物流的客户服务能力综合决定。

①企业规模和实力。通常,大中型企业因为实力较雄厚,有能力建立企业的物流系统,制订合适的物流需求计划,保证物流服务的质量。此外,它们还可以利用过剩的物流网络资源拓展外部业务——为别的企业提供物流服务。而小企业则受资金、人员和管理等方面的制约,物流管理效率难以提高。这时,小企业为把资源用于主要的核心业务上,就适合把物流管理交给第三方专业物流代理公司。

②企业的核心能力。如果企业真正的优势在生产,则企业应该采用第三方物流模式进行配送的方法。如果企业认为完全有能力自己做物流配送,那么则可以考虑自营物流模式进行配送。

③企业的行业性质和产品性质。不同的行业和产品,需求的大小不同,物流配送的规模也有很大差别。所以企业所处的行业不同、经营的产品不同,相应的物流模式选择则不同。不同的产品对物流配送时间的要求也有很大不同。

④物流系统总成本。物流系统总成本(TC)有库存维持费用(C_1,包括库存管理费用、包装费用以及返工费)、批量成本(C_2,包括物料加工费和采购费)、运输总成本(C_3)、订单处理和信息费用(C_4)、总固定仓储费用(G_5)、总变动仓储费用(C_6)及顾客服务费用(C_7,包括缺货损失费、降价损失费和丧失潜在顾客的机会成本)构成。这些成本之间存在着效益背反现象,减少库存数量时,可降低库存费用及仓储费用,但会带来缺货率上升而导致运输费用及订货费用的增加。如果运输费用及订货费用的增加部分超过了库存费用及仓储费用的减少部分,总的物流成本反而增大。

⑤物流的客户服务能力。在选择物流模式时,考虑成本尽管很重要,但物流的客户服务能力在选择物流模式时至关重要。也就是说,物流在满足企业对原材料及时需求的能力和可靠性,对企业的零售商和最终顾客不断变化的需求的反应能力等方面应该作为重要的因素来考虑。

(2)企业的物流管理能力

如果企业的物流管理水平低,则宜采用第三方物流或组建物流联盟;如果企业的物流管理能力强,现有的物流网络资源丰富,则可选择自营物流,如国内的85818网站就依托原正广和饮用水公司完善的送水网络开发建设了自己的物流配送体系,销售大众消费品,成为中国电子商务中成功的案例。

2) 物流运作模式

研究国内外的电子商务企业表明,目前的电子商务物流模式主要有五种:自营物流模式、第三方物流模式、第四方物流模式、物流联盟模式和物流一体化模式。

(1) 自营物流模式

所谓自营物流模式是指电子商务企业自行组建物流配送系统,经营管理企业的整个物流运作过程。采取自营物流模式的电子商务企业主要有两类:一类是资金实力雄厚且业务规模较大的电子商务公司。由于电子商务在我国兴起的时候国内第三方物流的服务水平远不能满足当时电子商务公司的要求,而这些电子商务公司手中持有大量的外国风险投资,为了抢占市场的制高点,不惜动用大量资金在一定区域甚至全国范围内建立自己的物流配送系统。第二类是传统的大型制造企业或批发企业经营的电子商务网站,由于其自身在长期的传统商务中已经建立起初具规模的营销网络物流配送体系,在开展电子商务时只需将其加以改进、完善,就可满足电子商务条件下对物流配送的要求。

自营物流模式对于企业来说,有两个比较明显的优势:一是容易协调。由于在企业自营物流中,企业供应链是企业内部各个职能部门组成的网络,每个职能部门不是独立的利益个体,有共同的目标,相对于企业与企业之间的供应链更容易协调。二是高稳定性。由于在自营物流模式中,电子商务企业控制能力比较强,问题都在公司内部解决,因此具有较高的稳定性,在一定程度上避免了整个供应链的波动,且具有高保密性。

但是电子商务公司自营物流所需的投入非常大,而且建成后对规模的要求很高。这种高投入、大规模使企业缺乏柔性,与电子商务的灵活性有一定的矛盾。另外,这样一个庞大的物流体系,建成之后需要工作人员具有专业化的物流管理能力。但是目前我国的物流理论与物流教育严重滞后,导致我国物流人才的严重短缺,企业内部从事物流管理的人员的综合素质也不高,不能够解决电子商务中各种复杂多样的物流问题。

(2) 第三方物流模式

第三方物流模式,又称外包物流或合同物流。第三方物流是指由物流劳务的供方、需方之外的第三方去完成物流服务的物流运作方式。第三方就是指提供物流交易双方的部分或全部物流功能的外部服务提供者。第三方物流随着物流业的发展而发展,是物流专业化的重要形式,物流业发展到一定阶段必然会出现第三方物流。电子商务主体的核心竞争力应该集中在运用网络技术及时满足客户特定要求,设计和生产特定产品,即电子商务的核心业务应放在商流和信息流上。物流这部分业务则应该外包给专业的第三方物流公司做。因为从低层次考虑,物流不是电子商务主体的专长,没有比较优势,自营物流的物流成本会远高于依赖专业的第三方物流公司;从高层次考虑,物流不会是电子商务主体的核心竞争力部分,自营物流会浪费企业有限的资源,不能专注于企业的核心业务部分,势必影响核心竞争能力的巩固和发展。

电子商务企业选择第三方物流,明显的优点有:利于企业集中核心业务,培育核心竞争力;降低成本,减少库存,减少资本积压;提高企业经营效率,从而提升企业形象。

但在我国的具体情况下,把物流外包给第三方物流公司,有两点需要注意:首先,我国的第三方物流尚未成熟,没有达到一定的规模化与专业化,成本节约、服务改进的优势因而并不明显,而且常常会造成外包物流的失败。一方面,物流公司缺乏合格的专业人员设计评估物流系统,许多物流服务商不能对客户希望的服务要求作出全面反映。另一方面,合同不规范或双方都不知道怎样规定合同条款中的服务要求。在中国,企业对外包物流没有经验,双方签订的合同对很多条款的规定是模糊的,这就导致以后的纠纷,或者是物流商没能提供企业满意的服务。其次,容易受制于人。在供应链中,电子商务企业还不成熟,过分依赖供应链伙伴,容易受制于人,在供应链关系中处于被动地位,甚至与最终顾客失去联系而导致被淘汰出局的危险。

(3)第四方物流模式

第四方物流的概念最早由安达信咨询公司提出,按照约翰·加托纳的定义,第四方物流供应商是一个供应链的集成商,它对公司内部和具有互补性服务供应商所拥有的不同资源、能力和技术进行整合和管理,提供一整套供应链解决方案。

从第四方物流的内涵来看,第四方物流不仅控制和管理特定的物流服务,而且对整个物流过程提出策划方案,并通过电子商务将这个过程集成起来,所以,第四方物流成功的关键在于为顾客提供最佳的增值服务,即迅速、高效、低成本和人性化服务。具体而言,第四方物流表现出以下特征:

①第四方物流集成了管理咨询中第三方物流服务提供商的能力,从而为客户提供了一个全方位的供应链解决方案。

②第四方物流通过影响整个供应链来获得价值,因而能够为整条供应链上的客户带来利益。

③对供应链的再造与再设计。

④第四方物流能够开展多功能、多流程的供应链服务。

⑤第四方物流能使流程一体化、系统集成化。

由上述可见,第四方物流不仅影响到第三方物流、网络工程、电子商务和运输企业等,还影响到客户的能力和供应链中的其他伙伴,它作为客户间的连接点,通过合作式联盟提供多样化服务,第四方物流的优点使得迅速、高质量和低成本的物流服务得以实现。

(4)物流联盟模式

采取纯粹的自营或者是纯粹的外包物流的策略是要非常慎重的。而物流联盟是一种介于两者之间的物流组建模式,可以降低前两种模式的风险,且企业更易操作。物流联盟是指两个或两个以上的经济组织为实现特定的物流目标而采取的长期联合与合作。其目的是实现联盟参与方的共赢,具有相互依赖、核心专业化、强调合作的特点。企业之间相互信任、共担风险、共享收益,不完全采取导致自身利益最大化的行为,也不完全采取导致共同利益最大化的行为,只是在物流方面通过契约形成优势互补、要素双向或多向流动的组织。联盟是动态的,只要合同结束,双方又变成追求自身利益最大化的单独个体。

在现代物流中,是否组建物流联盟,作为企业物流战略的决策之一,其重要性是不言而喻的。物流联盟的建立,有助于物流合作伙伴之间在交易过程中减少相关交易费用;将促使伙伴之间的"组织学习",从而提高双方对不确定性环境的认知能力,减少因交易主体的"有限理性"而产生的交易费用;联盟企业之间的长期合作将在很大程度上抑制交易双方的机会主义行为;将促使企业进行战略性的合作,建立联盟伙伴关系,可以通过对专用性资产的"共同占有"解决资产专用性这一矛盾。

战略联盟有各种各样的形式,一个极端是正式的一体化组织,另一个极端则是在组织之间形成非常松散的协作关系,不涉及所有权的转移或股权的分配。出现这些不同形式的联盟的原因很多,但它们一般都与联盟内的资产有关(这里的资产并不仅仅是指实物资产或财务资产,还包括市场技能、专业知识等无形资产)。

(5)物流一体化模式

所谓物流一体化就是以物流系统为核心,由生产企业,经由物流企业、销售企业,直至消费者供应链的整体化和系统化。物流一体化是在第三方物流的基础上发展起来的新的物流模式。在这种模式下,物流企业通过与生产企业建立广泛的代理或买断关系,与销售企业形成较为稳定的契约关系,从而将生产企业的商品或信息进行统一组合处理后,按部门订单要求配送到店铺。这种模式还表现为用户之间的广泛交流供应信息,从而起到调剂余缺、合理利用共享资源的作用。在电子商务时代,这是一种比较完整意义上的物流配送模式,是物流业发展的高级形式和成熟阶段,如国内海尔集团的物流配送模式可以说已基本达到物流一体化模式标准。

物流一体化的发展可进一步分为三个层次:物流自身一体化、微观物流一体化和宏观物流一体化。物流自身一体化是指物流系统的观念逐渐确立,运输、仓储和其他物流要素趋向完备,子系统协调运作,系统化发展。微观物流一体化是指市场主体企业将物流提高到企业发展战略的地位,并且出现了以物流战略作为纽带的企业联盟。宏观物流一体化是指物流业发展到这样的水平:物流业占到国家国民生产总值的一定比例,处于社会经济生活的主导地位,它使跨国公司从内部职能专业化和国际分工程度的提高中获得规模经济效益。物流一体化是物流产业化的发展形势,必须以第三方物流充分发育和完善为基础。物流一体化的实质是一个物流管理的问题,即专业化物流管理人员和技术人员,充分利用专业化物流设备、设施,发挥专业化物流运作的管理经验,以求取得整体最优的效果。同时,物流一体化的趋势为第三方物流的发展提供了良好的发展环境和巨大的市场需求。

3.4 电子商务资金流管理

3.4.1 电子商务资金流管理基础

1)电子商务资金流管理的含义

企业拥有一定数额的资金,是进行生产经营活动的必要条件。企业的资金总是处于不断地运动之中。企业的生产经营过程,一方面表现为物资运动(实物形态),一方面表现为资金运动(价值形态),资金的流入和流出统称为资金流。企业的资金流管理就是要达到使资金按照某种计划流动。

企业为了进行生产经营活动,必须拥有一定数量的财产物资。这些再生产过程中财产物资的货币表现就是资金。随着生产经营活动的进行,资金以货币资金(资金投入)—储备资金—生产资金—成品资金—货币资金(资金分配和退出)的形式不断运动。

企业首先通过筹资活动从外部筹集一定的资金,投入生产经营活动。在生产准备过程中,企业筹集的资金,要通过购买、建造等过程,形成各种生产资料,即用货币资金兴建房屋和建筑物,购置机器设备等,形成各种固定资产,购进生产所需要的原材料、燃料等劳动对象。这时,资金从货币资金形态转化为储备资金形态。在生产过程中,企业通过劳动者制造产品,发生固定资产和材料等物化劳动和劳动者活劳动的耗费,各种生产耗费的货币表现就是产品等有关对象的成本和费用。这样,随着生产费用的支出,资金就从储备资金形态转化为生产资金形态。产品制成以后,资金又从生产资金形态转化为成品资金形态。在销售过程中,企业出售产品并取得销售收入,这时企业资金又从成品资金形态转化为货币资金形态。企业取得的销售收入要进行再分配,用以补偿生产耗费或扩大再生产的资金,又从货币资金形态开始,继续参与生产周转。而上缴国家的税金、支付投资者的利润,就从企业资金运动中退出。

企业资金的运动,从源头——筹集资金开始,经历了上游——储备资金形态、中游——生产资金及成品资金形态,到达下游——资金回收(一部分退出)。企业资金的循环运动不是一种简单循环,它既有平行运动,又有串行运动;既有前向运动,又有后向运动;既有同步运动,又有异步运动。并且,良性的资金循环过程是一种增值过程。

因此,要准确地揭示和反映企业资金的运动规律,需要把资金运动模型和会计核算过程结合起来考虑。就企业会计而言,经营资金的运动构成了资金进入企业、资金在企业循环和周转、资金退出企业的各个方面,具体表现为不断发生的、错综复杂的以货币表现的各项经济业务。这些经济业务在会计核算中要具体反映在各个账户上。因此,必须在账户体系下面建立企业资金运动的模型。目前,普遍采用复式记账法,即借贷记账法,其记账原则是"有借必有贷,借贷必相等"。会计学中的会计恒等式,是对各会计要素的性质及其相互之间的内在经济关系的数学表达。最基本的会计恒等式为:资产 = 负债+所有者权益,随着企业的生产经营活动的进行,各项收入和费用逐步发生,出现了下面反映经营成果的会计恒等式,即:收入−费用 = 利润,其中,资产类账户包括现金、银行存款、应收账款、预付账款、材料采购、原材料、产成品、待摊费用、固定资产及在建工程等;负债类账户包括短期借款、长期借款、应付账款、预收账款、应付工资、应交税费、应付利润及预提费用等;所有者权益类账户包括实收资本、资本公积、盈余公积、未分配利润;收入类账户包括产品销售收入、营业外收入、其他业务收入、投资收益;费用类账户包括产品销售成本、产品销售费用、管理费用、财务费用、营业外支出、其他业务支出;利润类账户包括本年利润、利润分配。等式1、2中的项目,即资产、负债、所有者权益、收入、费用和利润,是会计核算的六个要素,也构成了企业资金运动模型的六个要素。等式两边的要素是相互对应的,但是这种对应是综合的、动态的,而非逐项的、静态的。企业的经济业务是多种多样的,经济业务发生后等式两边有增减变动,但是增减变动的结果永远保持等式的平衡关系。经济业务发生后所引起的资产、负债、所有者权益有关项目以及收入、费用、利润的有关项目的增减变动,构成了企业资金运动的具体过程。而资金从源头投入下游收回(再投入及退出一部分)的循环周转并伴随着并行与串行、前向与后向、同步与异步的运动,构成了企业资金运动的一般过程。

2) 网络经济对资金流管理的影响

网络经济的迅速发展,电子商务在全球范围内展开,给企业参与市场竞争带来新机遇与挑战,对企业经营管理也带来了全新变革。资金流管理作为企业管理的核心之一,也发生了许多变化。

（1）管理目标多元化

现代财务管理目标是以"股东财富最大化""利润最大化"等为代表,由于物质资源的稀缺性和使用上的排他性等原因,与物质资本占主导地位的工业时代极其适应。然而,财务目标是通过客户目标和业务流程来实现的。随着网络时代的到来,客户目标、业务流程发生了巨大变化,必然要求企业考虑以下几个重要因素,对其财务管理目标重新定位。

相关利益主体的利益及其利益协调化。在网络时代下的资本结构中,虚拟资本的地位显著上升,这一变化,日益改变着企业各要素所有者的地位。不同的所有者对企业的要求不相同。而作为财务管理目标,应满足各个相关者的利益需要,才能使企业的财务管理走上良性循环的轨道。

企业的前瞻经济及其增加值。前瞻经济是企业的预期成长效益,可以预测未来的收益程度。这一目标在网络经济条件下,体现了企业通过产品销售、风险投资等充分实现了技术产业化、市场化、收益最大化的可能程度。网络时代,企业前瞻经济及增长动力、未来增加值的重要性将大于目前收益。

（2）管理的重心将落在企业流程的重组与改造,进行价值链分析上

网络经济是一种全新的贸易服务方式,它以数字化网络和设备替代了传统的纸介质,这种方式突破了传统企业中以单向物流运作的格局,实现了以物流为依据,信息流为核心,资金流为主体的全新运作方式。

在这种新型运作方式下,顾客对供应商提供设计和工程服务的要求将增加,厂商将外包更多的非核心任务;同时客户将要求他们的供应商提供更多的存货管理服务,如数据库仓库和订单管理;厂商需要更多地使用自动化制造技术,为集成外部数据和内部操作提供更多的机会。这就使企业必须对现有业务流程进行重组,即 BPR(Business Process Reengineering),以加强管理水平,从而适应经济发展的需要。

要对企业进行业务流程重组,必须进行价值链分析。价值链分析就是通过从战略上对产业价值链(原材料供应商—产品—制造商—销售商)进行分析,以了解企业在行业价值链中的位置,以判断企业是否有必要沿价值链向前或向后延伸,以实现企业管理目标;从企业内部价值链(订单—产品研究设计—生产制造—销售—售后服务)分析,以判断如何降低成本,使企业流程更优化;从竞争对手价值链分析,通过与竞争对手的相应指标进行比较,以找出与竞争对手的差异和自己的成本态势,从而提高整体竞争力。

（3）风险管理和风险预测系统的建立将成为企业财务管理的重要内容

在工业经济时代,企业通常遇到的风险有四种:经营风险、金融风险、灾害风险、环境和法律风险。而随着互联网在商业中的广泛应用,对内,作为数据管理的计算机往往作为逃避内部控制的工具,同时,经济资源中智能因素的认定将比无形资产更加困难,其随着技术环境和信息环境的改变而发生价值波动;对外,由于"媒体空间"的无限扩大,信息传播、处理和反馈的速度大大加快,出现了"网上银行""电子货币",交易无地域化和无纸化,这使得国际资本流动加大,资本决策可在瞬间完成。总之,由于网络经济的非线性、突变性和爆炸性等特点。企业将增加诸如资讯保护风险、内部和外部侵入风险、破坏与舞弊风险、交易完整风

险,以及无形资产投入速度快、知识积累更新加快、产品的寿命周期不断缩短等风险。

由于风险的不确定性、复杂化,网络时代建立新的风险管理模式就势在必行了。美国伊利洛斯大学 E.贝尔考教授所著的《会计未来趋势》一书中,对网络经济的风险问题进行了分析,指出风险管理的重要性,并提出未来会计发展的六大趋势,其中之一就是财务风险预测及其模型的建立。建立财务风险预测模型,对企业风险进行评估,是网络时代风险管理模式的重要部分。其主要由监测范围与定性分析、预警指标选择、相应阈值和发生概率的确定等方面的内容组成,并将对企业经济运行过程中的敏感性指标,如保本点、收入安全线、最大负债极限等予以反映。工业经济时代,企业的风险管理往往局限在某几个高层管理人员之间,而且多是"亡羊补牢"的措施,并有很大的随意性,即所谓的"救火队操作"。而网络经济时代,由于技术的进步,风险管理将变为主动的风险管理,其要求有预见性、有系统地辨认可能出现的风险。

(4)财务管理走向集中式管理,改变了企业的组织结构

过去,企业缺乏支持集中式管理的技术手段,企业的发展受到物理地域的限制,许多大型企业不得不采取分散管理。监管信息反馈滞后,导致对下属机构控制不力,企业出现危机的例子屡见不鲜。

互联网的出现,小企业变成了"大企业",桌面管理转化成非桌面化的网络方式。这使得集中式管理成为可能,尤其是企业可以综合运用各种现代化的电子信息工具,为整合企业财务资源,加强对下属机构的财务监控,降低运营成本,提高效率创造了有利条件。财务集中式管理又可分为三种情况:

会计核算的集中化。财务数据处理的实时性,是网络财务的一大特点。一旦确认就将存入相应的服务器并主动送财务信息系统随时检测,业务信息实时转化且自动生成。

财务控制的集中化。减少中层管理人员,会计核算信息直接送达高层,最高决策层可与最基层人员直接联系,对财务的支出与收入进行控制,这样就可以达到提高闲置资金的使用效率,增强内部资金余额调剂能力,更好地杜绝腐败等目的。

财务决策的集中化。由于财务资料时刻处于高级管理人员控制之中,管理人员就可以根据需求进行虚拟结算,几乎可以即刻发现市场情况的变化。

(5)信息理财在财务管理中日趋重要

以数字化技术为先导,信息高速公路为主要内容的网络经济,其经济活动可以通过在线进行,如在线订货、在线资金调度、异地转账、在线证券投资、在线外汇买卖等。因而产生的会计信息都是动态的,更具有不可捉摸性;同时,市场需求信息的公开化,会计信息公平、均匀分享,形成了多层次、立体化的信息格局。谁能占领信息的制高点,谁就将在市场竞争中占优势。

企业财务信息系统将建立在互联网、企业外联网和企业内联网基础之上。会计信息传递模式将变为"报告主体—信息通道—信息使用者"。网络方式从企业内部财务信息"孤岛"直接转向客户、供应商、政府部门及其他相关部门。而财务管理信息系统,则以价值形式综合反映企业人力、物力和财力资源运动的事前、事中、事后控制与实际生产经营过程及其业绩的全部信息。在网络经济中,信息理财将综合运用计算机网络的超文本、超媒体技术,使信息更形象、直观,提供多样化的各类信息,包括数量信息与质量信息、财务信息与非财务

信息、物质层面的信息和精神层面的信息。

（6）财务预算作为财务管理中的基础性环节得以加强

网络经济时代，虚拟企业普遍存在，各公司有时甚至竞争对手之间，通过采用信息技术提供各自的核心优势而进行合作，即由最好的制造商生产产品，最好的市场销售商来销售产品等以达到共同的目标。同时负债经营和风险经营在企业中更为突出，企业需把握适度的负债与风险。在这种环境下，就要求企业须以战略的眼光从事企业的综合协调管理。它强调企业计划、采购、控制等职能的一体化，使所有子公司、职能部门的子目标与企业整体目标相趋同，这样多层委托代理关系下的累加代理成本才能最小。这就需要财务管理有一条"事前计划—执行过程中控制—事后分析"的主线，各个部门都围绕这条主线展开，而事前分析、财务预算作为基础性工作更显重要。网络经济财务预算将依据企业年度目标利润按"目标利润—销售预算—成本预算—采购预算—现金流量预算"等进行编制，改变了过去一味地以生产为中心的编制方法。财务预算一经确定，由于财务业务在线操作，网络将像一只无形的手监督着企业财务预算的执行情况，同时由于网络具有高速传递性，对财务预算管理中出现的"例外管理"、特殊异常业务将可迅速传达到高级责任人例外审批。这样既确保了财务预算在企业内部所具有的约束力，又可依据市场情况而适时予以调整。

3.4.2　电子商务资金流管理的内容

企业的资金运动沿着供应、生产、销售三个过程的顺序不断地循环周转，分别表现为资金的筹集、使用、控制、消耗、收回和分配等环节，这也就构成了电子商务资金流管理的核心内容（图 3.3）。

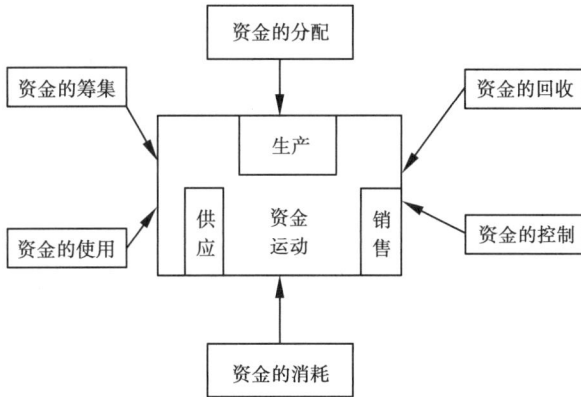

图 3.3　电子商务资金流管理的核心内容

1）资金的筹集

企业根据国家规定，通过一定的渠道和方式筹集资金，这既是资金运动的起点，也是资金管理的第一步。

2）资金的使用

企业为了开展电子商务活动，要运用已经筹集的资金购置各种生产资料，包括劳动手段和劳动对象，为企业的电子商务活动创造物质条件。

3）资金的消耗

企业在电子商务活动过程中，劳动者使用劳动手段对劳动对象进行加工，生产社会需要的产品，或提供社会需要的服务。在这一过程中，劳动者通过劳动除将已消耗的劳动手段和劳动对象的价值转移到完工产品上去之外，还创造了新的价值。

4）资金的控制

资金的控制是资金流管理的中心内容，是指对资金运动进行指导、组织、督促和约束，确保财务计划实现的管理活动。它强调对资金的全过程进行全面管理，其工作贯穿资金运动实际发生前、资金运动过程中、资金运动发生之后，针对资金运动的事前、事中和事后来管理，如进行相关的财务预测、决策、计划预算和分析等。值得强调的是，资金控制的目标不仅仅是要控制财务活动的规范性、有效性，还要使企业资产价值最大化，促进企业战略目标的实现，所以资金流控制过程必须是围绕着企业战略的制定、实施、控制而采取的一系列措施的全过程，要致力于将企业资源加以整合优化，使资源消费最小，资源利用效率最高。

5）资金的回收

企业在产品销售或服务提供过程中，将最终的产品或服务销售给购货单位，并按产品或服务的价格通过一定的结算程序取得销售收入。价格是价值的货币表现，所以按产品价格收回销售收入，意味着实现了产品的全部价值，完成了从成品资金形态向货币资金形态的转化过程。

6）资金的分配

企业要把所取得的销售收入，按照国家的有关规定进行分配。首先是将一部分资金用于补偿生产中的资金耗费，重新购买劳动对象和支付职工的劳动报酬等，保证企业再生产过程的不断进行；另一部分资金则形成折旧基金，作为固定资产更新的准备金，其余部分就是企业的纯收入。

资金流管理工作就是针对资金运动的这六个环节，开展其对资金的管理。资金流管理的重点是企业资金均衡、有效地流动，因此对于企业资金流动进行全局性和长期性的谋划是资金流管理的主要内容。企业中的资金的筹措、资金的投放、资金的使用、资金的消耗、资金的控制、资金的回收和资金的分配等活动都会引起资金流入或流出企业，影响企业资金均衡、有效地流动。相对而言，资金的筹措、资金的投放和资金的分配三个环节最重要，因为资金的筹措、资金的投放和资金的分配方面的决策一般不属于经常性或日常性的财务决策。它们对企业的未来具有较为重要的影响，需要考虑的内、外环境因素也更多和更复杂。其次从资金流动的影响看，这三个环节的影响也要更大一些。资金的筹措不仅是外部资金注入企业的最主要途径，而且还对以后较长时期内企业的资金流动模式产生重大影响。资金的投放则是资金流出企业的主要方式，而且资金投放的经济效果如何，对企业长期的资金流动更具有第一位的重要影响。资金的分配则主要解决企业纯收入中，有多少留在企业进行再生产，有多少以不同形式退出生产经营。在留存盈余是企业重要资金来源之一的情况下，收益如何分配对企业资金流动无疑具有重要影响。它们与企业的发展战略紧密相连，资金的筹措是企业战略实施所需资金的前提条件；资金的投放则是企业战略由规划到实施的首要步骤；资金的分配则关系到企业资金的再筹集与再投入，不仅关系到企业战略当前的实施，还关系到企业战略的未来。

从上述分析可以看出,为了使企业正常运转,不仅要做好物料的供应、生产、销售计划,而且要做好资金的筹集、使用和回收计划。不仅要保证企业供、产、销中物流的平衡,而且必须实现资金收支中资金流的平衡。

企业资金流管理工作的另一个重要组成部分就是处理资金运动过程中所体现、产生的各种财务关系。如企业在经营过程中对外部、内部的不同财务关系,包括与投资者、税务部门、政府有关部门、被投资企业、债权人、往来客户、职工个人等的财务关系,对于创造良好的内、外部环境,使企业的生产经营顺利进行是至关重要的,因此是企业资金流管理不可忽视的重要内容。

3.5 电子商务系统管理中的"三流"互动

3.5.1 电子商务管理中"三流"互动的内涵

"三流"的协调匹配、良性互动是电子商务健康发展的必要条件和客观要求。因为电子商务信息流的便捷、快速、实时,客观上要求资金流可靠、安全、准确,物流快速、同步和顺畅;否则,电子商务无法真正实现。可以这样说,信息流是电子商务的首要标志和特征,资金流是电子商务的实现手段和方式,物流是电子商务的物质基础和完成。成熟完善的电子商务不仅通过快捷便利的信息流来表现,而且需要发达安全的资金流来支持,同时更需要综合可靠的物流来完成。实践中一个典型的电子商务系统(网络经济中的基本单元)都是"三流"互动的(图 3.4)。

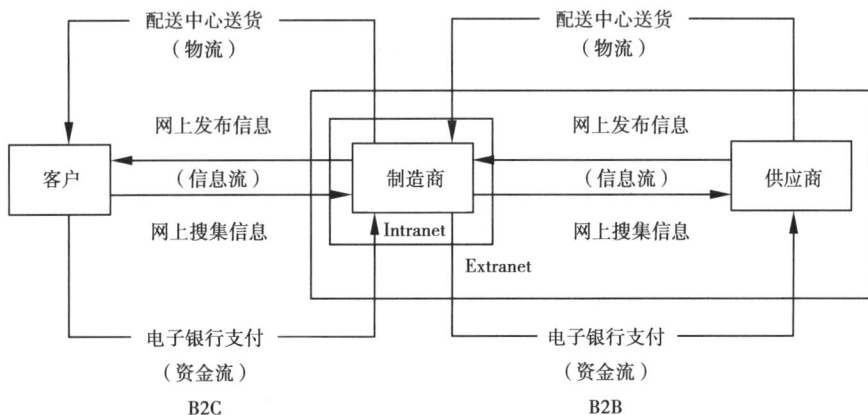

图 3.4 电子商务系统管理中的"三流"互动

注:Intranet 作为内部信息管理和信息交流的平台,以加强企业内部各系统的信息沟通,整合系统的职能
活动,强化内部管理;Extranet 是作为其外部信息管理和企业对外信息交流的平台,以加强企业与其
上下游企业和其他相关企业之间的协作。

图 3.4 中首先表现为信息流,供应商在网上发布商品和服务的信息,顾客则从网上搜索想要购买的商品和服务信息。在这一过程中,供应商和顾客通过互联网进行交互式的信息反馈,当双方在细节问题上达成一致后,顾客填写电子订购单,商家收到订单后立即向顾客

发送包括单价、数量、应付款、税额、运费等购物账单,完成信息流。其次是资金流,顾客确认供应商的购物单后,输入其电子信用卡号及密码,加密后发送到电子银行,电子银行检验有效后通知双方支付有效。最后,只有当物流配送中心将货物送到客户手中时,整个过程才算结束。在整个过程中,顾客与商家之间发生的是信息流,资金流借助电子银行在顾客、商家和物流企业之间进行,物流则通过物流企业在顾客和商家之间进行。

3.5.2 电子商务管理中"三流"互动的意义

电子商务的发展离不开信息流、资金流和物流的良性互动。

1) 快捷方便的信息流是电子商务的最大优势

信息技术和互联网在信息流方面有着得天独厚的优势,它可以用极低的成本获取和发布众多的信息,供应商通过互联网与顾客实现即时的互动沟通,并及时地了解顾客的意见和要求,可随时与顾客、厂商联系并为其提供个性化的服务,甚至使商品生产达到"量身定做"的程度。市场快速反应系统的建立,缩短了满足顾客需求的时间;全天候的服务,打破了传统零售商固定不变的交易时间;多媒体技术可以全方位地展示商品和服务,为顾客提供全面及时的市场信息和销售指导;交易双方超越了时空的限制,足不出户就可以随时达成交易意向。

2) 电子支付的资金流是电子商务的关键环节

电子支付是电子商务的关键环节,也是电子商务得以顺利进行的基础条件。这不仅要求成熟完善的信用制度,而且要求银行系统的网络化、电子化,这样才能缩短支付时间,促使交易尽快实现。1998年6月30日IBM联合波士顿银行、美洲银行和美国金融服务技术联合会签发了世界上第一张电子支票,使流通周期从传统支票的两周缩短为几小时。美洲银行、Transport、网景(Netscape)等公司相继启动了网上查询并支付账单的业务,人们不必再挨个公司查阅其账单,只需点击以上公司的站点,即可查阅其所有账单,并完成支付。西方国家电子商务的快速发展并非单纯由于网络技术所引起的快捷方便的信息流,其主要原因在于其信用制度起步早、发展快,银行电子化早已融入居民生活。微软、HP、IBM等大公司针对网络交易安全系统的一系列软件开发,加速了电子支付的扩展,给网络营销带来了无限生机。

3) 顺畅高效的物流是电子商务的物质保障和最后终结

"电子"只是电子商务实现的手段,其实质和核心是"商务"—实物的交割。即商品从生产者经由物流环节到达消费者手中。网络营销的信息流、商流、资金流和物流是高度分离的,网上交易只是完成交易的信息流、商流、资金流,并未实现物流,货物的交付则由物流环节完成。所以,网上交易不能取代物流,无论是B2C或B2B,电子商务都是"鼠标加水泥"(信息流加物流)。在"倍速"的网络经济中,与先进高效的信息流、商流和资金流相适应,物流必须快速、同步和顺畅,即通过电子化、信息化、综合化、社会化、多功能化实现物流的高度现代化,没有现代化的物流,任何轻松、快捷、方便的信息流、资金流都将退化为空洞的形式,电子商务这种便捷先进的贸易方式将变成无米之炊、空中楼阁。国际上很多从事电子商务的成功企业,都是得益于其先进的物流系统而在网络竞争中抢占了获胜的制高点。如戴尔计算机公司,由于先进的物流系统工程能够对客户的需求作出快速反应,其用于库存、交货等方面的流动资金成本仅占全部收入的 1.5%,卓越的物流管理系统,使其网上交易额每年都以 35% 的增长率发展。可见,电子商务能否降低交易费用,提高流通效率,减少中间环节并获得最终成功,关键在于是否拥有高效发达的物流配送系统。只有高度现代化的物流系统才能与高度发达的信息流、资金流协调匹配,才能在"三流"的良性互动中促进电子商务的最终完成,从而实现电子商务"以顾客为中心"的营销理念。

3.5.3 电子商务系统管理中"三流"互动的机理

一个典型的电子商务系统是靠"三流"互动来实现的。信息流、物流、资金流构成了电子商务交易主体企业、供应者和消费者之间的全部过程,包括供应、销售信息的流动,物资、产品的运动,资金的转移。同时,这一系列运动过程涉及了生产、销售、运输等环节的各个方面。

信息流的流动总是双向的,它伴随着物流和资金流的发生而产生,因此,实现信息的准确、高效流动是保证物流和资金流畅通流动的关键所在。在目前的技术条件下,当企业能够通过网络建立良好的信息流通渠道后,实现物流、信息流、资金流的高效互动就成为了现实。

信息流对物流的作用集中表现在两方面:①提高了有形产品的物流效率,使物流资源得到了优化配置;②对于部分无形产品(电子图书、软件等),信息流可以取代物流。

现代物流业正向信息化、网络化、自动化方向发展,条码技术、数据库技术、电子订货系统、电子数据交换(EDI)等技术在物流领域的应用,大大提高了物流的效率,而这些都是建立在信息化的基础之上的。

信息流对资金流的作用集中表现在促进了货币的虚拟化运动。信息技术的应用使商品流通中资金流的形式发生了相应的改变。在电子商务环境下,资金以数字形式传输,货币完全是虚拟的、数字化的。在电子支付的方式下,资金流发生在银行之间,由银行完成从买方向卖方的运动,买卖双方只是在一个虚拟的空间,为实现商品的流通而进行货币的虚拟化运动。这种网上支付的方式赋予了资金流以全新的内涵,大大提高了资金流动的速度与效率。

企业的物流和资金流总是单向流动,而且两者在供应和销售环节形成相对独立的闭环,这说明要保证物流循环的顺利实现,必须保持资金流及时到位;要使得资金流畅通无阻,必须有相应的物流作保障。物流和资金流反复循环,交替发生,互为依托。物流、资金流是一种不停顿的运动,两者一旦停止了运动就不能发生价值增值,企业就不能获得利润。同时,物流、资金流的循环也不能发生任何停滞,否则将导致企业价值链的中断。

物流、信息流对资金流的作用主要体现在价值贡献上。物流、信息流对资金流的价值贡献是多方面的,既表现为一些可以量化的指标,又表现为一些不可量化的经营指标。从财务的角度具体来说体现在:①降低企业运营成本,减少资金流出。②减少资金占用,加快资金流动。③提升企业竞争力,加大资金流入量。

本章小结

1.电子商务组织是在充分满足社会对企业产品需求的目标下,集合分散的生产资源,整序组合成一个系统,人们通过这个系统开展电子商务活动,并履行各自的职、权、责,相互协调合作,组成一个实现系统目标的组织体系。网络技术和互联网技术快速发展,人们对社会的需求种类也逐渐增加,整个社会对网络信息的依赖性也越来越大。因此,加快社会的信息化系统管理是我们发展经济的必然选择。

2.信息流是人们采用各种方式来实现信息交流,从面对面的直接交谈直到采用各种现代化的传递媒介,可以说是流通体系的神经,是流通体系存在和运动的内在机制。信息流管理正是基于信息活动过程的管理。

3.电子商务物流主要研究物流在电子商务和现代科学技术条件下的运作和管理。电子商务物流的目标是在电子商务条件下,通过现代科学技术的运用,实现物流的高效化和低成本化,促进物流产业的升级以及电子商务和国民经济的发展。投身于电子商务的企业在物流配送方面需综合多方面进行考虑,选择合适的电子商务物流模式。

4.电子商务资金流作为电子商务系统管理的三个构成要素之一,是实现电子商务交易活动不可或缺的手段。电子商务资金流管理的内容包括资金的筹集、使用、控制、消耗、收回和分配等环节。电子商务支付管理包括电子商务支付系统、电子商务支付服务组织、电子商务支付体系等。

5.电子商务活动的发展离不开信息流、资金流和物流的良性互动。这"三流"的协调匹配、良性互动是电子商务健康发展的必要条件和客观要求。

问题讨论

1.简述电子商务的组织形态。
2.电子商务信息流管理内容有哪些?
3.电子商务物流系统再造体现在哪几个方面?
4.电子商务物流模式有哪些?
5.电子商务资金流管理的内容有哪些?
6.电子商务管理中"三流"互动的意义?

课后案例

棒棒娃:打造信息一体化牛肉休闲食品电商王国

成都棒棒娃实业有限公司于2009年11月开始拓展电商业务,成立了电子商务团队,并在淘宝天猫成功开设官方旗舰店,这种新的销售模式,既增加了销售,又展示了品牌,增加了产品知名度。棒棒娃自2009年11月拓展电商业务开始,使用ERP系统到现在的ERP云系统和CRM系统。

随后,2010年入驻一号店,2013年进入苏宁易购,2014年加入京东……公司以打造第三方全业务流程的电子商务信息化平台,促进快销信息化和工业化的深度融合,带动产业互联网化与生产销售的深度融合。2014年3月,为适应业务量急剧攀升,提高电子商务管理能力,建立现代化、标准化的管理流程和体系,提升后台运营能力,完成了电子商务云ERP的实施建设。2014 年 7 月实施使用 CRM 系统,以解决店铺运营及客户服务关系等问题。

基于电商实业有完整的供应链和运营业务,棒棒娃电商运营平台主要分以下三部分:

(1)电商云 ERP 管理

电商云 ERP 系统的使用,对接了天猫旗舰店、食品专营店、京东旗舰店、一号店等所有平台店铺。主要实现订单、发货、退货、促销物料发放等业务流程,以及收入、费用相关核算方式管理。

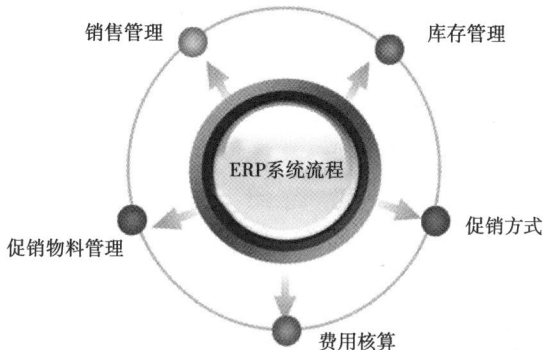

(2)电商 CRM 客户关系管理

CRM 系统满足电子商务部目前的客户关系管理需求。以店铺运营流程优化、客户服务体系建设和客户互动营销管理为应用主线的店铺 CRM 一体化解决方案,提升客服工作效率,流程化事务管理,增强客户购物体验,精细化运营能力,最终实现客户价值最大化,提升客户黏性。

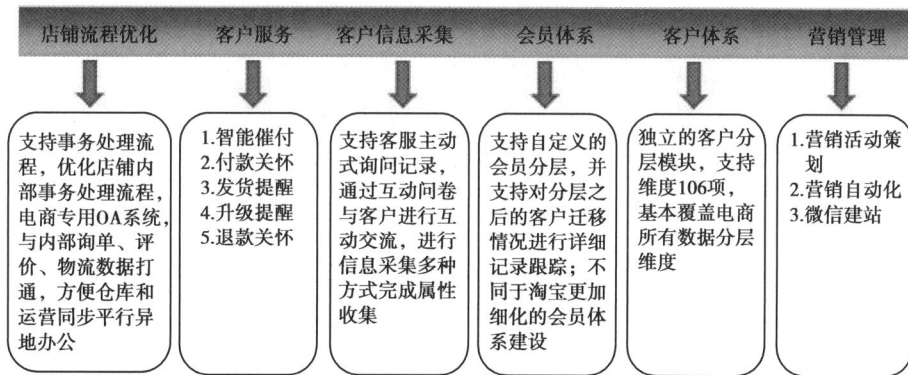

(3)NC 和 BQ 系统支持

通过接口分别和云 ERP、CRM 平台打通,NC 系统主要管理电商收入、成本、费用核算等,BQ 系统进行商业化系统分析,实现全方面管理。

讨论:

成都棒棒娃的电子商务活动如何体现电子商务管理中的"三流"互动。

第4章

电子商务战略管理

📖 案例导学

鸿星尔克：数字化战略搭建新的电商增长公式

2021年7月21日，河南发生千年一遇的水灾，"濒临破产"的鸿星尔克在官方微博发布为河南捐款5 000万元的公告，在民族情结的带动下，鸿星尔克开启爆红之路。

面对突如其来的全渠道订单爆发式增长，鸿星尔克线上链路订单履约的效率却没有受到丝毫影响，这得益于其在电商数字化建设的提早布局。多方位数字化战略赋能鸿星尔克全渠道业务的快速发展，打通业务全流程以及业务模式的创新，也实现了其在数字化营销、品牌建设方面的同步加强，构建全新的数字化业务平台。

鸿星尔克目前线上电商业务信息化架构采用的是中台+自有仓/三方仓+SAP（财务+供应链），保证前端电商业务快速反应的同时，又能打破企业内部的信息孤岛，实现销售和仓货配一体化管理。同时，全国4个中央仓+12个区域仓+7 000家线下门店，构建了一个全面协同的供应链运营体系和新的供应链模式。鸿星尔克储仓的主要功能已经不再是存货，而是快速集散。爆款带动预售，预售带动订单生产，订单进入全国物流网络，实现快速订单履约。

鸿星尔克电商运营的数字化变革始终围绕提效减负、业务赋能、辅助决策、颠覆经营四个维度构建全域数字化战略。对于其他企业电商来说，他们也可以效仿鸿星尔克的经验，将单个领域的升级提升到全域战略的高度，顺利实现与电商活动有关的协调运作生产、供应活动、销售活动、物流活动与综合性管理的战略功能。

📖 内容提要

互联网及电子商务极大地改变了企业领导考虑管理、战略和商务设计的方式。新的商业前沿要求大多数公司重新审视其业务战略，为反应敏捷的企业家带来前所未有的新机遇。由此，电子商务战略管理成为电子商务管理的重要内容，也是本章学习的主要对象。

📖 本章重点

- 电子商务战略的含义。
- 电子商务战略分析。
- 电子商务战略模式与规划。
- 电子商务战略实施与评价。

4.1 电子商务战略概述

"战略"一词在我国古已有之:"战"即战斗、战争;"略"指筹略、策略。现在,将"战略"引申到管理中,是指在竞争条件下,组织发展的方向性、长远性、全局性的谋划和行动。这种谋划和行动正是通过战略决策而寻求的最为满意的行动方案。

4.1.1 电子商务战略的含义

进入 20 世纪 90 年代以来,一系列的技术突破使得互联网发生了日新月异的变化,呈现出爆炸性增长。随之,一种基于互联网,以交易双方为主体,以银行电子支付和结算为手段,以客户数据为依托的全新商务模式——电子商务应运而生。基于电子商务自身的巨大优势以及信息技术的不断推动,电子商务已经成为全球经济的热点。由此,任何一个面临竞争的组织从事电子商务活动必然就具有战略意义。首先,电子商务给组织发展带来了明确的方向性;其次,电子商务不是一蹴而就的,比如涉及电子商务运作基础的社会信息化、企业信息化以及个人信息化都需要长期的投入与发展;最后,电子商务对组织的影响是全局的,并非外在商务模式的转变。

综上分析,电子商务本身就是组织应对竞争的一种战略选择,是对组织经营领域的进一步拓展,更是组织总体战略的一个重要组成部分。那么,我们现在所讨论的"电子商务战略"则是对"一个组织准备实施电子商务"这种总体战略选择的进一步谋划与行动,也就是关于一个组织如何发展电子商务以及如何在电子商务竞争中取得竞争优势的谋划与行动。前者应当属于将电子商务作为总体发展战略的具体谋划与行动,后者则属于具体业务单元的竞争战略。目前我国处于电子商务发展的初级阶段,因此现阶段探讨的电子商务战略以总体发展战略为主,涉及具体业务单位的竞争战略相对较少。

4.1.2 电子商务战略的特点

1) 全局性

战略是以电子商务组织的全局为研究对象,根据组织总体发展的需要而制定的。其所规定的是组织的总体行动,所追求的是组织的总体效果。虽然战略必然包括组织的局部活动,但是,这些局部活动是作为总体行动的有机组成部分在战略中出现的。

2) 长远性

战略既是组织谋取长远发展要求的反映,又是组织对未来较长时期(5 年以上)内如何生存和发展的通盘筹划。其着眼点是组织的未来而不是现在,是为了谋求组织的长远利益而不是眼前利益。虽然战略的制定要以组织外部环境和内部资源情况为出发点,并且对组织当前的生产经营活动有指导作用,但是,这一切也都是为了更长远的发展,是长远发展的起步。

3) 方向性

战略具有明确的方向性,其主要任务就是提出组织的战略展望,指明组织的未来业务和组织前进的目的地,从而为组织提出一个长期的发展方向,清晰地描绘组织将竭尽全力所要进入的事业,使整个组织对一切行动有一种目标感。

4) 竞争性

战略是关于组织在激烈的竞争中如何与竞争对手抗衡的行动方案,同时也是针对来自各方面的许多冲击、压力、威胁和困难,迎接这些挑战的行动方案。战略与那些不考虑竞争、挑战而单纯为了改善企业现状、增加经济效益、提高管理水平等为目的的行动方案不同。只有当这些工作与强化组织竞争能力和迎接挑战直接相关,具有战略意义时,才能构成战略的内容。

5) 纲领性

战略规定的是组织总体的长远目标、发展方向和重点以及所采取的基本行动方针、重大措施和基本步骤,都是原则性的、概括性的、总体性的规定,具有行动纲领的意义。战略是对组织未来的一种粗线条设计,是对企业未来成败的总体谋划,而不是纠缠于现实的细枝末节,必须通过展开、分解和落实等过程,才能变为具体规划和计划。

6) 风险性

战略所关注的是组织的未来,所作出的战略决策是基于对当前组织所面临的环境分析和预测,具有不确定性,因而战略必然具有风险性。

4.1.3 电子商务战略竞争力

电子商务战略竞争力是电子商务企业取得长远发展的关键。战略竞争力是指在实施长远性和根本性的战略发展目标时给经济与社会发展所带来的无形的或潜在的利益,是电子商务企业未来发展的根本点。电子商务战略竞争力永远是企业生存、发展和增强竞争力的"航标"和"灯塔"。

1) 战略竞争力对确定企业经营领域的作用

企业发展到一定程度后,总会面临业务多元化还是专业化发展的战略性经营方向选择问题,提出多元化发展的要求,通常是以现有业务的发展前景欠佳或企业实力强大为前提假设的。如果企业实力不够强大,集中力量进行专业化经营无疑是最佳选择,采取多元化的做法往往会造成管理精力分散、业务遍地开花、经营效益滑坡的结果。考虑到在全球竞争环境中,与国际大公司相比,我国的许多企业发展历史不长,管理经验欠缺,竞争实力尚有待于进一步积累,也许今后很长时间内,都还需要将专业化经营作为首选战略。而在企业实力较强,允许多元化经营时,最好考虑选择与原有业务在管理、运行、技术、原料、生产、营销、文化等方面存在一定的相关性的新业务,因为有研究表明:多角化进入一个与企业原有业务毫不相关的全新领域,其成功的可能性很小。

2) 动态环境下的企业战略竞争力构建

(1) 员工是推动企业战略制定的核心力量,同时更是对战略最终执行的根本力量

企业的发展有 20%靠企业的战略规划,80%靠企业各层管理者的执行力。执行力是否到位既反映了企业的整体素质,也反映了管理层领导的观念、素质和心态,因而企业执行力的培养不能只停留在管理者"知识技能"层面上,更应着重于管理者的素质、心态和观念的塑造。企业要改善执行部门的执行力,应把工作重点放在这个部门的管理者身上。

(2) 建立核心竞争力与资源整合战略

对于一个企业来说,其内部和外部总是存在着各种丰富的资源,能否整合好这些资源并加以合理、有效地利用,充分发挥优势和作用,对企业的生存和发展起到十分关键的作用。因为特定的资源和能力是竞争优势的来源,成功的企业一个重要的原因就是善于整合其内外部资源。

建立核心竞争力与资源整合是企业整体战略选择的主要方式,这两大战略是相互作用的,也是企业为获得市场竞争优势,保证企业在市场运营中获得最大利益的最重要的两个方面。

(3) 企业文化是企业战略竞争力的核心

企业文化对企业长期经营业绩有着重大作用。企业文化建立的好坏是决定企业兴衰的关键因素。企业文化是企业的"灵魂",是企业经营活动的"统帅",是企业行动的"思想指南",在企业经营发展中具有无法替代的核心作用。企业文化对于企业来说,具有导向作用、凝聚作用、规范作用。建立有效的企业文化是企业能否成功发展的重要条件,建立有效的企业文化也是建立企业战略竞争力核心的有效方法。总之,建立良好的、持续的企业文化是企业核心竞争力成长和发展的基石,并使核心竞争力得以提升。

(4) 创建持久的品牌战略

品牌战略就是公司将品牌作为核心竞争力,以获取差别利润与价值的企业经营战略。品牌战略是市场经济中竞争的产物,近年来,一些意识超前的企业纷纷运用品牌战略的利器,取得了竞争优势并逐渐发展壮大。战略的本质是塑造出企业的核心专长,从而确保企业的长远发展。在科技高度发达、信息快速传播的今天,产品、技术及管理诀窍等容易被对手模仿,难以成为核心专长,而品牌一旦树立,不但有价值且不可模仿,因为品牌是一种消费者认知,是一种心理感觉,这种认知和感觉不能被轻易模仿。

(5) 建立持续竞争优势战略

根据企业发展的特点,小企业从创立到发展成为大企业的主要障碍是战略问题、管理转型问题和核心竞争力问题。解决这些问题,并构建持续竞争优势战略的措施就是建立学习型组织。学习型组织是指通过培养整个组织的学习气氛和文化,推动集体学习,使组织中的每个员工不断地学习,并充分发挥员工的创造能力,不断改进管理、技术及服务,使组织获得持续的竞争优势。在知识经济时代的今天,员工已成为中小企业最宝贵的资产。由于知识的快速更新,员工对专业知识的持续学习与更新能力,将决定一家中小企业所拥有的竞争实力,同时培育企业核心竞争力。

4.2　电子商务战略管理过程

电子商务战略管理过程一般可分为战略分析、战略模式与规划、战略实施与评价等阶段。电子商务战略分析是电子商务战略管理非常关键的环节，主要包括外部环境分析和内部条件分析。电子商务战略规划过程相对复杂，主要包括评价组织当前使命、目标、战略、政策以及业绩，并根据战略分析结果重新定义或修订企业使命和目标，进而产生、评价和选择最佳战略方案。电子商务战略实施与评价是电子商务战略管理的重要环节，是将战略付诸实际行动的过程，并利用各种工具和方法对战略实施过程进行评价与控制，以发现偏差并纠正偏差，从而保障战略目标的实现。

4.2.1　电子商务战略分析

战略管理区别于日常管理之处就在于战略管理更关注环境变量对企业生存和发展的影响，并试图通过对环境变化的观察来把握其趋势，以发现企业发展的新机会和避免这些变化所带来的威胁。电子商务战略分析是电子商务战略管理非常关键的环节，主要包括外部环境分析和内部条件分析。

1) 外部环境分析

对于电子商务战略管理来说，分析和评价外部环境因素是一项不可缺少的工作，有助于对利害得失的权衡，制定和实施正确的发展战略，进行科学的经营管理。电子商务战略外部环境有微观、宏观之分。微观外部环境就是由不可控制的对经营活动有影响的因素所构成的行业环境，包括产业环境和市场环境等。宏观外部环境则是由一些大范围的社会力量所构成的，是企业很难控制的因素，可以概括为政治（Political）、经济（Economic）、社会（Social）、技术（Technological）四要素。对于这四要素的分析，即 PEST 分析法。

（1）微观外部环境分析

微观环境主要包括产业环境和市场环境两个方面。产品生命周期、产业的竞争力、产业内的战略群体、成功的关键因素等分析方法是微观环境分析的重要内容。市场需求与竞争的经济学分析能够深化对微观环境的理解与认识。以下对产业生命周期、产业结构分析、市场结构与竞争、市场需求状况、产业内的战略群体和成功关键因素进行简要介绍。

①产业生命周期。在一个产业中，企业的经营状况取决于其所在产业的整体发展状况以及该企业在产业中所处的竞争地位。分析产业发展状况的常用方法是认识产业所处的生命周期的阶段。产业生命周期阶段可以用产品周期阶段来表示，分为开发期、成长期、成熟期和衰退期四个阶段。只有了解产业目前所处的生命周期阶段，才能决定企业在某一产业中应进入、维持还是撤退，才能进行正确的新的投资，才能对企业在多个产业领域的业务进行合理组合，提高整体盈利水平。

②产业结构分析。根据波特教授从产业组织理论角度提出的产业结构分析的基本框架——五种竞争力分析，可以从潜在进入者、替代品及购买者、供应者与现有竞争者之间的抗衡来分析产业竞争的强度以及产业利润率。潜在进入者的进入威胁在于减少了市场集中，激发了现有企业间的竞争，并且瓜分了原有的市场份额。替代品作为新技术与社会新需

求的产物,对现有产业的替代威胁的严重性十分明显,但几种替代品长期共存的情况也很常见,替代品之间的竞争规律仍然是价值高的产品获得竞争优势。购买者、供应者讨价还价的能力取决于各自的实力,比如卖(买)方的集中程度、产品差异化程度与资产专用性程度、纵向一体化程度以及信息掌握程度等。产业内现有企业的竞争,即一个产业内的企业为市场占有率而进行的竞争,通常表现为价格竞争、广告战、新产品引进以及增进对消费者的服务等方式。

③市场结构与竞争。经济学中对市场结构的四种分类:完全竞争、垄断竞争、寡头垄断和完全垄断,有助于对市场竞争者的性质进行正确的估计。严格定义的完全竞争市场在现实生活中并不存在,但这一市场中激烈的价格竞争使价格趋向于边际成本的描述在许多消费品市场中却屡见不鲜。垄断竞争市场中,产品的差异性为企业建立了固定客户,并且允许企业对这些固定客户享有价格超过边际成本的一些市场权利。寡头垄断市场中,企业的决策要依赖于其他企业的选择,决策主体的行为发生直接相互作用条件下的决策均衡问题日益受到广泛重视。完全垄断市场上,垄断厂商控制操纵价格和产量的行为因损害了消费者的利益受到了反垄断政策的制约,但企业通过创新来取得垄断力量和实现高额利润的努力也存在一定的合理性,从长期看对垄断的限制对消费者是不利的,因为它限制了竞争。

④市场需求状况。可以从市场需求的决定因素和需求价格弹性两个角度分析市场需求。人口、购买力和购买欲望决定了市场需求的规模,其中生产企业可以把握的因素是消费者的购买欲望,而产品价格、差异化程度、促销手段、消费者偏好等影响购买欲望。影响产品需求价格弹性的主要因素有产品的可替代程度、产品对消费者的重要程度、购买者在该产品上的支出在总支出中所占的比重、购买者转换到替代品的转换成本、购买者对商品的认知程度以及对产品互补品的使用状况等。

⑤产业内的战略群体。确定产业内所有主要竞争对手战略诸方面的特征是产业分析的重要方面。战略群体是指某产业在某一战略方面采用相同或相似战略的各企业组成的集团。战略群体分析有助于企业了解自己的相对战略地位和企业战略变化可能产生的竞争性影响,使企业更好地了解战略群体间的竞争状况,发现竞争者,了解各战略群体之间的移动障碍,了解战略群体内企业竞争的主要着眼点,预测市场变化和发现战略机会等。

⑥成功的关键因素。作为企业在特定市场获得盈利必须拥有的技能和资产,成功的关键因素可能是价格优势、资本结构或消费组合,或纵向一体化的行业结构。不同产业成功的关键因素存在很大差异,同时随着产品生命周期的演变,成功的关键因素也会发生变化,即使是同一产业中的各个企业,也可能对该产业成功的关键因素有不同的侧重。

(2)宏观外部环境分析

PEST 分析法是战略外部环境分析的基本工具,它通过政治、经济、社会和技术四要素从总体上把握宏观环境,并评价这些因素对企业战略目标和战略制定的影响。

①政治要素(P)是指对组织经营活动具有实际与潜在影响的政治力量和有关的法律、法规等因素。当政治制度与体制、政府对组织所经营业务的态度发生变化时,当政府发布了对企业经营具有约束力的法律、法规时,企业的经营战略必须随之作出调整。法律环境主要包括政府制定的对企业经营具有约束力的法律、法规,如反不正当竞争法、税法、环境保护法以及外贸法规等,政治、法律环境实际上是和经济环境密不可分的因素。处于竞争中的企业

必须仔细研究政府和商业有关的政策和思路,如研究国家的税法、反垄断法以及取消某些管制的趋势,同时了解与企业相关的国际贸易规则、知识产权法规、劳动保护和社会保障等,这些相关的法律和政策能够影响到各个行业的运作和利润。

②经济要素(E)是指一个国家的经济制度、经济结构、产业布局、资源状况、经济发展水平以及未来的经济走势等。构成经济环境的关键要素包括 GDP 的变化发展趋势、利率水平、通货膨胀程度及趋势、失业率、居民可支配收入水平、汇率水平、能源供给成本、市场机制的完善程度、市场需求状况等。由于企业是处于宏观大环境中的微观个体,经济环境决定和影响其自身战略的制定,经济全球化还带来了国家之间经济上的相互依赖性,企业在各种战略的决策过程中还需要关注、搜索、监测、预测和评价本国以外其他国家的经济状况。

③社会要素(S)是指组织所在社会中成员的民族特征、文化传统、价值观念、宗教信仰、教育水平以及风俗习惯等因素。构成社会环境的要素包括人口规模、年龄结构、种族结构、收入分布、消费结构和水平、人口流动性等。其中,人口规模直接影响着一个国家或地区市场的容量,年龄结构则决定消费品的种类及推广方式。

每一个社会都有其核心价值观,它们常常具有高度的持续性,这些价值观和文化传统是历史的沉淀,通过家庭繁衍和社会教育传播延续,因此具有相当的稳定性。而一些次价值观是比较容易改变的。每一种文化都是由许多亚文化组成的,它们由共同语言、共同价值观念体系及共同生活经验或生活环境的群体所构成,不同的群体有不同的社会态度、爱好和行为,从而表现出不同的市场需求和不同的消费行为。

不同国家之间有人文差异,不同民族之间同样有差异。我国有众多民族,虽同是中华民族却存在着较大的人文差异。如藏族的生活方式和藏传佛教的宗教色彩联系紧密。日本丰田越野车在西藏地区的越野车销售市场中占据着绝对的市场份额,原因是其标识形似牛头,而牛在藏族人心中象征吉祥,因此丰田车广受藏族人民的欢迎。可见文化对战略的影响有时是巨大的。

自然环境是指企业业务涉及地区市场的地理、气候、资源、生态等环境。不同地区的企业由于其所处自然环境的不同,对企业战略会有一定程度的影响。我国是一个幅员辽阔的国家,这种影响尤其明显,如同一种产品在我国东南部的广东地区的营销战略和西藏等西北高寒地区应有较大差距,但很多时候容易被忽略。

④技术要素(T)不仅仅包括那些引起革命性变化的发明,还包括与企业生产有关的新技术、新工艺、新材料的出现和发展趋势以及应用前景。在过去的半个世纪里,最迅速的变化就发生在技术领域,像微软、惠普、通用电气等高技术公司的崛起改变了世界和人类的生活方式。同样,技术领先的医院、大学等非营利性组织比没有采用先进技术的同类组织具有更强的竞争力。

2) 内部条件分析

外部环境的变化只给电子商务战略管理提供了契机,要真正实施战略管理还需良好的企业内部条件,包括物化的硬条件(如企业的各种设施)和非物化的软条件(如企业的组织机构、领导者能力、企业文化条件等)。内部条件分析的主要方法有核心竞争力分析法、SWOT 分析法、价值链分析法、内部因素评价矩阵等。

（1）核心竞争力分析法

1990 年,美国管理学者加里·哈默尔和普拉哈拉德提出了著名的核心竞争力模型,其战略流程的出发点是企业的核心力量。他们认为,随着世界的发展变化,竞争加剧,产品生命周期的缩短以及全球经济一体化的加强,企业的成功不再归功于短暂的或偶然的产品开发或灵机一动的市场战略,而是企业核心竞争力的外在表现。按照他们给出的定义,核心竞争力是能使公司为客户带来特殊利益的一种独有技能或技术。企业核心竞争力是建立在企业核心资源基础上的企业技术、产品、管理、文化等的综合优势在市场上的反应,是企业在经营过程中形成的不易被竞争对手仿效,并能带来超额利润的独特能力。在激烈的竞争中,企业只有具有核心竞争力,才能获得持久的竞争优势,保持长盛不衰。企业核心竞争力的识别标准有四个:

①价值性。这种能力首先能很好地实现顾客所看重的价值,如能显著地降低成本,提高产品质量,提高服务效率,增加顾客的效用,从而给企业带来竞争优势。

②稀缺性。这种能力必须是稀缺的,只有少数企业拥有它。

③不可替代性。竞争对手无法通过其他能力来替代它,它在为顾客创造价值的过程中具有不可替代的作用。

④难以模仿性。核心竞争力还必须是企业所特有的,并且是竞争对手难以模仿的,也就是说它不像材料、机器设备那样能在市场上购买到,而是难以转移或复制。这种难以模仿的能力能为企业带来超过平均水平的利润。

（2）SWOT 分析法

SWOT 分析法也称态势分析法,是由美国著名学者肯尼思·安德鲁斯于 20 世纪 60 年代在《企业战略概念》一书中提出的。20 世纪 80 年代初,美国旧金山大学管理学教授海因茨·韦里克进行了完善,成为一种战略分析方法。SWOT 分别代表:优势(Strength)、劣势(Weakness)、机会(Opportunity)、威胁(Threat)。所谓 SWOT 分析,就是将与研究对象密切相关的各种主要内部优势、劣势、机会和威胁等通过调查列举出来,并依照矩阵形式排列,然后用系统分析的思想,把各种因素相互匹配起来加以分析,从中得出一系列相应的结论,而结论通常带有一定的决策性。运用这种方法,可以对研究对象所处的情景进行全面、系统、准确的研究,从而根据研究结果制定相应的发展战略、计划及对策等。SWOT 分析法常常被用于制定集团发展战略和分析竞争对手情况,在战略分析中是最常用的方法之一。S、W 是内部因素,O、T 是外部因素。按照企业竞争战略的完整概念,战略应是一个企业"能够做的"(即组织的强项和弱项)和"可能做的"(即环境的机会和威胁)之间的有机组合。

（3）价值链分析法

价值链分析法是由美国哈佛商学院教授迈克尔·波特提出的,是一种寻求确定企业竞争优势的工具,即运用系统性方法来考察企业各项活动和相互关系,从而找寻具有竞争优势的资源。

①价值链的思想内涵。价值链思想认为企业的价值增值过程,按照经济和技术的相对独立性,可以分为既相互独立又相互联系的多个价值活动,这些价值活动形成一个独特的价值链。价值活动是企业所从事的物质上和技术上的各项活动,不同企业的价值活动划分与构成不同,价值链也不同。

对于制造业来说,价值链的基本活动包括内部后勤、外部后勤、市场营销、服务;辅助活动包括企业基础设施(企业运营中各种保证措施的总称)、人力资源管理、技术开发、采购。每一活动都包括直接创造价值的活动、间接创造价值的活动、质量保证活动三部分。企业内部某一个活动是否创造价值,主要看其是否提供了后续活动所需要的东西,是否降低了后续活动的成本,是否提高了后续活动的质量。

价值链的含义可以概括为:第一,企业各项活动之间都有密切联系,如原材料供应的计划性、及时性和协调性与企业的生产制造有密切的联系;第二,每项活动都能给企业带来有形或无形的价值,如售后服务这项活动,如果企业密切注意顾客所需或做好售后服务,就可以提高企业的信誉,从而带来无形价值;第三,价值链不仅包括企业内容各链式活动,而且还包括企业外部活动,如与供应商之间的关系,与顾客之间的关系。

②价值链分析的特点:

第一,价值链分析的基础是价值,各种价值活动构成价值链。价值是买方愿意为企业提供的产品所支付的价格,也代表着顾客需求满足的实现。价值活动是企业所从事的物质上和技术上的界限分明的各项活动,是企业制造对买方有价值的产品的基石。

第二,价值活动可分为两种活动:基本活动和辅助活动。基本活动是涉及产品的物质创造及销售、转移给买方和售后服务的各种活动。辅助活动是辅助基本活动并通过提供外购投入、技术、人力资源及各种公司范围的职能以相互支持的各种活动。

第三,价值链列示了总价值。价值链除包括价值活动外,还包括利润。利润是总价值与从事各种价值活动的总成本之差。

第四,价值链的整体性。企业的价值链体现在更广泛的价值系统中。供应商拥有创造和交付企业价值链所使用的外购输入的价值链(上游价值),许多产品通过渠道价值链(渠道价值)到达买方手中,企业产品最终成为买方价值链的一部分,这些价值链都在影响企业的价值链。因此,获取并保持竞争优势不仅要理解企业自身的价值链,也要理解企业价值链所处的价值系统。

第五,价值链的异质性。不同的产业具有不同的价值链。在同一产业,不同企业的价值链也不同,这反映了它们各自的历史、战略及实施战略的途径等方面的不同,同时也代表着企业竞争优势的一种潜在来源。

③价值链分析的内容:

第一,识别价值活动。识别价值活动要求在技术上和战略上有显著差别的多种活动相互独立。如前所述,价值活动有两类:基本活动和辅助活动。

第二,确立活动类型。在每类基本活动和辅助活动中,都有三种不同类型。

a.直接活动:涉及直接为买方创造价值的各种活动,如零部件加工、安装、产品设计、销售、人员招聘等。

b.间接活动:指那些使直接活动持续进行成为可能的各种活动,如设备维修与管理、工具制造、原材料供应与储存、新产品开发等。

c.质量保证:指确证其他活动质量的各种活动,如监督、视察、检测、核对、调整和返工等。

这些活动有着完全不同的经济效果,对竞争优势的确立起着不同的作用,应该加以区分,权衡取舍,以确定核心活动和非核心活动。

(4)内部因素评价矩阵

内部因素评价(Internal Factor Evaluation,IFE)矩阵是一种对内部因素进行分析的工具,其做法是从优势和劣势两个方面找出影响企业未来发展的关键因素,根据各个因素影响程度的大小确定权数,再按企业对各关键因素的有效反应程度对各关键因素进行评分,最后算出企业的总加权分数。通过 IFE 矩阵,企业可以把自己所面临的优势与劣势汇总,从而刻画出企业的全部引力。IFE 矩阵可以按以下五个步骤来建立:

①列出在内部分析过程中确定的关键因素。采用 10~20 个内部因素,包括优势和劣势两方面的。首先列出优势,然后列出劣势。要尽可能具体,采用百分比、比率和比较数字。

②给每个因素以权重,其数值范围由 0.0(不重要)到 1.0(非常重要)。权重标志着各因素对于企业来说在产业中成败影响的相对大小。无论关键因素是内部优势还是劣势,对企业绩效有较大影响的因素就应当得到较高的权重。所有权重之和等于 1.0。

③为各因素进行评分。1 分代表重要劣势;2 分代表次要劣势;3 分代表次要优势;4 分代表重要优势。值得注意的是,优势的评分必须为 3 或 4,劣势的评分必须为 1 或 2。评分以公司为基准,而权重则以产业为基准。

④用每个因素的权重乘以其评分,即得到每个因素的加权分数。

⑤将所有因素的加权分数相加,得到企业的总加权分数。

无论 IFE 矩阵包含多少因素,总加权分数的范围都是从最低的 1.0 到最高的 4.0,平均分为 2.5。总加权分数大大低于 2.5 的企业的内部状况处于劣势,而分数大大高于 2.5 的企业的内部状况则处于优势。IFE 矩阵应包含 10~20 个关键因素,因素数不影响总加权分数的范围,因为权重总和永远等于 1。

4.2.2　电子商务战略模式与规划

对于战略模式的分类,不同研究者有着不同标准,安索夫等人将企业战略模式大致分为三大类:塑造战略、适应战略、稳定战略。塑造战略是最为主动的战略,强调企业战略的主动性与预测性,其战略意图主要在于驱策企业发展新资源与能力,并主动探测与发掘新机会,以期预测与引导外部环境的发展趋势。适应战略属于被动性战略,强调企业的战略适应性,注重通过积累与扩展可获资源以提升柔性,迅速应对外部不确定性环境的变化。稳定战略主要强调对现有资源的充分利用,其主要战略意图在于做出稳定现有战略环境的努力,并在相对稳定的环境中充分发挥其现有资源的价值以取得持续竞争优势。显然,针对不同的战略模式需要作出不同的战略规划。

1)电子商务战略基本模式

一般而言,电子商务战略的基本模式主要有以下几种:

(1)抢占快车道战略

抢占快车道战略是一种抢先控制市场的战略。其优点在于能迅速增强互联网企业的业务能力;易于调动企业内部的驱动力,使企业各方面的力量为抢占市场形成合力;易于吸引人才和争取宽松的外在市场环境;易于增强和各方对手谈判的主控力;易于调动媒体进行炒作,动摇竞争对手在同一业务领域扩展的信心。

（2）专一化战略

专一化战略是避免全面出击、平均使用兵力的个性化战略。这种专一是从全局出发的专一，专一的出发点和落脚点是为了争得在全局中的有利形势和主动地位。它把有限的人力、财力、物力、领导的关注力、企业的潜在力集聚在某一方面，力求从某一局部、某一专业进行渗透和突破，形成和凸显出局部优势。进而通过局部优势的能量累积，争得竞争中全局的主动地位和有利形势。

（3）从不定式中寻找定式战略

一条道大家都走，必然拥挤不堪，于是人们开始另辟蹊径。在进军电子商务的进程中，很有必要把这种另辟蹊径的思路提升到战略高度来审视。当前电子商务中，业界公认的有三种商业运作模式，即 C2C 模式、B2C 模式和 B2B 模式。克隆以上三种模式似乎成了电子商务的定式。于是，它获得了多种技术支持。然而，我国市场发育尚不健全，市场的不确定性、地域情况的差异性、资源的受约性、产业发展的外在性都要求我们结合我国国情进行新的探索。例如，书生之家网站就走出了这样一条探索之路：扬其所长，避其所短，找到了一种以自己独有技术为依托，以网上开架浏览为特点，以销售服务延伸下家，连锁完成配送，发展出 B2B2C 的新模式。

（4）隐形进攻战略

隐形进攻战略是避开对手锋芒的一种进攻战略，是在竞争态势上隐蔽地进攻，渐进地成长，悄然地发展。后起的、弱小的网站宜采用这种战略，其主要特点有以下三个方面：

①利用特色，快速发展。网上营销要有特色。有特色，才能有人气；有人气，才能有商机。例如，为了让网上竞标和网下交易在大学更加方便，易趣网开展了一项别具特色的校园行活动。他们这样做的战略出发点，是想完善校园物品交换的网络平台和条件，抓住千万网民中最有希望、最活跃的群体，使之成为网站的主体。他们还把网上交流和网下交易有机地结合起来，让网上交易促进网下交易市场的形成和发展，网下交易成为网上交易的发展和延伸。

②利用夹缝，快速发展。大山深处的几朵小花，往往长得很茂盛。当别人发现它们的时候，它们已经具有抗风险能力。实行夹缝战略要随时掌握全局的动态和发展。商战中，竞争的态势千变万化，商机的出现稍纵即逝。我们必须适时地、谨慎地作出第一反应，与此同时，还要抓好理财。摒弃那种一掷千金的阔少作风，力争以最小的投入产出比，在最短的时间内走出亏损。

③参与整合，寻求发展。随着竞争的加剧，网络企业必然出现狼吃小羊的现象，收购和兼并是竞争的必然。你越有特色，越容易成为整合的目标。这时，有两种办法：一是参与整合，获得发展。要在参与过程中借船出海，借鸡下蛋，使自己尽快发展壮大起来。脱壳整合，不失为另一上策。作为被整合者，脱空交壳，既可以实现无形资产的无成本转移，又可以增强谈判的实力，其实是一种反竞争战略。

2）电子商务战略规划方法

电子商务战略规划一般过程主要包括评价组织当前使命、目标、战略、政策及业绩，并根据战略分析结果重新定义或修订企业使命和目标，进而产生、评价和选择最佳战略方案。

（1）电子商务战略规划的目标

电子商务战略规划就是从帮助企业实施已有的经营战略和竞争战略或形成新的经营战略和竞争战略的角度出发，确定合理应用模式，以实现企业的经营战略目标的过程。电子商务战略规划应达到以下目标：

①识别出企业利用电子商务实施已有的经营战略和竞争战略或形成新的经营战略和竞争战略，以获得竞争优势的机会。

②详细说明为达到应用电子商务的目标，企业应用企业间电子商务的关键应用领域。

③详细说明适合特定企业具体情况的电子商务应用模式及应采取的技术方案。

④制订电子商务详细应用计划。

（2）电子商务战略规划的过程

制订电子商务的战略规划，一方面要组织一支知识结构合理、年富力强的规划队伍，合理确定规划问题的范围、重点，取得企业内高层领导人的理解和支持；另一方面要采用科学、有效、可操作性强的战略规划方法。

①分析企业的经营战略和竞争战略，研究电子商务对增强企业的竞争力可以发挥的作用。企业应用电子商务的基本目的是提高企业的工作效率和经济效益，增强企业的竞争力。因此电子商务战略规划第一步的主要内容是：

a.分析企业所处的环境及其竞争能力。

b.了解企业的经营战略和竞争战略。

c.研究电子商务对增强企业竞争力可以发挥的作用。

②评价企业内部已有信息系统的运行状况以及目前和将来利用电子商务的需求。企业电子商务的战略规划人员不仅要了解企业的外部经营环境及其经营战略和发展战略，还必须了解企业内部应用信息技术的基本状况和能力。主要包括以下内容：

a.评价企业内部已有信息系统运行情况。

b.评价信息系统管理部门的工作状况和技术实力。

c.评价企业利用电子商务目前和将来的要求。

③识别企业有效利用企业间电子商务的领域。根据企业的经营战略和竞争战略明确企业应用电子商务的机会并了解企业应用信息技术的能力和要求。主要包括以下内容：

a.确定电子商务的具体可应用领域。

b.分析各可应用领域应用电子商务可能产生的效益。

c.排列各可应用领域的应用优先次序，确立目前企业优先考虑的电子商务应用领域。

④确定在各应用领域电子商务的应用模式。确定电子商务的关键应用领域之后，需要仔细研究在各关键应用领域中电子商务的应用模式。主要包括以下内容：

a.分析在特定的应用领域有哪几种电子商务的可行应用模式。

b.详细分析各种应用模式的特点和可能的适用场合。

c.针对该应用领域确定最合理的应用模式。

⑤确定企业参与电子商务开发和应用的层次及扮演的角色。在确定某个领域电子商务的应用模式之后，需要确定企业参与电子商务开发和应用的层次及扮演的角色。主要包括以下内容：

a.分析在某个特定的应用领域、某种具体的应用模式下,企业在电子商务的开发和应用中可以扮演哪些角色。

b.比较扮演各种角色的利弊,确定在该应用领域企业应用电子商务应该扮演的角色。

一般而言,企业可以是电子商务应用中基本信息的接收者,也可以是系统开发和维护的参与者,还可以是该电子商务系统的主要控制和拥有者。企业扮演的角色不同,需要的投资和技术实力不同,担负的责任不同,获得的收益也不同。

⑥制订企业的组织管理变革计划。要在对企业的组织管理方式不进行合理变革的情况下应用电子商务,很难充分发挥电子商务的作用,也就是说,电子商务的有效应用必然要影响企业的组织管理方式。另外,任何新技术的采纳和应用都会遇到企业过去未遇到的许多新问题,都有可能存在阻力。制订企业的组织管理变革计划主要是考虑如何解决这些问题。主要包括以下内容:

a.分析应用电子商务对企业的组织管理变革提出的要求。

b.设计信息流、商务流、资金流和物流合理、有效的模式。

c.分析企业应用电子商务可能遇到的阻力,确定克服阻力的措施。

⑦确定企业应用企业间电子商务的技术方案。在前面几步工作的基础上,需要进一步制订电子商务的应用技术方案。主要包括以下内容:

a.分析当前电子商务技术的基本状况和将来的发展趋势,提出企业应用电子商务的总体软硬件技术方案。

b.明确开发和维护方法。

c.制订人力资源需求计划。

⑧分析企业应用电子商务的投资和效益。确定企业应用电子商务可行的几种技术方案后,接着分析各种技术方案所需的投资和可能产生的效益。主要包括以下内容:

a.估算实现各种电子商务技术方案所需要的投资。

b.分析和计算各种电子商务技术方案应用后可能产生的经济效益和对企业竞争力的影响。

电子商务应用既可以提高企业的工作效率和经济效益,也可以增强企业的竞争力。在分析和计算各种电子商务应用方案应用后可能产生的效益时,既要详细分析和计算其可能产生的投资回报率等定量经济指标,又要详细分析其对企业竞争力的影响等定性指标。

⑨制订电子商务应用计划。企业电子商务战略规划必须指导企业实施电子商务的开发和应用工作,为此需要完成下列工作:

a.确定企业电子商务的应用项目及其进度安排。

b.准备企业电子商务应用战略规划报告。

c.批准和启动企业电子商务应用计划。

4.2.3 电子商务战略实施与评价

1)电子商务战略实施

电子商务战略实施是电子商务战略管理的重要环节,是将战略付诸实际行动的过程。事实上,要搞好电子商务战略管理,不仅要制订好电子商务战略,还要认真地实施电子商务战略。否则,不仅难以实现既定的战略目标,甚至还会把企业推向失败的深渊。

(1)电子商务战略实施方法

不论是电子商务发展战略还是电子商务竞争战略,甚至是其他的一般战略,在战略实施阶段都有许多共性。在企业的战略实践中,战略实施有五种不同的模式。

①指挥型。这种模式的特点是企业总经理考虑的是如何制定一个最佳战略的问题。在实践中,计划人员要向总经理提交企业经营战略的报告,总经理看后作出结论,确定战略后向高层管理人员宣布企业战略,然后强制下层管理人员执行。这种模式的运用要有以下约束条件:

a.总经理要有较高的权威,靠其权威通过发布各种指令来推动战略实施。

b.本模式只能在战略比较容易实施的条件下运用。这就要求战略制定者与战略执行者的目标比较一致,战略对企业现行运作系统不会构成威胁;企业组织结构一般都是高度集权制的体制,企业环境稳定,能够集中大量的信息,多种经营程度较低,企业处于强有力的竞争地位,资源较为宽松。

c.本模式要求企业能够准确有效地收集信息并能及时汇总到总经理的手中。因此,它对信息条件要求较高。这种模式不适应高速变化的环境。

d.本模式要有较为客观的规划人员。因为在权力分散的企业中,各事业部常常因为强调自身的利益而影响企业总体战略的合理性。因此,企业需要配备一定数量的有全局眼光的规划人员来协调各事业部的计划,使其更加符合企业的总体要求。这种模式的缺点是把战略制定者与执行者分开,即高层管理者制定战略,强制下层管理者执行战略,因此,下层管理者缺少了执行战略的动力和创造精神,甚至会拒绝执行战略。

②变革型。这种模式的特点是企业经理考虑的是如何实施企业战略。在战略实施中,总经理本人或在其他方面的帮助需要对企业进行一系列的变革,如建立新的组织机构,新的信息系统,变更人事,甚至是兼并或合并经营范围,采用激励手段和控制系统以促进战略的实施。为进一步增强战略成功的机会,企业战略领导者往往采用以下三种方法:

a.利用新的组织机构和参谋人员向全体员工传递新战略优先考虑的战略重点是什么,把企业的注意力集中于战略重点所需的领域中。

b.建立战略规划系统、效益评价系统,采用各项激励政策以便支持战略的实施。

c.充分调动企业内部人员的积极性,争取各部分人对战略的支持,以此来保证企业战略的实施。

这种模式在许多企业中比指挥型模式更加有效,但这种模式并没有解决指挥型模式存在的如何获得准确信息的问题、各事业单位及个人利益对战略计划的影响问题及战略实施的动力问题,而且还产生了新的问题,即企业通过建立新的组织机构及控制系统来支持战略实施的同时,也失去了战略的灵活性,在外界环境变化时使战略的变化更为困难。从长远观点来看,环境不确定性的企业应该避免采用不利于战略灵活性的措施。

③合作型。这种模式的特点是企业的总经理考虑的是如何让其他高层管理人员从战略实施一开始就承担有关的战略责任。为发挥集体的智慧,企业总经理要和企业其他高层管理人员一起对企业战略问题进行充分的讨论,形成较为一致的意见,制定出战略,再进一步落实和贯彻战略,使每个高层管理者都能够在战略制定及实施的过程中作出各自的贡献。

协调高层管理人员的形式多种多样,如有的企业成立了由各职能部门领导参加的"战略研究小组",专门收集在战略问题上的不同观点,并进行研究分析,在统一认识的基础上制定出战略实施的具体措施等。总经理的任务是要组织好一支合格胜任的制定及实施战略管理人员队伍,并使他们能够很好地合作。

合作型模式克服了指挥型模式即变革模式存在的两大局限性,使总经理接近一线管理人员,获得比较准确的信息。同时,由于战略的制定是建立在集体考虑的基础上,从而提高了战略实施成功的可能性。

该模式的缺点是由于战略是不同观点、不同目的的参与者相互协商折中的产物,有可能使战略的经济合理性有所降低,同时仍然存在着谋略者与执行者的区别,未能充分调动全体管理人员的智慧和积极性。

④文化型。这种模式的特点是企业总经理考虑的是如何动员全体员工都参与战略实施活动,即企业总经理运用企业文化的手段,不断向企业全体成员灌输战略思想,建立共同的价值观和行为准则,使所有成员在共同的文化基础上参与战略的实施活动。这种模式打破了战略制定者与执行者的界限,力图使每一个员工都参与制定和实施企业战略,企业各部分人员在共同的战略目标下工作,使得企业战略实施迅速,风险小,企业发展迅速。文化型模式也有局限性,表现为:

a.这种模式是建立在企业职工都是有学识的假设基础上的,在实践中职工很难达到这种学识程度,受文化程度及素质的限制,一般职工(尤其是在劳动密集型企业中的职工)对企业战略制定的参与程度受到限制。

b.极为强烈的企业文化,可能会掩饰企业中存在的某些问题,企业也要为此付出代价。

c.采用这种模式要耗费较多的人力和时间,而且还可能因为企业的高层不愿意放弃控制权,从而使职工参与战略制定及实施流于形式。

⑤增长型。这种模式的特点是企业总经理考虑的是如何激励下层管理人员制定和实施战略的积极性与主动性,为企业效益的增长而奋斗。即总经理要认真对待下层管理人员提出的一切有利于企业发展的方案,只要方案基本可行,符合企业战略发展方向,在与管理人员探讨解决方案中具体问题的措施之后,应及时批准这些方案,以鼓励员工的首创精神。采用这种模式,企业战略不是自上而下地推行,而是自下而上地产生,因此,总经理应该具有以下认识:

a.总经理不可能控制所有的重大机会和威胁,有必要给下层管理人员以宽松的环境,激励他们从事有利于企业发展的经营决策。

b.总经理的权力是有限的,不可能在任何方面都把自己的愿望强加于组织成员。

c.总经理只有在充分调动及发挥下层管理者的积极性的情况下,才能正确地制定和实施战略,一个稍微逊色但能够得到人们广泛支持的战略,要比那种"最佳"却根本得不到人们热心支持的战略有价值得多。

d.企业战略是集体智慧的结晶,靠一个人很难制定出正确的战略。因此,总经理应该坚持发挥集体智慧的作用,努力减少集体决策的各种不利因素。

(2)电子商务战略实施过程

战略实施是一个自上而下的动态管理过程。所谓"自上而下"是指战略目标在公司高层达成一致后,再向中下层传达,并在各项工作中得以分解、落实。所谓"动态"是指在战略实施过程中,常常需要在"分析—决策—执行—反馈—再分析—再决策—再执行"的不断循环中达成战略目标。企业战略实施包含四个相互联系的阶段:

①战略发动阶段。调动起大多数员工实现新战略的积极性和主动性,应对企业管理人员和员工进行培训,灌输新的思想、新的观念,使大多数人逐步接受一种新的战略。

战略发动阶段,企业的领导人要研究如何将企业战略的理想变为企业大多数员工的实际行动,调动起大多数员工实现新战略的积极性和主动性,这就要求对企业管理人员和员工进行培训,向他们灌输新的思想、新的观念,提出新的口号和新的概念,消除一些不利于战略实施的旧观念和旧思想,以使大多数人逐步接受一种新的战略。对于一个新的战略,在开始实施时相当多的人会产生各种疑虑,而一个新战略往往要将人们引入一个全新的境界,如果员工对新战略没有充分的认识和理解,新战略就不会得到大多数员工的充分拥护和支持。因此,战略的实施是一个发动广大员工的过程,要向广大员工讲清楚企业内外环境的变化给企业带来的机遇和挑战,旧战略存在的各种弊病,新战略的优点以及存在的风险等,使大多数员工能够认清形势,认识到实施战略的必要性和迫切性,树立信心,打消疑虑,为实现新战略的美好前途而努力奋斗。在发动员工的过程中要努力争取战略关键执行人员的理解和支持,企业的领导人要考虑机构和人员的认识调整问题,扫清战略实施的障碍。

②战略计划阶段。将经营战略分解为几个战略实施阶段,每个战略实施阶段都有分阶段的目标,相应的有每个阶段的政策措施、部门策略及方针等。要对各分阶段目标进行统筹规划、全面安排。

战略计划阶段要订出分阶段目标的时间表,对各分阶段目标进行统筹规划、全面安排,注意各个阶段之间的衔接,对远期阶段的目标方针可以概括一些,对近期阶段的目标方针则应该尽量详细一些。战略实施的第一阶段新战略与旧战略应有很好的衔接,以减少阻力和摩擦,第一阶段的分目标及计划也应更加具体化和操作化,制订年度目标、部门策略、方针与沟通等措施,使战略最大限度地具体化,变成企业各个部门可以具体操作的业务。

③战略运作阶段。企业战略的实施运作主要与以下六个因素有关:各级领导人员的素质和价值观念;企业的组织机构;企业文化;资源结构与分配;信息沟通;控制及激励制度。通过这六个因素使战略真正进入企业的日常生产经营活动中,成为制度化的工作内容。

④战略控制与评价阶段。战略是在变化的环境中实践的,企业只有加强对战略执行过程的控制与评价,才能适应环境的变化,完成战略任务。这一阶段主要是建立控制系统、监控绩效和评价偏差、控制及纠正偏差三个方面。

2) 电子商务战略评价与控制

在战略实施过程中,需要利用各种工具和方法对战略实施过程进行评价与控制,以发现偏差并纠正偏差,从而保障战略目标的实现。电子商务战略评价与控制是电子商务战略管理的重要环节。

(1)电子商务战略评价框架

企业所在的内外部环境的变动性,决定了要保证战略管理过程的顺利实现,必须通过战略评价体系对制定并实施的战略效果进行评价,以便采取相应的完善措施。

①电子商务战略评价的层次。战略评价是指以战略的实施过程及其结果为对象,通过

对影响并反映战略管理质量的各要素的总结和分析,判断战略是否实现预期目标的管理活动。在实际操作中,战略评价一般分为事前评价、事中评价和事后评价三个层次。事前评价即战略分析评价,是一种对企业所处现状环境的评价,其目的是发现最佳机遇;事中评价即战略选择评价,是在战略的执行过程中进行的,是对战略执行情况与战略目标差异的及时获取和及时处理,是一种动态评价,属于事中控制;事后评价即战略绩效评价,是在末期对战略目标完成情况的分析、评价和预测,是一种综合评价,属于事后控制。

a.战略分析评价。战略分析评价也称现状分析评价,是指运用 SWOT 分析法评价企业内外环境状况,以发现最佳机遇。此种评价一方面要检查企业现行战略是否能为企业带来经济效益,如果不能增效就要重新考虑这种战略的可行性;另一方面通过考察外部环境,判定在现行环境下企业是否有新的机遇。最后结合两方面的结果,企业或继续执行原战略或采取适应环境要求的新战略。战略分析评价主要包括:企业的现行战略和绩效的分析;不同战略方案的评价;对企业相关利益备选方案的评价;竞争力的评价,即产品、市场、技术、人才、制度竞争力的评价。

b.战略选择评价。战略选择评价是指战略执行前对战略是否具有可行性的分析。此处涉及很多评价模型,如 SAM 模型、定量战略规划模型(QSPM)、Eletre 方法(E 方法)、战略规划评价模型(SPE)。它们都是首先对环境因素进行分析,然后制订判断标准并打分,最后计算出结果。SAM 方法中所包含的数学方法主要有层次分析法、熵权系数法、主观概率和效用理论等。此种方法是针对不同战略方案可行性的研究,是用数学的方法对不同的战略方案所面临的机会与威胁设定标准,通过数学的方法计算机会与威胁的权重,并以所得风险与收益的结果选择最优的战略方案。

c.战略绩效评价。战略绩效评价是指在战略执行过程中对战略实施的结果从财务指标、非财务指标进行全面的衡量。其本质上是一种战略控制手段,即通过战略实施成果与战略目标的对比分析,找出偏差并采取措施纠正。

平衡计分法使经理们能从四个重要方面来观察企业:顾客如何看我们?(顾客角度)我们必须擅长什么?(内部角度)我们能否继续提高并创造价值?(学习与创新角度)我们怎样满足股东?(财务角度)平衡计分法解决了传统管理体系的一个严重缺陷。它是从三个不同的角度测评绩效的指标,弥补了传统财务指标的不足之处——这三个角度是顾客、内部业务流程及学习和发展。它们能使企业在了解财务结果的同时,对自己未来发展能力的增强和无形资产收购方面取得的进展进行监督。平衡计分法并不是取代财务指标,而是对其加以补充。

②电子商务战略评价系统的构建。从系统科学的角度来看,评价是一项系统工程,基本内容包括:评价原则、方法及指标体系模块;系统结构评价模块;输入、输出、数据资料及专家咨询系统模块。

与之相对应,战略评价也是一项系统工作,当要进行评价时首先要把所涉及的问题、过程、部门或体系等看成一个系统,研究其结构、输入、输出、环境及环境与结构的交互作用、整体运行等方面,接着通过分析与改造建立以下功能性子系统:

a.评价者模块。

b.评价对象模块。

c.评价方法、指标、标准模块。

d.评价系统组织机构模块。

e.数据资料及专家咨询系统模块。

经过以上构建,最后进行综合评价。所谓综合评价,就是通过定量分析与定性评判两种手段达到全面评价的目的。定量分析通常是用计算机加权综合分析来实现的,而定性评判则是根据评价过程中的各种信息(包括定量分析结果),对评价对象以往的表现和以后应该注意改进及渴望达到的状态给予判断性的描述。

(2)电子商务战略风险评价

①战略风险评价的阶段。战略风险评价活动贯穿整个电子商务战略实施过程,具体可分为四个阶段:确定评价内容、设立风险标准、衡量实际风险、比较实际风险与标准要求。

a.确定评价内容。为了采取措施确保公司的战略过程更有效地进行,要对战略风险现状有一个全面的把握,因此要根据前面提到的四种风险的风险指标和评价目的确定评价内容。为了保证评价的结果全面、客观,在确定评价内容时必须考虑指标的重要性和可操作性。对于那些很难甚至根本无法进行定量分析的重要指标,公司管理者绝对不能因此而忽略它们对公司战略实施可能产生的潜在风险,防止简单地以可量化衡量代替不可量化衡量。对于那些对公司战略风险判断有重大影响力的指标,不论多困难也要设法对其加以适当衡量。

b.设立风险标准。公司管理者在明确战略目标的前提下,结合自身实际,确定战略风险评价的参照系。在设立标准时,除了要指明可接受的水平外,还应当包括一个允许误差的范围。一般情况下,只要公司战略实施过程中的实际风险落在容差范围内,就不必加以调整。在设立标准时要同时考虑进行中的结果和最终结果。

c.衡量实际风险。公司管理者根据确定的内容和标准,定期、定点对公司运行情况进行记录分析,找出存在的问题,衡量实际的风险。

d.比较实际风险与标准要求。通过比较来确定公司战略管理是否存在偏差,以便找出偏差产生的原因,从而制定对策消除偏差。

②战略风险评价的作用。

a.战略风险评价是公司战略管理的重要环节,能保证公司战略的有效实施。

b.战略风险评价能力和效率的高低是公司战略决策的重要制约因素之一,决定公司战略行为能力的大小。

c.战略风险评价可为战略决策提供重要的反馈,帮助公司提高战略决策的适应性和水平。

d.战略风险评价可以促进公司文化等公司基础建设,为战略决策奠定良好的基础。

③战略风险评价的方法。

a.盈亏平衡分析。盈亏平衡分析也称收支平衡点分析,主要是对产品的成本、销售收入、利润间的关系进行分析。因此,在工程经济学中又称量本利分析。也就是只有产品批量达到一定程度之后,单位产品分摊的固定成本才足以承受,单位成本将低于产品销售价,从而产生盈利;相反,则产生亏损。盈利与亏损分界的产品批量就是盈亏平衡的一种主要表现形式。

从大量的分析评价可知,盈亏平衡点的值总是越小越好。因为在经济萧条或产品滞销的时候,只要生产少量的产品就能达到收支平衡,维持公司自身的生存,不致破产倒闭。盈亏平衡点的值越小,公司的生命力就越强,越能承受经济上的风险。因此,在投资评价时,宜选择盈亏平衡点较低的项目或方案。

b.敏感性分析。敏感性分析也称敏感度分析,是指当投资规模、产量、可变成本、价格、工期、外汇比价等因素发生变化时,投资项目经济效益也会发生变化,特别是由此引起的内部收益率变化的敏感程度。在敏感性分析中,假设变化的因素,一般都选择不利于投资项目获得经济效益的因素发生变化。譬如,投资规模增加、原材料价格上涨、产量降低、单位价格下降、建设工期延长等。通过计算分析,找出对投资项目经济效益影响最大、最敏感的关键因素。揭示各因素同经济效益之间的因果关系,预测要承担的风险,采取防范措施,当发生意外情况时,不至于束手无策。这样就能趋利避害,使投资项目获得最佳经济效益。如果分析所得结论同原来的结论一致,那么就更增加了决策部门的信心,如果分析所得的结论前后不一致,则需要对原结论重新进行考察分析,以求获得客观公正的结论。

需要指出的是,敏感性分析需要的数据多,计算工作量大。当每一个因素发生3%、5%、10%、15%等变化时,都要分别计算有关评价指标的变化幅度。通常情况下,不只计算一个项目或方案,而是要同时计算几个项目或几个方案。为充分论证权衡利弊,有时还需要将各个项目和方案进行适当的组合,且每一种情况都要分别计算出整个项目寿命期内每一年的各项数据。因此,所需计算的数据多达几万、几十万甚至上百万个,用手工计算是难以想象的。当然,在计算机广泛应用的今天,顺利快捷地完成计算已经不是什么难事。

通过敏感性分析,找出影响投资项目经济效益的关键因素。为减少投资风险,提高预测的可靠性,必要时对某些最敏感的关键因素要重新预测和估算,并再次进行财务评价。一般来说,当因素变化时经济效益对此的敏感性越低越好,或者越迟钝越好。敏感性越迟钝,其经济生命力越强,越能经受住风险考验。因此,比较不同方案时,在经济效益相同的情况下,选取敏感性小的方案,即风险小的方案更为有利。

c.其他分析方法。调研法,即采用直接同行业内公司高层领导面谈的方式或发放问卷方式来确定行业整体的风险及特定公司所面临的风险。财务指标法,即将公司战略风险简单归结为公司内部具体风险要素的变化,通常适用的指标有资产负债率、资本密集度、研发比例。主观判断差异法,即利用不同专家对公司未来状态(如公司收益)的判断差异程度来确定公司未来面临的风险水平。这些方法大都发展于近些年,在方法本身的科学性、通用性、可操作性上都有一些局限性,战略风险的评价方法在理论和实践上也存在很多问题。

(3)电子商务战略控制

电子商务战略控制是指战略管理者依据战略计划的目标和行动方案,衡量战略计划的完成情况和纠正战略计划执行中的偏差,以确保战略目标的实现。战略实施的控制与战略实施的评价既有区别又有联系,要进行战略实施的控制就必须进行战略实施的评价,只有通过评价才能实现控制,评价本身是手段而不是目的,发现问题实现控制才是目的。战略控制着重于战略实施的过程,战略评价着重于对战略实施过程进行评价。

①电子商务战略控制过程。一般而言,对电子商务战略实施进行控制的过程可以具体分为以下五个环节(图4.1)。

```
┌──────┐    ┌──────┐         ╱╲
│建立  │    │衡量  │        ╱  ╲          ┌──────┐    ┌──────┐
│评价  │──▶ │实际  │──▶ 比较实际业绩与  ──▶│明确  │──▶ │采取  │
│标准  │    │业绩  │    战略计划的要求     │原因  │    │校正  │
└──────┘    └──────┘        ╲  ╱          └──────┘    │行动  │
                             ╲╱                        └──────┘
                              │
                              ▼
                         ┌──────────┐
                         │不采取校正动│
                         └──────────┘
```

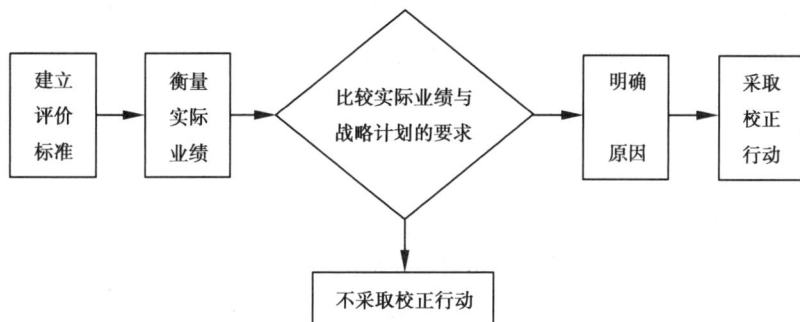

图 4.1　战略实施的控制过程

a.建立评价标准。根据企业战略目标,结合企业内部人力、物力、财力及信息等具体条件,确定企业绩效标准,作为战略控制的参照系。一般而言,在战略目标的确定环节,有关战略目标是否实现的度量标准就已经建立了。所以,此时建立的评价标准主要以这个度量标准为基础,可能需要根据现实情况适当进行调整。

b.衡量实际业绩。通过一定的测量方式、手段,监测企业的实际绩效,并预测其发展趋势。

c.比较实际业绩与战略计划的要求。通过比较,最终得到的结果主要有两种情况:一是实际业绩及其发展趋势均落在战略计划要求的偏差范围之内;二是实际业绩落在战略计划要求的偏差范围之外。对于实际业绩及其发展趋势落在战略计划要求的偏差范围之内的情况,通常不需要采取什么校正行动,只要按照原先的做法执行战略计划即可。对于实际业绩落在战略计划要求之外的情况,此时需要进一步分析。

d.明确原因。针对出现重大偏差的情况,战略管理者需要立即明确产生偏差的原因,为此进一步判定:这一偏差是不是因为控制过程不合理而产生的? 是不是仅仅由于随机波动因素作用的结果? 是不是因为战略计划实施的部分环节出现了失误? 还是因为战略计划本身就不合理? 或者是企业所面临的内外环境发生了重大变化,需要改变战略?

e.采取校正行动。针对前一个环节分析的结果,做出相应的反馈行动。比如,如果偏差的产生是因为随机波动因素作用的结果,此时企业不应当贸然行动,应当静观其变。

②战略控制的方式。从控制时间来看,战略控制可分为以下三类:

a.事前控制。在战略实施前要设计好正确有效的战略计划,该计划要得到企业高层领导人的批准后才能执行,其中重要的经营活动必须通过企业领导人的批准同意才能开始实施,所批准的内容也就成为考核经营活动绩效的控制标准,这种控制多用于重大问题的控制,如任命重要的人员、重要合同的签订、购置重要设备等。

由于事前控制是在战略行动成果尚未实现之前,通过预测发现战略行动的结果可能会偏离既定的标准。因此,管理者必须对预测因素进行分析与研究。一般有三种类型的预测因素:

第一,投入因素。即战略实施投入因素的种类、数量和质量,将影响产出的结果。

第二,早期成果因素。即依据早期的成果,可预见未来的结果。

第三,外部环境和内部条件的变化对战略实施的控制因素。

b.事后控制。这种控制方式发生在企业的经营活动之后,把战略活动的结果与控制标准相比较,这种控制方式工作的重点是要明确战略控制的程序和标准,把日常的控制工作交由职能部门人员去做,即在战略计划部分实施之后,将实施结果与原计划标准相比较,由企业职能部门及各事业部定期将战略实施结果向高层领导汇报,由领导者决定是否有必要采取纠正措施。事后控制主要分为联系行为和目标导向:

• 联系行为。即对员工的战略行为的评价与控制直接同他们的工作行为联系挂钩。企业制订员工比较容易接受,且能体现战略行动的目标,使个人的行动导向和企业经营战略导向接轨。同时,通过行动评价的反馈信息修正战略实施行动,使之更加符合战略要求;通过行动评价,实行合理的分配,从而强化员工的战略意识。

• 目标导向。即让员工参与战略行动目标的制定和工作业绩的评价,既可以看到个人行为对实现战略目标的作用和意义,又可以从工作业绩的评价中看到成绩与不足,从中得到肯定和鼓励,为战略推进增添动力。

c.随时控制。即过程控制,企业高层领导者要控制企业战略实施中的关键性过程或全过程,随时采取控制措施,纠正实施中产生的偏差,引导企业沿着战略方向进行经营,这种控制方式主要是对关键性战略措施进行随时控制。

应当指出,以上三种控制方式所起的作用不同,因此在企业经营中管理者可以随时更换。

本章小结

近年来,随着信息技术的迅猛发展,电子商务在企业竞争战略中所起的作用越来越受到重视,电子商务正改变着竞争的形式、活动的速度和领导的实质。为了充分发挥电子商务的潜在优势,企业必须从战略角度来看待电子商务。电子商务战略竞争力是电子商务企业取得长远发展的关键。战略竞争力是指在实施长远性和根本性的战略发展目标时给经济与社会发展所带来的无形的或潜在的利益,是电子商务企业未来发展的根本点。电子商务战略外部环境有宏观、微观之分。内部条件分析的主要方法有核心竞争力分析法、SWOT 分析法、价值链分析法、内部因素评价矩阵等。电子商务战略的基本模式主要有抢占快车道战略、专一化战略、从不定式中寻找定式战略、隐形进攻战略等。针对不同的战略模式需要作出不同的战略规划。电子商务战略实施是电子商务战略管理的重要环节,是将战略付诸实际行动的过程。事实上,要搞好电子商务战略管理,不仅要制定好电子商务战略,而且还要认真地实施电子商务战略。否则,不仅难以实现既定的战略目标,甚至还会把企业推向失败的深渊。在战略实施过程中,需要利用各种工具和方法对战略实施过程进行评价与控制,以便发现偏差并纠正偏差,从而保障战略目标的实现。电子商务战略评价与控制是电子商务战略管理的重要环节。

问题讨论

1.如何有效地分析电子商务的战略环境?

2.电子商务战略的基本模式有哪些?

3.电子商务战略实施包含哪几个阶段?

4.如何对电子商务战略进行有效控制?

课后案例

牧宝车居的电商之路

河南牧宝车居股份有限公司(以下简称"牧宝")是一家以科技驱动为核心的汽车后市场服务公司。作为一家 2010 年注册成立的公司,牧宝赶上了汽车后市场的机遇,碰撞了电商时代,随之也伴随着巨大的危机与竞争。电商的巨大冲击和国际汽车后市场行业巨头的虎视眈眈,国内品牌如何存活和发展壮大以引领市场成为需要迫切解决的问题,而牧宝在转型之路上让人眼前一亮。

如何在这个充满机遇与挑战的竞争中脱颖而出? 牧宝机智地选择了与互联网接轨,采取线上和线下结合的模式,使客户可以线上下订单,线下到当地门店取货。2016 年,牧宝建立了汽车后市场首家云商平台,加大与电商平台的合作并优化自己的终端网点,并于 2018年 11 月 28 日与杭州尚遇网络科技有限公司正式达成全方位深度合作,牧宝旗下汽车后市场品牌产品将全面进入拼团趣的品牌中心,也代表牧宝融入了 S2B2C 模式。

1.量体裁衣——新零售模式

牧宝电商战略的核心就是"分享经济"。分享经济的独特魅力在于分享和参与,就会有价值产生,而且没有任何边际效应的良性循环模式。牧宝健康车居生活新零售模式正式在2018 年 5 月 30 日发布。在大数据时代,此次牧宝新零售模式的发布,既是汽车后市场行业销售模式的首创,也是对新零售模式应用于汽车后市场的实践和探索。牧宝新零售模式产品主要以汽车用品、家具产品为主,无须开店,无须备货,不占压资金,分享产生销售后就有佣金。这种模式即 S2B2C,是由阿里的参谋长曾鸣提出的,是一种集合供货商赋能于渠道商并共同服务于顾客的全新电子商务营销模式。

2.电商平台的布局

牧宝与创意车街的强强合作,深度优化与整合了双方资源,共同为门店提供线上、线下一体化的产品以及营销支持。其中,创意车街 2.0 平台是一家 3D 体验汽车用品电商平台,集 B2B 商城、一站式采购平台、3D 数字化终端及可视化销售工具于一体,牧宝与创意车街的强强联合可更好地实现资源共享,互利共赢。另外,牧宝为了适应汽车市场的变化成立了新零售事业部,与淘宝、天猫、京东等网络平台经销商合作,全面发力布局电商平台,组建专业团队,进行大数据分析、渠道研究,开发出更加适应电商客户需求的产品,为合作电商平台提供专业化系统服务,并优化产品供应链,规范网络市场。

3.多渠道的策略

牧宝一方面针对长期合作经销商,通过自己的网上平台订货,管理库存,推进销售,最终可以在全国全网实现订单式生产,大大解决了经销商的资金和库存周转问题。另一方面,牧宝结合了更多的第三方电商平台,强强联合,共同推广牧宝线上销售。牧宝在每个城市招募一个城市运营商,具备线上线下一体化的能力,能够快速高效服务当地市场,提升服务品质。

牧宝作为国内唯一进入全国百家 A 类商场销售的汽车内饰高端品牌企业,同时还与国内汽车 4S 集团签约成为战略合作伙伴,并且拥有专柜品牌销售,实现了线上线下多渠道销售优势。

4.物流建设的阻碍

对于走上电商之路的牧宝来说,物流建设早就提上了议程,电商的发展离不开物流的支持与建设。2016 年,牧宝表示已在一些大的区域和市场进一步拓建分厂,直接在当地生产配送,建立自己的物流,这是后期总体布局,目前已在东北东南地区开始慢慢建设。对于企业而言,物流建设需要花费大量的资金和投入,对于牧宝来说其是否有能力建设自己的物流是一个巨大的挑战,也是企业进一步发展的关键。目前,牧宝还是主要依赖于第三方物流,物流服务方面的劣势有待解决和提升。

牧宝清楚地知道自己需要围绕"分享经济"这一主题来开展新零售模式的电商战略,需要构建供应商、渠道商和消费者的协同网。多年来,他们一直围绕这个主题布局电商平台,发挥渠道优势,探索物流建设,然后一步步地把自己的各种业务搬上网,现在又在筹划开拓新的服务内容。他们看清了电商冲击下汽车后市场的破局点,走出了一条特色的电商之路。

讨论:

河南牧宝车居从一个传统的线下实体汽车产品零售企业,通过转型发展为今天的 O2O 商务模式,请结合牧宝车居新零售模式思考现有的电子商务模式有哪些?

第5章

企业电子商务运营管理

📖 **案例导学**

欧普照明：传统照明企业冲破渠道冲突

欧普电商于2017年成立。从2013年的2.2亿元到2018年的23亿元，从2019年的累计销售超30亿元到2021年占总营收约30%，对于LED照明行业来说，欧普电商一直是"独占鳌头"的存在。欧普照明电商事业部从零开始，通过对电商渠道产品研发、生产、物流、仓储等各环节的探索、优化和迭代，实现销售业绩的飞速发展。

照明行业线上电商渠道和传统线下渠道存在一定差异。传统照明产品的生产特点是研发周期长、供货量大；而电商照明产品的生产特点是小批量、快速更新，电商部门该如何解决电商渠道产品的生产和物流递送等问题？

欧普照明注重提高运营风险管控、物流配送、客户服务等方面的能力建设。2019年，欧普照明在电商平台运营系统中新增风险预警模块，可通过智能预警提升店铺运营效率及准确度；并且搭建了针对全平台订单物流查询的智能管理系统，可实时监控物流配送状态，为用户提供更为优质的服务体验。

同时，董事长王耀海提到，为避免与传统渠道冲突，线上渠道会更关注新平台的发展及智能化产品的销售。欧普照明致力于打造一站式多品类智能硬装生态圈。同时，欧普与多家平台企业在智能家居领域进行跨界合作，技术层面实现互联互通，线上线下渠道进一步融合。根据用户和市场需求，逐步完善电子商务产品梯队，实现完整布局，并积极开拓与各物联网平台智控系统的互联互通。不断丰富智能化产品品类，提高智能化渗透率，优化智能产品体验，打通智控系统与第三方平台的直连，实现了智能产品的一键配网、一键连接，极大地提高了用户使用的便捷度。

欧普电商的成功是传统照明行业开拓电商业务、冲破渠道冲突的缩影。欧普照明在电商业务方面依旧注重多平台发展，在精耕重点平台的同时积极布局新平台，不断培育和挖掘新的增长机会。

📖 内容提要

随着信息技术在众多传统企业的广泛应用,越来越多的企业实现运营转型,走上电子商务之路,企业电子商务成为传统企业在互联网时代的选择。本章主要介绍企业电子商务的内涵、企业电子商务的运营模式、企业电子商务的运营特征、企业电子商务的运营要素、企业电子商务的运营机制、企业电子商务的运营策略,实现对企业电子商务运营较为全面的了解。

📖 本章重点

- 企业电子商务的内涵。
- 企业电子商务运营模式。
- 企业电子商务运营要素。
- 企业电子商务运营机制。
- 企业电子商务运营策略。

5.1 企业电子商务概述

5.1.1 企业电子商务的概念

传统企业若要开展真正意义上的电子商务,实行基于网络的商务运作模式,那么它必然会形成一种有别于实体组织、虚拟企业的新型组织形态——企业电子商务组织。所以从组织形态的角度来讲,企业电子商务就是指传统企业通过计算机技术、通信技术、网络技术三大技术平台来配置资源、进行生产的一种组织形式。

5.1.2 企业电子商务的功能

1) 拓展市场范围

由于网络无时间和地域的限制,企业通过门户网站进行网上销售活动,提供在线服务,直接与顾客(或重要的销售商、供货商)建立联系,可以面对更多的消费者,把市场延伸到世界各地,并在商业活动中超越一些不必要的中间环节。

2) 维系良好客户关系

企业可以通过互联网不断发布关于产品的最新信息,让客户及时了解企业的发展情况,从而吸引更多客户的参与;企业还可以利用互联网开展广告宣传和公关活动,保留和争取更多有价值的客户,使更多的客户了解企业及其产品和服务,为新老客户提供产品及与其相关的各种活动。

3) 挖掘市场信息

通过互联网企业还可以及时地获得更多的关于实际客户和潜在客户的需求偏好、需求分布等各类市场信息,主导顾客消费理念,借助现代信息处理技术进行处理和分析,挖掘新的市场机会。

4）提高工作效率

目前，信息服务也有了相应的网络服务系统，这样有助于提高企业售前和售后的配套服务措施，从而提高企业的效率，增加企业的收入。所以我们应该加强对信息服务网络体系的管理，我们还应该迅速发现问题和解决问题，从而提高企业里相关部门的协调和沟通的能力。这样可以减少企业的麻烦，帮助企业协调好售前和售后的一体化服务，从而更加有利于企业的运作和管理。我们还可以将原有的信息系统进行整合，从而促进信息的共同分享，以便降低企业的经营成本，增加企业的利润，促进企业更好地发展和进步。

5）降低经营成本

首先，运用电子商务，企业便可以在世界范围内进行供货商的选择和比较，并及时取得联系，在这种几乎为零成本的过程中，不仅可以降低企业的采购成本，而且也进一步提高了效率。同时，企业进行相关数据的采集也因为直接产生的网络交易流程和透明化的交易数据而更加便利，这些为企业的长远发展奠定基础。

其次，电子商务降低了企业的营销成本。企业可以选择自己建立门户网站，通过发布产品介绍、供需信息、售后服务等信息，进行产品形象宣传。也可以依托企业平台，甚至是热门门户网站，利用网络营销等方式进行自我宣传，吸引更多的客户。更重要的是，企业的客户维系成本也因为电子商务而大大降低。

不仅如此，电子商务还降低了企业库存风险。通过与供应商建立良好的关系，企业能及时了解对方的供需数据，从而降低自己的库存水平，进而合理规避经营中存在的风险。通过电子商务某些民用行业可以直接实行以销定产策略，实现真正的零库存。

5.1.3　企业电子商务的优势

虽然传统企业在发展电子商务上还存在着误区，但是传统企业又有着发展电子商务的独特优势。所以，我们认为，传统企业应在避免误区的基础上，充分认识到自身发展电子商务的巨大优势，走出一条符合自身特色的电子商务之路。

1）信誉优势

长期以来，传统企业一直充当着商品生产和流通的载体，为广大消费者的物质和文化需求提供了切实的保障。大量的接触使他们的服务品牌已是家喻户晓。这种历史沉淀下来的商业信誉为其走上网络经济的舞台提供了可靠的信用基础。在电子商务的时代，传统企业的信誉优势使其产品更快地为顾客所熟知，并使其在发展电子商务时更容易为消费者接受。可见，传统企业的这一优势是新兴产业所望尘莫及的，更是其发展电子商务的有力武器。

2）物流配送优势

高科技信息技术运用于商业经营实践，在中国必须要有完善的物流、商流等基础设备与之配套，国内不少传统企业有自己苦心经营多年的销售渠道，在企业向网络经济方面发展之际，物流配送亦成为一大焦点。而这方面，传统企业有着天然的优势，它们已经拥有自己的销售体系，不少企业还建起了遍布地区乃至全国的物流配送网络，这些渠道是一笔不可缺少的宝贵资源。以海尔集团为例，经过十几年的努力，海尔已经建设起自己独立完善的配送网络和支付网络。对于前者,海尔拥有全国电话服务中心 30 多个,营销网点 10 000 多个,更重要的是海尔现在的销售网点深入农村,差不多有 6 万多个村,早已搭建起完善的销售网络,可进行先货后款服务,中等以上城市两天即可到货,一般城市 5 天到货,其他边远县市也只需 7 天就能拿到货;对于后者,海尔已通过与中国建设银行、招商银行全面合作,基本上可以解决海尔电子商务的支付问题。

3) 顾客优势

大型企业具有良好的公司信誉和品牌形象,拥有一大批忠诚消费群,具有很高的重复购买率,这是传统企业开展电子商务所固有的无形财富,大型企业单单凭借现有的客户就可以赢得相当的客户群,节省了投资和时间。在十几年的发展过程中,海尔集团始终以质量为生命,强调产品和服务的质量管理,海尔因此拥有一大批忠诚消费客户群。很多客户是在购买了一种海尔的产品或服务后,就认准了海尔,以后购买其他商品,也首选海尔的产品。

4) 庞大的社会关系网络优势

传统企业是一个生产经营的实体,在其长期的生产经营过程中,具有广泛的友好的各类合作伙伴,包括众多的供应商、相关的企业、运输商、服务部门、税务和银行等,这些广泛的合作伙伴形成了企业自己的社会关系网络。在这种网络中,由于伙伴间的彼此合作不仅具有一些共同的利益和相似的认识,而且他们互惠互利、互相帮助共同开拓市场。因而传统企业在涉及电子商务时,完全可以借助于已有的社会关系网络,把触角深入各个层次,实施电子商务相关的某些任务,为客户提供方便快捷的服务。同时也可以利用社会关系网带动各企业乃至全社会电子商务的应用。

5) 品牌优势

传统企业特别是大型企业由于长时期的积累,通常都拥有相当高的品牌知名度和美誉度。这一无形财富是新兴的网络公司无法比拟的。

传统企业完全具备上述各类要求,它们不仅有着长期生产和经营产品的经验,有着相当的人财物资源优势,有着丰富的组织管理服务经验,并且具有长期以来形成的社会信誉。因此,传统企业开展电子商务,不仅最大可能地发挥其资源优势扩大其生产经营能力,提高管理服务水平,提高企业效益,而且给企业带来了新的经济增长点、新的发展机遇,使企业如虎添翼。如欧美等发达国家几乎所有大中型商场都有自己的网站,对自己所经营的商品进行销售和为顾客提供各种服务。

5.2 企业电子商务的运营模式

5.2.1 企业内部电子商务

企业内部电子商务,即企业内部之间,通过企业内部网的方式处理与交换商贸信息。企业内部网是一种有效的商务工具,通过防火墙,企业将自己的内部网与互联网隔离,它可以用来自动处理商务操作及工作流,增强对重要系统和关键数据的存取,共享经验,共同解决客户问题,并保持组织间的联系。通过企业内部的电子商务,可以给企业带来以下好处:增加商务活动处理的敏捷性,对市场状况能更好地作出反应,能更好地为客户提供服务。

具体来说,企业内部实现电子商务所具有的主要功能包括:

(1)信息通信的便捷率

企业内部各部门之间、员工之间可以借助企业内部网方便快捷地实现信息通信,使信息传递更精确、更迅捷,充分发挥信息的价值,提升企业的协同能力。

(2)电子信息发布

采用电子化工具,可以起草、管理、发布和传递人力资源手册、产品详细说明、内部新闻等文档。降低文档印刷、传递的成本,实现信息快速传递,避免信息文档的过时,并为企业的战略决策提供有效的支持。

(3)信息的交流与收集

电子商务技术为企业提供了生产与销售之间、企业与客户之间的信息交流,使企业更好地掌握市场动态和竞争对手的信息,为决策提供帮助。

企业内部实现电子商务的热潮正在引发对传统的企业管理与生产模式的一场深刻变革。以现代计算机信息网络为基础的电子商务将促进企业管理的日臻完善,它对企业管理改革的影响是多方面的。

①改革管理组织。企业内部网改变了信息的传递方式,也改变了企业经营和管理的方式,使管理组织结构从金字塔形变成矩阵形。原来起上传下达重要作用的中层组织逐渐消失,高层决策者可以与基层执行者直接联系,基层执行者也可以根据实际情况及时进行决策。分工过于细化的管理组织已不能适应电子商务发展的需要,把相互关联的管理组织加以整合已是大势所趋。

②增强管理功能。企业内部网的功能已不只是简单地提高管理效率,而且还将通过管理的科学化和民主化,全面增强管理功能。由于它是积极地促进管理业务的合理重组,进一步综合集成各种相关的管理职能,从而使管理工作的面目得到了根本的改观。

③大幅度降低企业管理成本。企业开展电子商务可以大大降低企业管理成本,提高工作效率。尤其当企业不断发展壮大时,企业管理成本降低的幅度就更为明显。

④实施安全、准确、高效的企业管理。企业开展电子商务可以使企业的管理更加安全、准确和高效,充分适应激烈的市场竞争需要。通过企业内部网,企业领导人可以随时了解各部门的经营全貌,运筹帷幄,并迅速把有关指示和工作安排下发到下层各部门。各部门每天的经营情况,包括财务、物资报表等通过网络准确、自动地汇总到总公司的数据库中,实现企业内部数据汇总的自动化。各部门也可通过网络随时查询总公司的相应数据库,了解产品的生产、库存等情况,从而可以提高整个企业的管理效率。

5.2.2　企业对消费者的电子商务

企业对消费者(Business-to-Consumer,B2C)的电子商务指的是企业与消费者之间进行的电子商务活动。这类电子商务主要是借助于国际互联网所开展的在线式销售活动,最近几年随着国际互联网络的发展,这类电子商务的发展异军突起。例如,在国际互联网上目前已出现许多大型超级市场,所出售的产品一应俱全,从食品、饮料到电脑、汽车等,几乎包括了所有的消费品。随着全球上网人数的不断增多,国际互联网的使用者已经成为企业进行电子商务活动的主要对象。

从技术角度看,企业上网面对广大的消费者,并不要求双方使用同一标准的单据传输。在线式的零售和支付行为通常只涉及信用卡或者其他电子货币。另外,国际互联网所提供的搜索浏览器功能和多媒体界面使消费者更容易查找适合自己需要的产品,并能够对产品有更深入的了解。因此,开展企业对消费者的电子商务,障碍最少,潜力巨大。就目前发展看,这类电子商务仍将持续发展,是推动其他类型电子商务活动的主要动力之一。

企业对消费者电子商务模式具有以下特点:

①用户群数量特别巨大,因此要采用的身份认证、信息的安全等方面必须要采用简洁、方便、成本低的技术,同时要利于大面积的推广。

②安全技术要完善,必须能够保证客户的安全,同时保证客户的准确性,避免冒名顶替和非法操作。

③交易常常会出现一次性的客户,既然不需要连续使用,那么就要保证在不需要注册的条件下也能方便快捷地使用 B2C 服务。

④网络交易中,一定会涉及个人机密如账号、密码、个人信息、交易金额等,网络交易涉及的金额较低,大多都是小额支付。

企业对消费者电子商务模式的基本运营过程如图 5.1 所示。

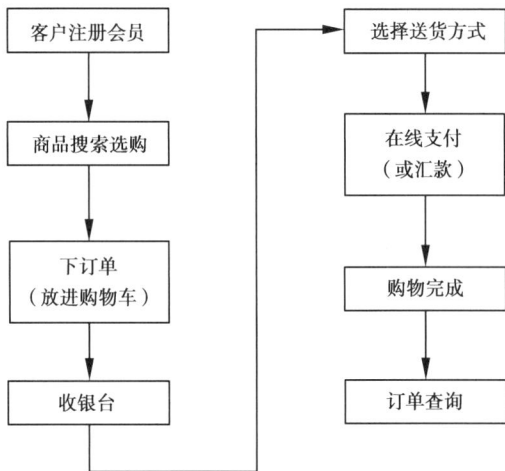

图 5.1 企业对消费者电子商务模式业务流程

网上销售无形产品和劳务与销售实物商品是有很大不同的,以下分别介绍这两种电子商务模式。

(1)无形产品和劳务的电子商务模式

网络本身具有信息传递的功能,又有信息处理的功能。因此,无形产品和劳务,如信息、计算机软件、视听娱乐产品等,往往就可以通过网络直接向消费者提供。无形产品和劳务的电子商务模式主要有以下四种:网上订阅模式、付费浏览模式、广告支付模式和网上赠予模式。

①网上订阅模式。网上订阅模式(Subscriptionbased Sales)是指企业通过网页安排向消费者提供网上直接订阅,消费者直接浏览信息的电子商务模式。网上订阅模式主要被商业

在线企业用来销售报纸杂志、有线电视节目等。网上订阅模式主要有以下几种：

a.在线服务（Online Services）。在线服务是指在线经营商通过每月向消费者收取固定的费用而提供各种形式的在线信息服务。1996 年以前，在线服务商一般都是按实际使用询问向客户收取费用，但从 1996 年起，一些网络服务商（ISP）收取固定的费用向消费者提供国际互联网的接入服务。

b.在线出版（Online Publications）。在线出版是指出版商通过电脑互联网络向消费者提供除传统纸面出版之外的电子刊物。在线出版一般都不提供国际互联网的接入业务，仅在网上发布电子刊物，消费者可以通过订阅来下载刊物的信息。但是，以订阅方式向一般消费者销售电子刊物被证明存在一定的困难，因为一般消费者基本上可以从其他的途径获取相同或类似的信息。因此，此项在线出版模式主要靠广告支持。1996 年以来，大多数在线出版商实行双轨制，免费和订阅相结合，即有些内容是免费的，有些内容是专门向订户提供的。这样，这些网址既能吸引一般的访问者，保持较高的访问率，同时又有一定的营业收入。

c.在线娱乐（Online entertainment）。在线娱乐是无形产品和劳务在线销售中令人瞩目的一个领域。商家通过网站向消费者提供在线游戏，并收取一定的订阅费。

②付费浏览模式。付费浏览模式（the Pay-Per-View Model）是指企业通过网页安排向消费者提供计次收费性网上信息浏览和信息下载的电子商务模式。付费浏览模式让消费者根据自己的需要，在网址上有选择地购买一篇文章、一章书的内容或者参考书的一页。在数据库里查询的内容也可以付费获取。该模式的成功，一般应具备两大条件：一是消费者必须事先知道要购买的信息，并且该信息值得付费获取；二是商家必须有一套有效的交易方法，并以较低的价格收费。

③广告支持模式。广告支持模式（Advertising-supported Model）是指在线服务商免费向消费者或用户提供信息在线服务，而营业活动全部用广告收入支持。例如，雅虎（Yahoo）等在线搜索服务网站就是依靠广告收入来维持经营活动的。

④网上赠予模式。网上赠予模式是企业借助于国际互联网用户遍及全球的优势，向互联网用户赠送软件产品，以扩大企业的知名度和市场份额。通过让消费者使用该产品，让消费者下载新版本的软件或购买另外一个相关的软件。网上赠予模式的实质就是"试用，然后购买"。用户可以从互联网站上免费下载喜欢的软件，试用后再决定购买。采用这一模式的企业主要有两类：一类是软件公司，另一类是出版商。前者如网景公司、微软等，它们将浏览器在网上无偿赠予，以推动该网络浏览器新版本的销售。后者如美国《华尔街日报》，在进行免费测试期间拥有 65 万用户，其中有很大一部分成为后来的付费订户。

（2）实物商品的电子商务模式

实物商品指的是传统的有形商品，这种商品和劳务的交付不是通过电脑的信息载体，而仍然通过传统的方式来实现。这种电子商务模式也可称在线销售。企业实现在线销售目前有两种形式：一种是在网上设立独立的虚拟商店（Independent storefronts）；一种是参与并成为网上在线购物中心的一部分（Part of online mall）。国际互联网服务商（ISP）可以帮助企业设计网页，创立独立的虚拟商店，为用户提供接入服务。在线销售较成功的商品是一些众所周知、内容确切的商品，如书籍、唱片和电脑等。

实际上，多数企业网上销售并不是仅仅采用一种电子商务模式，而往往采用综合模式，即将各种模式结合起来实施电子商务。例如,一家书店不仅销售书籍,而且可以举办"读书俱乐部",接受来自于其他行业的广告。在网上尝试综合的电子商务模式可能会带来额外的收入。

5.2.3　企业对企业的电子商务

企业对企业(Business-to-Business,B2B)的电子商务指的是企业与企业之间进行的电子商务活动。B2B模式进行交易的双方都是企业,买卖双方通过互联网访问电子商务平台,进行网上交易的过程。例如,工商企业利用计算机网络向它的供应商进行采购,或利用计算机网络进行付款等。企业与企业之间的电子商务(B2B)包括以下功能。

(1)供应商管理

电子商务减少了中间环节,生产者与消费者可以进行直接的对话与交易,减少订货成本及周转时间,用更少的人在更短的时间内完成更多的订货工作。

(2)库存管理

库存管理在企业中非常重要,关系到企业的命脉,库存管理得好,企业就能快速发展。电子商务系统可以发挥它的优势,可以通过网络及时、准确地获得市场资料,对库存及时作出调整,控制好库存,方便管理。

(3)销售管理

有了电子商务,企业可以通过网络发布产品信息,介绍产品情况比如质量、价格、服务等。消费者非常方便地了解到第一手资料,可以根据需要下订单,企业再根据订单安排生产,这样实现了小批量、多品种、低库存,即时制造和交货的理想模式。

(4)交易文档管理

安全及时地传递订单、发票等所有商务文档信息。支付管理是运用先进的电子技术通过数字流的方式传送信息,是以数字化的形式付款,具有使用方便、支付高效的特点。使用者需要拥有一台计算机,同时要能与互联网连接,这样便可以不出家门,完成交易的支付工作。传统模式可能要花费很长的时间,电子支付只需几分钟即可完成。

相对于其他模式,B2B模式有其自己的特点:

①B2B的交易次数会相对较少,但交易金额往往较大。

②相对传统交易来看,B2B的交易操作相对规范化、标准化及流程化,大大降低了企业的经营成本及时间,大大提高了工作效率。例如,通过B2B电子交易方式买卖双方在网上就可完成整个业务流程,既可以做到货比三家,又可以讨价还价,到最后签单和交货,到整个售后服务,大大节约了成本,提高了效率。

③较传统交易来看,B2B交易不再受地区限制,可以横跨各大洲各大洋。较传统交易来看,B2B交易对象广泛,可以是任何一种产品,任何一种原材料,也可以是半成品或成品。

企业对企业电子商务模式的基本运营过程如图5.2所示。

从未来的发展看,企业对企业的电子商务将是电子商务的主流。企业之间的交易和企业之间的商业合作是商业活动的主要内容,企业目前面临的激烈竞争也需要电子商务来改善竞争条件,建立竞争优势。企业在寻求自身发展的同时,不得不逐渐改善电子商务的运用环境,从动态的角度看,企业对企业的电子商务必将有较大发展。

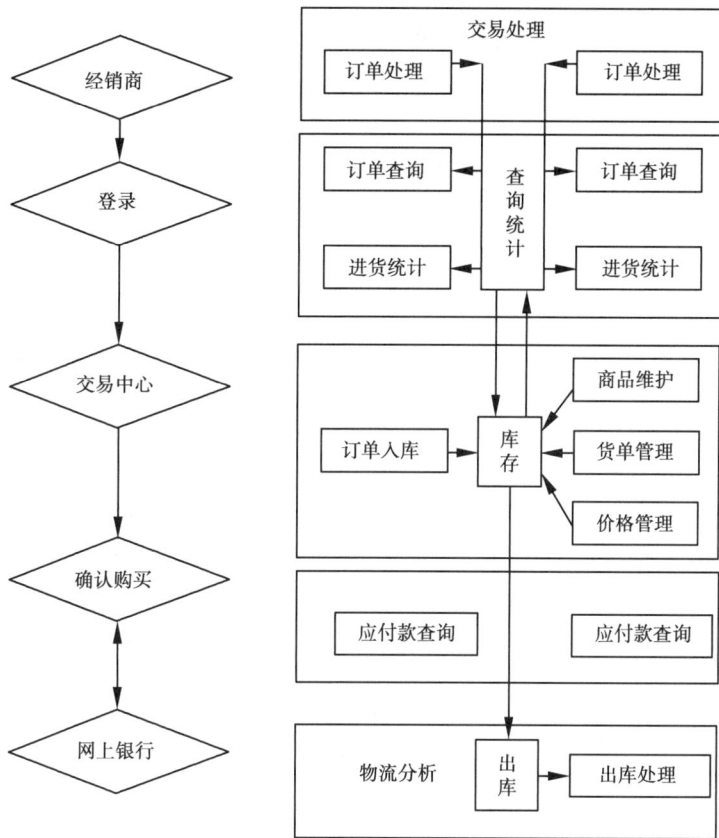

图 5.2 企业对企业电子商务模式业务流程

目前,企业对企业的电子商务模式主要有四种。

(1)在线商店模式

在线商店模式(Online Stores Model)指的是企业在网上开设虚拟商店,以此网址宣传和展示所经营的产品和服务,进而提供网上交易的便利。

(2)内联网模式

内联网模式指的是企业将内联网络有限度地对商业伙伴开放,允许已有的或潜在的商业伙伴有条件地通过国际互联网进入自己的内部电脑网络,从而最大限度地实现商业信息传输和处理的自动化。安全问题是内联网模式首先要解决的问题。随着安全技术(如防火墙)的不断提高,企业将能够放心地让其贸易伙伴进入内联网,安全问题一般不会成为突出问题。

(3)中介模式

中介模式指的是一家中介机构在网上将销售商或采购商汇集一起,企业的采购代表从中介机构的网站上就可查询销售商或其销售的产品。多数中介机构通过向客户提供会员资格收取费用,也有中介机构向销售商收取月租费或按每笔交易收费。

(4)专业服务模式

专业服务模式指的是网上机构通过标准化的网上服务为企业内部管理提供专业化的解决方案,使企业能够减少不必要的开支,降低运营成本或提高客户对企业的信任度。

5.2.4 企业对政府机构的电子商务

企业对政府机构(Business-to-Government,B2G)的电子商务指的是企业与政府机构之间进行的电子商务活动。例如,政府将采购的细节在国际互联网络上公布,通过网上竞价方式进行招标,企业也要通过电子的方式进行投标。政府可以通过这种方式树立政府形象,通过示范作用促进电子商务的发展。除此之外,政府还可以通过这类电子商务实施对企业的行政事务管理,如政府用电子商务方式发放进出口许可证,开展统计工作,企业可以通过网上办理缴税和退税等。

B2G 模式涉及电子政务与电子商务两个方面,既涉及政府又涉及商务的有关活动,如电子税务、电子报关、电子报检、电子采购等。它们既有政府的参与,又有企业的参与;既是政府行为,又与商务活动有关。在 B2G 模式下,政府可以通过互联网发布采购清单,企业可以以电子化方式来完成对政府采购的响应。政府和企业站在完全平等的立场上,利用互联网来完成双方的交易。

作为电子时代的甲方乙方,政府与企业利用电子商务完成交易,一方面可以提高采购效率,降低成本;另一方面可以便于建立监督机制,尽量避免腐败行为的发生。

B2G 的两种模式:

①政府通过网上服务,为企业创造良好的电子商务空间。互联网的快速普及为政府通过网站提供公共服务创造了条件,近年来我国各级政府网站在服务功能和内容建设上有了很大进步,很多城市政府网上服务事项已超过 2 000 项。

②政府上网采购,为企业提供大量的商机,即政府机构在网上进行产品,服务的招标和采购。这种运作模式的来源是投标费用的降低。这是因为供货商可以直接从网上下载招标书,并以电子数据的形式发回投标书。同时,供货商可以得到更多的甚至是世界范围内的投标机会。由于通过网络进行投标,即使是规模较小的公司也能获得投标的机会。

5.3 企业电子商务的运营特征

经过十多年的探索、普及、深化和近几年的高速成长,我国企业电子商务步入大规模发展与运营的阶段,并出现一些新的特征和趋势。平台化、个性化、生态化是认识和理解企业电子商务运营的特征、动力和机制的切入点,也是思考和分析未来企业电子商务发展趋势的线索。

5.3.1 平台化

企业电子商务服务平台是专业化分工的产物。借助专业化平台服务,企业能以较低的成本应用电子商务,极大地降低了电子商务的应用门槛。这是近几年企业电子商务应用快速普及的主要原因。

由于电子商务服务平台的专业化优势,越来越多的企业转而通过平台而不是自建网站应用电子商务,越来越多的商务活动通过平台完成。以网络购物为例,2003 年通过平台完成的网络购物占 67%,以后逐年上升,到 2008 年占到 93%。企业电子商务应用逐渐向平台集中,这一趋势在中小企业电子商务应用中也得到证实。

服务与应用是企业电子商务发展中的两个方面,两者良性互动,既以企业电子商务服务平台促进大规模企业电子商务应用,也以大规模企业电子商务应用促进企业电子商务服务平台的发展和完善,并催生企业电子商务服务业的兴起。

5.3.2　个性化

由于市场规模和完全竞争两大因素,企业电子商务应用中的个性化特征日益突出,并成为企业电子商务发展中的又一重大趋势。

专业化水平与市场规模成正比。大规模的网络市场使在传统的区隔化、小规模市场中不经济因而不成立的交易有可能成立,使大量个性化产品和服务得以涌现,既极大地提高了专业化分工水平,促进了商务模式创新,又更充分地满足不断增长的个性化需求。同时,近乎完全竞争的网络市场迫使越来越多的企业摆脱同质化产品和服务的价格竞争,采用产品、服务、客户或商务模式的差异化战略,也加剧了企业电子商务应用的个性化。

电子商务发展中的个性化趋势正在加速"后工业时代"的到来。与工业时代的大规模、标准化和产品导向不同,后工业时代的经济特征是小批量、个性化和客户导向,是柔性化制造、个性化营销和社会化物流的商务模式。而个性化趋势及其"个性化营销"是最关键的。

5.3.3　生态化

企业电子商务发展中的生态特征和生态关系日益突出,企业电子商务生态正在成为观察、理解、研究和推进企业电子商务的极有价值的视角和方法。

企业电子商务生态是由为特定的最终用户群体提供产品、服务和商业活动,并与企业电子商务关联的组织、个人及其商业环境组成的一个有机整体。企业电子商务生态的动力有竞争升级、技术进步和客户需求等。企业电子商务的主要特征有完善协作、共同进化、衰落更新和群体竞争等。可以按生态核心、生态范围或生态关系将电子商务生态分成若干类型,如网商生态、基于电子商务平台的商业生态、电子商务生态环境、宏观电子商务生态,等等。

平台无疑是企业电子商务生态中的关键物种——通过提供和分享价值,可以吸引生态成员的加入,并促进企业、消费者和政府等的大规模、全方位资源整合与协同。共同进化是企业电子商务生态最显著的特征。在平台与中小企业电子商务应用之间、淘宝网与支付宝之间均存在共同进化的生态关系。

在中小企业电子商务服务、网络零售平台和商务模式创新等若干领域,我国企业电子商务发展十分迅猛,有的已经进入世界前列,而且仍在快速发展。毫不夸张地说,我国有着全世界最丰富、最前沿、最大规模的电子商务实践,这是学术界的"金矿",也是我国学术界产生世界级学术成果的重大机遇。

5.4　企业电子商务的运营要素

传统企业在开展电子商务的过程中,其组织结构、生产方式、营销模式、采购管理、财务管理都会发生深远的变化,因此在企业电子商务的运营过程中对这五个方面的合理把握就显得尤为关键。

5.4.1 企业组织结构

电子商务的发展使传统企业的组织结构面临着严峻的考验。电子商务要求传统企业变革其组织结构以适应其发展需要。其变革趋势可以概括为扁平化、分权化、虚拟化、小型化、弹性化。

1) 电子商务要求传统企业的组织结构扁平化、分权化

受管理幅度的限制,传统企业的组织结构一般形成了类似于金字塔式的高纵型结构机制。这种组织结构机制下的许多中间环节,造成了企业内部各部门的分割和重叠,对市场需求的反应迟钝,动作效率低,并且容易应用现代化的信息通信手段造成官僚主义,在信息时代呈现出种种弊端。电子商务环境下,企业面临的是全球亿万的网络消费者,面对的是全世界无数个可供选择的网上虚拟企业和市场以及各种各样的商品。企业必须迅速了解和掌握消费者的偏好、需求和购物习惯,同时将消费者的需求及时反馈到决策层,管理层次不宜太多。因此,传统企业发展电子商务的组织结构首先应该进行扁平化和分权化改革。所谓扁平化,是指中层管理人员深入科研、管理、生产、营销一体化的市场第一线,获得更多的直接信息,管理幅度增加,管理层次减少;所谓分权化,是指由原先决策的组织集权制向适当分散的多中心决策组织分权制转变,增加中层管理人员的决策权,以适应瞬息万变的市场需求。当然这种扁平的机构建制,将对企业人员的知识结构和能力结构提出更高的要求,高素质的专业人员,特别是具有跨学科复合知识结构的人才,将成为企业的中坚骨干力量。

2) 电子商务使传统企业的运作虚拟化

在电子商务的模式下,企业的经营活动打破了时间和空间的界限,出现了一种类似于无边界的新型企业——虚拟企业。它打破了企业之间、产业之间、地域之间和所有制之间的各种界限,把现有资源整合成为一种超越时空、利用电子手段传输信息的经营实体,打破了传统企业经营活动受制于时间与空间这种状况。虚拟企业可以是企业内部几个要素的组合,也可以是不同企业之间的要素组合,各参与方充分发挥各自的资源优势,围绕市场需求组织生产经营,做到资源共享、风险共担、利益共享。电子商务将使虚拟企业的运作效率越来越高,优势也会越来越明显。

3) 企业组织的小型化和专业化已经成为一种趋势

改革开放以来,中国传统企业组织结构已经发生了积极的变化,但是目前仍然不尽合理,重复设置、大而全、小而全的问题至今仍未得到根本解决,企业专业生产、社会化协作体系和规模经济的水平都还较低,市场竞争能力不强。之所以如此,其中一个重要的原因就是传统的"官本位"思想根深蒂固。因为规模决定级别,级别决定待遇。电子商务时代,一味追求企业规模的做法已经不合时宜了。面对日益复杂多变的信息时代,压缩企业规模,划小核算单位,已经成为现代企业的一种时尚,正在受到企业界的百般青睐和广泛推崇。在竞争日益激烈的今天,众多企业家对"船小好掉头"的认识越来越深刻。小巧玲珑的组织架构已经成为当今世界一切组织的普遍追求。可以预料,随着传统观念的逐渐破除,企业组织结构将会逐步走向小型化。资产运营、委托生产、业务外包等已经为企业组织小型化提供了实现的条件。例如,美国康柏公司的电脑90%都不是它自己生产,而是将其发包给制造企业进行生

产,康柏公司提供技术、软件和品牌,然后将产品直接发给用户。

4)电子商务企业组织方式的弹性化更有益于企业发展

所谓弹性化,就是说企业为了实现某一目标而把在不同领域的具有不同知识和技能的人集中于一个特定的动态团体之中,共同完成某个项目,待项目完成后团体成员各回各处。这种动态团队组织灵活便捷,能伸能缩,富有弹性。在电子商务时代,企业内部知识共享呼声越来越高,知识共享、人才共育已经成为当今时代的重要特征之一,传统的刚性管理已经不能适应现代企业的发展,弹性组织便应运而生。这种弹性化组织方式的优点是机动灵活、博采众长、集合优势,不仅可以大大降低成本,而且能够促进企业人力资源的开发,推动企业组织结构的扁平化。

5.4.2　企业生产方式

电子商务的发展使传统企业的大规模批量化生产方式受到影响,这种影响可概括为三个方面。

1)企业生产过程的现代化

电子商务在企业生产过程中的应用,可在管理信息系统(MIS)的基础上采用计算机辅助设计与制造(CAD/CAM),建立计算机集成制造系统(GIMS);可在开发决策支持系统(DSS)的基础上,通过人机对话实施计划与控制,从物料资源规划(MRP)发展到制造资源规划(MRPII)和企业资源规划(ERP)。这些新的生产方式把信息技术和生产技术紧密地融为一体,使传统的生产方式升级换代。

2)低库存生产

在实施电子商务后各个生产阶段可以通过网络相互联系,同时进行使传统的直线串行式生产变成网络经济下的并行式生产,在减少了许多不必要的等待时间的同时,也使及时式生产(Just In Time,JIT)成为可能,使库存降低到最低限度。在过去,企业必须先把产品生产出来放在商场中等待销售,这样必然会占用资金和库容。应用电子商务后,产品如果没有需求就可以暂时不生产,等到新的需求产生后再进行生产,这样就可大大降低生产和销售成本。低库存生产主要借助于电子商务快速地调研市场需求,对市场的反馈作出最快反应,同时利用网络掌握竞争者的最新动态,调整、改良企业的产品与服务。

3)数字化定制生产

数字化定制生产即规模顾客化生产,是在广泛地应用网络技术、信息技术、管理技术的基础上,用标准化的部件组合成顾客化的产品(或服务),以单个顾客为目标,保证顾客需求最大限度地满足。数字化定制生产与传统意义上的定制生产的本质区别是在规模化基础上的定制生产。数字化定制生产并不是企业提供无限的选择,而是提供适当数量的标准件,并使之进行成千上万种搭配,既给顾客一种无限选择的感觉,企业又可以对复杂的制造程序进行系统管理。电子商务的发展使数字化定制生产不仅变得必要,而且也成为可能。进入电子商务时代的消费需求变得越来越多样化、个性化,市场细分的彻底化使企业必须针对每位顾客的需求进行一对一的"微营销",否则,顾客如果觉得某家公司提供的产品不够满意,他只要点击鼠标即可轻而易举地进入其他公司的站点了。同时,电子商务使数字化定制生产变得简单可行,企业通过构建各种数据库,记录全部客户的各种数据,并可通过网络与顾客进行实时信息交流,掌握顾客的最新需求动向,企业得到用户的需求信息后,即可准确、快速地把信息送到企业的设计、供应、生产、配送等各环节,各环节可及时准确又有条不紊地对信息作出反应。

5.4.3 企业营销模式

首先,传统的营销是在物质世界中进行的直接物理接触,需要消耗大量的人力、物力、财力和时间来完成、修改、传递纸面文件。而电子营销是通过互联网进行运作,使营销费用大大降低。其次,传统的企业营销必须有相应的基础设施支持,如仓库、销售的店铺等,而通过电子商务,可以在网上设立网页来开辟新的销售渠道。企业把有关的商品和服务信息上传至网络上,提供各种产品的详细分类和性能介绍,以适应不同领域和不同消费者的需要,让消费者有机会访问了解,实际上就是以网络为广告媒体。网上广告传播的范围更广泛,在网上滞留的时间比电视长,产品的查找比电视方便,平均费用大为降低,有着其他媒体所不具有的优势。第三,传统营销活动的进行需要大量商业中介机构的存在,因为生产者和消费者在时间和空间上存在着难以克服的障碍。电子商务的发展使产销之间的直接沟通成为可能,越来越多的企业将逐步摆脱对传统商业中介的依赖,从中节省的开支和提高的效率将使产销双方共同受益。第四,传统的"企业—批发—零售—消费者"的模式正在被打破,"企业—消费者"的方式正在形成。建立网络化的销售渠道是电子商务时代企业营销的关键。企业在互联网上建立自己的网站,开展网上直销。通过消费者的访问,实现商品的在线销售。

总之,电子商务给企业的营销模式带来了质的变革,企业要综合运用新的营销模式,如网络整合营销、网络互动营销、网络定制营销和网络软件营销等,重新构建自己的营销体系。

5.4.4 企业采购管理

从厂家的生产流程来看,电子商务不仅巨大地改变着厂家的"出口"端,而且对"入口"端也有巨大的影响。因为企业可以更大范围取得供应商的供货信息,必将更有利于找到合适的合作伙伴,购买到更合适的、物美价廉的原材料和零部组件,从而降低采购的交易费用,进而迫使企业的采购方式和组织发生相应的变化,并影响到企业与供应商的战略联盟的建立。电子化采购就是通过互联网,借助计算机管理企业的采购业务。具体来说,开展电子化采购的企业在网络上公布所需的产品或服务的内容,为相应的供应商选择;采购企业通过电子目录了解供应商的产品信息;通过比较选择合适的供应商,然后,下订单并开展后续的采购管理工作。与原有的采购模式相比,电子商务化采购从采购要求的提出、订单的产生、商品运输以及存货管理等方面都有了重大的改变。电子商务化采购将有效降低企业的采购成本,更好地获得采购的主动权,对提高采购商品质量,优化存货管理,进一步提高采购效率,都具有十分明显的优势。

5.4.5 企业财务管理

传统的财务管理最基本的特点是对财务信息处理的事后处理,并且财务信息的处理方式是单机的、封闭的,即使是会计电算化,也只不过用电脑代替了手工处理而已,并没有改变信息处理的方式。电子商务的发展要求财务管理从静态的事后核算向实时动态的、参与经营过程的财务管理方向发展；从内部的、独立的职能管理向开放的，物流、信息流、资金流"三流合一"的集成管理方向发展；从传统的利润目标向企业未来价值(包括无形资产价值)的方向发展；从单机、封闭式的财务数据处理方式向联网的、集成化的财务数据处理方式发展。总之，适应电子商务发展要求的财务管理必须具有实时性、预测性、智能性和战略性的特点。因此，基于互联网的网络财务的概念与电子商务相伴而生。"网络财务"是电子商务的重要组成部分，它基于网络计算技术，将帮助企业实现财务与业务的协同以及远程报表、报账、查账、审计等远程管理，实时动态会计核算与在线财务管理，实现集团型企业对分支机构的集中式财务管理，支持电子单据与电子货币，改变财务信息的获取与利用方式，财务数据将从传统的纸质页面数据、电算化初步的磁盘数据发展到网页数据。传统的财务管理必然要向网络财务管理转变，财务人员也必将从烦琐的财务工作中解放出来，成为网络财务的执行者和受益者。

21 世纪，电子商务将是企业的主要生存方式，不具备网上运营能力的企业在未来的市场竞争中将失去生存空间。传统企业应当顺应信息技术与世界经济发展的趋势，既要看到电子商务对企业产生的巨大影响，重整组织机构，优化业务流程，加速企业信息化建设，强化信息管理，又要重视在发展电子商务时所面临的风险，在认识的基础上规避风险，才能在虚拟市场上重新拼搏，再现风采。

5.5　企业电子商务的运营机制

5.5.1　三流协作机制

商务就是商业贸易活动和商业服务活动。商务是生产与消费之间的商务过程，包括商务信息交流、商品交换和资金清算的过程。整个商务过程有"三流"在流动，即信息流、物流和资金流。电子商务的核心是"用电子手段促成商务"。因而，对企业来说，如何使信息、资金及物流三者和谐高效地协作是其面临的急迫而实际的问题，简单来说，就是要想办法构建一个让购买者、物流企业和供货商(销售商)三者之间各取所需、各有所获的协作机制，以实现整体利益的有效化分配，使参与各方达到一种均衡状态。

信息流、资金流在电子工具和网络通信技术支持下可以瞬息完成，而物流是不可能通过网络传输方式来完成的。物流是电子商务的重要组成部分，缺少了现代化的物流系统，电子商务的发展会受到巨大制约，物流对整个系统的贡献很大，但在利益分配时却处于相对弱势，因而有必要给予适当的奖励或者是激励，以促进物流的发展，使之更方便快捷地为电子商务企业服务。同时，应当看到的是，电子商务是信息传播的保证，而物流是执行的保证，没有物流，电子商务只能是一张空头支票；没有电子商务，物流发展将面对难以逾越的瓶颈。

电子商务与物流之间应该是"相辅相成，相互促进"的关系。尽管如此，企业在协作问题上仍应把注意力更多地投向物流方面，优选可靠、高效的大型物流企业作为合作对象是第一选择，即便付出较高的物流成本，但对于企业的长远发展来讲是有益的，这样做也符合博弈选择理论。

5.5.2 信用保障机制

随着电子商务影响力增大,使客户对于企业的信用也开始担心,而企业当前面临最大的障碍就是信用缺失。网络的虚拟性和开放性是造成电子商务交易缺乏信任的重要原因,而网络安全技术、网络公司信誉和网络营销体系的信誉、电子商务信用工具、电子商务交易者诚实形象的缺乏或不足,更加剧了电子商务的信任危机问题。在电子商务中,诚信机制主要包括诚实行为和信用制度两方面,其中,信用制度是各类经济活动能够有序进行的保障。

电子商务的存在和发展,依靠的是信用的积累。所以只有在全社会范围内形成一种保证自己守信用,同时也相信别人守信用的良好氛围,电子商务的信用风险才拥有了进行防范的基础和前提。另外,通过发达国家的相关经验借鉴,我们了解到建立相关的完善的信用评价体系的必要性。在美国的多数地方,无论参与交易的主体是企业还是单独的个人,都会存在由相关方面的信用机构评定机构来对交易双方的信用登记进行相应的评价。较为典型的例子比如美国目前最大的全球性征信机构——邓白氏集团公司所经营的主要业务就是针对相关的企业进行信用评级方面的评估,而这种企业的存在和发展也必然在一定程度上减少或者是避免相关企业的各种失信行为的存在和发生。除此之外的全联(trans Union)、Equifax以及益百利(Experian)等企业则是主要针对相关的个体进行信用登记的评定。上述公司的业务范围主要是收集相关方面消费者个人的全部信用记录,并在此基础上合法地制作出针对相应的消费者个人的相关信用调查报告,最终向法律规定范围的合格使用者提供有偿传播信用报告的可能;与此同时,为了更加安全、便捷地开展电子商务相关方面的业务活动,有的时候还可以把相关客户的资信情况存储到互联网当中,以便于随时调用和参考。最后,那些相对来讲较为发达国家的信用卡制度也是十分值得我们借鉴和参考的。这些国家的公民几乎每个人的手中都持有信用卡,该卡在很大程度上记录着相关持有人的社会保障号,而在其实际的电子商务交易开展的过程中则主要通过信用卡来进行相关方面的结算工作,这样一来就会使得所有交易记录都会被相关信用局所记录和获取。与之密切相关的是欺诈等行为的发生也必然会导致诈骗者无法承担的严重后果,所以上述国家利用信用卡进行诈骗和信用卡透支的案件相对较少,铤而走险的人也是极少数。

成功的电子商务业务的开展很多时候需要的是信用方面的支持,即具体指的是参与交易的双方保证互相信任,同时也能信守承诺。电子商务中的信用制度建设需要多方面的全力合作才能够最终达到最优。

5.5.3 安全保障机制

由于科学技术的发展,使得互联网络具有开放性的特点,因此对电子商务的信息技术提出了较高的要求。安全问题一直是制约电子商务发展的因素之一,企业电子商务发展面临诸多的安全问题:电子商务系统硬件安全、电子商务系统软件安全、电子商务系统运行安全、电子商务安全立法、身份识别等。

首先,应逐步建立全球性的安全协议规范与标准,对电子商务活动进行有效的制约。其次,需要建立相应的法律法规来对交易过程中产生的法律纠纷、网络契约以及税收等问题进行规范。更重要的是要采用相关的信息技术保证交易过程中数据来源可靠、传输过程安全、数据不被篡改,同时能为参与交易的各方提供不可抵赖的证据。目前可采用的有效方法有:通过数字身份验证技术对用户身份的合法性和真实性进行验证,保证交易双方的信息真实可靠;使用智能卡技术保证交易者隐私信息不被泄漏;使用防火墙技术防止外部网络中黑客的入侵和攻击;通过包过滤技术拒绝不安全因素,保证交易信息的来源可靠性以及传输安全性。

5.5.4 实时沟通机制

信息技术的飞速发展,企业市场环境将发生根本性的变化,对信息的及时掌握和充分利用已成为当今企业管理成功与否的重要因素。电子商务的逐渐成熟,为信息实时沟通机制的建设提供了一个便捷的平台,企业可以充分利用最新的网络技术和全方位的通信手段,构建以服务器、网络和服务为核心的高效信息管理平台,使企业运营中的各类"信息沟通"可以快速、实时、有效地完成,从而确保企业的高速运转,以便在激烈的市场竞争中获胜。

电子商务条件下的企业实时信息沟通机制具有以下特点:沟通渠道以电话、传真、手机短信、E-mail、ICQ、Web、客户端提醒、视频会议等电子媒介为主,但并不排斥传统的信息沟通渠道;通过网络有效地整合了企业内部信息流和企业外部信息流,组成一个可综合利用、可智能控制的沟通网络,丰富了企业的信息源;信息流动数字化、网络化、标准化、直接化和透明化;快速传递,信息量大,可以同时实现少到几个人、多到成百上千人之间的信息实时交互;能够确保用户在适当的时间之内以适当的形式取得适当的信息,提高了信息的实时传递反馈效率;能综合企业 OA、CRM、ERP、MIS,实现与合作伙伴天衣无缝的协作;无论是员工,还是合作伙伴、客户、供应商,均能动态地接收或主动访问企业的信息资源,实现人与人的快速交互;便于对信息沟通进行标准化、智能化管理。

5.5.5 法律保障机制

现阶段很多的企业都充分认识到了法律风险所给企业带来的不良影响,所以很多企业都在此问题上给予足够的重视,但是在实际的生活当中,太多的企业在针对风险的防范和规避方面的重视程度却远远不够。这种情况的存在就要求企业首先要从观念上提高对于法律风险的重视程度,然后行动上要利用相关的法律手段来最终保证电子商务业务的正常运行。针对目前状况下各国针对电子商务业务开展情况所表现出的认识不一致的现状,相关方面电子商务的法律以及相应的法规正在努力地完善并改变这种状况,同时也要求企业适当地根据自身的情况来随时作出相应的调整以实现对于风险的规避,同时还需要逐步地建立健全并完善一个针对相关方面的法律风险进行有效防范的控制系统。

在具体防范电子商务所存在的法律风险方面,政府也应当为企业的发展提供相对较为有力的法律保证。这是因为针对法律体系的建立和完善不仅有利于防范相关方面的法律风险,同时还有利于其未来的发展。所以这就要求政府应当针对具体情况及时、高效地制定相关方面的法律、法规,力争实现用法律的手段来制裁那些肆意获取他人机密信息以及相关的违反商业道德的犯罪行为的存在。因为完善的法律以及法规是目前来讲解决电子商务在未来的运作过程中出现问题的主要手段,同时更是保证电子商务实现正常运行的基础条件。

我国政府十分重视电子商务立法问题,先后颁布了交易合同法律法规、电子支付法律法规、电子交易安全法律法规、电子商务知识产权法律法规等。但与发达国家相比,我国的电子商务立法工作还比较滞后,特别是对于进行国际贸易的中小企业所涉及的跨国之间的电子商务纠纷,更没有相关完善的法律法规进行参考。这就要求我国政府应该立足国情,借鉴国外电子商务法律法规,制定既适合我国国情又与国际电子商务法规相吻合的法律。

5.6 企业电子商务的运营策略

5.6.1 转变人员思想观念

企业应该充分发挥主观能动性,积极转变自身观念,要打消对网络交易真实性的怀疑和戒心,认识到电子商务的强大积极意义。

企业的领导层需要知晓电子商务,明确地认识到电子商务能够对于企业未来的发展所起到的作用。要积极地关注电子商务的发展趋势,只有这样才可能在电子商务发展上投入所必需的资金。

管理者支持对于电子商务的发展起着重要的作用,然而有些企业的管理者却并未充分认识到电子商务对企业发展的重要性,没有引起足够的重视。企业管理者应当对电子商务有正确的认识,熟悉电子商务的相关技术,摆脱对电子商务的畏惧心理,改变观念,提高对电子商务的热情,重视电子商务对企业的重要作用。

5.6.2 调整企业管理模式

与传统的商业结构相比,现代的信息技术使企业的竞争方式发生了变化。要想实现高效率、自动化的管理流程,用信息代替物质和能量的流动就要使信息技术与管理相结合。面对先进的电子商务模式,企业的经营管理者要树立信息化、知识化的管理理念,熟知企业组织形式是知识经济带来的效果。建立企业内部管理信息系统和规范的网上经营体系,使企业整体生产经营活动实现流程化、数字化、网络化,积极稳妥地开展电子商务。

与调整企业管理模式相适应,企业还需要合理调整组织结构。调整的目标是将企业管理组织机构由金字塔形转变为扁平化结构或网状结构,组织结构简化,层次减少,使企业对信息反应更快,有利于知识的传播与信息资源的共享,从而有助于业务流程的高效运作,优化供应链管理,培育和提高企业的核心竞争力。电子商务的应用使企业的效率和企业内个人的效率均得到提升。基于电子商务直观、便捷等特性,使决策层和执行层结合更加紧密,产、供、销各环节更加连贯协同。对于企业来说,也应当合理分配人员,利用网络技术将各个工作环节联系在一起,避免重复工作和人浮于事的现象发生。

5.6.3 制订电子商务战略

企业自身的发展目标对于企业的决策有着十分重要的影响,企业在未来一段时间内所确定的发展目标将会在很大程度上影响到企业运营模式的选择,如企业在未来一段时间内的重点是增加销售或者着力发展电子商务,企业发展目标的不同会对电子商务的运作模式产生一定的影响。因此,企业在拟定总体发展规划时,要考虑企业的自身环境和长期目标,并为目标的实现做好相应的改进。要根据企业自身的实际情况来拟定一套适合自己的电子商务发展战略规划。

合理有效地制定正确的电子商务策略,对于企业的生存发展具有重要意义。企业应用和发展电子商务,既需要在细节和操作上认真把握,也需要在整体规划上善于思考。在软硬件具备条件的基础上,应将前沿管理思想和运营策略运用到实践中,从战略高度出发进行规划,确定企业通过发展电子商务要达到的经营目标,掌握市场最前沿信息,把握市场的供求变化及竞争对手发展状况,及时调整营销战略和竞争战略,而不是盲目跟风。在具体方法的选择上,可以紧密结合企业的既定目标,结合传统的经营方法和已有基础,把握住具体路径和方法的切入点和时效性。灵活应用各种经营模式和策略,善于取舍,可以避免思维方式单一,并有利于规避风险。

5.6.4　提升人才队伍素质

企业能否成功地开展电子商务,人才是一个关键的因素。发展电子商务所需的人才是新型复合型人才,既要懂得管理方面的知识,又要了解信息技术方面的知识;既要有实干精神,又要有创新精神;既要能够熟练运用先进的信息技术工具,又要能够融会贯通地将多个领域的专业知识结合在一起。企业需要建立良好的人才培养和引进机制。

目前,国内电子商务业务发展迅猛,综合型的电子商务人才供不应求。为了解决人才培养能力不足的问题,企业应充分发挥自身的积极性,主动与具有较强人才培养能力的高校形成校企合作联盟,一方面与企业建立校企人才培养合作机制,根据企业需要开设有针对性的电子商务相关课程,然后直接从高校电子商务等相关专业的毕业生中引进具有扎实专业基础的人才;另一方面可以对公司员工进行定期培训,主要包括对企业员工开设长短期培训班和培训课程,为员工讲授有针对性的电子商务课程,当然有条件的可以成立公司自己的电子商务学院,针对企业需要进行订单式的培养,为企业培养储备和输出急需的人才。通过设立电子商务短期培训班的方式和有针对性的培训课程,不仅可以在短时间内提高企业电子商务人才的专业技能,而且可以大大降低企业员工的流失率。而通过企业电子商务学院这样的方式,虽然培养周期较长,但是培养出来的人才基础知识扎实,同样不失为解决企业电子商务人才缺口的一个有效方法。

企业应逐步规范企业人才发展制度,建立一套合理的人才引进机制,创造宽松的发展环境和理想的上升空间,并尽量提供良好的工作环境和生活条件,以更优越的条件吸引一批既具有电子商务实践知识又熟悉市场运作机制的优秀电子商务人才。所引进的专业人才会依照企业当前的实际需要来进行合理的规划,同时对电子商务可能产生的经济效益展开分析与评估。依据评估的结果来进行有针对性的工作,让企业以最少的投入获取最大的经济收入。

5.6.5　加强信息平台建设

企业要想在电子商务方面能够有所收获就必须要去建立自己的网站,但网站并不是建好即可,只是让企业在网络上有宣传本企业产品或服务的渠道,要完全发挥原先所设定的效能就需要不断地对网站中的内容以及宣传方式进行更新,同时花费必要资源来对网站进行推广。

首先,根据企业自身特点完成网站策划,可根据自身的需求定位网站类型为形象展示型或在线交易型,然后有针对性地进行网站策划,合理规划网站内容和功能并根据行业特点对内容、产品和服务进行布置。其次,网站的 SEO 优化也是必不可少的。SEO 优化(搜索引擎优化)能够利用搜索引擎排名位置服务,为网站提供生态式的自我营销解决方案,让企业网站在行业内占据领先地位,从而获得品牌收益,企业在网站建设中要对行业核心关键词进行深入研究,优化网站建设结构,在搜索引擎中获得良好排名,达到企业宣传的效果。最后,及时维护和更新。由于企业的情况实时都在发生变化,因此网站内容也要实时更新,这样与时俱进的网站内容才能有效吸引访问者,同时也有利于提高网站在同行同类网站中的搜索排名位置。

5.6.6 改进内部业务流程

电子商务自身方面的特点,要求企业在实现将业务推向全球发展的同时,一定要重新调整公司内部流程以及与之相关方面的人员结构。然而,在很多时候我们经常会发现,有一部分中小企业内部的管理人员仍然狭隘地认为电子商务仅仅只是增加了一个网站方面的业务而已,却忽略了实际上正是电子商务的存在和发展提供了企业实现重组内部以及外部业务流程进行重新分配的重要机会。如果不按照这样的方法进行操作的话,那么最终的结果就是无法获得企业在开发电子商务业务方面可能获得的优势,甚至有时候可能会导致整个企业的发展失败。

在电子商务环境下,要强调以业务流程为中心,以客户需要和满意度为目标。在企业内部,应该对内部的业务进行规范化管理,利用先进的制造技术,用现代化网络信息流把各个职能部门结合起来,实现职能集成,从而实现企业在经营成本、服务、质量等方面的提高。在企业外部方面,通过电子贸易把各成员联系起来,客户也可参与到企业中来,协同发展。

5.6.7 加强供应链间合作

电子商务是通过计算机网络进行商务活动的新模式,它集信息流、商流、资金流和物流于一身,将这四流有效地整合起来,会使电子商务这一新的商务模式产生更大的能量,创造更大的经济效益。为了实现四流的整合,需要加强供应链间的合作,企业需要建立柔性供应链。柔性多头供应链能在供应商之间形成竞争态势,保证产品的稳定供应,迫使供应链企业进行合作,形成共享利润、共担风险的双赢局面。

柔性供应链能高效地应对企业内外部的风险、客户需求变动风险以及信息风险。面对客户需求变动带来的风险,根据历史销售数据、供应链上成员的合作,以及未来需求的预测系统进行客户需求的相对准确的预测。

为此,企业之间应当最大限度地实现信息共享。实现在生产和销售的各个环节进行信息共享,加强企业之间的协作程度,使得企业能迅速对市场需求作出反应,保证企业及供应链的高效运行。使生产过程中的原材料、零部件以及制成品能高效率地在各个生产环节流动,缩短物质实体在生产过程中停留的时间,杜绝产品库存积压、短缺和浪费现象。减少原材料到消费者的时间,最大限度提高供应链的运作效率,对客户的需求作出最快反应。

5.6.8 合理选择运营平台

企业实力有大小,在选择电子商务平台时也可依据自身实力来选择相应的运营平台。对于资金实力雄厚,又拥有相应的信息技术人员和商务运作人员的企业来说,可以考虑自建运营平台,为顾客提供包括产品规格、品质、分类在内的全面信息,以及完整的售后服务支持。对于一些资金实力并不雄厚,同时缺乏掌握一定信息技术和电子商务技术的专业人员的企业来说,加入流量高、知名度响、信任度高的第三方电子商务平台是企业快速展开电子商务业务的首要选择,同时也可以解决其本土用户网络信任度低、维护成本高、技术要求高等问题。对于有一定实力,并希望能开展个性化区域服务的企业,可以在第三方平台上凝聚一定的用户群体后,再构建自有商城,并注意多渠道宣传,将平台上和线下的用户引导到自建的商城。

第三方电子商务交易平台是一种独立于买卖双方,能够为企业提供在线交易、支付、物流配送和信用保证体系等综合服务的电子商务平台。它满足了企业实现低成本、专业化和便捷化的电子商务需求。企业可以充分利用第三方所提供的电子商务平台进行商务活动。理由有以下几点:①第三方所提供的电子商务平台是知名度较高且综合性较强的平台,且提供的销售渠道也较多,里面有大量的客户资源,这样让平台的交易显得异常活跃,人气也很足。因此企业在运用了第三方所提供的平台之后即便不去大力宣传也同样拥有一定的关注度。②在运用第三方的平台之后,软件以及硬件的升级改造等均由第三方来完成,企业可以集中有限的资源来研发自己的产品与服务。

本章小结

1.企业电子商务就是指传统企业通过计算机技术、通信技术、网络技术三大技术平台来配置资源、进行生产的一种组织形式。

2.企业电子商务运营模式主要包括企业内部电子商务、企业对消费者的电子商务、企业对企业的电子商务、企业对行政机构的电子商务 4 种模式。

3.传统企业在开展电子商务的过程中,其组织结构、生产方式、营销模式、采购管理、财务管理都会发生深远的变化,因此在企业电子商务的运营过程中,需要这 5 个方面的协同配合。

4.企业电子商务运营机制包括三流协作机制、信用保障机制、安全保障机制、实时沟通机制、法律保障机制。

5.企业开展电子商务,需要遵循以下运营策略:转变人员思想观念、调整企业管理模式、制定电子商务战略、提升人才队伍素质、加强信息平台建设、改进内部业务流程、加强供应链间合作、合适选择运营平台。

问题讨论

1.企业电子商务包括哪些运营模式?

2.企业电子商务的运营要素包括哪些内容?

3.企业电子商务的运营包括哪些机制?

4.企业电子商务的运营策略有哪些?

课后案例

红领集团战略调整:C2M 模式平台化转型

青岛红领是一家主打线上个性化定制的服装公司。随着劳动力等要素成本越来越高,商场等流通环节占用的费用越来越多,OEM 的利润越来越少,企业的盈利空间不断被挤压,红领萌生求变想法。2003 年,红领集团开始研究定制化转型,RCMTM(red collar made to measure,红领西服个性化定制)平台搭建之路正式起航。

直至 2012 年,红领能够用智能系统代替人工打版,通过之前存储的大批量客户数据为智能制版提供数据库,经过反复的实验摸索,红领 3D 打印智能工厂成型。

新任总裁张蕴蓝采上任后,明确提出了红领要走一条 C2M 的商业生态新路子。张蕴蓝解释道:"C2M 商业生态就是消费者在终端提出个性化的服装需求,跨过传统中间渠道,直接对接工厂(即 M 端),工厂迅速完成服装定制。"

2013 年,红领组织了一次战略定位讨论。有人认为红领应该专注于服装个性化定制,卖一件衣服挣一件的钱。但有人认为,红领应该做一家科技型公司,为传统企业提供解决方案,挣改造费。

最终,张蕴蓝带领团队提出了"互联网+工业"的定位。在她看来,如果只专注于西服定制,那在其他品类上就无法满足消费者的需求。但如果只对工厂进行改造,改造完以后没有订单,工厂也无法生存下去。所以,张蕴蓝希望打造一个"生态"闭环,不仅红领自身实现定制化,还要帮助工厂进行改造,让它们用工业化的手段和效率制造个性化产品,从而为消费者提供更丰富的产品体验。红领为此开发了一个叫 SDE(源点论数据工程)的产品,实现 C 端 M 端协同平台化转型。

在 M——工厂这一端,为传统的制造企业提供"互联网+工业"的解决方案,为提高企业的生产能力,红领开放同行加盟。加盟厂家通过红领平台的信息化改造,在原有的设备基础上加上信息化集成的部分,就能实现在成本增加 10% 左右的情况下效益提高 200% 以上。

在 C——个户这一端,红领打造了一个汇集订单的直销平台,消费者直接与工厂对接。经过改造的工厂数量越多,就越能满足消费者的多样化需求;而订单越多,工厂就能有效运转,持续盈利。

张蕴蓝对红领的这一战略充满信心,她说道:"红领要做一家类似天猫和京东的平台型企业,做个性化定制的入口。"

客户在手机上登录红领酷特"私人订制"客户端,输入身体 19 个部位的 25 个数据,便可以根据配图提示,按照自己的想法制作专属服装,包括不同部位的样式、扣子种类、面料,乃至每条缝衣线的颜色等。提交订单、在线付款后,顾客设计的服装就会通过互联网进入红领"RCMTM 平台",CAD 马上自动生成最适合的版型,并进行拆解和个性化裁剪,裁剪后的布料挂上电子标签进入吊挂,便开始了在整条流水线上 300 多道加工工序的旅程。利用这套系统,一秒钟时间内至少可以自动生成 20 余套西服的制版。每套西服的下单时间精确到秒,并严格以此派单。

2015 年 8 月,酷特智能推出了代表 C2M 直销平台的战略性产品——魔幻工厂 App。打开这款 App,选择想要定制的服装,如西装、衬衫。一个 3D 的衣服模型就出现在眼前了。用户可依次选择扣子、面料、胸袋、驳头等物料,这个过程中还可细致地观察到颜色、布料材质以及其他多处细节。设计完成后,便可预约量体。手机会自动定位,帮助用户寻找附近的量体师,并预约上门服务。这样的一个实现用户在线自主设计、实时下单,个体通过 App 直接面向制造商的 C2M 个性化定制平台,让用户足不出户,只要动动手指,就可坐享"造物"乐趣。张蕴蓝说:"在不久的将来,用户将不需要和量体师接触,就可通过 3D 的方式把身体的数据传输出去。"在她看来,个性化定制的核心是让消费者体验到"造物"的乐趣,使人人都可以成为设计师。

未来,用户将可以在酷特智能 C2M 的平台上定制鞋、箱包等产品。"我们的战略定位是成为一家平台型企业,我们将搭建平台,帮助千千万万制造型企业到我们的平台上来做直销。未来红领就是一个做平台的红领。"红领集团摒弃传统思维,用大数据驱动,用智能化支撑,以互联网为路径,颠覆性的 C2M 模式推动了新的生产方式革新,引导了互联网工业的融合定制变革。

讨论:

平台化转型后的红领,其 C2M 定制平台相比传统模式具有哪些独特优势?

第 6 章

电子商务平台运营管理

📖 案例导学

拼多多：社交电商在"后流量时代"的平台突围

2020 年 5 月，拼多多的总裁办公摆放了一份 2020 年一季度财报。数据显示，拼多多的平台交易额达到了 1.16 万亿人民币，同比增长 108%。平台活跃买家 6.28 亿，同比增长 42%。其市值也从上市首日的 200 多亿美元，上升到现在的千亿美元，成为仅次于阿里、腾讯和美团以外的中国第四大电商平台。

我国电子商务行业经历了十多年的发展，市场下沉三、四线城市，传统电商平台互联网流量成本增加，社交电商模式快速崛起。拼多多抓住了这个新的风口，完成"后流量时代"的平台突围。

在平台需求端运营上，拼多多采用了"游戏+社交分享+低价+爆款"策略。这种平台需求端的战略运营模式以消费者利益为导向，通过更低的价格，拼团和游戏的方式来凝聚人气，熟人之间的社交分享行为也加快了拼多多的用户渗透率，很大程度上降低了拼多多的获客成本，契合了三四线及以下城市用户的需求。低价所产生的效应往往是形成"爆款"，为实现极致性价比，拼多多还将大量用户流量倾斜到爆款产品的生产。拼多多将这种减少的成本让利于消费者，实现"多实惠"的定位。

在平台供给端运营上，拼多多采用"中小企业品牌+农产品+品牌馆"策略。为更大程度上提高平台网络效应，拼多多对平台供给方采用了零成本入驻的策略。

与此同时，立足农业和下沉的电商市场，拼多多试图把自己定位于中国最大的农产品上行平台。在 2019 年拼多多 10 066 亿的 GMV 当中，农货 GMV 占到了 1 364 亿，平台农产品活跃买家数达到了 2.4 亿，复购率超过 70%。为改善平台的品牌结构和形象，拼多多加大了对大品牌入驻的引进，成立了拼多多的"品牌馆"。2019 年，联合品牌商推出了百亿补贴计划，在保持"低价"形象的同时，扭转市场上对其低质的负面印象，消除"假货"质疑。

在激烈竞争的中国电商零售市场，拼多多依靠其独特的平台商业模式在不到五年的时间内就取得了巨大的商业效应。拼多多在价值创造过程中仍面临质量信任危机、传统电商转型等挑战，唯有不断优化商业模式，增强价值创造能力，才能持续健康发展。

📖 内容提要

本章介绍了电子商务平台企业的概念和基本特征,对当前电子商务平台企业的运营模式作了详细的分析,用理论和实际案例充分论证五种运营模式的运行特点,进而总结梳理了电子商务平台企业运营的三大特征。通过对电子商务平台企业的运营流程和机制的介绍和分析进一步揭示了电子商务平台企业运营的过程。本章最后对电子商务平台企业的运营策略进行了分类阐述,为企业选择合适的运营策略提供了理论指导。

📖 本章重点

- 电子商务平台企业的内涵。
- 电子商务平台企业运营平台。
- 电子商务平台企业运营流程。
- 电子商务平台企业运行机制。

6.1 电子商务平台企业概述

电子信息技术的兴起,催生了一大批与互联网相关企业的迅速崛起,而这些企业得以短时间壮大的背后,似乎均与平台有着千丝万缕的联系。作为一种新型的产业组织,平台型企业,它以平台为中心,弄清平台的相关内涵,能够便于我们分析平台型企业。

"电子商务平台企业"中的平台,有别于传统的产品研发平台,或者产业合作平台等,本章所提及的平台,是双边市场或者多边市场下的平台。然而,纵览国内外双边市场理论的文献研究,很少有学者对平台型企业的概念与特征做出界定。原因在于,平台型企业赖以存在的主要依据,双边市场理论自兴起至今也才十年左右时间。双边市场理论的相对不成熟已是不争的事实,就平台型企业的概念与特征方面,鲜有研究。平台型企业是双边市场研究的核心,本节通过分析双边市场的相关内涵,进而为得出平台型企业的概念与特征提供支持。

双边市场定义的主要有两类:一类是以"跨边网络外部性(跨边网络效应)"学说。根据该类学说所提供双边市场的定义、要素,他们所判别的"某市场是否归属于双边市场"的依据,主要涵盖以下三点:①一个平台是双边市场交易的中心,离开了它,高效的交易不可能实现,换句话说,平台是双边群体顾客交易的中间层、桥梁、或媒介;②平台上存在两组需求不同的群体,且可以称它们分别为双边市场的两边用户群体;③平台上的每一边用户成员所获得的效用或收益,均与另一边用户群体数量正相关。而另一类是"价格结构非中性"学说。具体的观点是,平台向买方群体与买方群体的要价之和,被看作总体价格水平,若总体价格水平不变时,价格结构的变化引起了平台交易量的变化,那么这种市场被称为双边市场。此类学说,其实,也间接地阐述了双边市场的一些其他特征,如要想达成交易必须借助平台(平台具有促成交易的作用)、存在两种不同类型的需求群体、两组买卖群体对平台的需求必须互补。

因此,双边市场的特征包括:平台是交易的核心,绕开平台不成交易;平台上存在两组的不同需求群体;不同群体间存在跨边网络外部性;各群体对平台存在互补需求,且缺任何一方群体,交易不能继续。根据双边市场的特征,平台型企业有以下几项特征:独特价值、多顾客性、开放性、复杂性。

（1）独特的价值

传统的交易里,企业与顾客的行为同步完成,价值环节不存在时空的分离;而在平台型企业的交易中,价值的创造、实现、传递、分配等环节发生了一定程度的分离,其中,价值的创造不仅来自卖方群体为买方群体提供的产品或服务,还包括平台型企业为二者提供的服务,而且,平台型企业也通过参与二者价值实现和价值传递的过程,最后获取价值的分配。对比传统的交易,平台型企业实质上扮演的是中介的角色,它不但制造了市场,也维护了市场。平台型企业主要通过建立买方群体和卖方群体的关联,并采取为之提供相关平台服务的形式,以降低两群体的交易成本,进而帮助他们高效率地达成交易。

（2）多顾客性

传统的交易中,企业与顾客的关系比较简单。企业通常只有一边客户群体,而且企业只需要通过供给价值提供物的方式,满足这部分客户群体需求,以获得更多的货币补偿。然而,双边市场中,平台企业的顾客关系较为复杂,其顾客至少包括买方群体和卖方群体。而且,在平台型企业的这两个群体中,仅单独的一方群体强大没有意义,平台型企业必须兼顾两方群体利益,只有两方群体的规模同时壮大,才是平台型企业追求的目标。

（3）开放性

在双边市场的平台上,所涉及到的成员,不仅仅包括买方群体、卖方群体、平台型企业,有的时候,还包括其他第三方或更多方群体。其中,平台型企业是研究双边市场的核心,它连接着两组或两组以上截然不同却又相互依存的用户群体,是交易的重要促成者和搭建桥梁者。而平台上的各方群体和平台型企业形成的是,一个相互依存、相互联系且相互依赖的生态圈关系,生态圈的持续发展必须确保实现多方共赢。既然如此,那么加入平台中的每一方群体(除了平台型企业)均理应受到足够重视,且拥有开放加入平台的权利。不过,平台型企业的这种开放并不是完全意义的开放。为了平台生态圈的持续成长,平台型企业往往需要建立一定的规则基础。

（4）复杂性

平台型企业构建的生态系统,不但强调系统内部的价值创造,而且还重视各方利益的需求同时得到合理化满足。他们共同组成的是一个复杂的经济体。一方面,从其生态系统的视角来看,各方群体形成了互动而非孤立的关系,同时,它们借助平台进行互动时,提高了各自的效用。另一方面,平台的价值体现在双边群体对平台型企业提供的产品或服务有需求,且各方群体对平台型企业的这种需求是互补性的,可以说,一旦脱离平台型企业提供的平台,买方群体和卖方群体难以实现需求协同。

电商平台企业既可以是有形的,也可以是无形的,实质上平台型企业提供的是一种交易的中间层(场所、媒介、空间等),该中间层能够促使其各方群体相对高效又理想地达成交易。与此同时,平台的主人(平台型企业)也能够通过提供平台相关服务或产品获得回报。不过,要想促成双边群体的交易,平台型企业必须实现多方共赢,进而构筑双边市场独特的生态体系。

6.2 电子商务平台企业类型

6.2.1 电子商务平台的优点

更广阔的环境。人们不受时间的限制,不受空间的限制,不受传统购物的诸多限制,可以随时随地在网上交易。通过跨越时间、空间,使我们在特定的时间里能够接触到更多的客户,为我们提供了更广阔的发展环境。

更广阔的市场。在网上这个世界将会变得很小,一个商家可以面对全球的消费者,而一个消费者可以在全球的任何一家商家购物。一个商家可以去挑战不同地区、不同类别的买家客户群,在网上能够收集到丰富的买家信息,进行数据分析。

快速流通和低廉价格。电子商务减少了商品流通的中间环节,节省了大量的开支,从而也大大降低了商品流通和交易的成本。通过电子商务,企业能够更快地匹配买家,实现真正的产—供—销一体化,能够节约资源,减少不必要的生产浪费。

6.2.2 电子商务平台的主要分类

1) B2C 平台

虽然数据显示,2013 年的流量增速将减慢,但是依然抵挡不了 B2C 的持续发展。B2C 平台仍然是很多企业选择网上销售平台的第一目标,天猫、京东、一号店……资金到位的情况下,一般能够进驻的平台都不会放弃,毕竟不同的入口受众不一样,用户规模是首要。

2) 独立商城

独立商城就是凭借商城系统打造含有顶级域名的独立网店。开独立网店的好处莫过于:顶级域名、自有品牌、企业形象、节约成本、自主管理、不受约束。

3) C2C 平台

C2C 在前几年很流行,不过到了 2013 年趋势已大不如前。个人的话,可以尝试淘宝、拍拍等,企业最好不要蹚这趟浑水。天猫独立后,差距就已逐渐拉开,B2C 将辉煌继续。

4) CPS 平台

CPS 模式成为主流推广模式的很大原因就是零风险,投广告很有可能花了大价钱而造成很低的转化率,竞价、直通车可能没有产生订单,但是 CPS 是产生了销售额才会有佣金,ROI 较高。

5) O2O 平台

O2O 平台由于其高性价比,仍然受到很多用户青睐。当然,我们不排除其他更多的 O2O 网络销售平台和模式,期待 2013 有新的惊喜带给我们。

6) 银行网上商城

初期,许多银行开设网上商城的目的是使用信用卡的用户分期付款而设立。随着电子商务普及、用户需求增强、技术手段提升,银行网上商城也逐步成熟起来。银行网点为用户提供了全方位服务,包括积分换购、分期付款等,也覆盖支付、融资、担保等,最为显著的是给很多商家提供了展示、销售产品的平台和机会。倘若这一平台运营好,将带来不菲的业绩。

7) 运营商平台

中国移动、中国联通、中国电信,现阶段各运营商都有属于自己的商城平台。由于通信业务的硬性需求,运营商平台的用户始终具有一定的依赖性和黏性,所以提前抢占这些平台具有很大的战略意义,跑马圈地正是此道理。

8) 第三方电子商务

B2T2B 模式(Business To Third Party To Business)其实质就是中小企业依赖第三方提供的公共平台来开展电子商务(如阿里巴巴,环球资源,Directindustry 平台)。真正的电子商务应该是专业化、具有很强的服务功能、具有"公用性"和"公平性"的第三方服务平台。对信息流,资金流,物流三个核心流程能够很好的运转。平台的目标是为企业搭建一个高效的信息交流平台,创建一个良好的商业信用环境。

6.2.3 电子商务平台的盈利模式

1) 会员费

企业通过第三电子商务平台参与电子商务交易,必须注册为 B2B 网站的会员,每年要交纳一定的会员费,才能享受网站提供的各种服务,目前会员费已成为中国 B2B 网站最主要的收入来源。

2) 广告费

网络广告是门户网站的主要盈利来源,同时也是 B2B 电子商务网站的主要收入来源。阿里巴巴网站的广告根据其在首页位置及广告类型来收费。中国化工网有弹出广告、漂浮广告、BANNER 广告、文字广告等多种表现形式可供用户选择。但是海外平台的排名规则更符合买家的要求。如 EC21 采用自然排名,同样级别的会员谁更新得快,谁的排名就更先,从而避免了不必要的开支。收费也从其他网站的捆绑套餐制变成了简单的会员制。

3) 竞价排名

企业为了促进产品的销售,都希望在 B2B 网站的信息搜索中将自己的排名靠前,而网站在确保信息准确的基础上,根据会员交费的不同对排名顺序作相应的调整。

4) 增值服务

B2B 网站通常除了为企业提供贸易供求信息以外,还会提供一些独特的增值服务,包括企业认证,独立域名,提供行业数据分析报告,搜索引擎优化等。

5) 线下服务

主要包括展会,期刊,研讨会等。通过展会,供应商和采购商面对面地交流,一般的中小企业还是比较青睐这个方式。期刊主要是关于行业资讯等信息,期刊里也可以植入广告。

6) 商务合作

包括广告联盟,政府,行业协会合作,传统媒体的合作等。广告联盟通常是网络广告联盟,亚马逊通过这个方式已经取得了不错的成效,但在中国,联盟营销还处于萌芽阶段,大部分网站对于联盟营销还比较陌生。国内做得比较成熟的几家广告联盟有:百度联盟、谷歌联盟等。

7) 按效果付费

区别于传统的会员包年付费模式,按效果付费模式是指从事国际贸易的企业不是按照时间来付费,而是按照海外推广带来的实际效果,也就是海外买家实际的有效询盘来付费。其中询盘是否有效,主动权在消费者手中,由消费者自行判断,来决定是否消费。尽管 B2B市场发展势头良好,但 B2B 市场还是存在发育不成熟的一面。这种不成熟表现在 B2B 交易的许多先天性交易优势,比如在线价格协商和在线协作等还没有充分发挥出来。因此传统的按年收费模式,越来越受到以 ECVV 为代表的按询盘付费平台的冲击。"按询盘付费"有四大特点:零首付、零风险;主动权、消费权;免费推、针对广;及时付、便利大。广大企业不用冒着"投入几万元、十几万,一年都收不回成本"的风险,零投入就可享受免费全球推广,成功获得有效询盘后,辨认询盘的真实性和有效性后,只需在线支付单条询盘价格,就可以获得与海外买家直接谈判成单的机会,主动权完全掌握在供应商手里。

8) 联盟平台

通过整合行业内的优质资源,打包向国外进行输出,这类平台比较高端,主要是通过把国内的产品,通过平台向国外的发达国家进行网上营销,并一对一地为外国客户提供服务。这类网站比较高端,门槛比较高,复制难度大。

6.3　电子商务平台企业特征

6.3.1　平台化特征

平台化即一个为企业或个人提供网上交易洽谈的平台。电子商务建设的最终目的是发展业务和电子商务平台选择应用。一方面,网上商家以一种无序的方式发展,造成重复建设和资源浪费;另一方面,商家业务发展比较低级,很多业务仅以浏览为主,需通过网外的方式完成资金流和物流,不能充分利用互联网无时空限制的优势,因此有必要建立一个业务发展框架系统,规范网上业务的开展,提供完善的网络资源、安全保障、安全的网上支付和有效的管理机制,有效地实现资源共享,实现真正的电子商务运营。

6.3.2　个性化特征

由于市场规模和完全竞争两大因素,电子商务运营中的个性化特征日益突出。个性化为信息的精确匹配提出极高的要求,互联网企业都在为之努力。思路包括技术和人为两个方向,前者有所谓下一代搜索或智能搜索,后者则运用人工问答、SNS 等。电子商务发展中的个性化趋势正在加速"后工业时代"的到来,与工业时代的大规模、标准化和产品导向不同,后工业时代的经济特征是小批量、个性化和客户导向,是柔性化制造、个性化营销和社会化物流的商务模式。

6.3.3 生态化特征

电子商务平台企业生态化正处在发展的阶段。电子商务平台企业生态是由为特定的最终用户群体提供产品、服务和商业活动,并与电子商务平台企业关联的组织、个人及其商业环境组成的一个有机整体。电子商务生态的动力有竞争升级、技术进步和客户需求等。

6.4 电商平台企业运营流程

电子商务的应用是信息流、资金流和物流的整合。其中,信息流最为重要,它对整个流程起着监控作用,而物流、资金流则是实现电子商务的保证。图 6.1 对三流的基本功能作了描述。

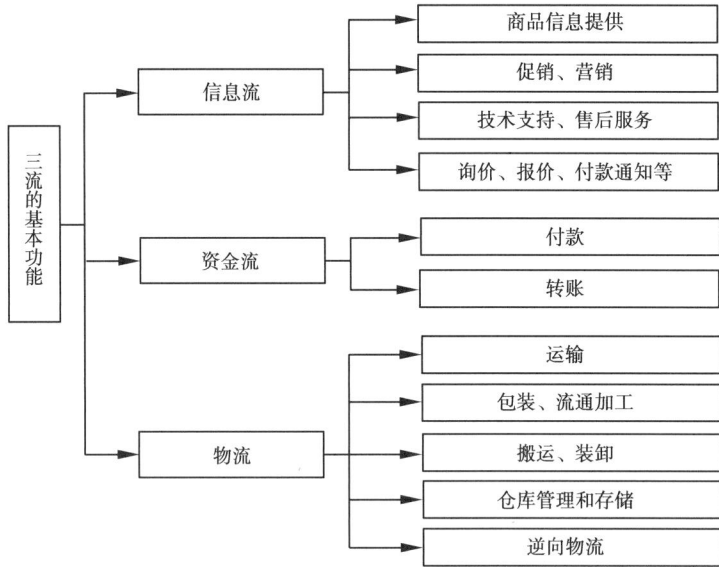

图 6.1 三流的基本功能

不同的电子商务平台企业围绕着"三流"开展的运营流程均不同,但整体上来看,可以归纳为以下几种运营流程。

6.4.1 独立运营流程

电子商务独立运营流程是指企业自主运营和管理电子商务的流程,分为前台运营流程和后台运营流程两部分。

1) 前台运营流程

在独立运营前台运营流程中,客户在网上购买商家商品的整个过程可以分为七个步骤(图 6.2)。

①客户连入互联网,在商家的网上商店中浏览,寻找自己感兴趣的商品。

②与其他商家比较同类商品信息。

③与商家对所选商品的规格、价格、服务方式等内容进行谈判。

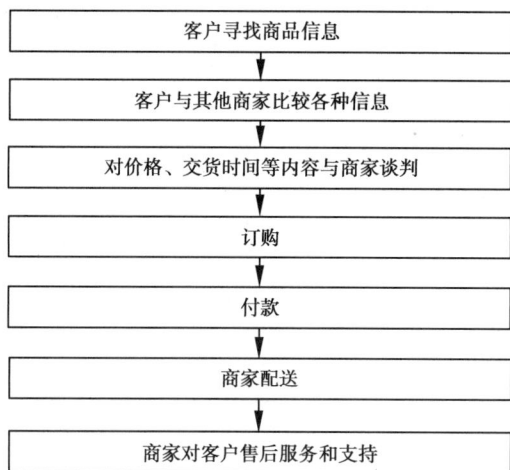

图 6.2　独立运营前台交易流程

④客户在购物对话框里填写自己的姓名、地址等个人信息,以及自己要购买的商品品种、规格、数量,商家会给客户计算好价格。

⑤客户选择支付方式支付货款,如信用卡、借记卡、电子支票等;商家确认支付货款是否得到认可。

⑥进入后台运营流程,准备货物送货上门。

⑦商家对客户售后服务和支持。

2) 后台运营流程

前台流程主要是面对客户的业务流程,它必须要配合后台运营流程才能生效。根据商品是实物类和非实物类流程分作两种,实物类商品后台运营流程如图 6.3 所示。

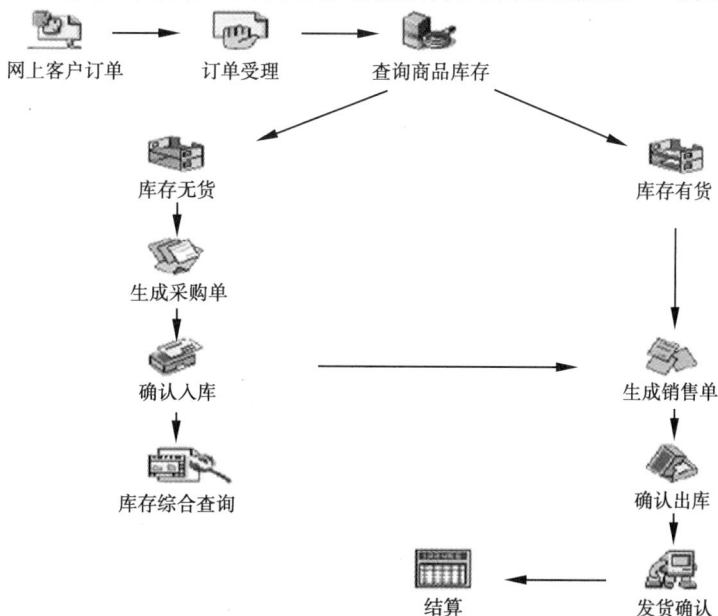

图 6.3　实物商品独立运营后台交易流程

非实物类商品的后台运营流程如图 6.4 所示。

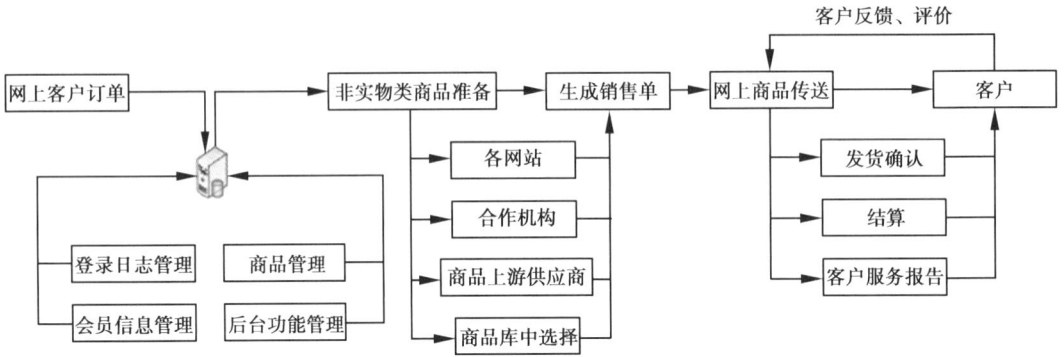

图 6.4 非实物商品独立运营后台交易流程

6.4.2 联合运营流程

电子商务联合运营流程是指由多个企业共同合作运营和管理电子商务的流程,同样可以分作前台运营流程和后台运营流程两部分。

1) 前台运营流程

联合运营前台运营流程通常是根据电子商务标准过程来运营电子商务交易活动,如图 6.5 所示。

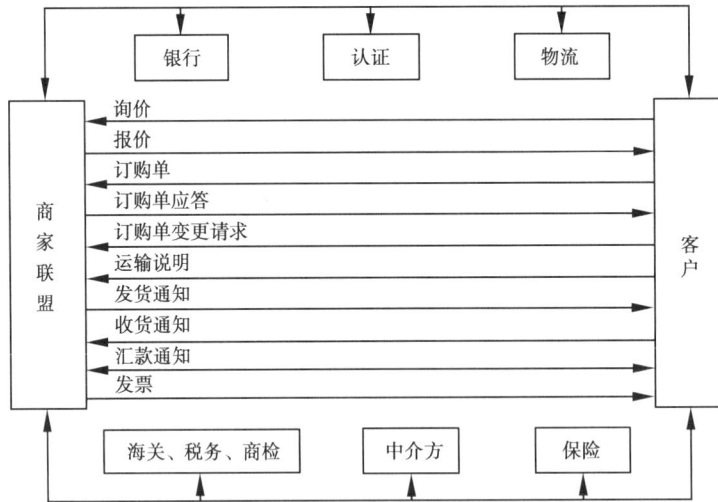

图 6.5 联合运营前台运营流程

联合运营前台主要流程可以分为以下四个步骤:

(1)交易前的准备

这一阶段主要是指买卖双方和参加交易各方在签约前的准备活动。①买方根据自己要买的商品,准备购货款,制订购货计划,进行货源市场调查和市场分析,反复进行市场查询,了解各个卖方国家的贸易政策,反复修改购货计划和进货计划,确定和审批购货计划。再按计划确定购买商品的种类、数量、规格、价格、购货地点和交易方式等,寻找自己满意的商品和商家。②卖方根据自己所销售的商品,召开商品新闻发布会,制作广告进行宣传,全面进行市场调查和市场分析,制订各种销售策略和销售方式,了解各个买方国家的贸易政策,利用互联网和各种电子商务网络发布商品广告,寻找贸易伙伴和交易机会,扩大贸易范围和商品所占市场的份额。其他参加交易各方有中介方、银行金融机构、信用卡公司、海关系统、商检系统、保险公司、税务系统、物流/运输公司也都为进行电子商务交易作好准备。

(2)交易谈判和签订合同

这一阶段主要是指买卖双方对所有交易细节进行谈判,将双方磋商的结果以文件的形式确定下来,即以电子文件形式或书面文件形式签订贸易合同。电子商务的特点是可以签订电子商务贸易合同,交易双方可以利用现代电子通信设备和通信方法,经过认真谈判和磋商后,将双方在交易中的权利,所承担的义务,对所购买商品的种类、数量、价格、交货地点、交货期、交易方式和运输方式,违约和索赔等合同条款,全部以电子交易合同作出全面详细的规定,合同双方可以进行签约,可以通过数字签名等方式签名。

(3)办理交易进行前的手续

这一阶段主要是指买卖双方签订合同后到合同开始履行之前办理各种手续的过程,也是双方贸易前的交易准备过程。交易中要涉及有关各方,即可能要涉及中介方、银行金融机构、信用卡公司、海关系统、商检系统、保险公司、税务系统、物流/运输公司等。买卖双方要利用认证系统与有关各方进行各种电子票据和电子单证的交换,直到办理完可以将所购商品从卖方按合同规定开始向买方发货的一切手续为止。

(4)交易合同的履行和索赔

这一阶段是从买卖双方办完所有各种手续之后开始,卖方要备货、组货,同时进行报关、保险、取证、信用等,卖方将所购商品交付给物流/运输公司包装、起运、发货,买卖双方可以通过电子商务服务器跟踪发出的货物,银行和金融机构也按照合同,处理双方收付款,进行结算,出具相应的银行单据等,直到买方收到所购商品,完成整个交易过程。索赔是在买卖双方交易过程中出现违约时,需要进行违约处理的工作,受损方要向违约方索赔。

上述第二步和第三步流程具体展开如下:

①客户方向商家提出商品报价请求,说明想购买的商品信息。

②商家向客户方回答该商品的报价,说明该商品的报价信息。

③客户方向商家提出商品订购单,说明初步确定购买的商品信息。

④商家向客户方对提出的商品订购单的应答,说明有无此商品及规格型号、品种、质量等信息。

⑤客户方根据应答提出是否对订购单有变更请求,说明最后确定购买商品信息。

⑥客户方向商家提出商品运输说明,说明运输工具、交货地点等信息。

⑦供货方向客户方发出发货通知,说明物流/运输公司、发货地点、运输设备、包装等信息。

⑧客户方向商家发回收货通知,报告收货信息。

⑨交易双方收发汇款通知,买方发出汇款通知,卖方报告收款信息。

⑩商家向客户方发送电子发票,买方收到商品,卖方收到货款并出具电子发票,完成全部交易。

2）后台业务流程

在完成前台交易后，进入后台处理业务流程，后台业务流程如图 6.6 所示，各联合企业运营主体紧密协作完成整个业务流程。

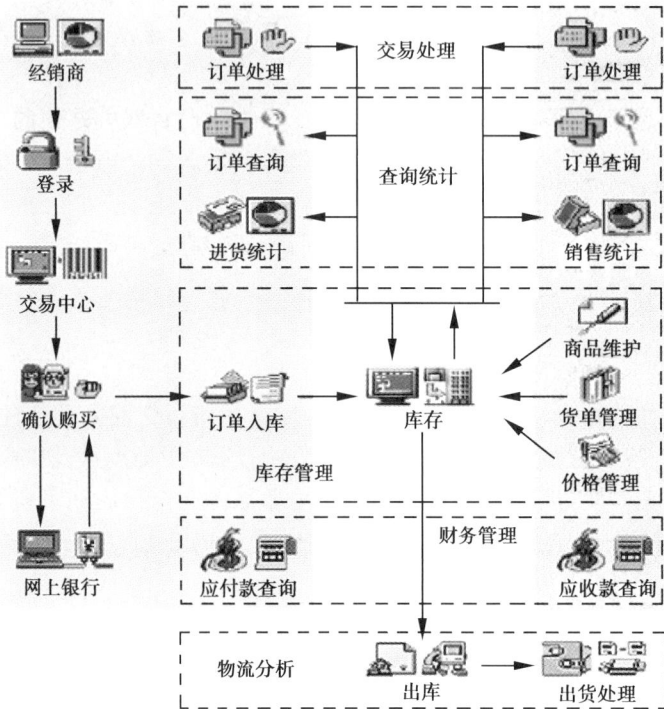

图 6.6　联合运营前后运营流程

6.5　电商平台企业运行机制

运行机制是指在人类社会有规律的运动中，影响这种运动的各因素的结构、功能及其相互关系，以及这些因素产生影响、发挥功能的作用过程和作用原理及其运行方式。

6.5.1　电子商务平台企业运行机制概念

企业运行机制是指企业生存和发展的内在机能及其运行方式，是引导和制约企业生产经营决策并与人、财、物相关的各项活动的基本准则及相应制度，是决定企业经营行为的内外因素及相互关系的总称。而电子商务平台企业运行机制是电子商务平台企业的经营系统、技术创新系统、财务系统等运行过程中各环节内部以及各环节之间本质的内在的相互关联、相互制约的工作方式的总和。

电子商务平台企业运行机制是企业经营过程中的主体机制。电子商务平台企业的经营活动是个连续不断的过程。其运行机制是研究在运行过程中各生产要素之间相互联系和作用及其制约关系，是电子商务平台企业经营运行自我调节的方式。电子商务平台企业运行机制可以使企业经营活动协调、有序、高效运行，增强内在活力和对外应变能力。

6.5.2　电子商务平台企业运行机制的核心内容

电子商务平台企业的运行机制是促使管理对象不断向电子商务管理目标趋近的客观作用力。对于电子商务平台企业而言,管理机制的作用是客观的,对电子商务平台企业具有外在的约束性和强制性。对于电子商务平台企业管理主体而言,管理机制是可选择的,不同电子商务平台企业可以根据组织的实际情况和特点选择相应的管理机制,来实现其管理目标。在电子商务平台企业中,其运行机制主要有以下几种。

1) 激励机制

管理的核心在于人,激励可以说是调动人的积极性、主动性和创造性的过程。只有将人的积极性真正调动起来,才能够真正达到管理的目标。因而,激励是现代管理中的核心问题,激励机制也应当成为电子商务平台企业运行机制的核心。激励机制则是指组织系统中激励主体通过激励因素或激励手段与激励客体之间相互作用关系的总和,也是企业激励内在关系结构、运行方式和发展演变规律的总和。激励机制所包含的内容极其广泛,既有外部激励机制,又有内部激励机制。外部激励机制是指消费者、履行社会管理职能的政府、社区公众等对企业的激励。内部激励机制是指对企业自身包括经营者和员工的激励,企业内部激励机制主要包括物质激励和精神激励。物质激励是企业以经济手段来激发员工的物质动力,如工资、奖金、福利待遇等。而所谓精神激励,是指企业以授予某种具有象征意义的符号或对员工的行为方式和价值观念给予认可、赞赏等作为激励手段,以此激发员工的精神动力。

(1)电子商务平台企业激励机制的作用

对一个电子商务平台企业来说,科学的激励制度至少具有以下几个方面的作用:

①吸引优秀的人才到企业来。各种企业都可以结合本行业和本企业的特点,适时推出一些灵活多变的激励方式来突显自己的优势。在发达国家的许多企业中,特别是那些竞争力强、实力雄厚的企业,通过各种优惠政策、丰厚的福利待遇、快捷的晋升途径来吸引企业需要的人才。

②调动员工工作积极性,提高企业绩效。企业最关心的是绩效,企业有了好的绩效才能生存。企业要有较高的绩效水平就要求员工有较高的个人绩效水平,但是较高的绩效水平不仅仅取决于员工的个人能力,挖掘员工潜力在生产和管理过程中有着极为重要的作用。美国哈佛大学的詹姆士教授在对员工激励的研究中发现,在缺乏激励的环境中,人的潜力只能发挥出三成,如果受到充分的激励,他们的能力可发挥出八九成。由此可见,激励是挖掘潜力的重要途径。索尼公司鼓励每一位员工对产品提出任何意见,由此,便有了随身听的诞生,这便是挖掘潜力非常成功的典范。

③造就良性的竞争环境。科学的激励制度包含有一种竞争精神,它的运行能够创造出一种良性的竞争环境,进而形成良性的竞争机制。在具有竞争性的环境中,组织成员就会受到环境的压力,这种压力将转变为员工努力工作的动力。正如麦格雷戈所说:"个人与个人之间的竞争,才是激励的主要来源之一。"在这里,员工工作的动力和积极性成了激励工作的间接结果。

④协调企业和个人目标的统一。在实践中,个人目标和组织目标既有矛盾冲突的一面,

也有其一致的一面,企业运用一些激励措施可以使两者合二为一。

(2)电子商务平台企业激励机制的设计原则

①目标统一。在激励过程中,首先要做的就是了解员工的真正需求,在此基础上再进行目标分解,尽量使分解后的目标与员工需求能够很好地结合起来,或者至少没有很大的影响和冲突。

②公平公正。在激励的过程中,首先要树立激励机制前人人平等的观念;其次,激励的程度必须与被激励者的功过相匹配;最后,激励过程要做到民主化和公开化。

③及时适度。现代心理学研究表明,及时激励的有效率可达到80%,而迟延激励的有效率仅为7%。这里的及时主要是体现一种不拖泥带水,遇事能果断的雷厉风行的工作作风。

④奖惩并用。激励就是通过一定的奖惩要求人们能够扬长避短,因此惩罚虽然是一种负面信息,但仍应作为一种必要的辅助手段存在。

⑤按需激励。为了正确把握员工需求的变化而全面推行能够让员工自己选择的激励制度还有一定的缓冲阶段。在当前,管理者可以采用比较简单的分层次激励的方法。

⑥能力匹配。管理者的一项重要职能是为企业中的每一个岗位找到有能力胜任的员工,因此,在对企业员工进行有关晋升、授权等精神激励时,首先要考虑的是他本人是否有这个能力。

⑦与时俱进。员工的需求和偏好是会随着内外环境的变化而发生变化的,处于不同发展阶段的企业的激励机制也不是一成不变的,在必要的情况下一定要适时作出相应的调整。

2)权力权威机制

权力和权威是相近但不相同的两个概念。

权力与权威的共同性在于它们都能够指导、影响他人的意识和行动。在权力与权威的指示与感召之下,人们改变了自己的想法,并按照权力与权威占有者的意志行事。

权力与权威这两个词虽然关系密切,但它们所指的并不完全相同。权力是政治上的强制力量和职责范围内的支配力量。权力本质上是一种能力,在行使权力过程中未必含有强制的成分,但一定会对他人产生某种预期的效果。比如,一个组织中的特定团队可能会被认为是很有影响力的,这意味着该团队具有影响其他团队或部门中个体行为的能力。这种影响可能是资源的配置、空间的分配、目标、录用决策以及组织中的许多其他结果和行为。而权威是指由组织正式授予的以及被员工们认为是正确和适当并予以接受的合法性权力。最为显著的组织例子就是主管与下属之间的关系。一个组织中有着正式的权威结构,在该结构中个体、团队和部门都对特定的活动和职能承担责任。当个体加入一个组织,他们一般都会认为权威结构是合法的,即员工们接受管理者制定政策和确定方向的权力。只要命令是合理和与工作相关的,员工们通常都会执行。权威在范围上比权力要窄一些,应用到组织中更少的行为上。

管理者是组织的领袖,在组织的权力机制中处于核心的地位。在享有权力的同时,管理者也承担着相应的社会责任。只利用权力谋求自身利益而忽略员工社会责任的管理者,不仅损害员工与社会的利益,组织自身也必然受到权力的反噬。比如,在传统企业管理中,管理者依靠行政权力维系和制约着组织内的多种关系,容易出现违反企业利益或者是社会利益的现象。在现代企业管理中,企业信息和知识资源的重要性日益突出,尤其是电子商务平台企业,需要充分利用和整合信息和知识资源,而且其组织元素自身的知识、文化、技术素质内涵发生了根本性的变化,因此,仅仅运用权力机制约束影响人显然不足。

被誉为"组织管理之父"的著名德国社会学家马克斯·韦伯认为,任何一种组织如果没有某种形式的权威作指导,组织就不能齐心协力、万众一心,就不能统一行动和实现目标。而权威机制就是通过权威者自身的水平和威望,形成品牌"威望"效应,给他人以影响力、吸引力、崇拜力,在电子商务平台企业管理中,管理者应尽量成为行业或技术权威形成向心力,才能充分发挥权力与权威机制的作用。电子商务管理者不仅是一个群体的组织者、指挥者,而且是各项工作的决策者和各种复杂关系的协调者,仅有权力是远远不够的,只有具备崇高的权威,让自己的品格、能力、学识、情感等满足了下属的角色认同的需要,才能够赢得下属的尊敬与爱戴,才能更有效地管理电子商务平台企业。

3) 竞争机制

电子商务平台企业竞争机制是管理对象为争取有限的机会而产生的客观作用力。高低优劣、优胜劣汰是市场竞争的客观现实。

一方面,电子商务平台企业要面对着市场与社会的竞争。传统工业时代,几乎所有的企业都将竞争对手作为自己的威胁,认为竞争双方的力量是此消彼长、此败彼胜的关系。在网络经济时代,伴随着电子商务的快速发展,电子商务平台企业之间的竞争也表现得越来越激烈,尤其是功能同质化的电子商务平台企业之间。然而,对于以网络信息技术为特征的电子商务平台企业而言,开放与合作变得与竞争同等重要。于是一批电子商务平台企业管理者开始用崭新的视角审视传统的企业与企业之间相互残杀式竞争,从对企业外部与竞争对手争夺顾客和侵城略地以拓展空间的关注转向与竞争对手携手作战,提出了以合作求竞争、既竞争又合作的发展战略。

另一方面,电子商务平台企业还要善于利用高低优劣、优胜劣汰的竞争机制来处理组织内部的各种关系,整合人力资源,通过竞争组建自身的组织群体,通过竞争选择外部的项目、伙伴、人才、技术等资源,从而获得社会与市场机会,赢得市场份额、客户与地位。

4) 利益分配机制

在电子商务活动过程中,其管理研究对象有多种组织关系,有与政府管理部门之间的关系,有与经营伙伴之间的组织关系,有与供应商、制造商、生产部门、生产者以及客户之间的关系,同时还存在着与信息系统不同单元间的关系,维系这些关系的主要条件则是利益分配问题。利益分配机制是推动管理对象为获得一定的物质利益而向管理目标趋近的客观作用力。科学合理的利益分配机制在电子商务管理体制的建构过程中起着不可替代的重要作用,它能够激发所有人的主动性、积极性与创造性,为实现组织内部、组织之间关系和谐创造条件。在电子商务平台企业内部,首先应当建立一种公平合理的利益分配机制。没有公平合理的利益分配机制,员工就会因看不到获得利益的希望而不愿意奋斗,从而归于消沉和沦落。因此,电子商务平台企业管理者要将按劳分配与按生产要素分配结合起来,既要重视体力劳动所创造的价值,更要重视知识技术、信息、管理能力等生产要素所创造的价值。

随着网络经济的发展和市场竞争的白热化,企业与企业之间的竞争已经转变为企业所在的供应链与竞争对手所在的供应链之间的竞争。如今,越来越多的电子商务平台企业加入到供应链战略联盟。供应链战略联盟的利益分配机制问题,影响着联盟成员企业之间的协作水平,影响着整个供应链的市场竞争力。因此,供应链战略联盟成员的利益分配机制问题关系到供应链的生死存亡。为了使联盟合作的利益得到公平、合理的分配,尽量使每个成员所获得份额与其预期收益一致,必须树立科学合理的利益分配指导思想和分配的原则。由此,良好品质的供应链战略联盟的利益分配机制应遵循以下原则:①平等原则。各伙伴无论规模大小,实力强弱,在合作中的地位以及对利润追求的权利是平等的。②公平兼顾效益原则。公平有利于培养联盟的团队精神,提高联盟整体绩效,当然,每个成员伙伴都要按自己在联盟中所作出的贡献索取利益。③互惠互利原则。联盟要保证每个成员都能从成功后的合作中获取相应的利益,否则将会损害成员的积极性。④信息透明原则。为了减少因信息沟通而造成的误会和矛盾,核心成员在利益分配过程中应及时披露利益分配的方案、计算方法等方面信息。

5) 信仰机制

企业信仰是指企业在经营实践中形成的具有本企业特色的信仰观念、信仰形式和行为模式,它是理念形态信仰、物质形态信仰和制度行为信仰的综合体。信仰机制是指通过某种方式使管理对象出于对某种精神信念而产生的推动力。它是通过管理对象的自觉行动和素质素养起作用的。

企业信仰机制的激励作用是指企业信仰本身所具有的通过各组成要素来激发员工动机与潜在能力的作用,它属于精神激励的范畴。具体来说,企业信仰能够满足员工的精神需要,调动员工的精神力量,使他们产生归属感、自尊感和成就感,从而充分发挥他们的巨大潜力。关键是员工对企业信仰的理解和认同程度,一旦员工对企业信仰产生了强烈的共鸣,那么企业信仰的激励功能就具有了持久性、整体性和全员性的特点和优势。

企业信仰是无形的、非正式的、非强制性的和不成文的行为准则,对员工有约束和规范作用。在一个特定的文化氛围中,人们由于合乎特定准则的行为受到承认和赞扬而获得心理上的平衡与满足。反之,则会产生失落感和挫折感。因此作为组织的一员往往会自觉地服从那些根据全体成员根本利益而确定的行为准则,产生"从众"行为。这就是企业信仰约束功能的依据所在。

当然,企业信仰的约束功能并不是要把职工变成驯顺的绵羊,把企业变成控制职工的工具。企业信仰执行精神信仰约束功能的最高境界是不仅使千奇百怪、千变万化的个体聚合成企业事业所要求的联合态,而且要激发、鼓励、保证他们的创新与创造的自由,让企业各个角色充分发掘和展示他们的创造力,又不脱离一定的技术、经济和企业具体规范。

6) 网络效应机制

网络效应指的是一个平台的用户的数量对用户所能创造的价值的影响。积极的网络效应指的是一个巨大的、管理完善的平台社区所有的,为每一个平台用户创造重要价值的能力。消极的网络效应指的是管理不善的平台社区的增加,能够减少为每一个用户所创造的价值的可能性。

电商平台企业更多的是应用了双边网络效应。例如,在滴滴平台就包含了双边网络:乘客吸引司机,司机吸引乘客。这一相似的驱动力存在于很多其他平台公司中。在谷歌的安卓一例中,应用程序开发者吸引消费者,消费者也吸引应用程序开发者。在 Upwork(原名 Elance-oDesk)上,工作列表吸引自由职业者,自由职业者也吸引工作列表。在 PayPal 上,商家吸引顾客,顾客吸引商家。在爱彼迎上,房东吸引房客,房客吸引房东。所有这些商业以正面反馈引起双边网络效应。

对于刺激网络增长来说,这些效应的重要性是如此之大,以至于平台商通常花钱将一边参与者吸引到市场上来。他们明白,如果他们能使一边加入平台,那么另一边也会随之加入。双边网络效应及其积极的反馈解释了滴滴如何能将从比尔·柯尔利和其他投资人手里融到的几百万美元分解成无数的 30 美元乘车代金券发放给乘客。滴滴的优惠券以吸引司机和之后愿意付全款来参加网络的乘客这一良性循环的方式获得了市场份额。

6.5.3 电子商务平台企业运行机制的制度保障

要保证电子商务平台企业各项活动的目标和任务真正实现,必须建立一套协调、灵活、高效的运行机制,更需要建立和完善电子商务平台企业的各种管理制度。电子商务平台企业比较重要的制度有人事制度、财务制度和营销制度等。

1)电子商务平台企业人事制度

在日趋成熟的全球网络经济环境中,企业之间的竞争归根到底是人才与智慧的竞争,也是人力资源的开发利用与管理水平的竞争。其主要的制度类型有人员录用制度、培训制度、激励制度和调整管理制度等,如图 6.7 所示。

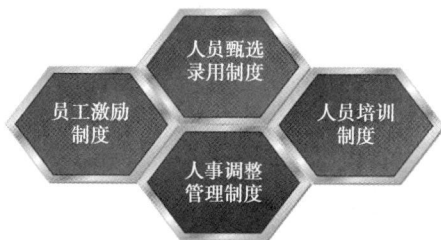

图 6.7　电子商务平台企业人事制度

电子商务平台企业人事制度有效运行的基础是电子商务平台企业具有良好的分工及职责设定制度。企业一般会设不同性质的各种部门,不同的部门均有不同的职责。岗位职责具体描述了负责某些方面的工作,并在开展这些工作时,必须遵循哪些原则与组织制度的规定,其内容主要包括岗位目标、岗位权限、岗位任务、岗位责任、岗位报酬等。

2)电子商务平台企业财务制度

财富是企业的原动力。对电子商务平台企业而言,科学理财无疑是其持续发展飞跃的原动力。在网络经济环境下,面对多种形式的交易和投入,加强财务管理制度无疑是一种行之有效的办法。如图 6.8 所示,电子商务平台企业财务制度一般包含以下内容。

例如,资本预算是对企业资产进行战略性分配的经济行为。资本预算制度正是对企业资本预算作出的操作规定。资本预算制度的内容主要有资金来源运用预算、资金差异报告、资金调度计划、收入预计、资本支出预计等。而企业资产管理制度是以企业的资产运动为对象,利用价值形式对企业的各种资产进行优化配置的综合性规定。资产管理制度的内容主要是对固定资产增加、转移、减损、出售比价,闲置固定资产、盘存,还有房屋、设备、土地、财产的管理规定。

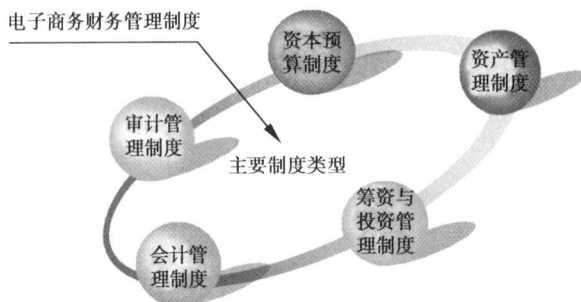

图 6.8　电子商务平台企业财务管理制度

3) 电子商务平台企业市场营销制度

市场营销管理是电子商务平台企业规划实施市场理念、商品劳务设计、定价、促销和分销等诸多环节中,为顾客需要和组织目标而创造交换机会的过程,实际上就是通过分析、计划、实施和控制,以及一定的交换,以达到营销的目标。市场营销管理制度则是对营销活动的行为进行规定。电子商务平台企业的市场营销制度如图 6.9 所示,主要包括营销计划管理制度、营销信息管理制度、销售人员管理制度和客户关系管理制度等。

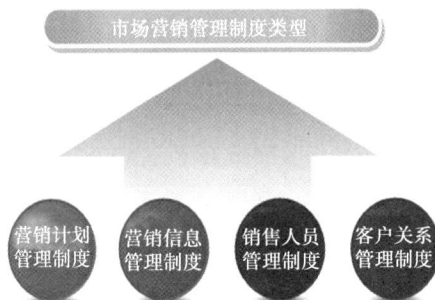

图 6.9　电子商务平台企业市场营销制度

6.6　电商平台企业运营策略

6.6.1　网络核心型策略

网络核心型策略是指在改善生态系统的总体健康状况,并在此过程中使本企业取得可持续的绩效的一种运营策略。其特征是注重外部资源的管理,努力构建外部的网络结构,积极维持整个网络的健康并从中受益。淘宝网是典型的网络核心型电子商务平台企业,它是淘宝网商业生态系统的核心企业之一。2007 年末,阿里巴巴集团将策略确定为"建设电子商务基础设施,培育开放、协同、繁荣的电子商务生态系统",淘宝网也相应地形成了生态化发展的战略,开始有意识地构建网络零售生态。淘宝网商业生态系统由核心层、扩展层和相关层 3 个部分构成,各企业之间存在着互利共生、竞争、中立等互动关系。淘宝网目前共有

400 多万家店铺,截至 2010 年底注册用户达到 3.7 亿,在线商品数达到 8 亿。目前通过淘宝网认证的合作伙伴达到 220 家,涵盖运营、客服、营销、仓储、培训等各行业。同时,淘宝网商业生态系统中还包含 50 万个中小站长的参与,淘宝联盟为他们提供了参与电子商务的商业模式。通过万家中小网站推广,每天能给淘宝网上的商家和商品带去 20 亿浏览量。2010 年淘宝交易额达 4 000 亿元,总收入约 50 亿元。

6.6.2 支配主宰型策略

支配主宰型策略是通过纵向或横向一体化,来管理和控制某一生态系统或其中某一业务域的一种运营策略。支配主宰型企业不仅支配了生态系统业务域的价值创造活动,也主宰了其价值分配,是同时控制价值创造和价值获得行为的企业。

从某种意义上讲,腾讯公司采取的就是支配主宰型策略,其牢牢掌握着自己所处的生态系统,并常常扩张到新的市场,从最初的即时通信产品到后来的门户网站 QQ 游戏、QQ 邮箱、腾讯拍拍、SOSO、QQ 空间、QQ 输入法、QQ 浏览器、QQ 电脑管家、QQ 影音、QQ 词典等,这一系列的产品都是腾讯在独立经营,基本上没有给其他组织留下可借助其服务而开发新的应用,或者通过提供附加功能而明显增强其现有服务的空间。需要说明的是,以拍拍为核心的,由交流及交易平台、交易者、规则、环境等组成的拍拍商业生态系统不在此探讨范围之内。对于腾讯这样的支配主宰型企业来说,其生态系统的健康状况实际上取决于企业在研发和运营上的内部努力及其生产率。所以,从这个意义上说,技术创新是企业内部必备的功能,也是防御潜在对手的手段。他们必须在内部研发上大量投资,以确保不会在消费者心目中产生性价比更好的替代产品。2005 年,腾讯推出了平台研发系统;2006 年 5 月,成立了"以创新应用为主旨"的创新中心;2007 年 11 月,在创新中心的基础上,又成立了腾讯研究院,仅在研究院筹备的一年多时间中,就投资了上亿元。

在缝隙市场创造力上,腾讯自己几乎占据了所有的缝隙,妨碍了系统的缝隙市场创造力和多样性的形成。生态系统多样性过低,将会削弱系统面对外部冲击的强健性。不过,在当前这种市场竞争极其激烈的情况下,外部环境迫使腾讯通过自身的努力,不断地向新的缝隙扩张,竭力维持着生态系统的多样性。但是从另外一个角度来说,系统多样性过大会威胁到运营的稳定性,或导致产品(服务)的过剩或技术的不兼容,取缔不必要的多样性,将有助于保持较高的生产率。所以,对于腾讯而言,确定多样性的程度究竟应该多大,就显得极其重要。

在系统的强健性方面,由于受到企业自身实力和资源的限制,随着时间的推移,支配主宰型企业会使其生态系统的组织多样性大大降低。这样,在系统受到诸如产品构架方面剧烈破坏性的创新等冲击时,就会缺乏应有的适应性。这意味着在一定的时候,支配主宰型企业之间会借助于不同的架构、技术或业务模式而相互替代,或者被另一种以网络核心型企业为中心的生态系统替代。比如 2010 年 11 月出现的 COCO360,据其官方网站称,一开始就采用了先进的架构(引入云计算机制,支持海量并发用户),并且开放平台接口,鼓励第三方开发。其采取的是与腾讯截然不同的战略,俨然欲走网络核心型企业的路子。虽然目前 COCO360 还远远不是腾讯的竞争对手,但是如果它能够坚持网络核心型战略,用心经营,在不久的将来,很难保证不会对腾讯构成什么威胁。

在成熟的行业或一切基本保持不变的环境中,支配主宰型运营策略是可以奏效的。但是,当出现市场动荡或技术更新的情况下,网络核心型策略比支配主宰型策略更为可取。

6.6.3 坐收其利型策略

坐收其利型策略是不通过纵向一体化控制某一生态系统或其中的某一业务域,又从中攫取尽可能多的价值的运营策略。坐收其利型企业采取的是本质上不连贯的战略,他们不提倡通过纵向一体化的方式控制其业务运营的关键资产,但是,又从系统中攫取过多的价值,致使其自身怎么也离不开的缝隙型企业面临业务模式上的不可持续问题。坐收其利型机制的特性注定了企业往往是无法成功的。

6.6.4 缝隙型策略

缝隙型策略是指通过能力专业化而使自己在某一生态系统领域实现业务的差异化的运营策略。缝隙型企业是生态系统中数量最多的一类参与者,他们最大的优势在于其专业化,由于往往位于生态系统的边缘地带,所以他们积极主动地追求创新,不断开发新的产品、服务,并开拓新的市场。他们给生态系统带来的多样性对保持系统的强健性具有极其重要的意义。

实际上,通过整合系统中可获得的各项技术和资源,不断坚持专业化和差异化的创新,是缝隙型企业可持续发展的关键,这样可以在系统核心企业前端推进。试图扩张时,有比较强的防御能力,而不至于被吞没。例如,2011年初,阿里巴巴集团在北京发布其物流战略,表示将与合作伙伴共同投资1 000亿元发展全国物流系统,初期将投资200亿~300亿元,逐步在全国建立起一个仓储网络体系。这就是淘宝网前端推进,企业扩张的典型例子,各物流企业如果不积极创新,则有被吞没的危险。作为应对,许多物流公司都开始实施新策略,涉足电子商务业务。宅急送上线了商品代销平台"E购宅急送",顺丰推出了购物网站"顺丰E商圈",申通快递创办了"久久票务网",中国邮政也与TOM合作推出了网上商城业务。

此外,如果缝隙型企业能持续创新以寻找新的生存空间,并在新的空间中有自己的特质,那么,它将有可能会通过创建平台而使自己成为一个网络核心型企业。

本章小结

1.电子商务平台企业是通过以互联网为代表的现代信息技术进行生产、营销、销售和流通活动的企业。

2.电子商务平台企业的运营平台包括信息流平台、物流平台和资金流平台。

3.不同的电子商务平台企业围绕着"三流"开展的运营流程均不同,但整体上来看,可以归纳为以下两种运营流程:独立运营流程、联合运营流程。

4.在电子商务平台企业中,其运行机制主要包括激励机制、权力权威机制、竞争机制、利益分配机制、信仰机制。

5.电子商务平台企业运营策略包括网络核心型策略、支配主宰型策略、坐收其利型策略、缝隙型策略。

问题讨论

1.电子商务平台企业与企业电子商务有什么不同？
2.B2C 模式存在哪些不足？
3.运营策略对于电子商务平台企业有哪些重要性？

课后案例

爱彼迎：共享经济在短租领域的尝试与创新

爱彼迎是共享住宿领域的领导者，在民宿和短租市场的占有率达到了 30% 以上，其房源超过了所有国际酒店集团的总和，拥有全球 191 个国家 65 000 多座城市的超过 3 000 000 房源，房客总数累计已经超过了 150 000 000。多元的全球社区是爱彼迎的立足之本，为所有房东和房客建立一个具有包容性的平台是他们最大的目标。

但所有平台型企业都会遇到一个问题，那就是如何避免线下直接交易。爱彼迎的所有盈利都是从房东与租客交易中抽取的佣金，向租客要收取 6%~12% 的费用，向房东收取 3% 的附加费用。

对此，爱彼迎有一系列激励线上交易的方案。一是素未谋面的交易双方在达成交易前无法获得彼此的联系方式；更重要的是线上交易有保障，只要通过线上交易，房客就需要按照房东的要求垫付押金，爱彼迎会将其冻结等待房东确认房间完好后将押金退回；除此以外无论是房东还是房客，通过线上交易都能够免费获得爱彼迎的 100 万元美金保障，避免财产和人身损失。

为激励房东入驻平台，爱彼迎成立了专业的房屋拍摄项目，为屋主提供免费拍摄服务。到 2012 年，已经有 3 000 余位合同制的专业摄影师受雇于爱彼迎，在六大洲拍摄了超过 13 000 间房屋。只要房主申请，爱彼迎就会派一位摄影师免费拍摄房子的照片并放在网上。同时爱彼迎也会提供室内设计师，指导人们改善空间装修的品质，以增加订房数。在亲赴现场帮助的过程中，爱彼迎也得以从线下接触到典型用户，这为日后产品的发展打下了稳固基础。直到今天，爱彼迎的免费拍照服务也在一直进行，成为一项核心服务，并不断扩大规模。

为解决平台用户的信任问题以扩大网站使用人数，爱彼迎开放了社交网络连接功能，允许用户接入他们的 Facebook 账号。当启用社交网络连接功能后，人们可以看到与房主之间的共同好友是谁，或是哪些人曾经租住了这间房。人们也可以根据屋主的地理位置、性别等参数进行搜索，找出感兴趣的房源。为了保护隐私，这项功能既可以设定为只对所有已登记自己社交网络的用户开放，也可以完全关闭。当这一产品特性上线后，官方很快宣布，爱彼迎上已有 16 516 967 对好友关系，并且持续猛增。

爱彼迎通过核心的身份核实机制，采用双重身份核查系统，如此高要求的认证体制，就是希望能在爱彼迎能够在用户心目当中，建立信任的基石，从而将现实的社区搬到网络上，来构建一个真实的信任网络。它打破了垂直价值链的模式，以轻资产营运，不拥有一间酒店，人人可以在大平台上定制自己新的生活空间；同时，每一个人实际上可以是一个独立的运营平台为大平台提供房源,人人都可以是消费者,人人同时也都可以是房东。

爱彼迎牵手伦敦的劳埃德保险公司引入"房东保障"计划,对房源规定的物件提供高达100万美元的保险,使房东免遭由爱彼迎房客的偷窃或破坏行为造成的任何损失或损害。不仅如此,当房客在入住时因为各种原因导致人身遭受伤害,而向房东提出索赔时,房东保障险也同样会生效。为了保护租客的权益,爱彼迎列出了房东应该满足的义务。例如爱彼迎平台上的房源应满足安全、可用、清洁方面的最低质量标准,且应与房东提供的描述一致等一系列条款。这是在安全上为房东和租客提供的完善的服务,从权益安全上打破平台信任危机。

爱彼迎允许屋主通过移动设备发布信息和上传照片。这些人对客户需求的响应速度是非移动用户的3倍多,这意味着订单的成交率高出8倍。此后在对App的改版中,又陆续加入和优化了其他功能,包括动态图片、地图定位、探索目的地等。

爱彼迎还在大数据的运用上有所突破。它主导制作了一个自动在线旅游指南。由此产生一个"协同过滤"的网络,能查找并匹配许多有地方特色的交通、餐饮、夜生活、旅游景点、购物,甚至独处的佳地。作为一种智能化的制作工具或方法,"协同过滤"能将某一个用户的兴趣、偏好、信息等从不同用户那里和不同数据源自动收集、预测。在此基础上,爱彼迎发布了新的Trips平台,使人们在旅程中的众多需求在一个平台上得到满足。"行程单"是一项将旅行者所需要的全部信息整合在一条时间线上的新功能,包括预订和添加"体验"以及其他活动。经过一段时间后,平台会通过分析用户使用习惯进一步提供基于定位的定制化和关联性的动态推荐。

爱彼迎已经形成了一个颠覆传统商业的终结者模式:"C2C生态圈"。爱彼迎并不拥有任何房间、任何旅行项目,但却创造了一个基于网络连接的超级轻资产"另类旅行业或酒店业"。在爱彼迎的平台上,住宿与出租不是简单的买卖交易,而是创造了一个智能化解决方案。

这种模式消除了经济活动中信息不对称和浪费资源的环节,并以趋于零的交易成本实现共享,最大限度地实现供需平衡,是一种新的共享型经济发展方式。其中最重要的"2"(TO),即连接问题,正是爱彼迎所代表的连接各个环节的智能交互平台。

讨论:

结合案例分析爱彼迎抓住了哪些关键因素进行平台运营模式的完善?其所起的作用是什么?

第 7 章

电子商务项目管理

📖 案例导学

茵曼的扁平式组织结构

茵曼创始人方建华在接受采访时强调:"从商品到运营再到管理,我们茵曼都实行一个扁平化的组织架构。扁平式组织结构,弱化管理层级;利于监管执行进度,发现队员潜力;快速推行体系制度,信息传递损耗少;更利于后备人才梯队的储备建设;精细化运作,利于痛击官僚滋生。"茵曼,广州市汇美服装有限公司旗下棉麻生活品牌,由董事长方建华于 2008 年创立,凭借以"棉麻艺术家"为定位的原创设计享誉互联网,是中国成长较快、较具代表性的网络服饰零售品牌之一。2013 年"双十一",茵曼以 1.2 亿元销售量在女装类目排名第一;2014 年"双十一",包括茵曼在内的汇美集团创下了 1.85 亿元的销售业绩。通常在茵曼,一个决策到实施最短只要十几分钟,比如改一个广告图,十几分钟完成重新修改和上传。有别于传统模式层层审核审批管理流程,茵曼本身是直接从品牌商到消费者的零售品牌,这种商业模式炼造了应对互联网千变万化的能力,也决定了本身的反应行动速度。在以互联网为基础架构的新经济体系中,电子商务活动的组织形态、管理体制都发生了深刻的变化。

📖 内容提要

电子商务项目是指将基于 Internet 的现代电子信息工具运用到商务活动中,在众多限制下开展的有特定商务目标的、相对独立自成一体和有时限的任务。

电子商务项目既有一般项目的本质特点,又有其风险更大、生命周期更短、技术依赖更强等独到之处。如何将一般项目管理知识融入电子商务项目管理领域、确保电子商务项目的成功实施,这给项目管理人员提出了更大挑战。

为此,本章将从电子商务项目策划、电子商务项目管理过程、电子商务项目实施管理、电子商务项目评价这四个方面来探讨电子商务项目管理。

📖 本章重点

• 电子商务项目策划文案;

- 电子商务项目实施计划；
- 电子商务项目管理过程；
- 工作分解结构(WBS)和甘特图；
- 电子商务项目成本管理；
- 电子商务项目质量管理；
- 电子商务项目风险管理；
- 电子商务项目综合评价的一般过程；
- 电子商务网站评价的内容和指标体系。

7.1　电子商务项目策划

电子商务集经济、管理、技术、法律于一体，因此电子商务项目具有高综合性的特点，于是项目策划就显得尤为重要，可以说电子商务项目策划是整个项目管理工作的核心，是决定项目成功的关键因素。

7.1.1　电子商务项目策划的内容

电子商务项目策划就是根据企业对电子商务的具体需求，根据拟实施的电子商务项目的功能要求和目标，进行总体规划与设计，经筛选形成总体规划方案。总体规划方案一方面为可行性研究提供依据，另一方面也是项目后期设计实施的纲领。具体来说，电子商务项目策划包括对电子商务项目的未来进展做合理的预测，确定项目实施的必要性、可行性，确定项目实现的目标及为实现目标所必需完成的各项工作和活动，识别并分析在实现目标的过程中可能遇到的风险和不确定性因素，提出解决问题的手段和措施。这样一来，电子商务项目策划的成功就意味着一个新项目的诞生。

7.1.2　电子商务新项目策划过程

在电子商务项目策划的具体任务中，有的在任何情况下都必须由客户(业主)或承建商来承担，有的在不同的运作模式下将由不同的主体来承担。不过无论由谁承担，其策划过程都大体相同，包括分析需求并提出建议、可行性分析、确认需求、制订并发布需求建议书、构思项目并提出解决方案、评价选择方案、合同签约、项目后评估等多项任务，其流程如下所述。

1) 分析需求并提出建议

分析客户的电子商务需求并提出项目建议通常有两种情况：第一种情况是客户企业内部的管理人员结合本身工作实际，通过研究发现需求，提出建议；第二种情况是客户企业外部机构(如咨询公司)，凭借其专业背景，对电子商务发展的认识比较深，了解的信息比较多，有的还与客户有一定的业务关系，对客户比较了解，因而比较容易发现客户有需求，并帮助客户进行需求分析，提出项目建议。

2) 可行性分析

无论是客户企业内部人员提出的建议，还是企业外部人员或机构提出的建议，企业在做决定之前,一般都会进行可行性分析,初步研究项目的开展是否可行。企业通常会在内部指派专门人员来进行这项研究,或者委托咨询公司进行可行性研究,最终提出一份详细的报告供企业高层讨论决策。

3) 确认需求

确认需求是客户企业内部的决策过程。如果企业高层通过投资方案,就开始准备需求建议书;如果企业高层不同意投资,则项目到此结束;如果企业高层原则上同意本项目,但对可行性方案不满意,则返回有关负责可行性研究的人员,继续研究并修正方案。

4) 制订并发布需求建议书

需求建议书或招标书,是由客户针对要建设的项目而提出的需求文档,其中会定义项目要达到什么目标,解决什么问题,提供什么资源,有什么时间限制,对承建商有什么要求及各类指标的评价标准等内容。需求建议书一般是由客户企业制订发布(当然也可以委托咨询机构帮助)。

然而,并不是所有情况下都有一个正式的需求建议书。例如,有些中小企业没有能力明确电子商务的需求,一般都不发布需求建议书,而直接由承建商在明确需求的情况下提出解决方案。

5) 构思项目并提出解决方案

在客户发布需求建议书后,相关承建商会仔细研究需求建议书,以决定是否投标。如果承建商决定投标,他就要提出相应的解决方案,一般包括商务和技术两大部分。商务部分主要包括承建商的资质、实力、同类项目经验、交付物及报价等内容;技术部分主要包括电子商务系统设计、集成方案,项目实施的任务、进度及人员组织计划、培训及售后服务等内容。每个承建商都会以书面方式把有关信息交给客户。研究并提出解决方案是承建商为争取客户项目合同所必需完成的工作,一般是独立完成的。

6) 评价选择方案

评价选择方案阶段的工作必须由客户企业主持。客户将所有投标人的投标书提交给一个专业评审小组,按照评价标准进行评议,以确定其中的最优方案。如果可以确定一个满足要求的最优方案,客户就会选择相应的投标人为本项目的承建商,与他洽商合同签约事宜。如果所有的投标书都无法满足要求,就要回头重新研究需求建议书,确定哪些要求或条件不合理,以便修正后再次发布。

7) 合同签约

合同签约是客户与承建商双方必须共同参与的工作。通常由主动的一方或有经验的一方先起草一份合同的框架,供双方代表作为讨论的基础。

8) 项目后评估

在项目投入运营后,反馈验证项目投资策划的科学性和准确性,并对尚存的问题提出相应的解决办法。

7.1.3 电子商务优化项目的策划过程

一个新项目的提出,或者说在一个新项目的概念阶段,我们对项目的认识还是比较肤浅的,项目的规划也是比较粗略的,因此有必要进一步完善它。完善的过程,也是一个逐步细化的过程,其实这就是对项目的优化。实际上,对项目的优化应从确认需求后就开始,在这个过程中,对同一个问题,可能有多个方案可供选择,所要做的是选择最优方案。可以用头脑风暴法来集思广益,也可以用名义小组技术或德尔菲技术等来确定最佳方案,当然,也可以用网络计划技术优化项目。问题是,电子商务项目是高综合性的,对项目的优化,到底该从何处着手呢? 这就涉及项目的优化过程。对于这个优化过程,可以概括为"五大模式",所谓五大模式分别是:业务模式、经营模式、技术模式、资本模式和管理模式。

1) 业务模式

如果说电子商务项目是解决"做什么"的问题,其业务模式就是为达成此特定目标而构建"如何做"的框架性体系。从商业买卖角度出发,业务模式由商品选择开始,将信息的发布、商品的呈现、交易的达成、款项的交付、实物的流动或服务的提供等连成一线。从搭建角度讲,业务模式又可包括后台的布置、前台的规划、前后台交流线路设计等。可以说,业务模式勾画出项目策划过程的每一必要环节,明晰项目策划路径。当然,对具体的电子商务项目而言,所需环节都是不同的。例如,建造一个全新的 B2C 企业就需要考虑从商品选择到交易达成的全过程,而一个电子政务项目则只需最优化策划各部门的应用路径。

2) 经营模式

经营模式与业务模式是密切相连的。如果说业务模式注重对整体环节的设计和具体路径的选择的话,那么经营模式则主要考虑如何展开行动,实现业务模式各环节设想,促进预期目标达成的问题。这不仅包括选择各环节协作者、协作方式、分成方法,还包括非业务模式环节的市场开拓、广告宣传等事宜。可以说,经营模式将业务模式的框架饱满、灵活化了。

3) 技术模式

技术模式是电子商务项目策划过程中实现业务模式和经营模式的技术支撑系统,主要维护体系正常运行及意外发生时负责保护与恢复硬件、软件及相关人员配备。硬件系统包括通信、计算机及其他有专项功能的设备、仪器,如路由器、服务器、个人 PC、扫描机、刷卡机等。软件系统主要涵盖系统软件和应用软件。

虽然技术模式是基于项目策划的业务模式构建而成的,但在应用过程中尤其要注意几项问题。其一,对每一模块需运用的方法和工具要提出多样化选择方案,通过综合评价,采用最适宜的系统。这样,在能够保证工具的先进性、系统的操作性,使前、中、后期的投入量尽可能达到均衡,在解决不必要支出的同时,防止后期隐患。其二,要从全局出发,考虑各子模块及各阶段的兼容性,保证系统的较全面结合。最后,还应注意对前期设备和数据的整合运用,提高系统的有效性。

4) 资本模式

资本模式囊括了从资本进入(选择类型、计划筹措)、运作(内部运作与外部运作)到退出(主动退出、被动退出)的整个过程。要策划一个电子商务新项目或在原有基础上建设一个大的电子商务项目,对资本模式的规划必不可少。同样,在资本模式设计过程中要权衡各方因素,选择最优提案。资本获取有多种方式,它可以是自有资金、天使基金、风险资金、银行贷款、招商入股或股票发行、售卖债券等。一般对于新项目而言,以前三者为主要形式,招商入股和银行贷款也常常使用,但有一定风险。而对于大的增进型项目,股票发行、售卖债券或进行企业股份制改造则较为常见。作为项目负责人,不仅要考虑项目建设阶段的资金筹集及投放环节,还要为后期资金运作和退出做好一定规划。

5)管理模式

一般意义上讲,项目管理自始至终都伴随着项目。这里的管理模式指组织上提供的为保证项目正常运行和发生意外时能保护与恢复项目的法律、标准、规章、制度、机构、人员和信息系统等,它能对系统的运行起到跟踪监测、反馈控制、预测和决策的作用。

上述五大模式按照流程或关联度可有不同划分。从分析步骤讲,项目策划应首先探讨业务模式,研究项目各环节的逻辑框架,形成项目策划的大体思路。接下来进入技术模式分析阶段,按照业务模式模型,细化相应的技术路线和工具。工作完成后,移交下一阶段的经营模式策划,即在业务模式和技术模式的支持下,具体分析经营路径和方法,做出较全面的计划。管理模式策划主要负责安排相应工作,制订详尽的任务书,预备实施事宜。资金模式作为最后一个环节,要全局考虑各项需求,筹划资金引入和运作方式。

7.1.4 电子商务项目策划文案

电子商务项目策划的成果包含多种类型的报告或文档,这些文档的内容有不同的,也有相似或相近的。

1)电子商务项目概述

简要说明项目的要点,让读者了解整个项目的大体情况,包括以下内容。
①项目名称。
②项目背景(需求和迫切性)。
③项目的目标。
④项目的内容(包括实现的主要功能和采用的相应技术)。
⑤项目的投资规模、建设周期。
⑥项目的收益。

2)电子商务项目需求分析

根据需求调研得到的结果,从行业、企业、市场、竞争等方面详细分析电子商务能为企业解决哪些问题,带来哪些商业机会,说明企业开展电子商务的必要性。

(1)企业业务分析

从企业自身角度分析电子商务的需求情况。

①企业简介。简要介绍企业的概况,包括企业名称、主要业务、所属行业、行业的概况、特点及发展趋势、企业拥有的资源和优势、商务模式、业务流程等情况。

②存在的问题。目前存在哪些问题,可从工作效率、信息传递速度、客户服务等方面考虑。

③企业的电子商务需求。说明电子商务能否解决存在的问题、产生新的商机,以及企业自身有哪些电子商务需求。

（2）市场分析

从企业目标客户角度分析电子商务的需求情况。

①企业的目标市场。说明企业目标市场的范围。

②目标市场的特点。分析企业目标客户的特点，如个人客户的上网情况，企业客户的信息化情况。

③目标市场的电子商务需求。说明目标市场有哪些电子商务需求，电子商务是否更能满足目标客户要求、稳固现有客户群，是否能发掘新的目标客户群，潜力有多大。

（3）竞争对手分析

列出主要的竞争对手，分析其电子商务开展情况及效果，说明竞争对手可供借鉴的内容，以及本企业的竞争优势。

3）电子商务项目可行性分析

从技术、经济和业务等方面分析项目实施的可行性。

（1）技术可行性

根据当前技术发展状况，结合项目特点，从技术角度分析可行性。

（2）经济可行性

定性或定量分析项目带来的经济价值。

（3）业务实施可行性

说明项目实施对企业商务活动、目标客户及合作伙伴会产生哪些影响，分析这些影响是否成为项目实施的障碍。

4）电子商务项目总体规划

①项目目标定位。说明电子商务项目的业务领域和服务对象，以及项目建设所要达到的目的，明确项目不同阶段要达到的目标。

②项目商务规划。包括商务模式、主要业务流程及营利方式。其中主要业务流程可以流程图的方式表示电子商务下的核心业务流程，并加以文字说明。

③项目技术规划。

a.系统体系结构。说明电子商务系统的基本组成、逻辑层次结构及相互关系。

b.技术路线选择。比较目前主流的技术路线并根据项目特点加以选择。

④网站域名规划。

⑤安全保障。

a.安全环境。内部网络安全环境和外部安全环境。

b.安全体系。计算机系统安全、网络系统安全、应用安全措施。

c.安全策略。

d.交易安全。

5）系统集成方案

（1）系统平台选择

①平台结构。

②软件及中间件，包括应用服务器、数据库系统、中间件产品、应用开发工具等。

③硬件,包括主机、网络设备及其他外围设备。

(2)应用集成方案

有网站形象设计和系统功能设计,其中网站的形象是指站点展现在用户面前的风格,包括站点的标志、色彩、字体、版面等方面的内容,系统功能设计以图形方式表示系统的功能结构,并用文字说明各模块所要实现的功能。

6)电子商务项目实施方案

①项目实施的主要任务。可从业务流程改造、域名注册、合作伙伴选择、系统平台建设、应用系统开发、系统测试与验收等方面考虑。

②系统实施进度计划。

③系统实施过程分阶段目标。

④项目实施人员组织。确定项目实施各项任务的执行部门或单位及其职责划分。

7)电子商务项目运营管理计划

①电子商务系统管理计划。系统运营过程中的软、硬件及网络系统的管理、维护工作。

②电子商务组织管理计划。保证系统正常运行的组织结构、岗位职责等。

③电子商务安全管理计划。确保系统安全运行的管理措施。

④网站推广计划。

8)项目预算

总体预算及明细列表,可从如下方面考虑。

(1)基本建设投资

①房屋和设施。

②数据通信设备。

③环境保护设备。

④安全与保密设备。

⑤操作系统和应用软件。

⑥数据库管理软件。

(2)其他一次性开支

①研究费用。

②数据资源规划与数据库、数据仓库设计。

③应用软件开发及转换。

④技术管理。

⑤培训、差旅费。

⑥安装、调试、测试。

(3)经常性支出

①设备的租金和维护。

②软件的租金和维护。

③数据通信费用。

④人员工资。

⑤房屋、空间的使用开支。

⑥公用设施。

⑦保密安全。

⑧其他。

9)电子商务项目评估

从技术、经营、管理、市场等方面评估系统实施可能面临的风险,以及可以获得的收益,并对面临的风险提出改进的策略。

10)其他说明

①法律方面的问题。

②使用方面的问题。

③其他。

7.2　电子商务项目管理过程

电子商务项目是一种信息技术应用型项目,它既有一般项目的一次性、目标的独特性、资源的约束性、不确定性等本质特点,又有其风险更大、生命周期更短、技术依赖更强等独特之处。如何将一般项目管理知识融入电子商务项目管理领域,确保电子商务项目的成功实施,这给项目管理人员提出了更大的挑战。

7.2.1　电子商务项目管理特点

电子商务项目管理既有一般项目管理的普遍特征,又有其特殊之处。和传统项目相比,电子商务项目管理主要有如下的特点。

1)电子商务项目管理更具有灵活性和动态性

传统项目的范围较狭窄,项目目标在项目开始就设定好,较为明确和固定,而电子商务项目的范围会随着竞争对手的业务开展情况有扩宽的趋势,目标可能会随着新科技而更新变动。传统项目的生命周期长,通常大于一年或更长,而电子商务项目由于市场机会的短暂性,生命周期短,可能不到一年。所以对电子商务项目的管理就要求更具有灵活性和适应变化的能力。

2)电子商务项目管理对人员的要求更高

在传统的项目管理中,项目管理者主要运用网络图、甘特图和性能评审技术等多种项目管理工具来领导项目的计划、组织、控制工作,主要担负着监管人的角色;在整个电子商务项目的管理中,可能随时会面临着要解决问题,甚至是处理危机,那么项目的领导者除了以上的工作,还要花相当长的时间来解决问题。在传统的项目管理中往往只指定一个经理;在动态的电子商务项目中,可能会指定多个项目经理。传统的项目管理中,团队成员完成的是单独任务并全心为项目工作;电子商务项目中则要求团队更具挑战性,成员要能够划定并更新自己分内的任务,同时,还要通过资源共享来加强与其他工作的关联,这样对于团队协作的要求就更高。

3）电子商务项目管理中对人员技术的要求相对更高

在传统项目管理当中,技术只是传统项目的一部分;而电子商务项目是一种信息技术应用型项目,技术的作用更为广泛和重要。不管是对项目实施人员还是对项目管理人员,电子商务项目对人员的技术要求都相对更高。

4）电子商务项目应更重视风险管理

电子商务项目的动态性和复杂性等都决定了电子商务项目较一般传统项目具有更大的风险。因此,为确保成功,电子商务项目就更应该重视风险管理。

5）电子商务项目更加注重客户的满意度

在传统的项目管理中,判断一个项目是否成功,主要看项目的时间指标、成本指标和质量指标是否满足项目的约束条件。然而,对一个电子商务项目来说,失败除了表现在工期拖延、成本超支、质量不过关之外,主要表现在完成的项目不能使客户满意。因此,电子商务项目管理应更加注重客户满意。

除了以上这些主要的特性之外,电子商务项目管理和传统项目管理还有其他的一些不同特性,总结如表 7.1 所示。

表 7.1　电子商务项目管理和传统项目管理的特性对照表

特性	传统项目管理	电子商务项目管理
目标	狭窄、固定	宽阔、变动
范围	范围狭窄	范围较宽,且有扩展趋势
工作人员	需要全职工具	基本上为兼职,从其他岗位抽出人员
关键路径	基于最长路径	基于最大风险的任务路径
技术	支持的角色	主要的角色
需求	稳定	动态的
初始项目周期	一年或更长	短于一年
工作类型	基于一次	持续性,基于发展
项目终点	达到里程碑即告结束	达到里程碑只代表指向新工作
与其他工作的关联	有限	通过资源共享而深化
任务结构	连续任务居多	并行任务居多
部门的态度	支持	可能受敌视

7.2.2　电子商务项目管理过程

电子商务项目是一类特殊的项目,电子商务项目管理也是一类特殊的项目管理。电子商务项目管理与现代项目管理之间存在着一定的共性,它也有着一般项目管理的生命周期,包括电子商务项目的概念阶段、规划阶段、实施阶段和收尾阶段。电子商务项目管理从这四个阶段入手,就形成了四个过程。当然,具体地说,每个生命周期阶段又包括启动、计划、实施、控制和收尾五个过程组。

1) 电子商务项目概念阶段

电子商务项目概念阶段的主要工作是选择并定义电子商务项目,提出并论证电子商务项目的可行性。这个阶段的工作内容主要包括电子商务需求的收集、电子商务项目策划、电子商务项目范围和目标的界定、可行性研究、风险评估、初步成本估算及商务计划书的编写等工作。

其中,在对电子商务项目进行可行性分析的时候,主要从经济、技术、社会环境等方面进行分析。

2) 电子商务项目规划阶段

电子商务项目建议书获得批准后,就进入电子商务项目的规划阶段。电子商务项目规划阶段是对项目的实施进行总体策划设计,主要任务是对项目工作和资源进行详尽的计划和配置,包括确定项目组成员、选择技术路线、对项目进行工作分解、对项目的成本进行更为准确的估算、对风险进行评估、制订项目实施计划等。

当然,其他电子商务项目规划阶段的工作还有很多,如项目进行工作分解、项目的成本估算、风险的评估等。

3) 电子商务项目实施阶段

电子商务项目的各项实施计划经过论证获得批准后,即可进入实施阶段,电子商务项目的实施即是进行电子商务系统的开发或电子商务服务的提供。电子商务项目实施阶段的主要工作内容包括系统开发、系统试运行和测试及系统交付和切换等。

(1) 系统开发

电子商务系统的开发主要是根据系统设计,完成系统应用软件的编码和调试,进行电子商务系统和原有信息资源的集成,以及软、硬件的集成。具体的工作内容包括程序的编写和调试,计算机及网络设备的购置、安装和调试,网络环境的搭建,硬件系统和软件系统的集成,相关人员的培训等。

电子商务系统包括一系列的电子商务标准和协议及信息系统两部分。在开发电子商务系统时,既要重视信息系统的建设,又要重视电子商务标准和协议的制定。

(2) 系统试运行和测试

系统试运行是将开发的电子商务系统投入运行,并用模拟的数据流来检测系统的各模块的运行状况。在系统试运行的过程中,需对系统运行的各项状态指标进行测试。系统测试的目的是努力找出软件、系统中的错误,并最终纠正错误,测试阶段发现的错误越多,后期的纠错和维护工作就越少。系统测试的内容主要包括接口与路径测试、功能测试、健壮性测试、性能测试、用户界面测试、安全测试、压力测试、可靠性测试、安装与反安装测试等。对测试中发现的问题,应予以分析并加以修正。测试完成后,还需要编写系统测试报告,并予以备案。

(3) 系统交付和切换

系统开发完成并通过试运行和测试等阶段后,需交付项目成果。如果最终的项目成果为电子商务系统,则还需进行新旧系统的切换。系统切换有三种方法:直接切换法、并行切换法和试点过渡法。

4）电子商务项目收尾阶段

电子商务项目的收尾阶段的主要工作就是对项目进行财务清算、文档总结、评估验收、移交项目成果和对该电子商务项目进行经验总结和后评价。这个阶段的工作内容和一般项目管理大致相同。

7.2.3 电子商务项目实施计划

项目计划制订是收集其他分计划编制过程的结果，并将它们整合成为项目计划书的活动；项目计划书是经批准的正式文件，用于指导项目的实施，促进项目干系人之间的沟通，并为项目的进度测评和控制等提供一个基准线。由于电子商务项目具有较大的不确定性，电子商务项目计划和一般工程项目计划相比，应该具有更大的灵活性和动态性，并能随着环境和项目本身的变更进行适当的动态调整。一份合理的项目计划既能指导项目的实施，又能对项目的实施过程起到监督和评估作用。

1）项目计划的内容

对大多数的项目计划来说，存在一定的一般性。一个项目计划必须包括项目的整体介绍、项目的组织描述、项目所需的管理程序和技术程序，以及所需完成的任务、时间进度和预算等。

（1）项目整体介绍

项目整体介绍或概述至少要包括以下一些内容：

①项目名称：每个项目都需要一个专用的项目名称。专用名称可以区分不同的项目，避免与相关项目混淆。

②项目及项目所需满足需求的简单描述：该描述要明确表述项目的目标和组织项目的原因，并给出一个大致的时间和成本预算。

③发起人的名称：任何一个项目都需要有相应的发起人。要在介绍中给出其姓名、头衔和联系方式等。

④项目经理和主要项目组成员的姓名：项目经理应该始终是项目信息的联络人。项目组主要成员主要根据项目的大小和性质来确定。

⑤项目可交付成果：这一部分用来简要列举和表述作为项目产出的产品。软件包、硬件设备、技术报告、培训材料都可作为可交付成果。

⑥重要资料清单：许多项目都有一个前期形成的过程。将一些与项目有关的文件和会议等列在这里有利于项目各干系人了解项目的历史。这一部分要把项目和其他几个方面所做的计划都列举出来。

⑦合适的话，列举有关定义和缩写词的说明。许多项目，特别是 IT 项目，会涉及一些专门行业或技术专用的术语。把定义和缩写词列出有利于理解。

（2）项目的组织描述

对项目组织情况的描述应该包括以下一些内容：

①组织结构图：除了项目发起人公司和客户方公司的组织结构图外，还应包括一个项目的组织结构图，以说明项目的权利、义务和沟通的关系。

②项目责任:项目计划的这一部分应该说明项目的主要职能和任务并明确各自都由哪些具体的人负责。责任任务书就是一种用来说明这些信息的常用工具。

③其他与组织或过程相关的信息:根据项目的性质,有时候还需要在这里记录项目之后的一些主要过程信息。

(3)项目所需的管理程序和技术程序

项目计划中用来描述项目的管理和方法的部分,主要包括以下内容:

①管理目标:如何理解上级管理层对项目的想法?项目都有哪些要优先考虑的因素?都有哪些假设条件和限制条件?搞清楚这些是很重要的。

②项目控制:这部分主要描述如何对项目运行进行监控,并处理变更。

③风险管理:这部分用来简要地讲述如何进行风险的识别、管理和控制。如果项目需要,就应该参考该计划进行描述。

④项目人员:该部分描述项目所需人员的数量和类型等信息。如果项目需要,就应该参考该人员分配计划进行描述。

⑤技术过程:这一部分用来叙述项目可能用到的一些具体方法及信息的归档方法。

(4)项目所需完成的任务

整体项目计划中用来描述项目任务的那部分应当参考范围管理计划的内容,并概括叙述以下内容:

①主要工作包:一般都要通过运用 WBS 将项目工作分解成一些工作包,并且还要制订一个工作说明来描述工作的细节内容。这部分应简要总结项目的主要工作包并参考范围管理计划的适当内容。

②主要可交付成果:这部分要把项目产出的主要产品列举出来,同样,还要说明对每一个可交付成果的质量要求。

③与工作有关的其他信息:这一部分要重点突出项目要做工作的一些重要信息。

(5)项目进度信息

项目进度信息部分应包括以下几个内容:

①进度概要:能够在一页纸上浏览整个项目进度安排,这样肯定会有帮助。根据项目大小和复杂程度的不同,进度概要可能只列出一些关键的可交付成果和计划完成日期。

②进度细要:这一部分用来详细描述项目进度计划。这里应该提及进度管理计划并讨论项目活动的相互依赖关系,这些关系对项目进度影响很大。

③与进度有关的其他信息:在做项目进度计划时会有一些假设文件,这部分要记录一些主要假设并重点说明一些与项目进度有关的其他信息。

(6)项目预算部分

整体项目的预算部分应该包含以下内容:

①预算概要:预算概要要对整个项目有一个整体的估算,还可以包括按特定的预算种类给出每个月或每年的预算估算。

②预算细要:这部分需要总结成本管理计划的有关内容,给出较为详细的预算资料。

③与预算有关的其他信息:这部分内容记录并强调与项目资金有关的其他一些信息。

表 7.2 是一个软件项目管理计划的简要例子。

表 7.2 软件项目管理计划示例

项目管理计划部分				
	介绍	项目组织	管理过程	技术过程	工作包、进度和预算
各部分内容	·项目概述 ·项目可交付成果 ·项目管理计划的制订过程 ·参考资源 ·有关定义和缩写说明	·过程模型 ·组织结构 ·组织界限和界面 ·项目责任	·管理目标和优选级 ·假设条件 ·依赖关系和约束条件 ·风险管理 ·监督与控制机制 ·人员计划	·方法、工具和技巧 ·软件文件 ·项目各项辅助职能	·工作包依赖关系 ·资源要求 ·预算与资源分配及进度计划

项目管理的最终目的就是要使项目满足或超过项目干系人的需求和期望,因此,在项目计划中纳入项目干系人分析是非常重要的。项目干系人要记录重要的干系人的名字、公司,他们各自在项目中的角色、每个干系人的实际情况、他们各自项目利益的大小,以及各自对项目的影响程度、管理这些项目干系人的有关建议等。由于项目干系人分析经常会有一些比较敏感的信息,这最好不要作为项目整体计划的一部分,因为每个项目干系人都会看到整体计划。

2) 项目计划过程

一般项目计划知识框架可以用图 7.1 表示。

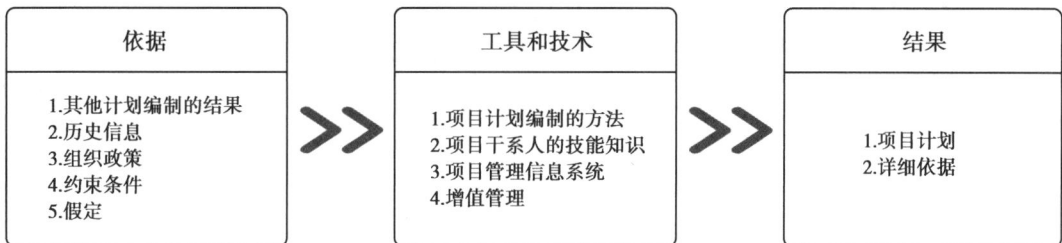

依据	工具和技术	结果
1.其他计划编制的结果 2.历史信息 3.组织政策 4.约束条件 5.假定	1.项目计划编制的方法 2.项目干系人的技能知识 3.项目管理信息系统 4.增值管理	1.项目计划 2.详细依据

图 7.1 项目计划知识框架

其中,项目计划是一份经过批准的正式文件,用来管理项目执行。应该明确区分项目计划和项目绩效测量基准计划。项目计划是一个文件或文件集,随着有关项目信息的获得而不断变化。项目绩效测量基准计划通常仅间歇地改变,并且一般只是对已批准的工作范围变更或可交付成果变更做出响应时才改变。

3) 项目计划的实施

项目计划的实施是指管理和执行项目计划中所规定的工作,项目计划实施的结果便是项目最终成果的产出和变更申请。其中变更申请是指随着项目工作的进行,时常会提出变更申请(如扩大或缩小合同的范围,变更项目成本[预算]或进度估算[日期等])。

项目整体管理将项目计划和项目计划的实施视为相互渗透、不可分割的活动。项目计划的主要职能就是要用来指导项目实施工作,一个好的项目计划应当有助于生产出好的产品和项目成果。在项目实施过程中,必须持续监控相对于项目基准计划的绩效,以便将实际绩效和项目计划进行对照,并以此为基础采取相应的纠正措施。项目实施管理的知识框架可以用图 7.2 表示。

依据	工具和技术	结果
1.项目计划 2.详细依据 3.组织的政策 4.预防措施 5.纠正措施	1.一般管理技术 2.产品所需的技能和知识 3.工作授权体系 4.绩效检查例会 5.项目管理信息系统 6.组织程序	1.工作结果 2.变更申请

图 7.2　项目实施管理的知识框架

7.3　电子商务项目实施管理

电子商务项目计划制订后,接下来所要做的就是按照计划的要求对电子商务项目实施管理了,电子商务项目实施管理涉及项目管理的方方面面,作为管理者,尤其要综合考虑多方面的情况,做出合理的安排。

7.3.1　电子商务项目范围管理

正如美国凯勒管理研究生院的项目经理威廉·V.黎巴所言,缺少正确的项目定义和范围核实是导致项目失败的主要因素。项目范围管理是确保项目包括成功完成项目所需的全部工作,但又只包括成功完成项目所必需的工作的各个过程,项目范围管理的目的是确定与控制哪些工作应该包含在项目范围之内、哪些不应该包含在项目范围之内。

1) 项目范围

项目范围,是指为提供具有规定特征与功能的产品、服务或成果而需要完成的工作。项目范围是否完成是以项目管理计划、项目范围说明书、相应的工作分解结构,以及工作分解结构词汇表作为衡量标准的。

2) 项目范围管理

项目范围管理是指对项目范围的定义与控制过程。这个过程用于确保项目组和项目干系人对作为项目结果的项目产品及生产这些产品所用到的过程有一个共同的理解。项目范围管理由五个过程组成,分别是启动、范围计划编制、范围定义、范围核实和范围变更控制。

（1）启动

启动是指组织正式开始一个项目或继续到项目的下一个阶段。启动过程的一个重要结果就是项目章程。项目章程用来正式承认项目的存在并对项目提供一个概览。

（2）范围计划编制

范围计划编制是指进一步形成各种文档,为将来项目决策提供基础,这些文档中包括用以衡量一个项目或项目阶段是否已经顺利完成的标准等。作为项目过程的输出,项目组要制订一个范围说明书和范围管理计划。

（3）范围定义

范围定义是指将项目主要的可交付成果细分成较小的、更易管理的组分。范围定义过程输出就是项目工作分解结构（WBS）。

（4）范围核实

范围核实是指对项目范围的正式认定。项目主要干系人，如项目客户和项目发起人等要在这个过程中正式接受项目可交付成果的定义。

（5）范围变更控制

范围变更控制是指对有关项目范围的变更实施控制。主要的过程输出是范围变更、纠正行动和教训总结。

3）工作分解结构（WBS）

前已述及，WBS 范围定义过程的输出，而且 WBS 也是一种重要的分析方法。

可以来看看 WBS。工作分解结构是一种以结果为导向的分析方法，用于分析项目所涉工作，所有这些工作构成了项目的整个范围。这是项目管理的一个非常基础的文件，因为它是计划和管理项目的进度、成本和变更的基础。项目管理专家认为，没有包含在 WBS 里的工作是不应该做的。

WBS 常常表示为一个任务导向的活动家族图。通常是围绕项目产品或项目阶段展开的。它有点像组织结构图，人们可以通过它看到整个项目图景及每一个主要的组成部分。图 7.3 是一个企业内部网项目的 WBS。注意：这里的产品内容成了该 WBS 设计的结构基础。在这个例子中，WBS 有一项是进行网络站点的设计，还有企业内部网的主页、市场部的网页及销售部的网页等。

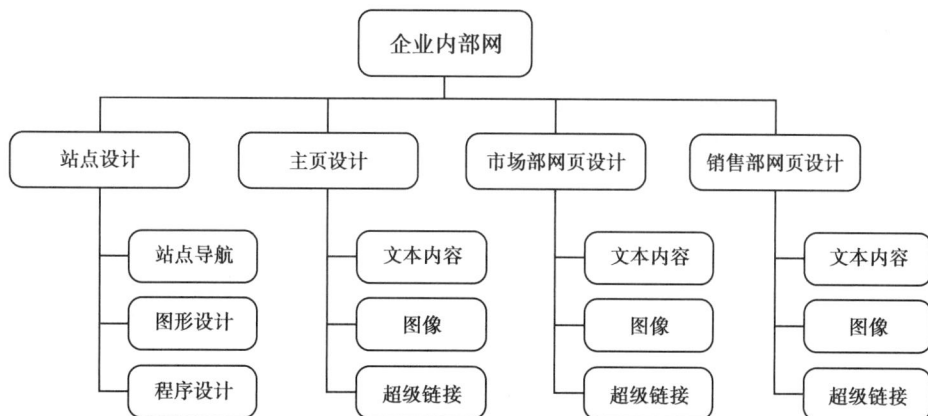

图 7.3　按产品进行组织的企业内部网项目的 WBS 示例

相反，同样一个企业内部网项目的 WBS 还可以按项目阶段来设计，如图 7.4 所示。注意，这里的概念、站点设计、站点开发、投入使用、维护等成为 WBS 设计的结构基础。

同样，还是这个 WBS，在图 7.5 中给出了表格的形式，其中各项内容都没有改变，但序号及任务项的缩进表示了该 WBS 的结构。这种表格形式运用很广泛，在合同中就经常用到。

图 7.5 显示了用 Microsoft Project 生成的以项目阶段为导向的企业内部网项目的 WBS，其中标有同样的序号。从这个图上还可以看出，WBS 是项目进度计划的基础。注意，WBS 处于该图的左边，生成的甘特图在图的右边。

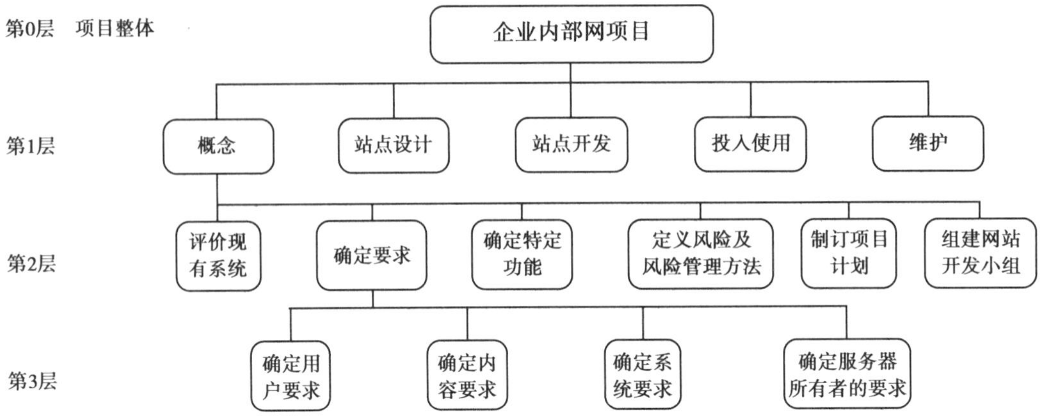

第0层　项目整体

图 7.4　围绕项目阶段设计的企业内部网项目的 WBS

1.0 概念

　　1.1 评价现有系统

　　1.2 确定要求

　　　　1.2.1 确定用户要求

　　　　1.2.2 确定内容要求

　　　　1.2.3 确定系统要求

　　　　1.2.4 确定服务所有人要求

　　1.3 确定特定功能确定需求

　　1.4 定义风险和风险管理办法

　　1.5 制订项目计划

　　1.6 组建网站开发小组

2.0 站点设计

3.0 站点开发

4.0 投入使用

5.0 维护

图 7.5　用表格形式表示的企业内部网的 WBS

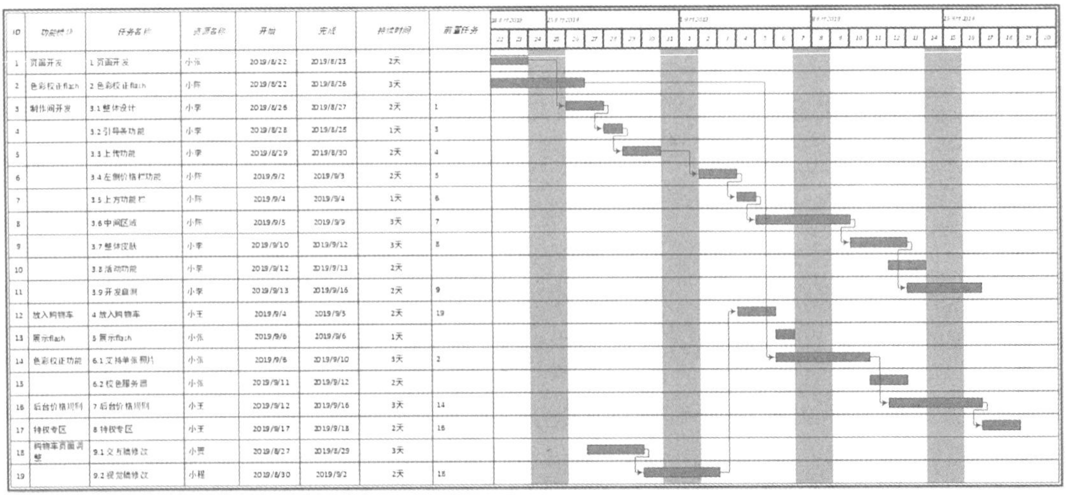

图 7.6　用 Microsoft Project 生成的企业内部网项目的 WBS 和甘特图

图 7.4—图 7.6 中的分解结构都在以层级形式表述有关内容。WBS 的最顶层即第 0 层，代表整个项目。紧接着一个层面是第 1 层，用以表示主要的项目产品或主要的项目阶段。第 2 层则包含了第 1 层所含的主要子项。

在 WBS 的最低层指的就是工作包。工作包就是指处于工作分解结构最低层的可交付成果或产品。总的规则是，WBS 中的每一个工作包都意味着大约 80 小时的工作任务。还可以从责任块与工作汇报的角度来看工作包的概念。如果某个项目要求的时间相对比较短，并要求每周有一个进度报告，那么一个工作包可能代表 40 小时的工作任务。另外，如果某个项目时间很长，并要求每季度有一个进度报告，那么一个工作包就可能意味着一百多个小时的工作任务了。

7.3.2　电子商务项目进度管理

1) 电子商务项目进度管理的概念

电子商务项目进度管理又叫电子商务项目时间管理，是为确保电子商务项目按时完成所进行的各项过程。这些过程包括采用科学的方法对电子商务项目范围所包括的活动及其之间的相互关系进行分析，对各项活动所需的时间进行估算，并在项目总时间期限内进行合理的安排，控制各个活动的开始时间和结束时间。一个电子商务项目的时间和资源是有限的，良好的时间管理可以在满足项目时间要求的情况下，使资源配置和成本达到最佳状态。

2) 电子商务项目进度管理涉及的主要过程

一个完整的电子商务项目进度管理涉及以下主要过程：

(1) 活动定义

活动定义即确定为产生项目各种可交付成果而必须进行的具体的计划活动。一项项目活动即一部分工作，一般在 WBS 里面可以找到，它有一个预期的历时、成本和资源要求。

(2) 活动排序

活动排序是通过分析各项活动之间的逻辑关系，以科学地确定各项活动的开始和结束的先后顺序。

(3) 活动资源估算

活动资源估算即是估算完成各计划活动需要哪些资源及每种资源的数量等，电子商务项目所需的资源包括人力、资金、时间及相关的软、硬件设施等。

(4) 制订进度计划

通过分析活动顺序、活动资源估算和资源要求及项目制约因素等，以制订项目进度计划。

(5) 进度计划变更控制

控制项目进度表变更。

以上过程彼此相互影响，也与外界的过程交互影响。在实际的执行过程中，每一过程由专人或数人或一组人加以完成。在项目各阶段，每个过程通常至少出现一次。通过执行电子商务项目管理进度计划的这些过程，使用一些基本的项目管理工具和技术，如甘特图、网络图和关键路径分析等，可以改善项目时间管理。

3）制订进度计划的工具——甘特图

目前制订项目进度计划的工具较多，较常见的有甘特图、PERT 分析和关键路径分析等。甘特图是显示项目信息最常用的工具。

甘特图也称条形图或棒图，是对简单项目进行计划与排序的一种常用工具。解决负荷和排序问题时较为直观。

甘特图是一种最原始的表示工作进度的方法，它可以清楚、明确地表示项目各项工作的开始时间、先后顺序、持续时间、结束时间、总工期等情况，一目了然，因此，在项目管理中被广泛采用。传统的甘特图的主要缺点是不能反映工作之间的相互限制关系，如果一项工作被延误，将不能反映出其他一些工作受到什么影响。如今，大多数人们使用项目管理软件来创建更复杂的甘特图，因而也可以很容易地改进甘特图、更新信息。

如图 7.7 显示的是一个软件投放市场项目的较复杂的甘特图，甘特图中的活动应该与工作分解结构中的活动一致。以此图为例，来讲解甘特图中的相关概念及其在甘特图中的表示方法。

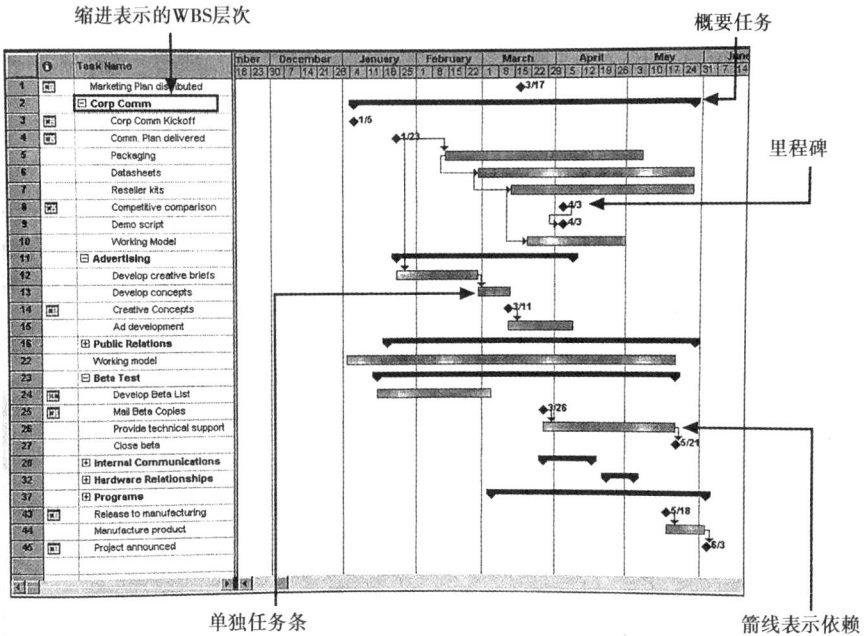

图 7.7　软件投放市场项目甘特图示例

（1）里程碑

黑钻石状的符号代表里程碑，它是具有零历时的重要事件。

（2）总括任务

用在开始与末端具有箭头的粗黑横道儿表示。在大多数的项目管理软件中，用任务和子任务表示 WBS 中的活动。

（3）任务历时

用浅灰色的水平横道表示。例如，任务间的关系—用连接这些符号的箭线表示。甘特图通常不能反映依赖关系，这也是甘特图最大的缺陷。但是，如果在 Microsoft Project 中建立了依赖关系,这些依赖关系会自动显示在甘特图上。

在使用甘特图时应注意以下几点:

①将任务以概要形式列出,并为任务加上编号(和 WBS 统一)。

②安排活动顺序,要注意紧前紧后工作的排序,对于可以同步进行的工作,若安排同步进行,就可以缩短整个项目的工期;例如,xx 和 yy 就可以同步进行,不然工期无法保证。

③绘制甘特图时,任务中的缩写词要注意统一,一般甘特图上方数字表示时间,左侧是各项工作的名称,右侧棒线的长度表示工作持续时间。

7.3.3　电子商务项目成本管理

1) 项目成本

项目成本是指在项目实施的每一个过程中所花的费用。项目成本主要包括有形成本和无形成本,有形成本是能够以货币衡量的成本,如项目建设所花费的固定资本和资金;无形成本很难用货币来衡量,如项目开发时的思考时间等。

就一个具体的电子商务项目来说,其成本主要来源于以下几个方面:

(1)人力资源成本

与项目人员相关的成本开销,包括项目成员工薪和红利、外包合同人员和临时雇员薪金、加班工资等。

(2)资产类成本

资产类成本,指产生或形成项目交付物所用到的有形资产,包括计算机硬件、软件、外部设备、网络设施、电信设备、安装工具等。

(3)管理费用

用于项目环境维护,确保项目完工所支出的成本,包括办公室供应、房屋(租金,设备)、支持服务等。

(4)项目特别费用

在项目实施及完工过程中的成本支出,包括差旅费、餐费、会议费、印刷及复印等费用。

2) 项目成本管理

项目成本管理是指在满足项目质量和进度要求的前提下,对项目实施过程中所花费的成本,通过计划、估算、预算和控制等活动实现项目成本目标,并尽可能降低项目成本费用的一种科学的管理活动。项目成本管理过程主要包括以下内容:

(1)资源计划

包括决定为实施项目活动需要使用什么资源(人员、设备和物资),以及每种资源的用量和投入的时间,资源计划的其主要输出是资源需求清单。

(2)成本估算

包括估计完成项目所需资源成本的近似值,成本估算过程的主要输出是成本估算、辅助的细节和成本管理计划。

(3)成本预算

是指将整体成本估算配置到各项项目活动,以建立一个衡量绩效的基准计划,成本预算的主要输出是成本基准计划。

（4）成本控制

包括控制项目成本估算的变化，成本控制过程的主要输出是修正的成本估算、更新预算、纠正行动、完工估算和取得的教训。

7.3.4　电子商务项目质量管理

项目质量管理是项目管理九大知识领域中的重要内容，必须把质量看得与项目范围、时间和成本同等重要。项目质量通常体现在两个方面：一是项目可交付成果的质量；二是项目工作的质量。项目可交付成果的质量指的是可交付成果的使用价值及其属性；项目工作的质量是项目可交付成果质量的保证，它反映了与可交付成果质量直接相关的工作对可交付成果质量的保证程度。项目质量管理的主要目的是确保项目最终能够产出可交付成果，并且产出的可交付成果的各种属性及项目实施过程满足预先设定的要求，满足或超越干系人的需求和期望。

电子商务项目风险大、动态性强、技术革新较快，其质量管理尤为重要。除了要求实施过程的各项指标满足项目干系人的期望外，最终的可交付成果还要求功能上满足客户需求、代码要规范、运行效率要高、安全性要强等。

1）质量管理的发展及一些著名的质量管理专家

从近代质量管理的发展历史来看，大体经历了质量检验管理、统计质量控制和全面质量管理三个阶段，在全面质量管理方面做出贡献的专家学者有 W.爱德华·戴明、约瑟夫·M.朱兰、菲利浦·B.克劳斯比、石川馨等。其中，戴明提出了著名的"戴明环"，朱兰开发了"朱兰三部曲"，克劳斯比开发了提高质量的 14 步骤，石川馨提出了质量圈的概念，并首先应用了鱼翅图。

2）ISO 9000 质量管理体系

ISO 9000 族标准是国际标准化组织（ISO）在 1994 年提出的概念，是指由 ISO/TC176（国际标准化委员会质量管理和质量保证技术委员会）制订的所有国际标准，称为 ISO9000 族标准。该族标准可帮助组织实施并有效运行质量管理体系，是质量管理体系通用的要求或指南。

2000 年 12 月 15 日，2000 版的 ISO 9000 族标准正式发布实施，2000 版 ISO 9000 族国际标准的核心标准共有四个：

①ISO 9000:2000 质量管理体系——基础和术语。

②ISO 9001:2000 质量管理体系——要求。

③ISO 9004:2000 质量管理体系——业绩改进指南。

④ISO 19011:2000 质量和环境管理体系审核指南。

我国也于 1992 年采用了 ISO 国际标准，并发布了 GB/T 19000 系列标准，用于指导我国的质量体系认证工作。根据 ISO 9000:2000 系列标准，于 2000 年 12 月 28 日发布了 GB/T 19000—2000《质量管理体系—基础和术语》、GB/T 19001—2000《质量管理体系—要求》、GB/T 19004—2000《质量管理体系—业绩改进指南》。这一系列标准将是我国在今后一段

时间内指导组织建立质量管理体系、进行质量体系认证的主要依据。

3)电子商务项目质量管理过程

项目的质量管理是一个系统的过程,主要依赖于质量计划、质量控制、质量保证及质量改进所形成的质量保证系统来实现。项目质量管理包括三个主要过程:

(1)质量计划编制

主要是确认与项目有关的质量标准,并决定如何去实现它们。对于一个电子商务项目,质量标准可能包括确定系统必需的功能结构,允许系统的升级、可移植,计划一个合理的响应时间,以及确定系统达到的安全等级等。

(2)质量保证

质量保证是开展规划确定的系统的质量活动,确保项目实施满足要求所需的所有过程。质量保证过程不仅要对项目最终的可交付成果的质量负责,而且要对整个项目过程承担质量责任。

(3)质量控制

质量控制包括监控特定的项目可交付成果,并确保它们遵循了质量计划编制中确认的相关质量标准,并识别提高整体质量的途径。

这三个过程彼此之间及与其他知识领域的过程之间存在相互的影响。根据项目需要,每一过程都包含了一个或多个个人或团体的共同努力。在每个项目阶段中,每一过程一般至少涉及一次。而且在实践中,这三个过程可能会交叉重叠,互相影响。

7.3.5 电子商务项目风险管理

项目风险是指由于项目所处的环境和条件本身的不确定性和项目业主/客户/项目组织或项目其他相关利益主体主观上不能准确预见或控制的影响因素,使项目的最终结果与项目相关利益主体的期望产生背离,并存在给当事者带来损失的可能性。

风险管理是对潜在的意外损失进行识别、评估、预防和控制的过程。它对项目的选择、项目范围的确定、项目进度计划的制订和项目成本的估算等都有积极的影响。项目风险管理已经成为总体项目管理的重要组成部分,它促使项目管理团队着眼于不确定性的未来,制订出合适的行动计划,以防范和避免任何有可能给项目带来不利影响的潜在因素。对于电子商务这类技术发展和更新速度快、安全因素多、不确定性大、环境复杂的项目,风险管理的重要性显得尤为突出。

项目风险管理主要包括风险管理计划编制、风险识别、风险识别、风险评估、风险应对计划编制和风险监控等几个过程。

(1)风险管理计划编制

决定如何采取和计划一个项目的风险管理活动。

(2)风险识别

确定何种风险可能影响项目,并将这些风险的特性整理成文档。

(3)风险评估

对项目中可能发生的各种风险进行估计和度量,估算风险发生的概率和损失的大小等。

（4）风险应对计划编制

开发制订一些程序和技术手段,用来提高实现项目目标的机会并减少对实现项目目标的威胁。

（5）风险监控

对项目风险进行监督,制订合理的风险应对措施,对风险进行控制,以使其对项目影响在允许范围之内。

项目风险管理的这些过程之间相互作用,同时也与其他知识领域中的各种过程相互作用。在每一个项目中,每个过程一般至少会出现一次。我们在讲解的时候是作为彼此独立、相互间有明确界面的组成部分分别介绍的,但在实践中,它们往往会交叉重叠,互相影响。

7.3.6　电子商务项目人力资源管理

正如美国现代管理之父彼得·德鲁克所言,"企业或事业的唯一真正资源是人。管理就是充分开发人力资源以做好工作"。人力资源已经成为一个企业的核心竞争力,决定了一个企业或项目的成败。在电子商务这类以智力型和创造性的劳动为主的项目中,人力资源的作用更为重要。如何有效地管理好人力资源也成为项目经理们所面临的最艰巨的挑战。

人力资源管理发展于传统的人事管理,但它与传统的人事管理有着本质的区别。项目人力资源管理是指项目组织对该项目的人力资源所进行的科学的计划、适当的培训、合理的配置、准确的评估和有效的激励等方面的一系列管理工作。项目人力资源管理的目的在于充分发挥项目组织各方面的主观能动性,以实现既定的项目目标和提高项目效益。

项目人力资源管理包括项目组织规划、项目人员的获得与配备、项目组织成员的开发与项目团队的建设等内容。具体内容如图7.8所示。

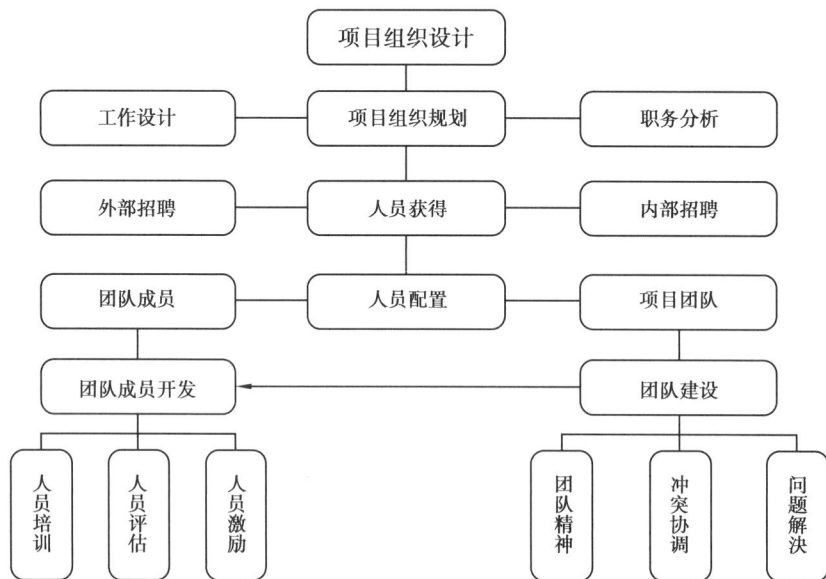

图7.8　项目人力资源管理内容图

（1）项目组织规划

项目人力资源管理的首要任务是项目组织的规划。项目组织规划是项目整体人力资源的计划和安排,是按照项目目标通过分析预测项目所需的人力资源在时间、数量和质量上的要求。项目组织规划的内容主要包括:项目组织设计、项目组织职务与岗位分析和项目组织工作的设计。

(2)项目人员的获得与配备

项目人力资源管理的第二项任务是项目人员的获得与配备。项目组织通过招聘或其他方式获得项目所需人力资源,并根据所获人力资源的技能、素质、经验、知识等进行工作安排和配备,从而构建成一个项目组织或团队。

(3)项目组织成员的开发

项目人力资源管理的另一项重要任务是项目组织成员的开发。项目组织成员的开发包括:项目人员的培训、项目人员的绩效考评,项目人员的激励与项目人员创造性和积极性的发挥等。这一工作的目的是使项目人员的能力得到充分开发和发挥。

(4)项目团队建设

项目团队建设贯穿于整个项目全过程中,它需要针对具体的项目、具体的项目团队、具体的团队成员去开展实际有效的管理工作。项目团队建设主要包括:项目团队精神文明建设、团队效率提高、团队工作纠纷、冲突的处理和解决,以及项目团队沟通和协调等。

项目人力资源管理不同于项目的其他职能管理,它具有以下特点:

①项目人力资源管理强调团队建设。在项目的实施中,项目的所有工作都是以团队的方式完成的,因此,建设一个团结、积极向上的项目团队是项目人力资源管理的首要任务。

②项目人力资源管理强调高效快捷。项目团队是一种临时性的组织,在项目人力资源管理中十分强调管理的高效和快捷。除了一些大型和时间较长的项目,一般项目团队的存续时间相对于运营组织而言是很短的,所以必须在项目团队建设和人员开发方面采取高效、快捷的方式与方法,否则很难充分发挥项目人力资源管理的作用。

7.3.7 电子商务项目采购管理

日益全球化的经济为企业利用外部资源提供了便利。利用外部资源可以取得他人的技术,减少资金的投入,克服进入他国市场的障碍,利用他人的地理优势,降低投资风险;利用他人满足客户的急迫要求,保证稳定的原料来源,提高项目成果交付能力等。要做到以上各点,项目管理人员必须提高项目采购和合同管理能力。

项目的采购管理指的是在整个项目过程中有关项目组织从外部寻求和采购各种项目所需资源的管理过程,包括对于项目获得各种商品物料资源和各种劳务的管理。

1)电子商务项目采购管理的特点

①该类项目的技术内容和要求多变,难以准确定义。

②该类项目受用户的业务目标的变化、组织策略变化和最终用户习惯的影响很大。

③在整个项目生命周期内会受到飞速发展的新技术的影响。

④项目周期一般比较短,但缺陷责任期或保修期可能较长。

⑤该类项目几乎做不到没有任何缺陷,其评估只能在用户的使用过程中进行。

2)采购管理工作过程

各种类型的项目采购,如工程采购、货物采购、咨询服务项目采购、IT 项目采购都有其共

性。在美国项目管理协会 PMI 的项目管理知识体系 PMBOK2004 版中,项目采购管理的主要过程包括:

①采购规划:确定采购何物、及何时、如何采购。

②发包规划:记录产品、服务或成果要求,并确定潜在卖方。

③询价:根据情况获取信息、报价、投标书、报盘或建议书。

④选择卖方:评定报价,选择潜在的卖方,并与卖方洽谈书面合同。

⑤合同管理:管理合同及买卖双方之间的关系,审查并记录卖方当前的绩效或截至目前的绩效,管理与合同相关的变更,以确定所需要的纠正措施,并在适当时管理与项目外部买方的合同关系。

⑥合同收尾:完成并结算合同,包括解决任何未解决的问题,并就与项目或项目阶段相关的每项合同进行收尾工作。项目采购管理过程如图 7.9 所示。

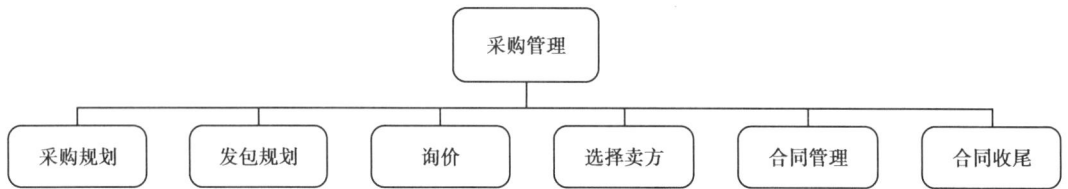

图 7.9　项目采购管理过程

上述过程彼此相互渗透、相互作用。

7.3.8　电子商务项目沟通与冲突管理

正如英特尔公司的前任 CEO 安迪·格鲁夫所言,"领导公司成功的方法是沟通、沟通、再沟通"。沟通可谓无处不在、无处不需,沟通的好坏已经成为决定组织运行效率乃至企业成败的关键因素。

1)项目沟通管理

(1)项目沟通管理的概念

项目沟通管理是指为实现项目目标,对项目实施过程中的各种形式、各种内容的沟通行为进行管理的过程,从而保证项目的有关信息能及时并适当地创建、收集、发送、处理、存储和交流。良好的项目沟通是进行项目活动的一个基础,是项目成功的根本和关键,只有做好项目的沟通管理,才能保证项目其他几个方面的管理得以顺利实施。一个完整的沟通管理系统包括沟通计划编制、信息分发、绩效报告和管理收尾等阶段。

(2)影响项目有效沟通的因素

在实际的项目沟通管理中,很多项目经理知道沟通的重要性,也知道怎么去沟通,但就是效果不明显,有时还甚至引出许多问题。沟通不难,但做到有效沟通不简单,以下列举了一些影响项目沟通有效性的因素。

①有效的沟通是建立在信任基础之上的。

②沟通必须是平等的。

③沟通之前必须有一个预定的目标。

④必须注意沟通技巧。

沟通技巧包括多方面,如语言的表达方式、沟通时机和场景的选择、肢体语言的选择、聆听的艺术等。

作为一名管理者,还应该主动听取意见,善于聆听,只有善于听取信息才能成为有洞察力的领导者。领导者不仅要倾听,还要听懂员工的意思。在听对方讲话时要专心致志,不要心不在焉;其次,不要心存成见,也不要打断对方讲话、急于做出评价,或者表现出不耐烦,这样会使对方不愿把沟通进行下去;最后,要善解人意,体味对方的情感变化和言外之意,做到心领神会。

2) 冲突

前已述及,沟通很重要,事实上,管理者 70% 的时间都用在沟通上,管理过程中,70% 的问题也是源自缺少沟通或沟通不当。有时候,缺少沟通或沟通不当会引发冲突,这就涉及电子商务项目管理的冲突管理问题,那么,该如何看待冲突呢?

多数人认为冲突是一件坏事,应尽量避免。然而,在项目工作中冲突是必然存在的,有各种不同意见是正常的,甚至有时冲突对项目团队的建设是有益的。项目工作中的冲突解决也是项目团队学习的好机会,它是项目团队建设工作中的一部分。因此,项目团队必须对冲突有十分清醒的认识。

(1)冲突的原因

在项目工作过程中的冲突可能来源于各种各样的原因和情况。它涉及项目团队成员、项目经理及项目业主/客户。项目工作中的几种主要冲突来源包括:工作内容方面的冲突、资源分配方面的冲突、进度计划方面的冲突、预算或成本方面的冲突、项目组织方面的冲突、个体差异造成的冲突。

(2)冲突的处理

项目团队中的冲突不能完全靠项目经理来处理和解决,团队成员间的冲突应该由相关项目团队成员来处理和解决。处理冲突的主要方法有五种:一是回避或撤退,回避或撤退的方法使那些卷入冲突的成员撤出以避免发生冲突升级而形成对抗;二是竞争或逼迫,竞争或逼迫的方法是一种单赢的冲突解决方法,这种方法认为在冲突中获胜是解决冲突的最好办法,人们甚至会使用各种手段来处理冲突;三是调停或消除,这一方法是尽力在冲突双方中找出一致的方面,忽视差异的方面,从而消除冲突,这种方法只能缓和冲突但不能彻底解决冲突;四是妥协与合作,这种方法要求冲突的团队成员寻求一个调和折中的解决方案,使每个成员得到某种程度的满意,从而消除冲突和共同合作;五是正视冲突和解决问题,这要求团队成员直接正视问题,努力寻求一种双赢的结局,要求以积极的态度对待冲突并就冲突广泛交换意见,尽力找出最好和最全面的冲突解决方案。

除了上述方法以外,项目团队解决冲突的方法还有很多,每种方法都有适合的环境与条件,所以并没有客观评价上述方法好坏的标准,项目团队解决冲突的最佳方法要视冲突双方的个性、冲突的原因、冲突的性质等各种因素而定。但是,有一条是肯定的,项目团队冲突的解决是项目团队建设的一项重要的内容。

7.4 电子商务项目评价

电子商务项目实施总体情况如何,是否实现了项目预期的目标,项目或规划是否合理有效,其产生的经济效益和社会效益如何,这些都涉及电子商务项目评价的问题。事实上,电子商务项目评价有着非常重要的作用,电子商务项目评价首先是一个向实践学习的过程。它是在项目投资完成以后,通过对项目目的、执行过程、效益、作用所进行的全面系统的分析,总结正反两方面的经验教训,使项目的决策者、管理者和建设者学习更加科学合理的方法和策略,提高决策、管理和建设水平。同时,它还是增强投资活动工作者的责任心的重要手段。另外,它还能提供投资决策服务,而且具有重要的监督功能,它与项目的前期评估、实施监督结合在一起,构成了对投资活动的监督机制。

7.4.1 电子商务项目的实施评价

对电子商务项目的实施评价也是一个系统工程,因此有必要对其进行综合评价。

1)项目综合评价的一般程序

(1)确定电子商务项目的评价目标

应对项目总目标及分目标给予明确定义,并明确目标之间的主次和隶属关系。

(2)建立综合评价指标体系

指标在某种程度上体现了项目的目标,同时也是项目目标衡量测定的尺度。

(3)对指标进行标准化处理

包括两项内容:一是将指标标准化;二是将指标定义数量化。

(4)确定指标权重

由于各指标对目标的相对重要程度不同,或者说各指标对目标的贡献不同,因此,对不同指标应赋予不同的权值。

(5)构造综合评价模型

综合评价结果不是各指标值的简单加总,需要根据一定的数学方法进行处理,其数学方法称为评价模型。

(6)综合评价结果

根据综合评价模型计算出评价结果。

在这六步中,综合评价指标体系的建立显得尤为重要。

2)电子商务项目评价的内容

(1)电子商务项目实施过程评价

项目的过程评价应对照立项评估或可行性研究报告时所预计的情况和实际执行的过程进行比较和分析。找出差别,分析原因。过程评价一般要分析以下几个方面:

①项目的立项、准备和评估。

②项目的内容和建设规模。

③工程进度和实施情况。

④配套设施和服务条件。

⑤受益者范围及其反映。

⑥项目的管理和机制。

⑦财务执行情况。

（2）技术评价

技术评价是以投资项目中所采用的技术措施为评价对象。评价的目的是考虑技术措施能否实现系统的整体功能及实现的程度。评价的内容包括软件和硬件系统的先进性、可行性、可靠性、成功率、标准化等。

（3）经济效益评价

经济效益评价是指项目竣工后对项目投资经济效果的再评价，它是项目评价的重要组成部分。项目经济效益评价包括财务评价和经济评价（国民经济评价），其评价的原理和主要内容与项目前期评估一样，只是评价的目的和数据取值不同，它是对已发生的财务现金流量和经济流量采用实际值，并按统计学的原理加以处理。

（4）项目社会效益评价

项目社会效益评价是指就项目给经济、环境和社会造成的影响进行评价。

具体有以下几个方面：

①经济影响评价。主要分析评价项目对所在地区、对电子商务行业和国家所产生的经济方面的影响。经济效益评价要注意和项目效益后评价中的经济分析区别开来，避免重复。评价的内容主要包括分配、就业、国内资源成本（或换汇成本）、技术进步等。由于经济影响评价的部分因素一般只能定性分析，所以可以把这部分内容并入社会影响评价的范畴。

②环境影响评价。项目的环境影响评价一般包括项目的污染控制、自然资源利用和保护、区域生态平衡和环境管理等。项目的环境影响评价可对照项目前期评估时批准的"环境影响评价"，重新审定项目环境影响的实际效果，审核项目环境的管理决策、规范、参数的可靠性和实际效果。

③社会影响评价。项目的社会影响评价是对项目在社会的经济、发展方面的有形和无形的效益和结果的一种分析，重点评价项目对所在地区和社区的影响。影响一般包括贫困、平等、参与、妇女和持续性等内容。

对于电子商务这类高风险的项目，重点是评价项目可持续性问题。项目的可持续性是指在项目的建设资金投入完成之后，项目的既定目标是否还能继续，项目是否还可以继续发展下去，接受投资的项目业主是否愿意并可能依靠自己的力量继续去实现既定目标，项目是否具有可重复性，即是否可在未来以同样的方式建设同类的项目。

7.4.2　电子商务网站的评价

对电子商务项目的实施评价，其实就是对电子商务项目的一个总体评价，在评价过程中，必然涉及对电子商务网站的评价，有理由认为，电子商务网站就是电子商务项目实施的一个重要结果。当然，对电子商务网站的评价就显得尤为重要了。

1) 电子商务网站评价的含义

电子商务网站评价是指根据一定的评价方法和评价内容与指标对电子商务网站运行状况和工作质量进行评估。

2) 电子商务网站评价的作用

可以从多个方面来探讨其作用,对被评价的电子商务网站来说,可以扩大知名度,了解行业竞争状况,吸引新用户,增加保持力和忠诚度,促使网站更加重视客户的满意度。

电子商务网站评价的社会需求促使一种新的电子商务模式的产生:比较电子商务。评比网站作为比较电子商务的主要组织形式,是电子商务网站与消费者之间联系的通道,帮助消费者选择合适的网站。另外,评比网站还能监督促进电子商务网站的经营逐渐趋于规范和完善,它关于网站的评价及其评价指标对网站经营管理者具有指导意义。另外,对于顾客来说,电子商务网站评价能够在一定程度上解决商务网站和顾客之间的信息不对称问题。顾客可以根据中立的网站评价结果,获得可靠的各个商务网站的评价信息,从而降低信息搜寻成本,并且有助于更方便、更迅速地选择合适的网站进行商务活动或获得最好的服务。

3) 电子商务网站评价的方法

网站评价方法可以分为三类:

①基于软件测量的统计方法,包括网站跟踪统计、软件实时测量和网络计量学方法。

②基于用户行为的数据挖掘方法,包括服务器日志文件数据挖掘和商业价值驱动型评价方法。

③基于指标体系的综合评价方法,包括系统综合评价、信息构建方法、网站服务质量(e-Service Quality)评价和消费者行为评价四种方法。

当然,对于电子商务网站的评价,众多专家学者还提出了其他方法,如调查问卷、专家评议法、网上调查法等,但都应是在系统综合评价中收集数据的方法,不应作为独立的评价方法。

4) 电子商务网站评价的内容和指标体系

上述对网站的评价诸多方法,都涉及网站的指标体系的划分问题,简言之,对网站的评价就是运用什么方法从哪些方面来评价。对于商业性网站,可以从以下六个方面进行评价。

①界面指标。包括整体视觉效果、美工设计、页面布局、网站结构与分类深度、使用的方便性等。

②资讯指标。包括提供信息的数量、质量及种类、信息更新频率、个性化信息服务等。

③技术指标。包括站点速度、系统稳定性与安全性、链接的有效性等。

④客户服务指标。包括物品配送的收费和配送方式的选择性、送货准时性、顾客支持的水平和质量、个性化定制能力、网站与用户的交互性、个人隐私保护等。

⑤信用指标。诚信是商品交易的基础,调查结果表明:用户经历过"已订了货付了款后而未收到商品"的情形占 15.58%。因此,信用也是重要的考虑因素!此指标的评价可以选取每 1 000 笔交易中因为商家的信用问题而导致的纠纷件数。

⑥经营业绩指标。包括网站流量(点击率)、交易额、成本利润率甚至股票价格等。

本章小结

电子商务项目是指将基于 Internet 的现代电子信息工具运用到商务活动中,在众多限制下开展的有特定商务目标的、相对独立自成一体和有时限的任务。

电子商务项目是一类特殊的项目,电子商务项目管理也是一类特殊的项目管理。电子商务项目管理与现代项目管理之间存在着一定的共性,它也有着一般项目管理的生命周期,包括电子商务项目的概念阶段、规划阶段、实施阶段和收尾阶段。

电子商务项目策划是整个项目管理工作的核心,是决定项目成功的关键因素,主要在项目的概念和规划阶段进行。电子商务项目策划的成功,就意味着一个新项目的诞生,随后就要制订项目计划,电子商务项目的各项实施计划经过论证获得批准后,即可进入实施阶段。电子商务项目实施阶段包括电子商务项目范围管理、电子商务项目进度管理、电子商务项目成本管理、电子商务项目质量管理、电子商务项目风险管理、电子商务项目人力资源管理、电子商务项目采购管理、电子商务项目沟通与冲突管理八个方面。电子商务项目实施总体情况如何,是否实现了项目预期的目标,这就涉及收尾阶段对电子商务项目的评价。

问题讨论

1.可从哪些方面来撰写电子商务项目策划文案?
2.电子商务项目管理包括哪几个生命周期阶段?
3.简述电子商务项目计划的内容。
4.电子商务项目实施管理包括哪几个方面?
5.试简述电子商务项目进度管理的主要过程和电子商务项目成本管理过程。
6.简述电子商务网站评价的内容和指标体系。

课后案例

Project 在项目管理中的应用

随着计算机技术的迅速发展和普及,项目管理软件成为重要的项目管理工具,它不仅能够通过现代化手段管理项目,而且能够实现项目信息的集成和共享,并进行准确分析和预测,有助于更好地规避项目风险、提高项目管理的工作绩效。其中,Project 2003 就是一个重要的项目管理软件。对于 Project 2003 的使用,可以结合下面有关电子商务项目管理的案例来探讨。

北京某软件公司要为另一公司开发一个物流信息系统,2008 年 7 月双方签订了项目合同。合同名称即为物流信息系统开发,根据合同,结合项目管理的有关知识来看,需明确下列内容。

1.项目目标与特点

为了使项目成员更加明确理解项目目标,项目经理需要首先对项目的总目标做出界定。项目经理从交付物、工期和费用三方面向项目组成员做出详细描述。

①交付物成果:一套物流信息系统,包括硬件网络系统和软件系统。

②工期目标:2008年8月1日开始,最晚于2008年10月15日完成。

③预算目标:20万元。

2.项目基本过程及相关规定

目前,常用的软件开发过程包括三种主要的模型:瀑布模型、迭代模型、螺旋模型。瀑布模型强调开发的阶段性,强调早期计划及需求调查,强调产品测试,但其对于项目风险的控制能力较弱,软件项目常常延期完成或开发费用超出预算,项目开发进度往往会被意外发生的问题所打乱。在早期的软件开发中,瀑布式开发模型应用很普遍。现在,对于需求简单、目标明确的单一部门级应用软件或大型应用软件的部分简单模块,均可采用此种方式。本案例也采用瀑布式开发流程来开发系统。公司的目标是在开发过程中引入项目管理,来降低瀑布式方法的风险。公司采用的这些基本开发流程包括开发环境准备、业务调研、需求分析、系统设计、系统开发、系统交付。其中,业务调研、需求分析与系统交付三个过程由客户与公司共同完成。项目的里程碑事件为业务调研完工与系统开发完工。

项目实施过程中,公司规定在每天下班前,项目团队所有成员都必须通过项目管理平台向项目经理报告项目进度,每周末团队全体成员会召开一周总结会议,协调项目关系,解决项目所遇到的困难。每个月末项目经理都会和客户沟通,汇报项目进展,并且根据客户提出的新的要求做好变更处理。

3.项目资源与团队构成

项目资源主要包括三类:人、材料、机械。多数项目具备这三种资源,但是软件开发项目具有特殊性,主要使用的资源只有人。在本项目中,人员包括项目经理1名、项目助理2名、业务专家2名、系统分析员2名、软件工程师5名、硬件工程师2名、测试工程师2名。除了人力资源外,项目利用的机械资源还包括计算机10台、网络服务器1台、数据线若干。

在本项目中,项目经理根据项目实际需要,组成了项目团队,并分配了任务,具体如下:

①业务专家:在业务调研阶段负责项目流程的分析与改造,并与客户沟通;在系统交付阶段帮助客户测试使用。

②系统分析员:对业务进行分析,转换成系统需求,并搭设系统框架。软件工程师:根据分析员的指示具体实现软件系统各个功能模块。硬件工程师:根据分析员的指示实现系统的硬件安装与网络连接。测试工程师:在系统交付阶段对软件程序及功能进行测试。

③项目助理:在各阶段辅助其他人员实现各自职能,协调项目进程,及时向项目经理反映项目具体状况与可能存在的问题。

4.项目工作分解结构

项目的工作分解结构(WBS)包含了项目实施过程的全部工作,一个理想的WBS应具备的特点是:

①项目的组成明确、清晰、透明。

②各项目单位与参与者界限分明,可方便地进行二次拆分。

③利于网络计划的建立与分析,利于进度计划控制。

④方便项目协调,利于变更处理。

⑤便于建立完整的项目保障体系。

图 7.10 是该信息系统开发项目的 WBS 图。

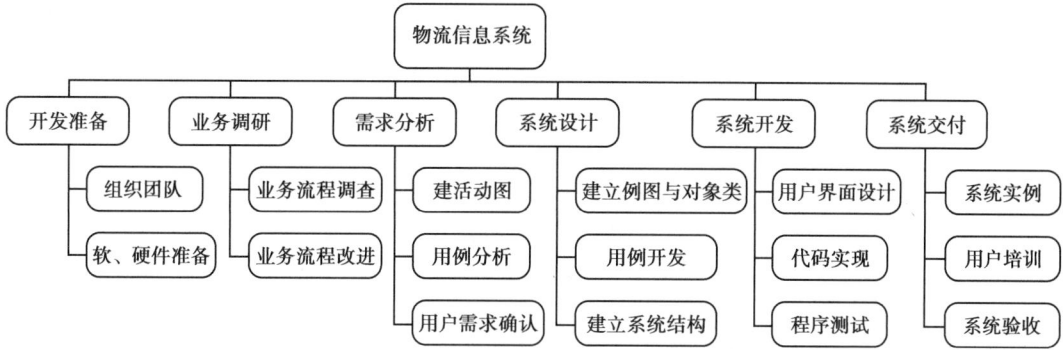

图 7.10　WBS 图

讨论：

请根据以上案例背景说明，结合本章所学有关电子商务项目管理的知识，利用 Project 2019 完成案例中项目计划的制订，同时对项目实施过程进行模拟。

第 8 章

电子商务安全管理

📖 案例导学

陆续通过 ISO/IEC 20000-1:2011、ISO/IEC 27018、ISO/IEC 27001 等系列标准认证后,腾讯企业邮箱、企业微信成为国内首个完成信息安全标准认证"大满贯"的企业产品,并借此建立了公有云个人隐私保护的行业新高度。为保护用户数据安全,腾讯企业邮箱、企业微信携手腾讯安全管理部,已经建立了符合于网络安全法、国家信息安全标准的信息安全体系。电子商务安全管理为企业的发展保驾护航。

📖 内容提要

随着信息技术的进步,电子商务作为一种新的商业运作模式得到了发展,在互联网上开展电子商务的一个首要问题是解决商务过程各环节的安全性和可靠性。任何电子商务系统必须提供高度的安全性、可靠性和可用性,才能赢得客户和商家的认同。

电子商务安全是指通过制订安全策略,并在安全策略的指导下构建一个完整的综合保障体系,来规避信息传输风险、信用风险、管理风险和法律风险,以保证网上交易的顺利进行。

📖 本章重点

- 信息安全管理 PDCA 模型;
- 信息安全管理体系;
- 信息安全标准;
- 电子商务信用管理;
- 电子商务风险评估。

8.1 信息安全管理原理

信息安全是一个系统的概念,安全问题不仅是技术问题,更重要的还在于管理。信息安全管理需要对信息系统的各个环节进行统一的综合考虑、规划和构架,并要时时兼顾组织内外不断发生的变化。

8.1.1 信息安全管理的重要性

信息安全是指信息系统的系统资源与信息资源不受自然和人为有害因素的威胁和危害,防止窃取、篡改和非法操作。信息安全问题是国家信息化建设的关键问题,对信息安全问题的重视和解决程度,将直接制约信息化进程和发展。

信息安全"三分靠技术,七分靠管理",目前组织普遍采用现代通信、计算机、网络技术来构建组织的信息系统,大多数组织的最高管理层对信息资产所面临的威胁的严重性认识不足,缺乏明确的信息安全方针、完整的信息安全管理制度,相应的管理措施不到位,这些都是造成信息安全事件的重要原因。组织应该用合适的管理和规程来支持信息安全,在要求规范和设计阶段把信息安全控制结合进去,把信息安全控制做得更加有效。

随着互联网的快速发展和普及,它所面临的各种安全问题成了人们关注的热点。信息安全已成为关系到国家、企业安全的重大问题。一方面,通过计算机安全模块所构筑的信息安全屏障逐渐增多;另一方面,计算机犯罪越来越猖獗,计算机犯罪所使用的技术手段也越来越高明。国际上,有关非法侵入计算机网络的事件层出不穷,给各国的政治经济秩序造成极大损失。

信息安全主要是为了实现以下目标:对信息的来源进行判断,保证信息的真实性,对伪造来源的信息予以鉴别;保证机密信息不被窃听,即便被窃听也不能了解信息的真正含义;保证数据的完整性,防止数据被非法用户篡改;保证合法用户对信息和资源的使用不会被不正当地拒绝;建立有效的责任机制,防止用户抵赖其行为;对信息的传播及内容具有控制能力;对出现的网络安全问题提供调查的依据和手段。

信息安全管理还包括对用户的安全教育,建立相应的安全管理机构,不断完善和加强管理功能,实施安全管理,加强信息安全的立法和执法力度等。其目的是利用各种措施来支持安全策略和安全机制的实施及完善,进行与安全有关的信息报告及相关事件的记录,以便审计追踪和依法处理。保障信息安全必须制订相应的安全策略,并在安全策略的指导下构建一个完整的综合保障体系,来规避信息传输风险、信用风险、管理风险和法律风险。

8.1.2 信息安全管理的 PDCA 模型

PDCA 循环是休哈特在 19 世纪 30 年代的构想,随后被戴明引用宣传,并获得普及,所以它也被称为"休哈特环"或"戴明环"。最初,此概念的提出是为了持续提高产品质量,随着全面质量管理理念的深入,该循环在质量管理领域得到广泛使用,取得良好效果。PDCA 是由英文 Plan、Do、Check 和 Action 的第一个字母构成的。PDCA 循环将一个过程抽象为计划、实施、检查、行动四个阶段,每个阶段都有阶段性的任务和目标,四个阶段为一个循环,通过

这样一个持续的循环,使过程的目标业绩持续改进。PDCA 具体代表的含义如下:

P(Plan)——计划,确定方针和目标,确定活动计划。

D(Do)——实施,实现计划中的内容。

C(Check)——检查,总结执行计划的结果,注意效果,找出问题。

A(Action)——行动,对总结检查的结果进行处理,成功的经验加以肯定并适当推广、标准化,失败的教训加以总结,以免重现,未解决的问题放到下一个 PDCA 循环。信息安全管理可以看作动态的对信息安全风险的管理,实现对信息和信息系统的风险进行有效管理和控制。既然信息安全是一个管理过程,则对 PDCA 模型有适用性,结合信息安全管理相关标准 BS7799(ISO 27001),信息安全管理过程就是 Plan-Do-Check-Action(计划—实施与部署—监控与评估—维护和改进)的循环过程。信息安全体系(ISMS)的 PDCA 管理模型如图 8.1 所示。

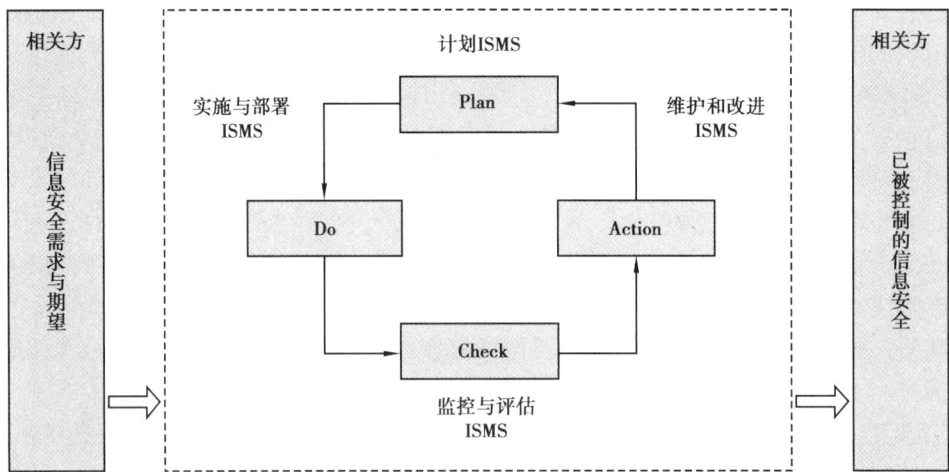

图 8.1　信息安全体系的 PDCA 管理模型

以上四个过程成为一个闭环,通过这个环的不断运转,使信息安全管理体系得到持续改进,使信息安全绩效螺旋上升。

PDCA 在信息安全管理体系中的具体内容如下所述:

(1)计划阶段

建立信息安全管理体系环境和风险评估。要启动 PDCA 循环,必须有"启动器",提供必需的资源,选择风险管理方法,确定评审方法、文件化实践。计划阶段就是为了确保正确建立信息安全管理体系的范围和详略程度,识别并评估所有的信息安全风险,为这些风险制订适当的处理策划。

(2)实施与部署阶段

实施并运行信息安全管理体系。PDCA 循环中这个阶段的任务是以适当的优先权进行管理运作,执行所选择的控制。对于那些被评估认为是可接受的风险,不需要采取进一步的措施;对于不可接受的风险,需要实施所选择的控制,这应该与策划活动中准备的风险处理策划同步进行。策划的成功实施需要有一个有效的管理系统,其中要规定所选择方法、分配职责和职责分离,并且要依据规定的方式方法监控这些活动。在不可接受的风险被降低或转移之后,还会有一部分剩余风险,应对这部分风险进行控制,确保不期望的影响和破坏被快速识别并得到适当管理。本阶段还需要分配适当的资源(人员、时间和资金),运行信息安全管理体系及所有的安全控制。

(3)监控与评估阶段

监视并评审信息安全管理体系。监控与评估阶段也称学习阶段,是 PDCA 循环的关键阶段,是信息安全管理体系分析运行效果,寻求改进机会的阶段。如果发现一个控制措施不合理、不充分,就要采取纠正措施,以防止信息系统处于不可接受风险状态,组织应该通过多种方式检查信息安全管理体系是否运行良好,并对其业绩进行监视。

(4)维护和改进阶段

改进信息安全管理体系。经过计划、实施、检查之后,组织在维护改进阶段必须对所策划的方案给予结论,是应该继续执行,还是应该放弃,重新进行新的策划。当然,该循环给管理体系带来明显的业绩提升,组织可以考虑是否将成果扩大到其他的部门或领域,这就开始了新一轮的 PDCA 循环。

8.2　信息安全管理体系

信息安全管理体系是机构高层管理人员用以监控信息安全、减少商业风险和确保安全管理体系持续符合企业、客户及法律要求的手段。

8.2.1　安全管理体系的建立

信息安全管理体系(Information Security Management System,ISMS)是一个系统化、程序化和文件化的管理体系,基于系统、全面、科学的安全风险评估,体现以预防控制为主的思想,强调遵守国家有关信息安全的法律法规及其他合同方要求,强调全过程和动态控制,本着控制费用与风险平衡的原则,合理选择安全控制方式,保护组织所拥有的关键信息资产,使信息风险的发生概率和结果降低到可接受的水平,确保信息的保密性、完整性和可用性,保持组织业务运作的持续性。

加强信息安全除了采取一定的安全技术措施以外,还要有完善的安全策略和良好的内部管理。信息安全管理体系就是组织在整体或特定范围内建立的信息安全方针和目标,以及完成这些目标所用的方法和体系。它是直接管理活动的结果,表示为方针、原则、目标、方法、计划、活动、程序、过程和资源的集合。组织可以参照信息安全管理模型,按照先进的信息安全管理标准建立、组织完整的信息安全管理体系并实施与保持,达到动态、系统、全员参与、制度化、以预防为主的信息安全管理方式,用最低的成本达到可接受的信息安全水平,从根本保证业务的连续性。

基于最新国际标准 ISO/IEC 27001:2013 的信息安全管理体系是目前国际上先进的信息安全解决方案,正在被越来越多的组织所采用。它运用 PDCA 过程方法和 114 项信息安全控制措施来帮助组织解决信息安全问题,实现信息安全目标。如图 9.1 所示,在 Plan 阶段,就需要遵照 BS7799 等相关标准、结合企业信息系统实际情况,建设适合于自身的 ISMS 信息安全管理体系。

ISMS 的构建包含以下主要步骤：

①应用组织的业务性质、组织、方位、资产和技术确定 ISMS 的范畴和安全边界，即确定信息安全管理体系的范围。

②应用组织的业务性质、组织、方位、资产和技术定义信息安全策略、方针和指南。

③确定风险评估的系统化的方法，为信息安全管理体系建立方针和目标以降低风险至可接受的水平。

④确定风险，在信息安全管理体系的范围内，识别资产及其责任人、对这些资产的威胁、可能被威胁利用的脆弱性。

⑤评价风险，评估由安全故障带来的业务损害，估计风险的等级。

⑥识别和评价处理风险的可选措施，应用合适的控制措施，有目的地接受风险、避免风险、转移相关业务风险到其他方面。

⑦选择控制目标和措施处理风险，根据风险评估和风险处理过程的结果调整。

⑧准备一份适用性声明。

⑨实施和运营初步的 ISMS 体系。

⑩对 ISMS 运营的过程和效果进行监控。

⑪在运营中对 ISMS 不断进行优化。

8.2.2 安全管理体系的运行

1) 信息安全管理体系的试运行

信息安全管理体系运行的初期即试运行期，在此期间，运行的目的是要在实践中检验体系的充分性、适用性和有效性。在体系试运行期，通过实施 ISMS 手册、程序和各种作业指导性文件等一系列体系文件，实现体系各项功能，及时发现体系本身存在的问题，找出问题的根源，采取纠正措施，并按照更改控制程序要求对体系予以更改，以达到进一步完善信息安全管理体系的目的。

在 ISMS 实施的过程中，重点注意以下问题：领导带头支持宣传贯彻执行 ISMS 的有关规章制度，明确各级员工信息安全职责；有针对性地宣传贯彻 ISMS 文件；完善信息反馈与信息安全协调机制；加强对 ISMS 运行信息的管理。

2) 保持信息安全管理体系的持续有效

信息安全管理体系通过试运行，体系的充分性和适用性得到保证，下一步进入正式运行阶段，保持信息安全体系的持续有效。组织可以通过定期审核来检验体系的有效性，并对发现的问题采取及时纠正，并检验纠正后的实施结果，信息安全管理体系的运行环境不可能永远保持不变，当组织的信息系统、组织结构等情况发生重大变更时，组织应根据风险评估的结果对体系进行适当的调整。

ISMS 毕竟仅提供一些原则性的建议，如何将这些原则性的建议与各个组织单位自身的实际情况相结合，构架起符合组织自身状况的 ISMS，并使有效运行，才是真正具有挑战性的工作。在建立和运行安全的信息系统时，信息安全技术、信息安全产品是信息安全管理的基础，信息安全管理是信息安全的关键，人员管理是信息安全管理的核心，信息安全策略是进行信息安全管理的指导原则,信息安全管理体系规范建立与有效运行是实现信息安全管理最为有效的手段。

8.2.3 安全管理体系的评审

1)管理评审

管理评审指组织的最高管理者按规定的时间间隔对信息安全管理体系进行评审,以确保体系的持续适宜性、充分性和有效性。

管理评审的总目标是检查信息安全管理体系的有效性,以识别需要的改进和需要采取的行动。在确定目前的安全状态是否令人满意的同时,应注意技术的变化和业务需求的变化及新威胁和脆弱点的发生,以预测信息安全管理体系未来的变化并确保其在未来持续有效。评审应包括评价信息安全管理体系改进的机会和变更的需要,包括安全方针和安全目标。评审的结果应清楚地文件化,保持管理评审的记录。

2)评审的输入与输出

(1)评审输入

管理评审的输入应包括以下方面的信息:

①信息安全管理体系审核和评审的结果。

②相关方的反馈。

③可以用于组织改进其信息安全管理体系绩效和有效性的技术、产品或程序。

④预防和纠正措施的状况。

⑤以前风险评估没有足够强调的脆弱性或威胁。

⑥以往管理评审的跟踪措施。

⑦任何可能影响信息安全管理体系的变更。

⑧改进的建议。

(2)评审输出

管理评审的输出应包括以下方面有关的任何决定和措施:

①对信息安全管理体系有效性的改进。

②修改影响信息安全的程序,必要时,回应内部或外部的可能影响信息。

3)评审信息安全管理体系的措施

①执行监控程序和其他控制措施,以实时探测处理结果中的错误,及时识别失败和成功的安全破坏和事故,能够使管理层确定分派给员工的或通过信息技术实施的安全活动是否达到了预期的目标,确定解决安全破坏的行动是否反映了运营的优先级。

②进行常规的信息安全管理体系有效性的评审,考虑安全评审的结果、事故,以及来自所有利益相关方的建议和反馈。

③评审残余风险和可接受风险的水平,考虑以下方面的变化:组织、技术、业务目标和过程、识别威胁、外部事件。

④在计划的时间段内实施内部信息安全管理体系审核。

⑤经常进行信息安全管理体系管理评审,以保证信息安全管理体系的范围仍然足够。

⑥记录所采取的行动和能够影响信息安全管理体系的有效性或绩效性的事件。

8.2.4　安全管理体系的认证

所谓认证,即由认证机构依据特定的审核准则,按照规定的程序和方法对受审核方实施审核,以确定特定事项的符合性的活动。认证的基础是标准,认证的方法包括对产品的特性的抽样检验和对组织体系的审核与评定,认证的证明方式是认证证书与认证标志。

信息安全管理体系认证是一个组织证明其信息安全水平和能力符合国际标准要求的有效手段,它将帮助组织节约信息安全成本,增强客户、合作伙伴等相关方的信心和信任,提高组织的公众形象和竞争力。

ISO/IEC 27001:2013 是信息安全管理体系认证标准,该标准旨在确保选择充分而合适的安全控制措施,采用过程方法建立、实施、运行、保持和持续改进信息安全管理体系。

针对 ISO/IEC 27001:2013 的受认可的认证,是对组织信息安全管理体系符合 ISO 27001 要求的一种认证。这是一种通过权威的第三方审核之后提供的保证。受认证的组织实施了信息安全管理体系,并且符合 ISO 27001 标准的要求。通过认证的组织,将会被注册登记,并且与认证委员会、DTI 及 ISMS IUG 的国际网络相联系。

ISO 27001:2013 信息安全管理体系,需要企业在安全方针、信息安全组织、人力资源安全、资产管理、访问控制、密码安全、实体和环境安全、操作安全、通信安全、信息系统获得、开发和维护、供应关系、信息安全事件管理、业务连续性管理、符合性等方面达到信息安全管理体系规定的要求标准,保证重要信息资产的保密性、完整性和可用性。

组织在建立并实施 ISMS 之后应该运行一段时间,确保体系功能正常、用户得到有效培训、文件和记录系统运转正确,一旦 ISMS 根据设计规范运转达到了令组织满意的状态,就可以联系一家被认可的认证机构,准备相关资料,提出认证申请。ISO/IEC 27001:2013 认证审核的过程大致分两个阶段,即文件审核阶段和现场审核阶段,当然,有时候为了稳妥,组织可以选择在正式审核之前进行一次预审核。整个审核过程如图 8.2 所示。

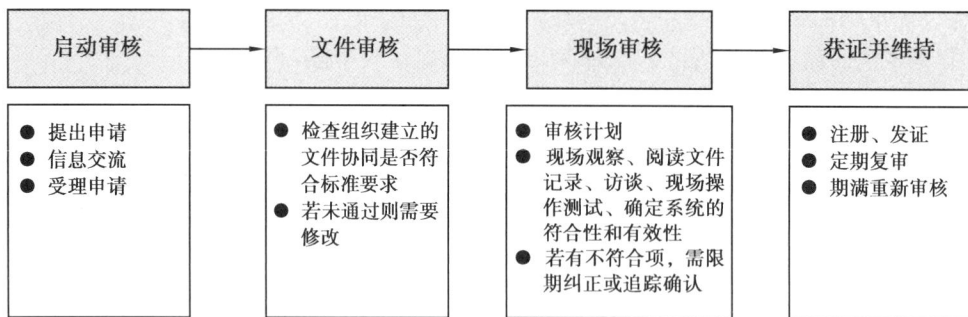

图 8.2　ISO 27001 认证审核过程

8.3　安全标准及法律法规

随着信息安全技术的不断发展,信息安全标准及法律法规也不断得到完善和发展,国际比较著名的有 ISO/IEC 27001、ISO/IEC 15408(CC)、SSE-CMM、ITIL 等。有一些地区还有适合本地区的地方标准,我国也制订了符合本地区的信息安全标准与法律法规。

8.3.1　BS7799

BS7799 是英国标准协会(BSI)针对信息安全管理而制定的一个标准,该标准具有很高的权威性。BS7799 于 1993 年由英国贸易工业部立项,1995 年首次出版 BS 7799-1:1995《信息安全管理实施细则》,它提供了一套综合的、由信息安全最佳惯例组成的实施规则,其目的是作为确定工商业信息系统在大多数情况所需控制范围的参考基准,并且适用于大、中、小组织。1998 年英国公布标准的第二部分 BS7799-2《信息安全管理体系规范》,它规定信息安全管理体系要求与信息安全控制要求,它是一个组织的全面或部分信息安全管理体系评估的基础,它可以作为一个正式认证方案的根据。

BS7799-1 与 BS7799-2 经过修订于 1999 年重新予以发布,1999 版考虑了信息处理技术,尤其是在网络和通信领域应用的近期发展,同时,还非常强调商务涉及的信息安全及信息安全的责任。2000 年 12 月,BS7799-1:1999《信息安全管理实施细则》通过了国际标准化组织 ISO 的认可,正式成为国际标准 ISO/IEC 17799-1:2000《信息安全管理实施细则》。2002 年 9 月 5 日,BS7799-2:2002 草案经过广泛的讨论之后,终于发布成为正式标准,同时,BS7799-2:1999 被废止。BS7799 标准得到了很多国家的认可,是国际上具有代表性的信息安全管理体系标准。

2005 年 6 月,ISO 对 ISO/IEC 17799-1:2000 进行了较大幅度的修订后重新发布,即 ISO/IEC 17799:2005。ISO/IEC 17799 从 2007 年 4 月正式更名为 ISO/IEC 27002,更名后的标准已于 2007 年 6 月 15 日正式出版发行。2005 年 10 月 ISO/IEC 27001:2005 出版,取代了之前的 BS7799-2:2002。7799 系列标准的编号将会发生一定的改变,更改为 ISO 27001 系列,随着信息技术的发展和电子商务及 Internet 应用的普及,目前正逐渐为业界所接受。

2013 年 10 月,ISO/IEC 27001:2013 对 ISO/IEC 27001:2005 进行技术修订,并取代了 ISO/IEC 27001:2005。

BS7799 作为信息安全管理领域的一个权威标准,最大意义就在于它给管理层一整套可量体裁衣的信息安全管理要项、一套与技术负责人或在高层会议上进行沟通的共同语言及保护信息资产的制度框架。

S7799 将 IT 策略和组织发展方向统一起来,确保 IT 资源用得其所,使与 IT 相关的风险受到适当的控制。该标准通过保证信息的机密性、完整性和可用性来管理和保护组织的所有信息资产,通过方针、惯例、程序、组织结构和软件功能来确定控制方式并实施控制,组织按照这套标准管理信息安全风险,可持续提高管理的有效性,不断提高自身的信息安全管理水平,降低信息安全对持续发展造成的风险,最终保障组织的特定安全目标得以实现,进而利用信息技术为组织创造新的战略竞争机遇。BS7799 主要提供了有效实施 IT 安全管理的建议,介绍了安全管理的方法和程序。用户可以参照这个完整的标准制订出自己的安全管理计划和实施步骤,为发展、实施和估量有效的安全管理实践提供参考依据。BS7799 信息安全管理体系标准强调风险管理的思想。传统的信息安全管理基本上还处在一种静态的、局部的、少数人负责的、突击式、事后纠正式的管理方式,导致的结果是不能从根本上避免、降低各类风险,也不能降低信息安全故障导致的综合损失。而 BS7799 标准基于风险管理的思想,指导组织建立信息安全管理系统。

ISO 27001 作为参照的信息安全管理最佳惯例,依然在全球范围被接受和采用。如今,ISO 27001 已经成为国际标准,ISO 27001 所掀起的"浪潮"势必更加激烈。

ISO/IEC 27001:2013 标准为各类型企业提供保护其客户、知识产权和其他商业信息的平台,同时,也为企业在与其客户进行信息安全交流时提供统一标准,更有助于提高机构信息安全管理水平,增强机构间商业往来的信心与信任。任何使用内部或外部计算机信息系统、拥有机密资料或依赖信息系统进行商务活动的机构均应采用 ISO/IEC 27001:20013 标准对信息进行安全管理。

ISO/IEC 27001 的宗旨是确保机构信息的保密性、完整性及可用性。为达成上述宗旨,标准共提出了 35 个控制目标及 114 项控制措施。在贯彻 ISO/IEC 27001 标准过程中,机构可在其中选择适用于其业务的控制措施,同时也可增加其他的控制措施。而与 ISO/IEC 27001 相辅的 ISO 17799:2005 标准是信息安全管理指南,为如何贯彻控制措施提供实施细则。

8.3.2　ISO/IEC 15408

ISO/IEC 15408(CC)于 1999 年批准为信息技术安全评估准则,它是在 TESEC、ITSEC、CTCPEC、FC 等信息安全标准的基础上综合形成的。由三部分组成:第一部分,简介和一般模型;第二部分,安全功能要求;第三部分,安全保证要求。其中心内容是:当在 PP(安全保护框架)和 ST(安全目标)中描述 TOE(评测对象)的安全要求时,应尽可能使其与第二部分描述的安全功能组件和第三部分描述的安全保证组件相一致。CC 在第一部分描述了对安全保护框架(PP)和安全目标(ST)的要求。与传统的软件系统设计相比较,PP 实际上就是安全需求的完整表示,ST 则是通常所说的安全方案。

CC 在第二部分和第三部分分别详细介绍了为实现 PP 和 ST 所需要的安全功能要求和安全保证要求,并对安全保证要求进行了等级划分(共分为七个等级)。对于安全功能要求,CC 虽然没有进行明确的等级划分,但是在对每一类功能进行具体描述时,要求上还是有差别的。

CC 框架下的评估类型如下:

①PP 评估。PP 评估是依照 CC 第三部分的 PP 评估准则进行的。评估的目标是为了证明 PP 是完备的、一致的、技术合理的,而且适合于作为一个可评估 TOE 的安全要求的声明。

②ST 评估。针对 TOE 的 ST 评估是依照 CC 第三部分的 ST 评估准则进行的,ST 评估具有双重目标:首先是为了证明 ST 是完备的、一致的、技术合理的,而且适合于用作相应 TOE 评估的基础;其次,当某一 ST 宣称与某一 PP 一致时,证明 ST 满足该 PP 的要求。

③TOE 评估。TOE 评估是使用一个已经评估过的 ST 作为基础,依照 CC 第三部分的评估准则进行的,评估的目标是为了证明 TOE 满足 ST 中的安全要求。

CC 在对安全保护框架和安全目标的一般模型进行介绍以后,分别从安全功能和安全保证两方面对 IT 安全技术的要求进行了详细描述,主要内容如下:

①安全功能要求。CC 将安全功能要求分为以下 11 类:安全审计类、通信类(主要是身

份真实性和抗抵赖)、密码支持类、用户数据保护类、标识和鉴别类、安全管理类(与 TSF 有关的管理)、隐秘类(保护用户隐私)、TSF 保护类(TOE 自身安全保护)、资源利用类(从资源管理角度确保 TSF 安全)、TOE 访问类(从对 TOE 的访问控制确保安全性)、可信路径/信道类。

这些安全类又分为族,族中又分为组件。组件是对具体安全要求的描述。从叙述上看,每一个族中的具体安全要求也是有差别的,但 CC 没有以这些差别作为划分安全等级的依据。

如果对 CC 的 11 个安全类的内容稍加分析便可看出,其中的前七类的安全功能是提供给信息系统使用的,而后四类安全功能是为确保安全功能模块(TSF)的自身安全而设置的。因而,可以看成是对安全功能模块自身安全性的保证。

②安全保证要求。安全保证要求在对安全保护框架和安全目标的评估进行说明以后,将具体的安全保证要求分为以下八类:配置管理类;分发和操作类;开发类;指导性文档类;生命周期支持类;测试类;脆弱性评定类;保证的维护类。

按照对上述八类安全保证要求的不断递增,CC 将 TOE 分为如下 7 个安全保证级。

第一级:功能测试级。

第二级:结构测试级。

第三级:系统测试和检查级。

第四级:系统设计、测试和复查级。

第五级:半形式化设计和测试级。

第六级:半形式化验证的设计和测试级。

第七级:形式化验证的设计和测试级。

8.3.3　SSE-CMM

SSE-CMM 是系统安全工程能力的成熟度模型(Systems Security Engineering Capability Maturity Model)的缩写。SSE-CMM 模型是 CMM 在系统安全工程这个具体领域应用而产生的一个分支,源于 1993 年 5 月美国国家安全局发起的研究工作,专门用于系统安全工程的能力成熟度模型。SSE-CMM 第一版于 1996 年 10 月出版。1999 年 4 月,SSE-CMM 模型和相应评估方法 2.0 版发布。2002 年被国际标准化组织采纳成为国际标准 ISO/IEC 21827:2002《信息技术系统安全工程——成熟度模型》。我国国家质量监督检验检疫总局和国家标准化管理委员会于 2006 年 3 月 14 日通过 GB/T 20261—2006《信息技术系统安全工程能力成熟度模型》的国家标准,并于同年 7 月 1 日正式执行。2008 年 ISO/IEC 21827:2002 改版为 ISO/IEC 21827:2008。

SSE-CMM 确定了一个评价安全工程实施的综合框架,提供了度量与改善安全工程学科应用情况的方法。SSE-CMM 项目的目标是将安全工程发展为一整套有定义的、成熟的及可度量的学科。SSE-CMM 模型及其评价方法可达到以下目的:

①将投资主要集中于安全工程工具开发、人员培训、过程定义、管理活动及改善等方面。

②基于能力的保证,也就是说这种可信性是建立在对一个工程组的安全实施与过程成熟性的信任之上的。

③通过比较竞标者的能力水平及相关风险,可有效地选择合格的安全工程实施者。SSE-CMM 描述的是为确保实施较好的安全工程,过程必须具备的特征,SSE-CMM 描述的对象不是具体的过程或结果,而是工业中的一般实施。

这个模型是安全工程实施的标准,它主要涵盖以下内容:

①它强调的是分布于整个安全工程生命周期中各个环节的安全工程活动,包括概念定义、需求分析、设计、开发、集成、安装、运行、维护及更新。

②它应用于安全产品开发者、安全系统开发者及集成者,还包括提供安全服务与安全工程的组织。

③它适用于各种类型、规模的安全工程组织,如商业、政府及学术界。

尽管 SSE-CMM 模型是一个用以改善和评估安全工程能力的独特的模型,但这并不意味着安全工程将游离于其他工程领域之外实施。SSE-CMM 模型强调的是一种集成,它认为安全性问题存在于各种工程领域之中,同时,也包含在模型的各个组件之中。

目前,SSE-CMM 已经成为西方发达国家政府、军队和要害部门组织和实施安全工程的通用方法,是系统安全工程领域里成熟的方法体系,在理论研究和实际应用方面具有举足轻重的作用。我国国家及军队信息安全测评认证中心已准备将 SSE-CMM 作为安全产品和信息系统安全性检测和认证的标准之一。

8.3.4 ITIL

信息技术基础设施框架(Information Technology Infrastructure Library,ITIL),是英国政府中央计算机与电信管理中心(CCTA)在 20 世纪 80 年代开发的一套 IT 服务管理标准库,CCTA 又在 HP、IBM、BMC、CA、Peregrine 等主流 IT 资源管理软件厂商所做出的一系列实践和探索的基础之上,总结了 IT 服务的最佳实践经验,形成了一系列基于流程的方法,旨在提高 IT 资源的利用率和服务质量。20 世纪 90 年代初期,ITIL 被引入欧洲其他国家,成为欧洲事实上的 IT 服务管理标准。自 CCTA 并入英国政府商务部(OGC)后,ITIL 版权、发行属 OGC 所有,2001 年 OGC 开始更新 ITIL,发布英国国家标准 BS15000,2002 年 BS15000 被国际标准化组织(ISO)接纳,启动了 ITSM 的标准化历程。

ITIL 目前已经成为业界通用的事实标准,是业界普遍采用的一系列 IT 服务管理的实际标准及最佳实践指南,这套标准被欧洲、美洲和澳洲的很多企业采用,目前全球已经有 1 万多家知名的公司在参考其中的方法管理自己的 IT 系统。

ITIL 包含如何管理 IT 基础设施的流程描述,它以流程为向导、以客户为中心,通过整合 IT 服务与企业服务,提高企业的 IT 服务提供和服务支持的能力和水平。ITIL 可以引导组织高效和有效地使用技术,让既有的信息化资源发挥更大的效能。ITIL 主要包括六个模块,即服务管理、业务管理、ICT 基础架构管理、IT 服务管理规划与实施、应用管理和安全管理。服务管理是核心模块,该模块包括服务提供和服务支持两个流程组。

1) 服务管理

服务管理是 ITIL 的核心模块,服务管理模块一共包括了 10 个流程和 1 项职能,这些流程和职能又被归结为两大流程组,即"服务提供"和"服务支持"。其中服务支持流程组归纳了与 IT 管理相关的一项管理职能及五个运营级流程,即事故管理、问题管理、配置管理、变更管理和发布管理；服务提供流程组归纳了与 IT 管理相关的五个战术级流程，即服务级别管理、IT 服务财务管理、能力管理、IT 服务持续性管理和可用性管理。

2）业务管理

ITIL 所强调的核心思想是应该从客户（业务）而不是 IT 服务提供者（技术）的角度理解 IT 服务需求，也就是说，在提供 IT 服务的时候，首先应该考虑业务需求。业务管理这个模块就是用于帮助业务管理者如何利用商业思维分析 IT 问题，深入了解 ICT 基础架构支持业务流程的能力和 IT 服务管理在提供端到端 IT 服务过程中的作用，以及协助他们更好地处理与服务提供方之间的关系，以实现商业利益。

3）ICT 基础架构管理

IT 服务管理的本质也是对 ICT 基础架构的管理，它采取的是一种与通常的管理方法不同的方式，即将对 ICT 管理的任务标准化和模块化，然后打包成服务，按需提供给客户。ICT 基础架构管理模块覆盖了 ICT 基础架构管理的所有方面，包括识别业务需求、实施、部署及支持和维护基础架构。其目标是确保提供一个稳定可靠的 IT 基础架构，以支撑业务运作。

4）IT 服务管理规划与实施

ITIL 基本上只告诉人们要做什么，没有告诉如何做，因此，提供一个一般性的规划和实施方法是非常必要的。IT 服务管理规划和实施模块就是用于解决这个问题的。它为客户如何确立远景目标，如何分析现状、确定合理的目标并进行差距分析和如何实施活动的优先级，以及如何对实施的流程进行评审，提供全面指导。

5）应用管理

IT 服务管理包括对应用系统的支持、维护和运营，而应用系统是由客户或 IT 服务提供者或第三方开发的。IT 服务管理的职能应该合理地延伸，介入应用系统的开发、测试和部署。应用管理模块解决的是如何协调这两者，以使它们一致地服务于客户的业务。

6）安全管理

安全管理模块是 ITIL1.0 版本发布之后加入的，其目标是保护 IT 基础架构，使其避免未经授权的使用。安全管理模块为如何确定安全需求、制订安全政策和策略及处理安全事故提供全面指导。

8.3.5　我国的标准与法律法规

信息安全标准和规范是信息化建设的基础，也是指导和规范全国各地网络与信息安全建设的重要依据，意义重大。我国早在 1984 年 7 月就组建了数据加密技术委员会，并于1997 年 8 月改组成全国信息技术标准化委员会的信息安全技术分委员会，负责制订信息安全的国家标准。全国信息技术标准化技术委员会信息安全分技术委员会和其他各部门，转化了一批国际信息安全基础技术标准。另外，工业和信息化部、公安部、国家安全部、国家保密局、国家密码管理委员会等相继制订、颁布了一批信息安全的行业标准，为推动信息安全技术在各行业的应用和普及发挥了积极的作用。

信息安全标准化是一项涉及面广、组织协调任务重的工作，需要各界的支持和协作。我国制订信息安全标准的组织有全国信息安全标准化技术委员会、公安部信息系统安全标准化技术委员会、中国通信标准化协会网络与信息安全技术工作委员会,除上述三个专业性信息安全标准化组织外,我国其他有关主管部门和地方政府也发布了部分信息安全行业标准或地方标准。

全国信息技术标准化技术委员会发布的与信息安全相关的标准简述如下:

①《信息安全技术 术语》(GB/T 25069—2022)

②《信息技术 安全技术信息技术安全保障框架 第 1 部分:综述和框架》(GB/Z 29830.1—2013)

③《信息技术 安全技术信息技术安全保障框架 第 2 部分:保障方法》(GB/Z 29830.2—2013)

④《信息技术 安全技术信息技术安全保障框架 第 3 部分:保障方法分析》(GB/Z 29830.3—2013)

⑤《信息安全技术 电子支付系统安全保护框架》(GB/T 31502—2015)

⑥《信息技术 安全技术密钥管理 第 1 部分:框架》(GB/T 17901.1—1999)

⑦《信息安全技术 分组密码算法的工作模式》(GB/T 17964—2021)

⑧《信息技术 安全技术散列函数 第 1 部分:概述》(GB/T 18238.1—2000)

⑨《信息技术 安全技术散列函数 第 2 部分:采用 n 位块密码的散列函数》(GB/T 18238.2—2002)

⑩《信息技术 安全技术散列函数 第 3 部分:专用散列函数》(GB/T 18238.3—2002)

⑪《信息安全技术 证书认证系统密码及其相关安全技术规范》(GB/T 25056—2018)

⑫《信息安全技术 可信计算密码支撑平台功能与接口规范》(GB/T 29829—2022)

⑬《信息安全技术 电子文档加密与签名消息语法》(GB/T 31503—2015)

⑭《信息安全技术 SM3 密码杂凑算法》(GB/T 32905—2016)

⑮《信息安全技术 SM4 分组密码算法》(GB/T 32907—2016)

⑯《信息安全技术 二元序列随机性检测方法》(GB/T 32915—2016)

⑰《信息安全技术 SM2 椭圆曲线公钥密码算法 第 1 部分:总则》(GB/T 32918.1—2016)

⑱《信息安全技术 SM2 椭圆曲线公钥密码算法 第 2 部分:数字签名算法》(GB/T 32918.2—2016)

⑲《信息安全技术 SM2 椭圆曲线公钥密码算法 第 3 部分:密钥交换协议》(GB/T 32918.3—2016)

⑳《信息安全技术 SM2 椭圆曲线公钥密码算法 第 4 部分:公钥加密算法》(GB/T 32918.4—2016)

㉑《信息安全技术 SM2 椭圆曲线公钥密码算法 第 5 部分:参数定义》(GB/T 32918.5—2017)

㉒《信息安全技术 IPSec VPN 安全接入基本要求与实施指南》(GB/T 32922—2023)

㉓《信息安全技术 祖冲之序列密码算法 第 1 部分:算法描述》(GB/T 33133.1—2016)

㉔《信息安全技术 密码应用标识规范》(GB/T 33560—2017)

㉕《信息安全技术 SM2 密码算法加密签名消息语法规范》(GB/T 35275—2017)

㉖《信息安全技术 SM2 密码算法使用规范》(GB/T 35276—2017)

㉗《信息安全技术 IPSec VPN 技术规范》(GB/T 36968—2018)

㉘《信息安全技术 射频识别系统密码应用技术要求 第 1 部分:密码安全保护框架及安全级别》(GB/T 37033.1—2018)

㉙《信息安全技术 射频识别系统密码应用技术要求 第 2 部分:电子标签与读写器及其通信密码应用技术要求》(GB/T 37033.2—2018)

㉚《信息安全技术 射频识别系统密码应用技术要求 第 3 部分:密钥管理技术要求》(GB/T 37033.3—2018)

㉛《网站可信标识技术指南 网站可信标识技术指南》(GB/T 35287—2017)

㉜《信息安全技术 公民网络电子身份标识安全技术要求 第 1 部分:读写机具安全技术要求》(GB/T 36629.1—2018)

㉝《信息安全技术 公民网络电子身份标识安全技术要求 第 2 部分:载体安全技术要求》(GB/T 36629.2—2018)

㉞《信息安全技术 公民网络电子身份标识安全技术要求 第 3 部分:验证服务消息及其处理规则》(GB/T 36629.3—2018)

㉟《信息安全技术 公民网络电子身份标识格式规范》(GB/T 36632—2018)

㊱《信息技术 安全技术 实体鉴别 第 1 部分:总则》(GB/T 15843.1—2017)

㊲《信息技术 安全技术 实体鉴别 第 2 部分:采用对称加密算法的机制》(GB/T 15843.2—2017)

㊳《信息技术 安全技术 实体鉴别 第 3 部分:采用数字签名技术的机制》(GB/T 15843.3—2016)

㊴《信息技术 安全技术 实体鉴别 第 4 部分:采用密码校验函数的机制》(GB/T 15843.4—2008)

㊵《信息技术 安全技术 实体鉴别 第 5 部分:使用零知识技术的机制》(GB/T 15843.5—2005)

㊶《信息技术 安全技术 实体鉴别 第 6 部分:采用人工数据传递的机制》(GB/T 15843.6—2018)

㊷《信息技术 安全技术 消息鉴别码 第 1 部分:采用分组密码的机制》(GB/T 15852.1—2008)

㊸《信息技术 安全技术 消息鉴别码 第 2 部分:采用专用杂凑函数的机制》(GB/T 15852.2—2012)

㊹《信息安全技术 引入可信第三方的实体鉴别及接入架构规范》(GB/T 28455—2012)

㊺《信息技术 安全技术 匿名实体鉴别 第 1 部分:总则》(GB/T 34953.1—2017)

㊻《信息技术 安全技术 匿名实体鉴别 第 2 部分:基于群组公钥签名的机制》(GB/T 34953.2—2018)

㊼《信息技术 安全技术 可鉴别的加密机制》(GB/T 36624—2018)

㊽《信息安全技术 鉴别与授权 基于角色的访问控制模型与管理规范》(GB/T 25062—2010)

㊾《信息安全技术 鉴别与授权 安全断言标记语言》(GB/T 29242—2012)

㊿《信息安全技术 鉴别与授权 地理空间可扩展访问控制置标语言》(GB/T 30280—2013)

51《信息安全技术 鉴别与授权 可扩展访问控制标记语言》(GB/T 30281—2013)

52《信息安全技术 鉴别与授权 授权应用程序判定接口规范》(GB/T 31501—2015)

53《信息技术 安全技术 带消息恢复的数字签名方案 第3部分:基于离散对数的机制》(GB/T 15851.3—2018)

54《信息技术 安全技术 带附录的数字签名 第1部分:概述》(GB/T 17902.1—1999)

55《信息技术 安全技术 带附录的数字签名 第2部分:基于身份的机制》(GB/T 17902.2—2005)

56《信息技术 安全技术 带附录的数字签名 第3部分:基于证书的机制》(GB/T 17902.3—2005)

57《信息技术 安全技术 抗抵赖 第1部分:概述》(GB/T 17903.1—2008)

58《信息技术 安全技术 抗抵赖 第2部分:使用对称技术的机制》(GB/T 17903.2—2008)

59《信息技术 安全技术 抗抵赖 第3部分:采用非对称技术的机制》(GB/T 17903.3—2008)

60《信息技术 安全技术 公钥基础设施 在线证书状态协议》(GB/T 19713—2005)

61《信息技术 安全技术 公钥基础设施 证书管理协议》(GB/T 19714—2005)

62《信息安全技术 公钥基础设施 数字证书格式》(GB/T 20518—2018)

63《信息安全技术 公钥基础设施 时间戳规范》(GB/T 20520—2006)

64《信息安全技术 时间戳策略和时间戳业务操作规则》(GB/T 36631—2018)

65《信息安全技术 数字签名应用安全证明获取方法》(GB/T 36644—2018)

66《信息安全技术 公钥基础设施 PKI系统安全等级保护技术要求》(GB/T 21053—2007)

67《信息安全技术 公钥基础设施 PKI系统安全等级保护评估准则》(GB/T 21054—2007)

68《信息安全技术 公钥基础设施 XML数字签名语法与处理规范》(GB/T 25061—2020)

69《信息安全技术 公钥基础设施 电子签名格式规范》(GB/T 25064—2010)

70《信息安全技术 公钥基础设施 签名生成应用程序的安全要求》(GB/T 25065—2010)

71《信息安全技术 公钥基础设施 证书策略与认证业务声明框架》(GB/T 26855—2011)

72《信息安全技术 数字证书代理认证路径构造和代理验证规范》(GB/T 29243—2012)

73《信息安全技术 公钥基础设施 桥CA体系证书分级规范》(GB/T 29767—2013)

74《信息安全技术 公钥基础设施 标准一致性测试评价指南》(GB/T 30272—2021)

75《信息安全技术 鉴别与授权 认证中间件框架与接口规范》(GB/T 30275—2013)

76《信息安全技术 公钥基础设施 数字证书策略分类分级规范》(GB/T 31508—2015)

77《信息安全技术 公钥基础设施 远程口令鉴别与密钥建立规范》(GB/T 32213—2015)

78《信息安全技术 公钥基础设施 基于数字证书的可靠电子签名生成及验证技术要求》

（GB/T 35285—2017）

⑲《基于多用途互联网邮件扩展（MIME）的安全报文交换》（GB/Z 19717—2005）

⑳《信息安全技术 网络用户身份鉴别技术指南》（GB/T 36633—2018）

㉑《信息安全技术 鉴别与授权 访问控制中间件框架与接口》（GB/T 36960—2018）

㉒《信息安全技术 可信计算规范 可信平台主板功能接口》（GB/T 29827—2013）

㉓《信息安全技术 可信计算规范 可信连接架构》（GB/T 29828—2013）

㉔《信息安全技术 可信计算规范 服务器可信支撑平台》（GB/T 36639—2018）

㉕《信息安全技术 虹膜识别系统技术要求》（GB/T 20979—2019）

㉖《信息安全技术 基于可信环境的生物特征识别身份鉴别协议框架》（GB/T 36651—2018）

㉗《信息安全技术 指纹识别系统技术要求》（GB/T 37076—2018）

㉘《信息技术 安全技术 公钥基础设施 PKI 组件最小互操作规范》（GB/T 19771—2005）

㉙《信息安全技术 公钥基础设施 PKI 互操作性评估准则》（GB/T 29241—2012）

⑳《信息安全技术 鉴别与授权 数字身份信息服务框架规范》（GB/T 31504—2015）

㉑《信息安全技术 信息系统安全管理要求》（GB/T 20269—2006）

㉒《信息安全技术 信息系统安全工程管理要求》（GB/T 20282—2006）

㉓《信息技术 安全技术信息安全管理体系要求》（GB/T 22080—2016）

㉔《信息技术 安全技术信息安全控制实践指南》（GB/T 22081—2016）

㉕《信息技术 安全技术信息安全管理体系审核和认证机构要求》（GB/T 25067—2016）

㉖《信息技术 安全技术 信息安全管理体系 审核指南》（GB/T 28450—2020）

㉗《信息技术 安全技术 信息系统安全管理评估要求》（GB/T 28453—2012）

㉘《信息技术 安全技术信息安全管理体系概述和词汇》（GB/T 29246—2017）

㉙《信息安全技术 信息安全保障指标体系及评价方法 第 1 部分：概念和模型》（GB/T 31495.1—2015）

⑩《信息安全技术 信息安全保障指标体系及评价方法 第 2 部分：指标体系》（GB/T 31495.2—2015）

⑪《信息安全技术 信息安全保障指标体系及评价方法 第 3 部分：实施指南》（GB/T 31495.3—2015）

⑫《信息技术 安全技术信息安全管理体系实施指南》（GB/T 31496—2015）

⑬《信息技术 安全技术信息安全管理 测量》（GB/T 31497—2015）

⑭《信息技术 安全技术信息安全风险管理》（GB/T 31722—2015）

⑮《信息技术 安全技术行业间和组织间通信的信息安全管理》（GB/T 32920—2016）

⑯《信息技术 安全技术信息安全治理》（GB/T 32923—2016）

⑰《信息技术 安全技术信息安全控制措施审核员指南》（GB/Z 32916—2016）

⑱《信息安全技术 信息安全风险评估规范》（GB/T 20984—2022）

⑲《信息安全技术 信息安全风险评估实施指南》（GB/T 31509—2015）

⑩《信息安全技术 信息安全风险处理实施指南》（GB/T 33132—2016）

⑪《信息安全技术 信息安全风险管理指南》（GB/Z 24364—2009）

⑫《信息安全技术 信息系统安全运维管理指南》（GB/T 36626—2018）

⑬《信息技术 安全技术信息安全事件管理 第 1 部分：事件管理原理》（GB/T 20985.1—2017）

⑭《信息安全技术 信息 系统灾难恢复规范》（GB/T 20988—2007）

⑮《信息安全技术 灾难恢复中心建设与运维管理规范》（GB/T 30285—2013）

⑯《信息安全技术 信息安全事件分类分级指南》（GB/Z 20986—2007）

⑰《信息安全技术 灾难恢复服务要求》（GB/T 36957—2018）

⑱《信息安全技术 灾难恢复服务能力评估准则》（GB/T 37046—2018）

⑲《信息技术 安全技术信息技术安全评估准则 第 1 部分：简介和一般模型》（GB/T 18336.1—2015）

⑳《信息技术 安全技术信息技术安全评估准则 第 2 部分：安全功能组件》（GB/T 18336.2—2015）

㉑《信息技术 安全技术信息技术安全评估准则 第 3 部分：安全保障组件》（GB/T 18336.3—2015）

㉒《信息安全技术 保护轮廓和安全目标的产生指南》（GB/Z 20283—2020）

㉓《信息安全技术 信息系统保护轮廓和信息系统安全目标产生指南》（GB/Z 30286—2013）

㉔《信息技术 安全技术信息技术安全性评估方法》（GB/T 30270—2013）

国家关于信息安全制订的政策法规有：

①《中华人民共和国宪法》

②《中华人民共和国民法典》

③《中华人民共和国刑法》

④《中华人民共和国国家安全法》

⑤《中华人民共和国个人信息保护法》

⑥《中华人民共和国数据安全法》

⑦《中华人民共和国网络安全法》

⑧《中华人民共和国密码法》

⑨《中华人民共和国签名法》

⑩《中华人民共和国电子商务法》

⑪《中华人民共和国商业银行法》

⑫《中华人民共和国消费者权益保护法》

⑬《中华人民共和国治安管理处罚法》

⑭《中华人民共和国保守国家秘密法》

⑮《全国人民代表大会常务委员会关于加强网络信息保护的决定》

⑯《全国人民代表大会常务委员会关于维护互联网安全的决定》

⑰《关键信息基础设施安全保护条例》

⑱《互联网上网服务营业场所管理条例》

⑲《中华人民共和国电信条例》

⑳《信息网络传播权保护条例》

㉑《计算机软件保护条例》

㉒《征信业管理条例》

㉓《中华人民共和国信息系统安全保护条例》

㉔《互联网信息服务管理办法》

㉕《电子认证服务密码管理办法》

㉖《计算机病毒防治管理办法》

㉗《最高人民法院关于审理使用人脸识别技术处理个人信息相关民事案件适用法律》

㉘《最高人民法院关于审理利用信息网络侵害人身权益民事纠纷案例适用法律若干问题的规定》

㉙《最高人民法院关于审理侵害信息网络传播权民事纠纷案件使用法律若干问题的规定》

㉚《公安机关互联网安全监督检查规定》

㉛《最高人民法院、最高人民检察院关于办理非法利用信息网络、帮助信息网络犯罪活动等刑事案件适用法律若干问题的解释》

㉜《最高人民法院、最高人民检察院关于办理危害计算机信息系统安全刑事案件应用法律若干问题的解释》

㉝《最高人民法院、最高人民检察院关于办理利用信息网络实施诽谤等刑事案件适用法律若干问题的解释》

㉞《最高人民法院、最高人民检察院关于办理利用互联网、移动通讯终端、声讯台制作、复制、出版、贩卖、传播淫秽电子信息刑事案件具体应用法律若干问题的解释》

㉟《最高人民法院、最高人民检察院、公安部关于办理刑事案件收集提取和审查判断电子数据若干问题的规定》

㊱《信息安全技术个人信息安全规范》

8.4　信用管理

面对电子商务全球化的发展趋势,电子商务交易的信用危机却悄然袭来。虚假交易、假冒行为、合同诈骗、网上拍卖哄抬标的、侵犯消费者合法权益等各种违法违规行为屡屡发生。这些现象在很大程度上制约了我国电子商务的快速、健康发展,而随着电子商务在全球范围内的兴起,必须加强信用体系建设。

8.4.1　信用管理的现状

电子商务中的信用是指参与电子商务交易的成员或组织被他人信任的程度、守承诺的程度。电子商务中的信用问题是指电子商务交易过程中因缺乏一定的信任关系而导致电子商务的交易成本上升,使交易复杂化、混乱化,甚至无法正常进行。完整的信用管理体系应该包含信用信息采集系统、信用评价及查询系统、信用动态跟踪及反馈系统、信用保障系统等子系统。其中,信用信息的采集是体系运作的基础;信用评价及查询系统则是信用管理体系进行成果展示的窗口,实现信用信息的公开、透明;信用动态跟踪及反馈系统的有效运作维持着整个信息管理体系的正常运作。

当前全球电子商务发展正处于飞速发展时期,中国也是如此。网络技术对经济活动带来的深刻影响已经不可逆转,电子商务正在以自身独特的魅力逐步改变着传统的交易方式。经济活动中的低信任度无疑是困扰当前中国电子商务发展的一个路障,与传统商务的信用问题相比,电子商务信用问题尤为突出。在电子商务全球化的发展趋势中,电子商务交易的信用危机也悄然袭来,虚假交易、假冒行为、合同诈骗、网上拍卖哄抬标的、侵犯消费者合法权益等各种违法违规行为屡屡发生,这些现象在很大程度上制约了我国电子商务的快速、健康发展。

据《中国电子商务诚信状况调查》显示,有23.5%的企业和26.34%的个人认为电子商务最让人担心的是诚信问题,具体表现在产品质量、售后服务及厂商信用得不到保障,以及安全性得不到保障和网上提供的信息不可靠等。信用问题一直是困扰网络用户进行网上交易的最大问题。

由此可见,信用危机已经成为电子商务发展中最大的瓶颈,要使我国电子商务健康、有序地发展,必须建立电子商务信用管理体系,对企业和相关商业网站的信用进行评级,验证客户真实身份,同时,还应不断收集客户资料,评估和授予信用额度,保障债权,保障应收账款安全和及时回收,为电子商务的发展营造一个较为宽松的信用环境,推动电子商务市场的健康发展,它是企业信用管理体系的重心。

8.4.2 信用管理模式

目前,已有的信用管理模式中有以政府为主体的有"网络公证计划"模式;以企业为主体的有中介人模式、担保人模式、网站经营模式和委托授权模式,这四种信用模式所依据的规则基本上都是企业性规范,缺乏必要的稳定性和权威性,是以企业网站的信用为前提的,也就是交易双方必须信任网站的公正、公平和安全。

1) 以政府为主体的"网络公证计划"模式

2000年在南京成立的司法部网络公证研究课题组,历时两年,提出了系统解决电子商务信用与安全的全套方案,称之为"网络公证计划"。其核心内容包括:网上身份审核确认、网上数据备份保全、电子提存。"网络公证计划"依托中国公证网,将传统的公证证明应用到CA证书的身份审核上,其具体的解决办法是:将遍布全国的数千家公证机构通过Internet,联成一个统一的整体平台——即公证行业的"中国公证网"平台。当用户需要申请CA认证时,即可以到所在地的公证机构进行离线的面对面的审核,即RA审核。审核严格按照公证机构要求与流程进行,公证机构自然对所审核的内容承担相应的法律责任;审核后的资料统一进入公证机构的中心数据库中,进行安全存放,完成网上身份审核确认。网上数据保全的解决方案是:提供第三方数据保管服务。当交易双方在网上达成协议后,各自用CA证书对合同进行加密签名,并将合同的电子数据内容提交到网络公证计划的数据保全中心。如果交易双方出现纠纷,解密打开的合同将由公证机构出具证据保全公证书。电子提存就是按照传统的提存公证思路结合网络技术展开网络提存业务,即买方将货款提存到网络公证的提存中心,在其收到货物后签署完相关单据,提存中心再将货款直接交给卖方,彻底解决了网络交易双方对网上交易合同的履行。也就是在电子交易流程中加入了双方信任的"公正的第三方",资金不直接流向卖方而通过公正、可信的第三方中转。

详细解读"网络公证计划",该计划将政府信用作为主导,利用公证行业的"中国公证网"平台做身份认证,由政府指定的"公正的第三方"执行技术保障——网上数据保全。从技术层面和法规层面较好地解决了电子商务的安全交易问题,适合我国的国情。但不难看到,交易过程中完全抛开了商务网站的功效,不可避免地出现交易速度慢和交易成本高的问题。

2) 电子商务企业的"网站信用"模式

电子商务企业的"网站信用"模式主要采取四种较为典型的信用模式,即中介人模式、担保人模式、网站经营模式和委托授权模式。

(1) 中介人模式

中介人模式是将电子商务网站作为交易中介人,达成交易协议后,购货的一方将货款、销售的一方将货物分别交给网站设在各地的办事机构,当网站的办事机构核对无误后再将货款及货物交给对方。这种信用模式试图通过网站的管理机构控制交易的全过程,虽然能在一定程度上减少商业欺诈等商业信用风险,但需要网站有充足的投资去设立众多的办事机构,这种方式还存在交易速度慢和交易成本高的问题。

(2) 担保人模式

担保人模式是以网站或网站的经营企业为交易各方提供担保为特征,试图通过这种担保来解决信用风险问题。这种将网站或网站的主办单位作为一个担保机构的信用模式,有一个核实谈判的过程,相当于无形中增加了交易成本。因此,在实践中,这一信用模式一般只适用于具有特定组织性的行业。

(3) 网站经营模式

网站经营模式通过建立网上商店的方式进行交易活动,在取得商品的交易权后,让购买方将货款支付到网站指定的账户上,网站收到货款后才给购买者发送货物。这种信用模式是单边的,是以网站的信誉为基础的,这种信用模式主要适用于从事零售业的网站。

(4) 委托授权模式

委托授权模式是网站通过建立交易规则,要求参与交易的当事人按预设条件在协议银行中建立交易公共账户,网络计算机按预设的程序对交易资金进行管理,以确保交易在安全的状况下进行。在这种信用模式中,电子商务网站不直接进入交易的过程,交易双方的信用保证是以银行的公平监督为基础的。

我国电子商务目前所采用的这四种信用模式,是从事电子商务的企业为解决商业信用问题所进行的积极探索。但各自存在的缺陷也是显而易见的。特别是,这些信用模式所依据的规则基本上都是企业性规范,缺乏必要的稳定性和权威性,要克服这些问题,政府部门必须加强对发展电子商务的宏观规划,包括银行、工商、公安、税务等部门的协作,这样才能使交易双方在政府信用为背景的基础上建立起对电子商务的信心。

8.4.3 信用跟踪机制

信用跟踪是指对被调查对象信用状况进行的追踪活动,以便随时了解被调查对象信用状况的变化趋势和特点。电子商务的信用跟踪机制是信用管理体系中的核心环节,该机制的有效运作,是信用管理系统发挥长效作用的保障。信用跟踪是一个动态持续的机制,可分为动态跟踪与反馈两个子系统。

信用动态跟踪与反馈系统主要是信用信息采集系统按照定期或不定期两种方式,对信用主体的信用信息进行重复采集,并将相关信息传递到信用评估与查询系统,通过定性与定量分析之后,给出信用评估等级和新的查询数据库。

信用动态跟踪与反馈系统是信用管理体系当中的核心环节,其功能失灵,将导致信用管理体系有名无实,失去本身应有的作用。一般而言,信用动态跟踪的工作方法以定性分析为前提,当信用评估机构发现被评机构或组织的信用状况发生足以影响信用等级变化的时候,它们就按相应的跟踪评价程序对受评机构或组织进行定量复评,跟踪评价结果按已有公告程序进行公告。信用反馈的工作流程一般是评估单位选择受评机构或组织业务领域内组织或个人担任评价委托人,当然,受评机构或组织也可对信用评价结果提出异议。当评价委托人或受评机构或组织对评价结果提出异议,且提供足够对评价结果有影响的、真实的补充资料时,信用评估机构按照相应的信用评价指标体系进行修正,并确定最终评价结果。这种工作流程被国内外评估机构(如穆迪、标准普尔、安博尔、北京国商国际等)普遍采用。

另外,在电子商务中,顾客自身对于受评企业或机构的反馈是信用评价的重要指标,无论是在B2B、B2C还是在C2C模式中,如国内较大的电子商务平台阿里巴巴、易趣网等,都将客户对交易过程的反馈作为重要的信用评价指标。

8.4.4 信用评价机制

信用评价机制指在互联网上建立电子商务平台的企业对在其电子商务平台内从事经营活动的企业或个人进行信用评价,向消费者提供信用评价信息。

根据科学性、针对性、全面性、公正合法性及可操作性的原则,可以从定性和定量两种角度进行企业和个人信用的评价。其中,电子商务个人信用评价可以采用个人信用静态评价法和个人信用动态追踪评价法。作为信用管理手段之一的信用评价是伴随着信用风险的产生扩大而发展的,是防范信用风险、避免交易损失的客观要求。

信用评价的结果分别展示了企业及个人的资信状况或诚信程度。可以把广义的信用评价称为声誉评估、信用评估。

信用评估即由专业的机构或部门按照一定的方法和程序,在对企业进行全面了解、考察调研和分析的基础上,做出有关信用行为的可靠性、安全性程度的评价,并以专用符号和简单的文字形式来表述的一种管理活动。

评估的基本内容是企业的经营风险和财务风险,评估指标包括企业经营者素质、企业财务状况、企业创新能力、企业成长与发展能力。

评估的基本程序包括:接受评级申请或委托;成立评估机构;制订评估方案;搜集评估基础数据和基础资料;通知被评估计分;形成初步评估结论;撰写初步评估报告;评估报告复核;进行评估计分;形成初步评估结论;通知被评企业或委托人,建立评估项目档案,公布评估结果;连续跟踪检测等。

信用报告包括:信用决策过程的信用报告、信用跟踪过程中的信用报告、判断清算价值的信用报告。

8.4.5　信用保证机制

电子商务信用保障机制是有效实现其信用管理所必需的,保障机制的存在意义在于加快建设良好的电子商务信用环境,同时推进整个社会信用体系的完善。目前,阻碍和困扰电子商务发展的首要问题就是网络诚信问题,因此,要从建立信用保障体系入手。

1)建立完善的社会信用体系

首先,要建立完善的个人信用体系。在发达市场经济国家中,个人信用记录被称为现代社会的"第二身份证"。其次,要建立完善的企业信用体系。在进行电子商务交易前,交易双方都可以通过信用机构了解对方的资信状况,进而做出是否进行交易的决定。在长期的交易过程中,企业也应当建立自己的客户信用记录数据库,将信用记录差的客户列入黑名单,并在行业内部交流。

2)完善电子商务信用相关法律法规

电子商务涉及的相关法律法规虽然种类繁多、形式多样,但在解决办法上,基本可以分为三大类型:

①已有成熟的解决方案,只要尽快进行立法或修订法律,就基本可以解决问题,典型的如电子签章的法律效力问题。这类问题可以马上制订相关法规给予规范。

②目前对该问题还没有具体的解决方案,需要更多地从理论层面进行探寻,较为典型的有网络的管辖权问题、数字产品电子商务的税收问题。这类问题需要专家和政府进行研究,给出解决措施。

③也是最为普遍的一类,就是即便是出台或修订了相关的法律规定,其中的法律问题也难以马上解决,这方面的例子有电子商务的信息安全问题、电子商务知识产权的保护问题、电子商务的安全可靠保障问题、电子商务的法律救济问题等。这类问题需要相应的法律辅助机制的配合,或一个完善的法制环境。

3)发挥政府职能

政府在保障企业产权、明确信用主体方面应发挥一定作用。政府主管部门在加大信用宣传力度的同时,应采取各种激励措施,推动和保障行业信用体系建设,建立一个完善健全的信用管理体系,包括国家关于信用方面的立法、执法,以及政府对诚信行业的监督管理、行业自律等方面。

中央政府应将电子商务信用体系的建设作为国家重大的社会系统工程,领导、组织、协调、统一各地、各部门的信用系统建设工作,认真解决目前国内信用体系面临的信用信息条块分割的问题。努力维护网络安全、信息安全、网络交易安全、网络交易的信用及网络知识产权。社会信用体系建设中重要的一个环节就是建立惩罚机制,根据欧美等发达国家的实践经验,依法设置的惩罚机制能够杜绝大多数商业欺诈和不良动机的投机行为,让遵纪守法的企业能够得到保护和发展,而将不守信用的企业从市场中摒弃,并根据其情节严重程度,在一定的时段内,阻止它们再度进入市场。

4)借鉴外国先进做法并开展国际合作

在制度方面,我国计算通信技术发展较晚,无论是在电子商务实务方面,还是在立法与司法方面,都还缺乏。现在,世界大部分发达国家都有较完善的电子商务立法,电子商务本质上是国际性的商事活动,调整电子商务的法律规范,必须以全球解决方案为其最终目标。因此,研究、借鉴国际组织与发达国家的立法经验,是我国在电子商务立法中所应做的基础工作。

5) 建立第三方信用保障服务机构

第三方信用保障服务是独立于买卖双方的第三方通过搜集客观、可靠的信息,判断企业是否达到某种标准和是否可信任,从而使得买家能够迅速地判断可信任的企业。建立和培育专业的第三方信用服务认证机构。在整个电子商务交易过程中,为实现电子商务的安全交易,认证机构有着不可替代的地位和作用。认证机构作为第三方来承担电子商务安全交易认证服务、签发数字证书并确认用户身份的服务机构,目的是使交易双方彼此相信对方的身份。认证机构还扮演着一个交易双方签约、履约的监督管理的角色,交易双方有义务接受认证机构的监督管理,从而保证交易的安全进行。工商机关因其具有"市场运行的裁判员,市场秩序的坚强卫士"的工作性质和基本职能,在建立和培育专业的第三方信用服务认证机构方面,发挥着关键性的推动作用和权威性的监督作用。工商机关应在借鉴国外成功经验的基础上,结合我国实际,依据公平、公正、独立的原则,建立和培育我国的电子商务主体信用认证机构,监督信用认证机构电子商务主体评价的客观公正性,促进电子商务的良性发展。

8.5　风险管理

随着电子商务的深入开展,技术手段已经不能从根本上解决系统存在的安全问题,电子商务的安全问题应该转向系统工程的角度看待。建立完善的风险管理机制,分析系统目前与未来的风险,以及可能带来的安全威胁与影响程度,确定安全策略,促进电子商务的安全运行。

8.5.1　风险管理概述

风险指危险发生的意外性和不确定性,包括损失发生与否及损失程度大小的不确定性。风险是客观存在的,是不可避免的,并且在一定的条件下还有某些规律性。因此,人们可以降低风险的发生概率或减小其产生破坏的程度,而不可能将其完全消除。

风险管理起源于美国。1931 年,美国管理协会保险部首先提出了风险管理的概念。风险管理在 20 世纪 30 年代兴起,在 50 年代得到推广并受到普遍重视,当时美国一些大公司发生了重大损失,使公司高层决策者开始认识到风险管理的重要性。此后,对风险管理的研究逐步趋向系统化、专门化。后来,随着经济、社会和技术的迅速发展,人类开始面临越来越多、越来越严重的风险。1979 年 3 月美国三哩岛核电站的爆炸事故、1986 前苏联乌克兰切尔诺贝利核电站发生的核事故等一系列事件,使风险管理的概念得到了高度的重视。同年,风险管理国际研讨会在新加坡召开,这次会议表明,风险管理由大西洋向太平洋区域发展,成为由北美到欧洲再到亚太地区的全球性风险管理运动。

电子商务是通过互联网所进行的买卖交易及相关服务,交易的安全性能否得到保障是电子商务的核心问题。近几年来,我国的电子商务发展较快,但各种风险问题也日趋突出。一般来说,电子商务中常见的风险可分为经济风险、管理风险、制度风险、技术风险和信息风险。电子商务安全的风险管理是对电子商务系统的安全风险进行识别、衡量、分析,并在此基础上尽可能地以最低的成本和代价实现尽可能大的安全保障的科学管理方法。其本质就是防患于未然:事前加以消减和控制,事后积极响应和处理,为响应和处理所做的准备就是制订应急计划。

电子商务风险管理就是通过风险的识别、预测和衡量、选择有效的手段,以尽可能降低成本,有计划地处理风险,以获得企业安全运作的经济保障。这就要求企业在日常经营过程中,应对可能发生的风险进行识别,预测各种风险发生后对资源及日常经营造成的消极影响,使企业能够顺利经营。可见,风险的识别、风险的预测和风险的处理是企业风险管理的主要步骤。

1) 风险识别

风险识别是在收集有关各种威胁、漏洞和相关对策等信息的基础上,识别各种可能对电子商务系统造成潜在威胁的安全风险。风险识别的手段五花八门,对于电子商务系统的安全来说,风险识别的目标主要是对电子商务系统的网络环境风险、数据存在风险和网上支付风险进行识别。

2) 风险预测

风险预测是指运用分析、比较、总结等各种定性、定量的方法,对未来在电子商务运作过程中可能会遇到的各种问题进行预测和分析,做好可能会出现的大的问题的解决方案,从而使电子商务能够更加顺利地进行。

3) 风险处理

风险处理就是选择和运用一定的风险控制手段,以保障风险降到一个可以接受的水平。风险处理是风险管理中最重要的一个环节,是决定风险管理成败的关键因素。电子商务安全风险处理的目标在于改变企业电子商务项目所承受的风险程度。

8.5.2 风险评估

风险评估是指在风险事件发生之后,对于风险事件给人们的生活、生命、财产等各个方面造成的影响和损失进行量化评估的工作。风险评估是辨别各种系统的脆弱性及其对系统构成威胁的过程。管理部门必须确定什么风险是不可接受的,如天灾、人祸和其他危及生命和财产安全的潜在威胁。对这些威胁必须认真对待。而对一些很少发生且对系统影响很小的人为错误,则不必采取过多的手段。因此,风险评估一般从财产遭受威胁和攻击引起的损失等方面来考虑。按照有意或无意破坏、修改、泄露信息及设备误用所出现的概率来定量地确定。作为风险管理的基础,风险评估是组织确定信息安全需求的一个重要途径,属于组织信息安全管理体系策划的过程。风险评估是在综合考虑成本效益的前提下,通过安全措施控制风险,使残余风险降低到可以控制的程度。因为任何信息系统都会有安全风险,所以人们追求所谓的安全信息系统,实际上指信息系统在实施了风险评估以后做出了风险控制,仍然存在残余风险是可被接受的信息系统。追求信息系统安全就不能脱离全面、完整的信息系统安全评估,就必须运用信息系统安全风险评估的思想和规范对信息系统进行安全评估。

风险评估的主要任务是识别组织面临的各种风险,评估风险概率和可能带来的负面影响,确定组织承受风险的能力,确定风险消减和控制的优先等级,推荐风险消减对策。信息安全风险评估就是依据有关信息安全技术与管理标准,对信息系统及由其处理、传输和存储的信息的机密性、完整性和可用性等安全属性进行评价的过程。它要评估资产面临的威胁及威胁利用脆弱性导致安全事件的可能性,并结合安全事件所涉及的资产价值来判断安全事件一旦发生对组织造成的影响。

我国已经制订完成信息安全风险评估的国家标准——《信息安全风险评估指南》。其中规定了信息安全风险评估的工作流程、评估内容、评估方法和风险判断准则,适用于信息系统的使用单位进行自我风险评估,以及风险评估机构对信息系统进行独立的风险评估。《信息安全风险评估指南》分为两个部分。第一部分:主体部分。主要介绍风险评估的定义、风险评估的模型及风险评估的实施过程。第二部分:附录部分。包括信息安全风险评估的方法、工具介绍和实施案例。目的是使用户了解风险评估方法的多样性和灵活性。

2005 年 12 月 16 日,国家网络与信息安全协调小组正式通过了《关于开展信息安全风险评估的若干意见》,标志着我国将开始在全国范围内推进信息安全风险评估工作。当前,国家关键基础设施对信息系统的依赖性及信息系统间的互依赖性越来越强,信息资源越来越复杂,因此,许多重要信息网络和重要信息系统单位对进行信息安全风险评估的需求越来越迫切,一些大的应用行业在考虑信息系统建设的布局时,已经在信息安全评估、咨询和规划方面投入了实质性的资金支持。全国范围内的大规模推广将使市场需求大幅提升。

在信息安全风险评估过程中,要评估的部门会委托一些具有一定资质的信息安全风险评估公司来做除最核心部分以外的信息安全风险评估工作。在这方面,专业的信息安全公司会担当信息安全风险评估的重要角色。风险评估工作通过对现有系统的硬件、软件及信息资产进行分类、等级分析,得到现有资产的重要程度及威胁状况;依据现有的国家标准,从网络安全、设备安全、系统软件、应用信息保护等方面识别信息资源子系统、信息处理子系统的脆弱性,同时,分析系统在病毒防范、入侵检测、安全备份与恢复、网络可用性、安全管理等方面的安全保障能力,评估基于资产重要性、威胁发生的可能,为企业的信息安全提供保障。

8.5.3　风险处理

风险处理是指针对不同类型、不同规模、不同概率的风险,采取相应的对策,使风险损失对企业生产经营活动的影响降到最低限度。风险管理的一条基本原则是:以最低的成本获得最大的保障。风险处理的方法主要有避免风险、预防风险、自保风险、转移风险等方法。

1)避免风险

避免风险实际上是一种消极躲避风险的方式,主动避开损失发生的可能性。避免风险也具有很大的局限性,并不是所有的风险都可以回避的。例如人身意外伤害,无论如何小心翼翼,这类风险总是无法彻底消除。再如避免航空事故可改乘火车出行,即便如此也不一定能够避免火车灾祸,又给日常生活带来极大的不便,实际上也是不可行的。

2)预防风险

预防风险是指采取预防措施,以减少损失发生的因素及损失程度。例如,为了防止水灾导致的仓库进水,采取增加防洪门、加高防洪堤等,可大大减少因水灾导致的损失。要加强对风险的监督,发现问题及时处理,争取在损失发生之前阻止情况恶化或提前采取措施减少风险造成的损失。

3) 自保风险

企业自己承担风险,如将小额损失纳入生产经营成本,损失发生时用企业的收益补偿。针对发生的频率和强度都大的风险建立意外损失基金,损失发生时用它补偿,带来的问题是挤占了企业的资金,降低了资金使用的效率。

4) 转移风险

转移风险是指利用某些合法的交易方式和业务手段将风险全部或部分地转移给他人的行为。在危险发生前,通过采取出售、转让、保险等方法,将风险转移出去。

8.5.4 风险计算方法

常用的风险计算方法包括风险矩阵测量法、威胁分级计算法、风险综合评价法及安全属性矩阵法等,这几种方法在使用中各有侧重点,评估者可以根据组织的需求和实际情况,选择相应的判断方法和过程。

1) 风险矩阵测量法

风险矩阵测量法的特点是事先建立资产价值、威胁等级和脆弱性等级的一个对应矩阵,预先将风险等级进行了确定。然后根据不同资产的赋值从矩阵中确定不同的风险。使用本方法需要首先确定资产、威胁和脆弱性的赋值,要完成这些赋值,需要组织内部的管理人员、技术人员、后勤人员等方面的配合。对于每一资产的风险,都将考虑资产价值、威胁等级和脆弱性等级。例如,如果资产值为 3,威胁等级为"高",脆弱性为"低"。查表可知风险值为 5。如果资产值为 2,威胁为"低",脆弱性为"高",则风险值为 4。当一个资产是由若干个子资产构成时,可以先分别计算子资产所面临的风险,然后计算总值。例如,系统 S 有三种资产 A1、A2、A3。并存在两种威胁:T1、T2。设资产 A1 的值为 3,A2 的值为 2,A3 的值为 4。如果对于 A1 和 T1,威胁发生的可能性为"低",脆弱性带来的损失是"中",则频率值为 1,A1 的风险为 4。同样,设 A2 的威胁可能性为"中",脆弱性带来损失为"高",得风险值为 6。对每种资产和相应威胁计算其总资产风险值。总系统分数 ST = A1T+A2T+A3T。这样可以比较不同系统来建立优先权,并在同一系统内区分各资产。

2) 威胁分级计算法

威胁分级计算法是直接考虑威胁、威胁对资产产生的影响及威胁发生的可能性来确定风险。使用这种方法时,首先确定威胁对资产的影响,可用等级来表示。识别威胁的过程可以通过两种方法完成:一是准备威胁列表,让系统所有者去选择相应的资产的威胁;二是由评估团队的人员识别相关的威胁,进行分析和归类。

然后评价威胁发生的可能性。在确定威胁的影响值和威胁发生的可能性之后,计算风险值。风险的计算方法,可以是影响值与可能性之积,也可以是之和,具体算法由用户来定,只要满足是增函数即可。

3)风险综合评价法

风险综合评价法中风险由威胁产生的可能性、威胁对资产的影响程度及已经存在的控制措施三个方面来确定。与风险矩阵测量法和威胁分级计算法不同,本方法将控制措施的采用引入风险的评价之中。

在这种方法中,识别威胁的类型是很重要的。从资产的识别开始,接着识别威胁及威胁产生的可能性;然后对威胁造成的影响进行分析,在这里对威胁的影响进行了分类型的考虑,如对人员的影响、对财产的影响、对业务的影响。在考虑这些影响时,是在假定不存在控制措施的情况下的影响。将以上各值相加添入数值表中。例如,本例中将威胁的可能性分为1—5级;威胁的影响也分为1—5级。在威胁发生的可能性和威胁的影响确定后,计算总的影响值。

最后,分析是否采用了能够减小威胁的控制措施。这种控制措施包括从内部建立的和从外部保障的,并确定它们的有效性,对其赋值。本例中将控制措施的有效性由小到大分为5个等级:1—5级。在此基础上根据公式求出总值,即风险值。

4)安全属性矩阵法

安全属性矩阵法将资产的三个安全属性(完整性、机密性、可用性)与两个安全风险(意外行为、故意行为)联系到一起,形成一个风险矩阵。通过这个矩阵,在风险分析过程中识别风险,同时识别控制措施。评估中,首先识别要评估的资产,接着对影响资产的完整性、机密性和可用性的威胁进行识别。形成一个风险列表(风险矩阵)。然后,根据这个风险矩阵形成控制措施的矩阵,也可以首先建立通用风险矩阵和通用控制措施矩阵,然后在其中选择可能会面临的风险及相应的控制措施。

8.5.5 风险评估工具

风险评估工具是保证风险评估结果可信度的一个重要因素。国信办《信息安全风险评估指南》将风险评估的工具分为风险评估辅助工具、安全管理评价系统、系统软件评估工具三类。

1)风险评估辅助工具

风险评估辅助工具是一套集成了风险评估各类知识和判据的管理信息系统,或者是用于收集评估所需要数据和资料的日志系统,如入侵监测系统。同时,安全审计工具、安全漏洞库、知识库都是风险评估不可或缺的支持手段。入侵检测系统,帮助检测各种攻击试探和误操作,也可以作为警报器,提醒管理员发生的安全状况;安全审计工具主要用来分析系统或网络安全状况,为风险评估提供安全现状数据。

科学的风险评估需要大量的实践和经验数据的支持,因此历史数据和技术数据的积累是风险评估科学性和预见性的基础。根据评估过程需要的知识和数据,可以将评估辅助工具分为:评估指标库、知识库、漏洞库、算法库和模型库。

2)安全管理评价系统

安全管理评价系统主要从安全管理方面入手,通过结构化的推理过程建立模型、输入相关信息,得出评估结论。通常,这种系统在对信息安全风险进行评估后都会有针对性地提出风险管理措施。安全管理评价系统通常建立在一定的算法基础之上,根据影响风险的诸因素来确定系统结论,也有的是利用专家系统,根据专家经验进行分析得出系统结论。常用的安全管理评价系统有 CRAMM、ASSET、CORA 等。

3) 系统软件评估工具

系统软件评估工具包括脆弱性扫描工具和渗透性测试工具。此类工具主要用于对操作系统、数据库系统、网络、设备等的安全漏洞进行分析,或实施基于漏洞的渗透性测试。通常扫描工具和渗透工具配合使用。常用的系统软件评价工具有 Nessus、ISS、CyberCop Scanner、SAINT 等。以上各类工具有不同的功能,在风险评估过程中,必须将各类工具结合起来,才能使评估结果更加全面、客观。

本章小结电子商务安全的建设是一个系统工程,它需要对系统的各个环节进行统一的综合考虑、规划和构架,并要时时兼顾组织内外不断发生的变化,任何环节上的安全缺陷都会对系统构成威胁。电子商务安全管理一般包括制订信息安全政策、风险评估、控制目标与方式选择、制订规范的操作流程、对员工进行安全意识培训等一系列工作,通过在安全方针策略、组织安全、资产分类与控制、人员安全、物理与环境安全、通信与运营安全、访问控制、系统开发与维护、业务持续性管理、符合法律法规要求十个领域内建立管理控制措施,来为组织建立起一张完备的信息安全"保护网",以保证组织信息资产的安全与业务的连续性。

总之,电子商务安全管理是组织中用于指导和管理各种控制信息安全风险的一组相互协调的活动。

本章小结

电子商务安全管理,是一个系统性工作,涉及信息安全管理、安全标准及法律法规、信用管理、风险管理等内容。

信息安全管理需要对信息系统的各个环节进行统一的综合考虑、规划和构架,并要时时兼顾组织内外不断发生的变化。

信息安全管理体系运用 PDCA 过程方法和 114 项信息安全控制措施来帮助组织解决信息安全问题,实现信息安全目标。

信息安全标准及法律法规也不断得到完善和发展,国际比较著名的有 ISO/IEC 27001、ISO/IEC 15408(CC)、SSE-CMM、ITIL 等,我国也制定了符合本地区的信息安全标准与法律法规。

信用管理模式包括以政府为主体的"网络公证计划"模式;以企业为主体的中介人模式、担保人模式、网站经营模式和委托授权模式。

电子商务风险管理就是通过风险的识别、预测和衡量、选择有效的手段,以尽可能降低成本,有计划地处理风险,以获得企业安全运作的经济保障。

问题讨论

1.简述信息安全管理体系框架。

2.简述国际著名的信息安全标准。

3.简述电子商务信用体系的未来发展趋势。

4.简述电子商务风险评估具体方法。

课后案例

信息技术的进步给电子商务的发展提出了严峻的考验,系统瘫痪、黑客入侵、病毒感染、网页改写、客户资料的流失及公司内部资料的泄露等,严重危害了社会正常的秩序。

(1)针对农信社和城商行的短信钓鱼攻击

"网络钓鱼"是指仿冒银行、网站等知名机构,用短信或邮件形式骗取用户的敏感信息,如用户名、银行或信用卡账号、密码。2021年初,山东银保监局监测发现辖区内出现针对城商行、农商行等中小银行机构客户的短信钓鱼诈骗风险事件。钓鱼网站域名为农信社、城商行等金融机构客服电话+字母,或与金融机构网站相似域名的形式,多为境外域名注册商注册并托管。不法分子主要通过电子邮件窃取个人用户信息,先伪造一条手机银行停用的信息,并将用户导流至虚假钓鱼网站。银行第一时间联系国家互联网应急中心、网络运营商对钓鱼网站的域名和IP地址进行封禁,向公安机关报案并升级系统技术手段。银行机构、城商行联盟采取技术手段加强安全策略,紧急调整手机银行、网上银行渠道交易规则,提高业务验证级别,提高系统防诈能力。国内金融线上业务发展迅速,但国内信息保护与技术安全仍需要提升,同时国内监管制度与法律有待完善。

(2)某PC制造厂商遭黑客入侵勒索赎金5 000万美元

勒索软件或者叫勒索病毒(Ransomware)。据《2021年勒索软件报告》,受害者为了获得解锁其网络解密密钥而支付的平均赎金增长了171%。2021年3月,REvil勒索软件团伙在其数据泄露站点上宣布他们已经成功入侵某PC制造厂商的系统,并同时公布了几张作为证据的被盗文件截图,可以看到财务报表、流水账单、银行交易等敏感信息,要求支付5 000万美元的赎金。这是REvil有史以来最高的勒索金额,之前最高的赎金是Dairy Farm网络攻击的3 000万美元。REvil有可能是通过Microsoft Exchange漏洞对厂商发起的攻击。厂商表示会时时检查数据系统的状态,将持续强化信息数据安全架构,以保持营运持续性及资料完整性,未来将成立资安学院培育信息安全人才。

(3)某电商平台近12亿条用户数据遭泄露

2020年8月,某电商平台报警称,有不法分子通过mtop订单评价接口绕过平台风控批量爬取加密数据,爬取内容包括买家昵称、用户评价内容、昵称等敏感字段,有1 180 738 048条用户信息泄露。不法分子通过采取到的个人信息,共创建了1 100个微信群,每个群人员控制在90~200人,每天利用机器人在群里发优惠券来获得返利佣金。一年间获得经营额超过395万元,违法所得超过34万元。目前电商平台已采取措施,通过限制访问次数、前端页面展示加密、提高人机识别技术等拦截与识别。

电子商务既面对巨大的发展机遇,也面临着各种风险,因此,必须重视电子商务安全管理。

讨论:

结合案例,谈一谈企业应该从哪些方面重视电子商务安全管理。

第 9 章
电子商务管理工具与方法

📖 案例导学

D 公司的 ERP 之路

在日益激烈的竞争环境中,企业对市场的需求和变化作出回应的速度决定着其生存的空间与活力。D 公司是中国极具影响力的专业口腔护理用品公司,作为典型的消费品行业公司,消费品市场的集中度高,产品的零售商多且散;市场的需求变化可预见性低,需求变化快;行业渠道种类繁多,各种业态并存;产品客户的忠诚度较低,易受价格导向。这些消费品市场的特点,要求消费品供应链能够具有快速响应终端客户的需求,这就意味着生产商需要及时掌握消费者需求变化信息,迅速满足消费者需求。然而随着市场的发展,转变商业模式和打造企业核心竞争力对于消费品行业来说尤为重要。基于对公司发展问题症结的判断,D 公司在信息系统、需求计划预测、供应链管理流程方面进行了改善。首先,系统方面,于 2017 年 10 月上线公司 ERP 信息化系统,通过信息化的有效实现,将营销管理 CRM 系统和公司资源管理系统 ERP 的整体联通,打造了一体化的信息系统,彻底结束以往公司存在的"信息孤岛",实现真正的财务、业务一体化,实现销售计划、材料采购计划、生产计划、物流计划的透明化管理,让各个环节的信息在公司统一的信息平台上共享。其次,建立公司产品需求计划预测岗位,以数据分析为依据的产品需求计划预测量,辅助销售的临时活动调整修正,替代公司以往的月度需求计划制订方式,并且正确识别和消除不确定因素,尽最大可能减少销售计划偏差。最后,供应链部门梳理了相关的管理流程,包括市场部新品的上市流程、老品退出流程、研发试生产流程、采购部门的物料准备流程等,设计了一体化的供应链计划体系。以上需求计划和管理流程的各个关节通过现有的 ERP 系统进行衔接,使整个供应链系统高效运转。ERP 在 D 公司上线后,该公司内外部实现了信息的高速运转。内部建立产销协调机制,健全制度,做到群策群力,使大家步调一致,提高交付能力;外部做到了信息共享,整体联动。大大减小了供应链的"牛鞭效应"给供应链相关方带来的困难。

为何 D 公司需要耗费大量的人力、物力、财力来引入 ERP 新系统? D 公司的 ERP 系统在解决他们遇到的供应链问题中的作用是什么?

📖 内容提要

本章主要介绍电子商务管理的基本工具与方法：企业资源计划、客户关系管理、供应链管理和知识管理。企业资源计划紧紧抓住企业信息流程这条主线，以生产经营为目的，能有效地促进电子商务管理的现代化、科学化，适应竞争日益激烈的市场要求；客户关系管理作为以客户为中心的价值链管理方法，是方法论、软件和 IT 能力的综合，只有多层次、多层面地提升 CRM 的管理水平，才能提升企业在电子商务中的竞争能力；供应链管理是多层次、多目标的系统工程，随着供应链赖以生存的市场环境的不断发展，供应链管理的核心任务也在不断变化，在迅猛发展的电子商务时代，数字供应链管理展现出多种优势；知识管理超越了数据管理、信息管理的领域，整合了企业电子商务资源，释放了电子商务的潜能。

📖 本章重点

- 企业资源计划的管理思想。
- 客户关系管理战略。
- 供应链管理方法与相关技术。
- 知识管理流程与实施。

9.1　企业资源计划

随着经济全球化和大型企业集团的多元化经营，以及准时生产（Just Intime，JIT）、精益生产（Lean Production，LP）、敏捷制造（Agile Manufacturing，AM）、约束理论（Theory of Constraints，TOC）、供应链管理（Supply Chain Management，SCM）等先进管理思想的诞生，作为一种面向企业内部应用的 MRP Ⅱ 系统已不能满足一些大型跨国集团公司的要求。在这个背景下，20世纪 90 年代初期，美国著名的 IT 咨询公司——高德纳咨询公司（Gartner Group）根据当时计算机信息处理技术的发展和企业对供应链管理的需要，对信息时代以后制造业管理信息系统的发展趋势和即将发生的变革作了预测，提出了企业资源计划（Enterprise Resources Planning，ERP）这个概念。

9.1.1　企业资源计划的内涵

ERP 是信息时代的现代企业向国际化发展的更高层管理模式，也代表了当前集成化企业管理软件系统的最高水平，具体可以从管理思想、软件产品、管理系统三个角度来理解ERP 的含义。

1) 从管理思想的角度

ERP 是由 20 世纪 90 年代初美国著名的计算机技术咨询和评估集团高德纳咨询公司提出的一整套企业管理系统体系标准，其实质是在 MRP Ⅱ 基础上进一步发展而成的支持混合方式的制造环境、支持能动的监控能力、模拟分析和决策支持、面向供应链的管理思想。

2) 从软件产品的角度

ERP 是综合应用了客户机/服务器体系、关系数据库结构、面向对象技术、图形用户界面、第四代语言(4GL)、网络通信等信息产业成果,以 ERP 管理思想为灵魂的软件产品。

3) 从管理系统的角度

ERP 是整合了企业管理理念、业务流程、基础数据、人力物力、计算机硬件和软件于一体的企业资源管理系统。

高德纳咨询公司从软件功能范围、软件应用环境、软件功能增强和软件支持技术等角度,提出 ERP 具备的功能标准应该包括四个方面:

①超越 MRP Ⅱ 范围的集成功能。包括质量管理、实验室管理、流程作业管理、配方管理、产品数据管理、维护管理、管制报告和仓库管理等。

②支持混合方式的制造环境。包括既可支持离散又可支持流程的制造环境,按照面向对象的业务模型组合业务过程的能力和国际范围内的应用。

③支持能动的监控能力,提高业务绩效。包括在整个企业内采用控制和工程方法,模拟功能,决策支持和用于生产及分析的图形功能。

④支持开放的客户机/服务器计算环境。包括客户机/服务器(C/S)体系结构、图形用户界面(GUI)、关系数据库(RDB)结构、计算机辅助系统工程(CASE)、面向对象(O-O)技术、使用 SQL 对关系数据库查询、内部集成的工程系统、商业系统、数据采集和外部集成 EDI 等。

从本质上看,ERP 仍然是以 MRP Ⅱ 为核心,但在功能和技术上却超越了传统的 MRP Ⅱ,它是以客户驱动的、基于时间的、面向整个供应链管理的企业资源计划。

9.1.2 企业资源计划的管理思想

ERP 的核心管理思想就是实现对整个供应链的有效管理,主要体现在以下三个方面。

1) 体现对整个供应链资源进行管理的思想

在知识经济时代仅靠自己企业的资源不可能有效地参与市场竞争,还必须把经营过程中的相关各方如供应商、制造工厂、分销网络、客户等纳入一个紧密的供应链中,才能有效地安排企业的产、供、销活动,满足企业利用全社会一切市场资源快速高效地进行生产经营的需求,以期进一步提高效率和在市场上获得竞争优势。换句话说,现代企业竞争不是单一企业与单一企业间的竞争,而是一个企业供应链与另一个企业供应链之间的竞争。ERP 系统实现了对整个企业供应链的管理,适应了企业在知识经济时代市场竞争的需要。

2) 体现精益生产、同步工程和敏捷制造的思想

ERP 系统支持对混合型生产方式的管理,其管理思想表现在两个方面:其一是"精益生产 LP"的思想,它是由美国麻省理工学院(MIT)提出的一种企业经营战略体系。即企业按大批量生产方式组织生产时,把客户、销售代理商、供应商、协作单位纳入生产体系,企业同其销售代理、客户和供应商的关系,已不再简单的是业务往来关系,而是利益共享的合作伙伴关系,这种合作伙伴关系组成了一个企业的供应链,这即是精益生产的核心思想。其二是"敏捷制造"的思想。当市场发生变化,企业遇有特定的市场和产品需求时,企业的基本合作伙伴不一定能满足新产品开发生产的要求,这时,企业会组织一个由特定的供应商和销售渠道组成的短期或一次性供应链,形成"虚拟工厂",把供应和协作单位看成是企业的一个组成

部分,运用"同步工程(SE)",组织生产,用最短的时间将新产品打入市场,时刻保持产品的高质量、多样化和灵活性,这即是"敏捷制造"的核心思想。

3)体现事先计划与事中控制的思想

ERP 系统中的计划体系主要包括主生产计划、物料需求计划、能力计划、采购计划、销售执行计划、利润计划、财务预算和人力资源计划等,而且这些计划功能与价值控制功能已完全集成到整个供应链系统中。

另外,ERP 系统通过定义事务处理(Transaction)相关的会计核算科目与核算方式,以便在事务处理发生的同时自动生成会计核算分录,保证了资金流与物流的同步记录和数据的一致性。从而实现了根据财务资金现状,可以追溯资金的来龙去脉,并进一步追溯所发生的相关业务活动,改变了资金信息滞后于物料信息的状况,便于实现事中控制和实时作出决策。

此外,计划、事务处理、控制与决策功能都在整个供应链的业务处理流程中实现,要求在每个流程业务处理过程中最大限度地发挥每个人的工作潜能与责任心,流程与流程之间则强调人与人之间的合作精神,以便在有机组织中充分发挥每个人的主观能动性与潜能。实现企业管理从"高耸式"组织结构向"扁平式"组织结构的转变,提高企业对市场动态变化的响应速度。

总之,借助 IT 技术的飞速发展与应用,ERP 系统得以将很多先进的管理思想变成现实中可实施应用的计算机软件系统。

9.1.3　企业资源计划系统的功能模块

1)财务管理模块

财务管理模块主要包括会计核算和财务管理。其中,会计核算主要是记录、核算、反映和分析资金在企业经济活动中的变动过程及其结果。它由总账模块、应收账模块、应付账模块、现金管理模块、固定资产核算模块、多币制模块、工资核算模块以及成本模块构成。财务管理的功能主要是对会计核算的各种数据进行分析,从而进行相应的预测、管理和控制活动。

2)生产控制管理模块

这一部分是 ERP 系统的核心所在,它将企业的整个生产过程有机地结合在一起,使得企业能够有效地降低库存,提高效率。其主要功能模块包括:主生产计划、物料需求计划、能力需求计划、车间控制、制造标准。

(1)主生产计划

它是根据生产计划、预测和客户订单的输入来安排将来的各周期中提供的产品种类和数量,它将生产计划转为产品计划,在平衡了物料和能力的需要后,精确到时间、数量的详细的进度计划。是企业在一段时期内的总活动的安排,是一个稳定的计划,是以生产计划、实际订单和对历史销售分析得来的预测产生的。

(2)物料需求计划

在主生产计划决定生产多少最终产品后,再根据物料清单,把整个企业要生产的产品的数量转变为所需生产的零部件的数量,并对照现有的库存量,可得到还需加工多少,采购多少的最终数量。这才是整个部门真正依照的计划。

（3）能力需求计划

它是在得出初步的物料需求计划之后,将所有工作中心的总工作负荷,在与工作中心的能力平衡后产生的详细工作计划,用以确定生成的物料需求计划是否是企业生产能力上可行的需求计划。能力需求计划是一种短期的、当前实际应用的计划。

（4）车间控制

这是随时间变化的动态作业计划,是将作业分配到具体各个车间,再进行作业排序、作业管理、作业监控。

（5）制造标准

在编制计划中需要许多生产基本信息,这些基本信息就是制造标准,包括零件、产品结构、工序和工作中心,都用唯一的代码在计算机中识别。

3）物流管理模块

物流管理是企业对物流过程中的物资采购、存储和销售的一系列过程的管理活动。

（1）分销管理

主要有四方面的功能:对客户信息的管理和服务;对销售订单的管理;对销售数据的统计与分析;营销管理。

（2）库存控制

它是一种相关的、动态的库存控制系统,以最小限度地占用资本保证稳定的物流支持正常的生产。具体功能包括:为所有的物料建立库存,决定何时订货采购,同时作为采购部门采购、生产部门作生产计划的依据;订购物料的质量检验入库,生产的产品的质量检验入库;收发料的日常业务处理工作。

（3）采购管理

主要完成随时提供定购、验收的信息,跟踪和催促对外购买或委托外加工的物料,保证货物及时到达;建立供应商档案和信息,及时用成本信息来调整库存成本等。

4）人力资源管理模块

主要包括人力资源规划的辅助决策、招聘管理、工资核算、工时管理以及差旅核算等。

（1）人力资源规划的辅助决策

人力资源规划是决策者为确保在适当的时候,为适当的职位配备适当数量和类型的工作人员,并使他们能够有效地完成促进企业实现总体目标的任务的这样一个过程。ERP 的人力资源规划模块可以有效地辅助决策者实现这一过程,具体表现在以下三个方面:评价现有的人力资源;预估未来需要的人力资源;制订满足未来人力资源需要的行动方案。

（2）招聘管理

ERP 提供的招聘系统一般从以下几个方面提供支持:进行招聘过程的管理,优化招聘过程,减少业务工作量;对招聘的成本进行科学管理,从而降低招聘成本;为选择聘用人员的岗位提供辅助信息,并有效地帮助企业进行人才资源的挖掘。

（3）工资核算

能根据公司跨地区、跨部门、跨工种的不同薪资结构及处理流程制订与之相适应的薪资核算方法；与时间管理直接集成，能够及时更新，对员工的薪资核算动态化；通过和其他模块的集成，自动根据要求调整薪资结构及数据。

（4）工时管理

根据本国或当地的日历，安排企业的运作时间以及劳动力的作息时间表；运用远端考勤系统，可以将员工的实际出勤状况记录到主系统中，并把与员工薪资、奖金有关的时间数据导入薪资系统和成本核算中。

（5）差旅核算

系统能够自动控制从差旅申请、差旅批准到差旅报销整个流程，并能通过集成环境将核算数据导进财务成本核算模块中去。

5）供应链管理模块

该模块是对企业供应链的管理，即对市场、需求、订单、原材料采购、生产、库存、供应、分销发货等的管理，包括了从生产到发货、从供应商到顾客的每一个环节。供应链是企业赖以生存的商业循环系统，是企业电子商务管理中最重要的课题。统计数据表明，企业供应链可以耗费企业高达25%的运营成本。SCM能为企业带来如下益处：①增加预测的准确性。②减少库存，提高发货供货能力。③减少工作流程周期，提高生产率，降低供应链成本。④减少总体采购成本，缩短生产周期，加快市场响应速度。

随着因特网的飞速发展，越来越多的企业开始利用网络实现SCM。即利用因特网将企业的上下游企业进行整合，以中心制造厂商为核心，将产业上游原材料和零配件供应商、产业下游经销商、物流运输商及产品服务商以及往来银行结合为一体，构成一个面向最终顾客的完整电子商务供应链。目的是降低采购成本和物流成本，提高企业对市场和最终顾客需求的响应速度，从而提高企业产品的市场竞争力。

6）销售与市场模块

市场是商品经济的产物，是随着商品经济的发展而发展起来的。只要有商品生产和商品交换，就必然存在市场，因此商品销售与市场存在着一种客观的必然联系。个体、私营企业的商品生产与商品交换，不受国家计划的制约，它完全是在市场环境下产生和发展起来的。为此，个体、私营企业必须树立正确的市场观念，特别是要注重市场研究，这是搞好商品生产销售的前提条件，是企业在激烈的市场竞争中立于不败之地的保证。

市场观念是企业的全部生产经营活动立足于满足用户需要的经营指导思想。现代市场观念的具体内容主要包括：①用户是企业活动的中心，企业根据用户需要确定自己的生产经营方向。②企业的营销活动要形成整体，协调一致，围绕满足用户需要进行活动。③在满足用户需要的同时，实现本企业的利润。在取得利润的策略上，并不着眼于每次交易利润的大小，而是考虑企业的长远发展，把争取顾客、树立良好的企业形象、开拓市场、提高市场占有率作为企业的目标，从而取得利润。

市场研究又称市场营销研究，它是运用一定的方法和程序，搜集、整理与分析有关消费者需求的商品和劳务的营销资料，进行市场分析与规划，以确定市场营销策略。要搞好企业的财务管理,亦必须注重市场,加强市场营销研究。这是因为:第一,市场是联系生产和消费的中介,它能灵敏地反映社会需求的变化及其状况,企业要在竞争中居于有利地位,就应及时掌握市场动态;第二,企业要想以最小的成本,取得最大的财务效益,就要通过市场研究,生产经营适合市场需要的,适销对路的产品;第三,企业的购销活动都必须完全依靠市场营销机制进行,这是由个体私营企业生产经营特点决定的。市场研究的主要内容包括市场调查、市场预测及销售策略的制订等。

9.1.4 企业资源计划系统的实施方法

企业资源计划系统的实施前需要做好各项准备工作,主要是企业内管理活动的重新组织和变革,以及为顺利实施 ERP 开展的各项培训活动。在正式实施阶段则需要企业有条理地计划、组织、领导和控制,并不断反馈和调整整个实施过程,以使得 ERP 系统能够在企业内发挥最优的效果。

1) 前期准备工作

(1)调查摸底

前期准备的摸底工作可以分为三个方面进行:一是摸清企业自身情况,了解并确定企业管理中的各种症状并找出造成症状的原因所在,找出所有非增值作业和各种响应迟缓的因素。二是摸清同行或类似企业的情况,分析比较并学习它们的经验和教训。三是摸清软件公司和咨询公司的情况,寻找能够解决企业相应问题的合作伙伴。

(2)机构重组

这是企业资源计划系统实施过程中难度最大的一环。企业必须调整和变革组织机构和业务流程,这就必须采取机构重组的手段。

(3)培训指导

企业资源计划作为管理技术和信息技术的有机结合体,通常比较深奥而且转变很快,这就要求企业各级管理层在不断学习先进的管理理论的同时,还要积极动员每一位员工参与进来,对 ERP 项目实施所涉及的人员进行多角度、多层次的技能培训。

2) 实施工作

(1)组织专门机构实施

企业要想顺利实施企业资源计划系统,就要在其内部成立三级专门机构,即领导小组、项目小组和职能小组来负责不同层面的工作。由于企业资源计划的实施关系到企业内部管理模式的调整、业务流程的变化及相关人员的变动。所以,各专门机构要各司其职,充分发挥作用。

(2)参与确定技术方案

一个优秀的应用模型没有相应的技术框架来承载的话,这个模型的管理将无法发挥作用,而且势必流于形式。因而,一个精确的技术解决方案可以作为企业资源计划软件运行的载体和基础。技术平台的变迁和进度对企业管理软件的发展产生了巨大的影响,使管理范围、管理能力和管理手段发生了相当大的变化。怎样去选择一个适合企业管理要求、满足现状和未来发展的技术平台,是一个非常重要的问题。

（3）对企业原型模拟

进行适应性实验要建立在系统培训、全面了解企业资源计划的基础上,结合本企业的具体情况和需求,验证系统对具体问题解决的程度,以确定二次开发的工作。原型测试的数据不必采用企业实际的业务数据,可以是模拟的。

（4）优化调整系统

任何一个企业资源计划系统内含的先进管理模式都不可能完全符合特定企业的管理要求,因此,需要考虑行业背景与行业管理模式,对软件功能作适当调整,以适应特定行业管理上的特殊要求。这就要选择不同的企业资源计划模型和软件,推出不同的与行业相适应的解决方案,对企业资源计划系统进行调整。

（5）进行系统模拟运行

模拟运行可以在完成了用户化和系统调整后运行,这个时候可以先选择一部分比较成熟稳健的业务来进行试运行,从而可以确保新系统的平稳过渡。

（6）平稳切换系统

企业资源系统在运行过程中,如果没有发生什么异常的现象,运行相对正常后,就可以替换原来的业务系统,企业资源系统就可以比较平稳正常地运作下去。

3) 注意问题

基于供应链管理思想的 ERP,在实施过程中需要从以下几个方面进行:

（1）确立 ERP 系统实施的决策者

决策者就是对企业各方面的情况掌握较全面,对企业的整体发展目标较明确,有一定的影响力和号召力的人。由其担当 ERP 项目实施的领头羊,进行统筹规划,就会走好每一步,下好整盘棋。在企业内部成立完善的三级组织机构:领导小组、项目实施小组和职能小组。通过决策者和组织机构的科学决策,确定 ERP 的实施计划步骤、实施细则与人员分工。

（2）做好前期咨询与调研工作

咨询就是要通过管理咨询专家对企业当前发展和管理中的薄弱环节及存在的核心问题进行诊断与分析,重新设计业务流程,调整组织分配;调研就是要知己知彼,搞清企业生产与业务构成、服务需求、ERP 供应商的开发能力及软件产品特点和其成功案例的了解、供应链的构成环节、市场供求关系与未来变化特点等情况。确保基础数据的准确性、时效性、可靠性和前后、上下数据间的一致性,为科学决策与管理提供参考依据。

（3）选择适合企业特点的 ERP 管理软件

ERP 产品比较多,不同企业间的规模、产品结构、市场战略、管理模式也存在较大的差异。因此,企业在选择 ERP 软件的时候,应该着重从企业需求、软件功能的拓展与开放性、二次开发工具及其易用性、完善的软件文档、良好的售后服务与技术支持、系统的稳定性、供应商的实力与信誉、合适的价格等方面进行综合考虑。另外也要做投资效益分析,包括资金利润率、投资回收期、实施周期及难度,以避免造成实施时间、二次开发或用户化时间过长而影响效益的兑现。

（4）切实做好员工的培训工作

分别对车间和部门负责人、财会人员、生产计划员、购销人员、生产统计员、仓库管理员等进行贯穿于 ERP 系统实施全过程的培训。因为 ERP 系统的使用会在较大程度上改变员工现有的操作方式或操作流程。要从精良生产、准时制生产、全面质量管理等方面,对 ERP 项目涉及的人员分不同层次、不同程度地进行软件功能使用培训。

（5）建立健全工程项目管理体制和运作机制

ERP 系统是一个具有投资大、周期长、系统复杂和高风险等特点的企业管理系统工程。因此,企业在 ERP 应用过程中必须从系统工程和科学管理的角度出发,确保 ERP 项目的成功实施。

（6）实现 ERP 与电子商务的整合

电子商务是企业参与未来国际竞争,优化企业经营的主流商务模式。电子商务时代的 ERP 系统将充分利用 Internet 技术及信息集成技术,将供应链管理、客户关系管理、企业办公自动化等功能全面集成优化,以支持产品协同商务等企业经营管理模式。如果 ERP 一味固守原有的管理思想,只停留在企业内部流程的管理上,将不能适应电子商务时代资源优化及企业间协同发展的需要。计划实施 ERP 的企业,就必须争取能够实现 ERP 和电子商务的无缝对接,为企业在电子商务时代的发展提供新的发展机遇。

9.2　客户关系管理

为客户创造可感知的价值并不断增值是客户关系管理的精髓和出发点。电子商务时代,信息技术革命极大地改变了商业模式,尤其对企业与客户之间的互动关系产生了巨大的影响。在一切都随手可及的 E 社会（Electronic Society）,客户可以极方便地获取信息,并且更多地参与到商业过程中。深入了解客户需求,及时将客户意见反馈到产品、服务设计中,为客户提供更加个性化、深入化的服务,将成为企业成功的关键。

9.2.1　客户关系管理的内涵

"客户就是上帝",自 20 世纪 40 年代以来一直被奉为圣旨,客户关系管理的基本思想和方法是"客户就是上帝"思想在当今信息技术时代的具体化。随着网络经济、知识经济的迅猛发展和全球市场竞争的日益激烈,人们在大量研究和实践的基础上对网络经济时代的 CRM 又赋予了新的内涵。它们主要是:

1) 客户资源是客户关系管理的基本对象

客户关系管理中的"客户"包括分销商、零售商、最终消费者及其合作伙伴在内的企业外部客户。企业还有另一类客户,就是企业的内部客户——内部员工。为了提高有价值员工的满意度和忠诚度,需要对企业的内部员工进行分类。

针对不同类型的内部客户,企业要采取不同的维系策略,以内部服务提高员工的满意度,让满意的员工忠诚,从而为外部客户提供高价值的服务,提高外部客户的满意度和忠诚度,最终达到提高企业最大盈利的目的。

2) 核心客户的管理

从企业所关注的价值角度,将客户分为以下四类:

①重要客户（VIP clients）,指在过去特定期间为公司带来最多交易的前 1% 客户。

②主要客户(major clients),指在 VIP 客户以外,在此特定期间内交易数额占最多的前 5% 的客户。

③普通客户(common customers),指除了 VIP 客户与主要客户,交易金额最多的前 20% 客户。

④小客户(minor customers),指除了上述三种客户外,交易金额为其他 80% 的客户。当然这个比例因其所在的行业或公司而有所差异,在比例数值上可能是 10%~30% 甚至 40% 不等。

前两类客户称其为企业的核心客户(也称为关键客户),要为此类用户建立专门的档案;指派专门的销售人员负责销售业务;提供销售折扣;定期派人走访用户;采用直接销售的渠道方式。对介于二、三类客户之间的企业最具成长性的客户,可以在一定范围内提供个性化服务;除非客户需要,不应为其而改变价格;开发客户的消费潜力和长期价值。特别是对于企业的低于零点客户,即导致企业成本发生的客户,支持和服务于这一客户组的成本超出了所需的边际成本,对这类客户分类管理策略应该是,收取的服务费用或产品价格达到较高的某一点,在这点上,客户或者是离开企业转向他处,或者能够带来值得企业去保留的价值。

3) 客户知识管理

客户知识管理是通过一组解决方案的集合寻找和识别与问题有关的关键性信息,并将这些信息进行提取,形成对某一问题的专门知识,用知识指导决策并付诸行动,再将该行动转化为利润。CRM 的根本要求就是要建立与客户关系之间的"学习关系"。CRM 是一个不断学习的过程,需要企业积极主动地与现有的客户和潜在的客户进行不断交流,积累有关客户的信息,并对这些信息进行组织和分析,建成有关客户的知识。目的是辅助企业生产和经营决策。企业将客户信息转化为客户知识的方法:

①采集信息。企业通过电话、传真、Web 网站和 E-mail 等渠道跟有关客户接触。在接触的基础上与客户建立"学习关系",通过每一种渠道的每一次接触不断积累客户的个性化信息。

②分析整合。对客户档案数据库的数据运用数据挖掘技术进行关联分析、聚类分析、差异分析和趋势分析等。然后对信息进行整合,在企业内部实现信息充分共享。

③获取知识。通过对各个渠道的客户历史数据以及在线数据进行数据挖掘后,获取有关客户的知识。

④运用知识。利用这些知识可以评估营销计划的准确性,测量各种运营参数等;可以从中发现变化趋势、产品的成本和利润、有价值的细分市场等。将获得的客户知识运用到企业的客户服务、生产计划等各个部门,以便让这些知识发挥出杠杆作用。

4) 对企业与客户的关系进行全面的管理

其中客户关怀是关键,是 CRM 的中心。CRM 的核心是企业与客户的关系。企业与客户之间的关系,不仅包括单纯的销售过程所发生的业务关系,如合同签订、订单处理、发货、收款等,而且要包括在企业营销及售后服务过程中发生的各种关系。客户关怀活动包括在客户从购买前、购买期间到购买后的客户体验的全过程中。购买前的客户关怀为公司与客户之间关系的建立打开一扇大门,为鼓励和促进客户购买产品或服务做了前奏。购买期间的客户关怀则与公司提供的产品或服务紧紧地联系在一起。包括订单的处理以及各种有关的细节,都将要与客户的期望相吻合,满足客户的需求。购买后的客户关怀活动则集中于高效地跟进和圆满地完成产品的维护和维修的相关步骤。售后的跟进和提供有效的关怀,其目的是使客户能够重复购买公司的产品或服务。对企业与客户的关系进行全面的管理时,要体现客户关怀的思想,营造出友好、激励、高效的氛围。对客户关怀意义最大的四个实际营销变量是:产品和服务(这是客户关怀的核心)、沟通方式、销售激励和公共关系。CRM 软件的客户关怀模式充分地将有关的营销变量纳入其中,使得客户关怀这个非常抽象的问题能够通过一系列相关的指标来测量,便于企业及时调整对客户的关怀策略,使得客户对企业产生更高的忠诚度。

9.2.2 客户关系管理系统的类型

客户关系管理系统的类型主要有运营型、分析型和协作型三种,下面分别介绍这三种类型。

1) 运营型 CRM 系统

运营型 CRM 系统建立在这样一种概念上,客户管理在企业成功方面起着很重要的作用,它要求所有业务流程的流线化和自动化,包括经由多渠道的客户"接触点"的整合,前台和后台运营之间的平滑的相互连接和整合。

CRM 是基于 Web 技术的全动态交互的客户关系应用系统。CRM 使企业在网络环境中以电子化方式完成从市场、销售到服务的全部商务过程。它主要有以下五个方面的应用。

(1)CRM 销售套件

该套件为企业管理销售业务的全过程提供丰富强大的功能,包括销售信息管理、销售过程定制、销售过程监控、把握机会、完成销售的有力工具,并支持其提高销售能力。CRM 销售套件对企业的典型作用在于帮助企业管理跟踪从销售机会产生到结束各销售阶段的全程信息和作用。

(2)CRM 营销套件

该套件为企业由始至终掌握市场营销活动的信息管理、计划预算、项目跟踪、成本明细、效果评估等功能,帮助企业管理者清楚了解所有市场营销活动的成效与投资回报率。

(3)CRM 服务套件

该套件帮助企业以最低的成本为客户提供包括服务请求及投诉的创建、分配、解决、跟踪、反馈、回访等相关服务环节的闭环处理模式,从而帮助企业留住老客户,发展新客户。

(4)CRM 电子商务套件

CRM 电子商务套件是 CRM 让企业商务过程"E"化的前台(front office),帮助企业将门户站点/各种商务汇道集成在一起,开拓新的销售渠道及商务处理方式。

(5)CRM 的商务平台套件

CRM 平台是产品的基础核心平台,实现产品的基础数据维护、安全控制、动态配置与工作流定制等功能。

2) 分析型 CRM 系统

该系统主要分析运营型 CRM 和原有系统中获得的各种数据,进而为企业的经营和决策提供可靠量化依据。分析型 CRM 一般需用到一些数据管理和数据分析工具,如数据仓库、OLAP 和数据挖掘等。

（1）分析型 CRM 的特点

分析型 CRM 是对客户资料进行存储、分析和利用的商务智能体系。运用数据仓库、数据挖掘和 OLAP 等技术把企业大量的销售、服务、市场以及业务数据进行整合,分析和提取其内在隐含的规律、模式等信息,进而为企业的经营决策提供科学的依据。

在整个客户关系管理策略中,分析型 CRM 扮演了对客户的行为特征和属性特征进行整理和描述的角色,使企业的经营管理者和具体事务的操作者可以对客户进行有针对性的营销和服务策略,使企业的利益极大化。

（2）分析型 CRM 的功能

分析型 CRM 的功能具有强大的分析功能,其主要应用方式如下:

①能够统计大量的客户信息并支持对客户进行多维的特征分析。在某些行业中,如金融、保险、电信、传媒、零售等行业的客户数据量是庞大的。要对这些客户数据进行分析,要求分析工具必须能够处理大量的客户信息。TurboCRM 与亚信最近联手开发的向中国电信某省数据局提供的 CRM 解决方案中,客户数据量达到百万级。而且,每个客户的属性描述包括地址、年龄、性别、证件号码、收入、职业、教育程度等多个字段。系统必须能够支持对这样多维的组合型的分析,可以快速给出符合分析条件的客户名单和数量。在分析型 CRM 中,速度成为重要的衡量指标,在对海量的数据进行分析的时候,速度的要求几乎是第一位的。

②能够处理复杂的数据并支持对客户进行行为分析。由于在上述提到的行业中通常已经具备业务系统,对于现有客户的最初的信息来源也是现有的业务系统,因此,更有意义的分析是结合客户信息对某一类客户群的消费行为进行分析。这要求 CRM 中的分析工具可以从多个数据库中抓取并形成复杂的数据立方（data cube）。在此基础上,我们可以分析某类客户的消费行为,如电信行业可以分析经常打漫游电话的人群具备什么样的客户特征;年龄在 30 岁左右,月收入在 5 000 元以上的女性是否是长途电话消费主体,她们的通话习惯时段是从几点到几点;是否周末的长途漫游消费有明显不同于周日的特征,等等。行为分析是比特征分析更为复杂的分析,因为它涉及行业知识和分析模型的结合。

③具有自定义的建模方式和参数调整的功能。除了特征分析和行为分析,预测正在日益成为强大的分析功能必须提供的应用。在详细了解了消费行为之后,很自然地,我们会想到对数据的参数进行某些调整,如价格的变化,如果调整周末的消费费率,对整体收入会带来什么影响? 如果我们着力吸引那些能够带来高价值的客户,那么初期的投入应当在什么范围内? 客户的消费点临近什么值的时候开始成为"正利润"客户? 其生命周期至少要在多长时间以内才具有成为"忠诚客户"的潜力? 现有的模型分析很大程度上是为企业的市场研究和分析人员提供,有助于他们能够更理性地制定市场细分策略。

④能够进行融合了人工智能的数据挖掘。客户信息的录入和储存方式是数据（data）,但是,对于决策者来讲,独立的单个的数据的意义并不大,更重要的是信息（information）和知识（knowledge）。现有的数据挖掘方法已经能够支持进行按照内置逻辑语言进行归纳和演绎。例如,根据模型数据,系统建议以达成最高利润为目标进行的价格优化政策。输入抽样

调查的测试数据,可以根据呼出电话的反馈率、直邮的反馈率、电视广告反馈率、巡展的反馈率等数据确定最佳的市场活动模式,以最低的成本获得最好的市场活动效果。

3) 协作型 CRM 系统

协作型 CRM 应用就是能够让企业客户服务人员同客户一起完成某项活动。如支持中心人员通过电话指导客户修理设备。而前面的操作型应用和分析型应用都是企业员工自己单方面的业务工具,在进行某项活动时,客户并未一起参与。

显然,协作型应用的设计有其本身的特点。由员工和客户一起完成某种任务,就有时间紧迫感。这种速度需要就要求 CRM 的应用必须能够帮助员工快速、准确地记录客户请求内容以及快速找到问题的答案。换句话说,对特定协作业务必须有知识量丰富和智能查询等特点;同时,员工本身也必须经验丰富。如果问题无法在线解决,协作型应用还必须由智能路由器对请求进行升级处理,员工必须及时作出任务转发的决定。

协作型应用目前主要由呼叫中心、客户多渠道联络中心、帮助台以及自助服务帮助导航,向员工解释特定网页的内容等。具有多媒体多渠道整合能力的客户联络中心是今后协作应用的主要发展趋势。

以上对 CRM 应用大致分类做了简单的描述。其实我们可以用一个形象的比喻来说明这种功能分类,即可以将 CRM 应用比作一个人,分析型应用就是人的大脑,操作型应用相当于手和脚,而协作型则有点像人的感觉器官,虽然不完全贴切,也有一定的相似性。

9.2.3 客户关系管理战略

但凡成功的企业都有自己的战略,战略如同一个企业的生存所必需并为之依靠的灵魂。而 CRM,作为企业思考经营和发展的新的角度,基于客户的战略就显得更加重要。这是企业进行客户需求导向的风向标,客户战略直接影响企业怎么认识客户和怎么对待客户,也就是直接影响着企业生存和发展的大计。

1) 什么是 CRM 战略

商业成功的关键在于针对客户的需要,提供产品和服务来满足这种需要,然后通过对客户关系的管理确保客户满意和再次交易。然而,在过去很多组织认为他们的产品和服务无与伦比,客户会一如既往地使用他们的产品。过去的一切已成明日黄花,客户变得越来越大胆和挑剔,他们不仅要求优质的产品,而且需要优质的服务。

客户关系管理不是一种概念,也不是一项计划,它是一种商业战略,它着眼于理解和管理某个组织当前和潜在的客户需求。它是一个漫长的历程,在该过程中,有战略、机构和技术的改变,通过这些改变,公司可以围绕客户行为更好地管理自己的企业。这使获取客户信息成为必要,利用不同接触点客户的信息在最大满意度内平衡年收入和盈利。

然而,CRM 战略必须适应各个市场细分的需要,这样将面临着挑战和机遇。为了更有效地管理客户关系,一个组织必须:

①定义自己的客户战略。为做到这点,有必要理解客户细分和他们的需要。如果一家公司能了解自己提供的产品服务,而且这些供给对每个细分都是相同的,那就有必要定义自己的客户战略。

②建立产品和渠道策略。这保证了一个组织能有效地配送其产品,确保销售能力和有效渠道管理。

③相互协调的战略。这个战略能创造出可以和客户建立关系并满足客户需要的环境,这需要具有激进客户管理和互动客户关怀的能力。

总而言之,在组织内建立客户关系管理文化是势在必行的,并确保这种文化能深入人心并渗入到客户的行为当中。

2) 构建 CRM 战略的意义

客户关系管理是一种经营管理战略和理念,而并非某种信息技术。在具体操作中,是通过一系列的战略设定、流程优化与改造、经营职能的重新设计和技术辅助手段等整合的过程而实现的。

客户关系管理是企业实施新的战略举措而进行的管理工作,如果没有根据企业总体发展战略和目标制订明确的客户关系管理战略,就无法有效实现其在组织、营运和流程等方面的优化和改善,如果没有一个明确的战略目标,就无法确保客户关系管理的目标收益。

基于关键要素整合而形成的客户关系管理战略对于企业进行相关工作的重要意义在于以下几个方面:

①以企业发展战略为基础,明确未来以客户为中心的业务营运模式蓝图,理解客户关系管理工作在实现企业战略过程中的重要性、预期收益和战略使命。

②对于目标客户价值定位的总体分析,明确哪一部分客户是企业客户关系管理工作的重点目标,形成未来这部分客户与企业之间关系的愿景。

③对于客户关系管理工作的总体目标有明确的设定,并可据此逐步分解到效益收益、客户管理、业务运营、组织人员和信息技术等具体客户关系管理目标。

④明确企业进行客户关系管理工作的准备度,根据客户关系管理目标设计在具体工作开展中的方式和原则。

⑤对下一步实施和推广过程中的工作成果形成评估的方法,并可以有原则地对工作方法和目标进行优化。

3) 基于平衡记分卡的 CRM 战略描述

(1) 平衡记分卡

20 世纪 80 年代末 90 年代初期,世界经济环境发生了巨大的变化,经济一体化趋势明显,科学技术飞速发展,产品生命周期大幅度缩短,消费者需求不断变化,全球企业间的竞争也日趋激烈。面对如此众多的变化,欧美很多学者和大型企业发现,传统的以财务为单一衡量指标对企业进行绩效考核的方法已经无法适应发展的需要,甚至成为阻碍企业进步的一大原因。1992 年,罗伯特·S.卡普兰、大卫·P.诺顿在对当时绩效测评方面处于领先地位的12 家公司进行的项目研究的基础上,在《哈佛商业评论》上发表了论文《平衡记分卡:良好绩效的测评体系》,第一次提出了平衡记分卡的概念。他们 1993 年在《哈佛商业评论》上发表了论文"平衡记分卡的实际应用",1996 年在《哈佛商业评论》上发表了论文"把平衡记分卡作为战略管理体系的基石",使得平衡记分卡的理论框架更加完善。

平衡记分卡就是企业通过财务(financial)、客户(customers)、内部流程(internal business progress)、学习与成长(learning and growth)四个方面的指标来考核自身的业绩,展现企业的战略轨迹,以实现企业的战略目标。

①财务视角。作为市场主体,企业必须以盈利作为生存和发展的基础,企业各个方面的改善都应该最终归于财务目标的实现,所以平衡记分卡将财务方面作为所有考核的焦点。如果说每项考核指标都是综合绩效考核这条纽带上的一部分,那么因果链上的结果还是归于"提高财务绩效"。通常这些财务指标包括收入增长指标、成本减少或生产率提高指标、资产利用或投资战略指标等。

及时和准确的财务数据从来就是管理层能够有效管理企业的重要因素,财务目标也是管理者在制定战略时首先要考虑的目标。平衡记分卡在设计中引入其他角度的指标,不是否认财务数据的重要性,而是在财务指标的基础上,对传统企业管理中因过度重视财务而忽视了其他方面所造成的"不平衡"状况进行修整,使财务指标成为四项主要考核指标之一。

②客户视角。客户角度考虑的是客户如何看待企业的问题。因为,只有客户的购买行为才能够将企业生产出来的产品和提供的服务转化成为财务收入,才能将企业的生产、经营活动与财务数据相联系,才能够保证企业财务目标的实现。所以,企业为了获得长远的财务绩效,就必须要想办法如何去吸引客户、留住客户。而企业要想培养长期稳定的忠诚客户群,首先就要了解目标客户的需要和想法,了解客户对企业及其产品的看法,然后才能有针对性地创造出让客户满意的产品和服务,吸引客户的购买。客户角度的绩效指标主要包括市场份额、客户保有率、客户获得率、客户满意度、客户利润贡献率和客户价值取向等。需要强调的是,客户的价值取向决定了企业产品和服务的特性,企业的活动必须以客户价值为出发点,全面洞察客户对企业产品、企业服务、客户关系以及企业形象的要求与喜好。

③内部流程视角。内部流程反映了企业内部的资源和效率。这是平衡记分卡突破传统绩效考核方法的显著特征之一。传统绩效考核中虽然加入了生产提前期、产品质量回报率等指标,但是往往只停留在对单一部门的绩效考核上,仅仅依靠对这些指标的改进,只能有助于企业生存,而不能形成企业独特的竞争优势,不利于企业发展战略的实现。平衡记分卡从满足投资者和客户需要的角度出发,从价值链上针对企业内部的业务流程进行分析。其内部流程角度的指标主要包括设计能力、设计水准、制造效率和安全性等。

平衡记分卡在内部流程方面的优势在于它既重视改善现有流程,也要求确立全新的流程,并且通过内部流程将企业的学习与成长、客户价值与财务目标联系起来。对内部流程的分析有助于管理层了解企业各项业务的运行情况,以及企业产品和服务满足客户需要的情况;同时,管理层还可以评估他们及其组织在行为方法上的有效性,通过评估,管理者可以发现企业组织内存在的问题,并采取相应措施加以改进,进而提高企业内部的管理效率。

④学习与成长视角。学习与成长角度所要解决的是企业如何才能够继续发展提高并不断创造更多价值的问题。这个角度的观点为其他领域的绩效突破提供了手段。平衡记分卡实施的目的和特点之一就是要尽量避免短期行为,强调对未来投资的重要性,同时并不只局限于传统的设备改造和升级,而更加注重于对员工系统和业务流程进行投资。平衡记分卡分析了满足客户需求所需要的能力与企业现有能力之间的差距,将注意力集中在内部技能的改进和提高上,并通过员工培训、技术改造、产品服务等措施来弥补这些差距。学习与成长角度的相关指标主要包括:员工的素质、员工的满意度以及企业信息的获取能力等。

（2）基于平衡记分卡的 CRM 战略

①财务视角。CRM 战略的最终目的是使企业长期盈利。有两种途径实现财务业绩：提高客户收益和降低客户成本。提高客户收益的途径主要由两部分组成：增加新客户收益和提高老客户价值。通过开发新市场、新产品而获取新客户，以获取新的收益；通过培育客户关系，提升客户忠诚度，扩大客户重复购买量和增加交叉购买，进而提升客户价值。降低客户成本途径强调提升现有客户运作行为的有效性，主要通过改变客户成本结构来实现。例如，可以通过疏远无价值客户来降低成本，采用先进技术降低客户获取成本和保持成本，降低产品与服务的直接成本和间接成本等，从而提升运作效率。

②客户视角。这个视角与前面的类似，强调企业应当了解目标客户的需要和想法、了解客户对企业及其产品的看法，然后才能有针对性地创造出产品和服务以吸引客户和留住客户。这个视角重点介绍客户价值主张。客户价值主张决定了企业的客户定位，以及针对目标客户企业如何做得比竞争对手更独特、更出色。Treacy 和 Wiersema 给出三条价值准则：

a.产品领先。强调产品的快速创新，领导整个行业，以获取和保持产品敏感型客户。以产品领先为价值主张的企业必须在产品或服务的性能、特征和表现上领先，即生产一流的产品。

b.客户亲密。强调客户关怀，良好的客户体验以保持客户关系。以客户亲密为价值主张的企业必须关注提供给客户个性化的解决方案，创建一个良好的客户体验氛围，即创建一流的客户经历。

c.运营卓越。强调提供给客户无人能比的质量、价格和购买便利的组合。以运营卓越为价值主张的企业需要在价格、客户认知的质量、订货及时性等方面表现突出，强调高效率的运作流程，即实施一流的运作流程。企业可以根据自身特点，选择其中之一作为自己的客户价值主张。

③内部流程视角。可以鉴别出 CRM 战略的五个关键流程：

a.客户识别流程，要求企业在收集客户数据的基础上进行客户价值分析，判断与客户建立关系的可能性，以确定目标客户。

b.客户获取流程，要求企业利用数据挖掘工具对客户数据进行归纳分析，预测客户需求，通过开展一对一营销与客户建立合作关系。

c.客户保持流程，要求企业为了防止客户流失，采取各种措施从时间和水平两个维度强化已经建立的客户关系。

d.客户关系恢复流程，要求企业针对流失客户进行分析，有针对性地实施补救措施，以恢复合作关系。

④学习与成长视角。学习与成长是整个战略的基础，是 CRM 战略实施的关键。它包括三部分：

a.CRM 战略能力，员工实施战略所需要的技能和知识，如客户知识管理能力、员工之间的客户知识的共享等。

b.CRM 战略技术，即 CRM 战略的技术，如数据库、数据仓库、知识发现、数据挖掘等，用于过滤、分析、分类、模拟和管理客户数据。

c.支持 CRM 战略的经营氛围，建立使员工与 CRM 战略保持一致的企业文化，如高层管理者的支持、员工对战略的认知度、激励的手段和方法、相互协作等。

9.2.4　客户关系管理技术

随着电子商务时代的来临,客户变得越来越重要,谁能掌握客户的需求趋势,加强与客户的联系,有效管理和发掘客户资源,谁就能取得市场竞争优势。但随着物质产品日益丰富,客户的产品需求趋于多元化,变得越发难以捉摸。以信息技术为依托,通过对客户信息、企业经营数据进行深度开发的个性化服务技术和数据挖掘技术的兴起,为帮助企业实现精准的客户服务、打造定制化的个性化服务体系提供了强有力的支撑。

1) 个性化服务技术

个性化服务是一种有针对性的服务方式,根据用户的设定来实现,依据各种渠道对资源进行收集、整理和分类,向用户提供和推荐相关信息,以满足用户的需求。从整体上说,个性化服务打破了传统的被动服务模式,能够充分利用各种资源优势,主动开展以满足客户个性化需求为目的的全方位服务。个性化服务追求根据不同客户的具体需求提供不同的服务,体现了企业以人为本的经营理念,是现代企业提高核心竞争力的重要途径。

提供个性化服务是企业保留客户、吸引客户、提升客户价值、保持客户竞争优势的有效方法之一。了解客户的不同需求,就是要为其提供个性化的服务,从而提高客户的满意度和忠诚度,为企业带来丰厚的利润。在电子商务环境下,个性化服务是一种有效的企业信息服务方式,这种服务方式的实现主要是根据用户的设定,借助于计算机及网络技术,对信息资源进行收集、整理、分类、分析,向用户提供和推荐相关信息,以满足用户对信息的需求。开展网络个性化服务是提高信息服务质量和信息资源使用效益的重要手段,突出了信息服务的主动性,开拓了信息服务的新思路。

（1）个性化需求与个性化服务

所谓需求是指人对某种目标的渴求和欲望。马斯洛需求层次理论指出,人的需求有很多种,不仅有衣食温饱的生理需求,还有安全、交际、展示自我以及发展自我的精神需求。人们的需求层次随着社会的进步和人们生活水平的提高而提高,因此需求是与社会的生产力状况息息相关的。

我们从生产力的发展和生产方式的演变就可以看出人们的需求的演变:在早期社会,生产力比较落后,人主要是追求生理和安全上的满足,需求比较简单且具有共性。在手工业生产时期,作坊里的手工制造者为人们打造定制的产品,产品是差异化的,但其效率是低下的,成本是极其高昂的。顾客为定制的一双靴子也许要耐心地等上好几星期,绝大多数的顾客需求得不到满足。随着工业革命的发生,机械化大生产,特别是亨利·福特发明了装配线后,大规模生产应运而生,企业运用学习曲线规模生产使效率提高,成本降低。在大规模生产模式下,产品品种和工艺都很少变化,以求固定成本得以偿还。产品的大批量生产迅速地提高了人们的物质生活水平,但标准化产品满足的仍是人们共性的需求,福特汽车除了黑色还是黑色。

随着网络经济的发展,目前已形成了全球化的竞争市场,产品供过于求,人们的共性需求基本得到了满足,需求呈现出了越来越多的差异,人们越来越追求个人心理上的满足,崇尚个性化消费,已不再满足于开同样的车,穿同样的衣服,用同样的手机。这便是顾客的个性化需求。大批量的标准化产品首先遭到冷遇,小批量、多样化的生产方式依然难以满足人们不断增长的个性化需求。企业的竞争焦点已经集中于怎样更好地满足顾客的个性化需求。企业要想在激烈的竞争中生存必须要创新,要有个性化的创新和个性化的设计,推出个性化的产品、个性化的服务,以满足消费者的个性化需求。

传统的企业产品供销方式是:供应商—厂家—批发商—零售商—顾客。生产方式是根据预测的销量安排生产并保持一定的库存然后再在市场上向可能的消费者进行推销,顾客只是被动的接受者。而电子商务的发展不仅改变了企业的生产方式,更改变了交易模式。通过企业与供应商间的信息交换非常方便和快捷,网上交易、网上谈判、网上支付大大缩短了交易时间和空间,这使得企业准时生产、及时交货和零库存管理成为可能。产销方式变为:供应商—厂家—顾客,直接与顾客交易,减少中间商,降低管理成本,为顾客创造更多的价值。同时顾客的交易模式变为:搜索信息—沟通信息—订货。这一切只需坐在家中轻点鼠标即可完成。另外,更重要的一点是借助于电子商务,顾客可以参与企业从原材料选型到设计生产的全过程,每一个环节都可根据顾客的口味照单定制,量身定做,全面满足顾客的个性化需求。迈克尔—戴尔是个人电脑业的一个神话,他所倡导的"直销模式"不仅彻底改变了一个产业的格局,而且还缔造了一个规模庞大的企业。戴尔公司建立了一套与客户联系的渠道,由客户直接向戴尔发订单,订单中可以详细列出所需的配置,然后由戴尔"按单生产"。这种以市场为导向的经营思维是一种典型的个性化服务理念,其经营模式已被许多公司引为经典。

(2)电子商务环境下企业可提供的个性化服务

建立在计算机网络基础上的电子商务活动具有传统商务活动所不具有的优势:互动性、即时性、全时性、全球性、集合性。这些优势为满足顾客的个性化需求提供了广阔的发展空间和技术保障,顾客的个性化需求又促使企业不断地进行技术创新和管理创新,推动电子商务活动持续不断地向更高更深层次发展。电子商务环境下的企业所能提供的个性化服务可以分为以下几种:

①个性化界面的定制。界面个性化是客户根据自己的需求与喜好,对电子商务网站的个人使用界面进行个性化的设计,主要包括模块的布局、功能模块的显示与隐藏、按钮的样式、图片的选择、界面色彩的设计以及商品显示的方式等。根据调查显示,对客户提供的个性化界面的设计可以提高对电子商务网站的关注度。

②个性化商品的定制。当前社会是一个凸显个性的社会,电子商务网站可以根据自己产品的特点,给用户提供个性化产品的设计。例如,耐克(Nike)公司为满足消费者的个性要求,推出了产品的个性化定制,客户可以自由选择运动鞋的款式和配色,可以将自己的名字和喜欢的数字制作在鞋面上,非常有个性而且不会与别人重复。在网站上提交自己设计好的样品后在网上支付货款,要不了多久客户所设计的独一无二的鞋子就会寄到家中。个性化的商品已经成为新一代潮流的选择,而自由定制或者 DIY 商品又将成为最具潜力和发展空间的项目。

③个性化服务的定制。电子商务网站可以根据客户的个性特点和需求,提供多种服务方式,如在线咨询、电子邮件、手机短信、电话服务、专家咨询、服务软件(天气软件、新闻软件等)等服务方式。客户可以通过这些个性化的服务方式了解待售商品的更新、价格和品种等

信息。此外,还可以根据客户反馈的信息和要求,提供一些特别的服务,如可以向客户提供交互的多媒体信息服务,像商品的三维动画模型、动画影像资料、声音、文字等多媒体信息。

④商品的个性化推荐。电子商务网站在为用户提供越来越多选择的同时,其站点结构也变得更加复杂,用户经常会遇到"数据超载"和"信息迷航",很难顺利找到自己所需的商品。电子商务网站(如亚马逊)的个性化推荐系统可以不断地学习客户的特性为其创建相应的访问模型,在推荐之前根据客户的访问模型,直接与用户交互,模拟商店销售人员向用户提供商品推荐,帮助用户找到所需商品,从而顺利完成购物过程。在日趋激烈的电子商务竞争环境下,个性化推荐系统能有效吸引用户,提高客户忠诚度与商品的销售量。

⑤商品的个性化检索。在互联网上有成千上万家电子商务网站,要找一个既便宜又满足需求的网站购买相关产品并不容易。商品的个性化检索服务可以较好地解决这个问题,使客户可以在更大程度上享受网络购物的便利与实惠。商品的个性化检索服务是根据用户的兴趣和特点进行检索,提供两种方式:全网检索和网站内部搜索。客户可以通过检索服务,在短时间内找到互联网上众多电子商务网站和本网站内的相关商品,还可以在浏览器上看到商品的图像、市场价、会员价、简单介绍和来源网站。用户可以直接点击来源网站名的链接访问,提供商品的网站的最终页面,实现在线购物。例如,8848 网上购物搜索引擎为中国地区的商品提供了检索服务。

⑥个性化决策支持服务。向客户提供能够用于决策支持、智能查询、科学研究、解决问题等知识服务方面的规则和模式,目前还处于研究阶段,此项服务的开展可以提高电子商务网站的竞争力,使其更具生命力。

(3)电子商务环境下个性化服务关键技术

①Web 数据挖掘。基于 Web 的数据挖掘技术是实现电子商务个性化服务的关键技术,通过 Web 数据挖掘技术完成收集用户的各种信息,然后分析用户数据,进而创建符合用户特性的访问模式、需求模式和爱好模式,使电子商务的个性化服务成为可能。Web 数据挖掘是指将数据挖掘应用于 Web,从大量的 Web 文档和服务中自动发现潜在的、有用的模式或信息。根据数据挖掘的行为不同,可以将 Web 数据挖掘分为 Web 内容挖掘、Web 结构挖掘和 Web 使用挖掘三类。电子商务个性化服务主要采用 Web 使用挖掘,即通过挖掘相应站点的日志文件和相关数据来发现该站点上客户的行为模式。

②协同过滤技术。协同过滤是商品个性化推荐的有效手段,是迄今为止应用最成功的个性化推荐技术,主要是通过相关算法分析用户对商品的评价和感兴趣程度,得出兴趣相近的用户和具有相似关系的项目,用来指导推荐。其基本出发点是:客户是可以按兴趣分类的;客户对不同信息的评价包含了客户的兴趣信息;客户对一个未知信息的评价将和其相似(兴趣)客户的评价相似。推荐系统可以采用的算法主要有基于关联规则、基于聚类、基于最近邻技术、基于项目评分预测的协同过滤算法等。

③网站设计技术。对于一个电子商务网站从设计到运行,包括网站的规划,所采用的开发技术,网站创建后的推广技术,网站的管理、维护与安全等,每一个环节都与网站的命运息息相关,每一个环节都不容忽略。网站设计要以用户需求为导向,设计方便的网站导航,网页下载速度尽可能快,网页布局合理并且适合保存、打印、转发,网站信息丰富、有效,有助于用户产生信任;网站设计要便于积累网络营销网站资源(如互换链接、互换广告等);网站设

计要充分体现网站的网络营销功能,使得各种网络营销方法可以发挥最大效果,网站便于日常信息更新、维护、改版升级,便于获得和管理注册用户资源,便于获取用户的兴趣、爱好和相关信息等。

2) 数据挖掘技术

CRM 是一种管理技术,数据挖掘是一种数据处理和分析技术。后者是前者的运用工具,为其提供数据基础平台和技术支持。数据挖掘技术可以帮助 CRM 完成对大量客户信息的处理,挖掘出隐含的、先前未知的、对企业决策有潜在价值的知识和规则,包括客户特征、"黄金客户"、客户关注点以及客户忠诚度等,并能够根据已有的信息对未来发生行为作出结果预测,科学确定各种业务的实施方案,为企业提供全方位的管理视角,完善企业的客户交流能力,最大化客户和企业的收益率。

(1) 数据挖掘技术概述

数据挖掘林那夫是从大量的、不完全的、有噪声的、模糊的、随机数据中,提取隐含在其中的人们不知道但又潜在有用的信息和知识的过程。简单说,数据挖掘就是从数据中挖掘有用的知识。它是数据库研究中一个很有应用价值的新领域,融合了数据库、人工智能、机器学习、统计学等多个领域的理论和技术。数据挖掘是一个多学科交叉领域,它涉及数据库技术、人工智能、机器学习、神经网络、统计学、模式识别、知识库系统、知识获取、信息提取、高性能计算和数据可视化等学科。根据挖掘任务,可分为分类/预测、数据总结、聚类、关联规则挖掘、序列模式发现、依赖关系或依赖模型发现、异常和趋势发现等。其挖掘对象有关系数据库、异质数据库、遗产数据库、空间数据库、时态数据库、文本数据源、多媒体数据库、面向对象数据库以及基因库等。其应用领域包括商业、科学研究、天文学、保险业、电信业、教育、DNA 分析等。

从企业角度说,数据挖掘是一种新的客户信息处理技术,其主要特点是对企业数据库中的大量业务数据进行抽取、转换、分析和其他模式处理,从中提取辅助企业决策的关键性数据。因此,数据挖掘也可被描述为:是提取有用信息的数据产生过程,是从大量数据中挖掘出隐含的、先前未知的、对决策有潜在价值的知识和规则,并能够根据已有的信息对未发生行为作出结果预测,为企业经营决策、市场策划提供依据的过程。在企业客户管理活动中,利用数据挖掘技术,可以帮助企业决策者从浩繁的客户数据资源中抽取出可以直接加以利用的,或者有启发性的知识,从而借助这些知识作出具有指导性的决策。数据挖掘应用于 CRM 会提高企业的商业智能,数据挖掘与 CRM 的结合也将是全方位的,即销售、营销和客户服务都可以从数据挖掘中获得决策支持。

(2) 数据挖掘技术在客户关系管理中的应用

数据挖掘的发起人林那夫认为:"数据挖掘通过整合企业的数据,帮助将正确的信息传到每一位客户,数据挖掘是 CRM 的必备组件之一。"在网络科技的快速发展条件下,加上日益成熟的数据仓库和数据挖掘技术,使得企业能更有效地掌握客户的行为及需求。如果企业把利润作为自己的目标,客户关系管理则是到达这个目标的最有用的工具,而数据挖掘则是这个工具的最佳引擎。Swift,Parvatiyar and Sheth,Kracklauer 认为,CRM 包含四个维度:客户识别、客户吸引、客户保留和客户开发,因此,针对这四个不同的维度,数据挖掘技术在客户关系管理中的应用主要表现在:客户识别和获取、客户价值提升、客户保持、防止客户流失四个方面。

①客户识别和获取。企业的增长离不开新客户的增加。新的客户包括以前没有听说过企业产品的人、以前不需要产品的人和竞争对手的客户。这一阶段,数据挖掘通常被用来判定哪些潜在客户会变成响应者,预测模型也用来判定哪些响应者会成为企业的高价值客户。数据挖掘利用现有的客户记录和资料找出客户的一些共同特征,由此深入了解客户,或者通过分类或聚类分析对客户进行群分,再由模式分析预测哪些人可能成为其客户,辨别潜在客户群,判断哪些客户会变成响应者,以提高市场活动的响应率,从而使企业的促销活动更具有针对性,使企业的促销成本降到最低。

②客户价值提升。现代企业和客户之间的关系是经常变动的,一旦一个人或者一个公司成为企业的客户,企业就要尽力保持这种关系,并使之趋于完善。一般来说,可以通过以下几种方法:一是最长时间地保持这种关系;二是最多次数地与你的客户交易;三是最大数量地保证每次交易的利润。这些都可通过交叉销售来实现。交叉销售是指企业通过与客户交流,向现有客户销售新的产品或服务的过程。对客户来讲,得到了更多更好的服务;对企业来讲,也会因增加了销售量而获利。

用数据挖掘技术对交叉销售作分析时应包括三个步骤。一是分析现有客户的购买行为和消费习惯数据,然后用数据挖掘的一些算法对不同的销售方式的个体行为进行建模;二是用建立的预测模型对客户将来的消费行为进行预测分析,对每一种销售方式进行评价;三是用建立的分析模型对新的客户数据进行分析,以决定向客户提供哪一种交叉销售服务最合适。

③客户保持。客户关系管理理论中有一个经典的 2/8 原则,即 80% 的利润来自 20% 的客户。一般认为,新客户的开发所带来的成本远高于老客户的维持,企业争取一个新客户的成本大约是保留一个老客户的 7~10 倍,因此,客户保持是客户关系管理中的关键环节。数据挖掘中常常使用分类分析算法对客户消费行为、盈利能力进行分析,从而将客户进行分类。数据挖掘分类分析可以把大量的客户分成不同的类,在每一个类别里的客户具有相似的属性。企业可以做到给不同类别客户提供完全不同的服务从而提高客户的满意度。将那些消费额最高、最为稳定的客户群,确定为"黄金客户"。根据分类,对不同档次的客户确定不同的营销策略,通过制定个性化的"一对一营销"策略实现企业留住高利润客户的目的。

④防止客户流失。客户流失是企业难以控制的常见问题,流失现象会给企业带来很多不利影响。通过数据挖掘技术中的孤立点分析法可以发现客户的异常行为,并采取相应对策,避免客户流失。或是利用决策树算法,通过挖掘大量的客户信息来构建预测模型,较准确地找出易流失的客户群,并制订相应的方案,最大限度地保持住老客户。

(3)数据挖掘技术在客户关系管理应用中的关键技术

利用数据挖掘进行客户数据分析常用的方法主要有分类、回归分析、聚类、关联规则、特征、变化和偏差分析、Web 挖掘等,它们分别从不同的角度对客户数据进行挖掘。

①分类。分类是找出数据库中一组数据对象的共同特点并按照分类模式将其划分为不同的类,其目的是通过分类模型将数据库中的数据项映射到某个给定的类别。它可以应用到客户的分类、客户的属性和特征分析、客户满意度分析、客户的购买趋势预测等,如一个汽车零售商将客户按照对汽车的喜好划分成不同的类,这样营销人员就可以将新型汽车的广

告手册直接邮寄到有这种喜好的客户手中，从而大大增加了商业机会。

②回归分析。回归分析方法反映的是事务数据库中属性值在时间上的特征，产生一个将数据项映射到一个实值预测变量的函数，发现变量或属性间的依赖关系，其主要研究问题包括数据序列的趋势特征、数据序列的预测以及数据间的相关关系等。它可以应用到市场营销的各个方面，如客户寻求、保持和预防客户流失活动、产品生命周期分析、销售趋势预测及有针对性的促销活动等。

③聚类。聚类分析是把一组数据按照相似性和差异性分为几个类别，其目的是使得属于同一类别的数据间的相似性尽可能大，不同类别中的数据间的相似性尽可能小。它可以应用到客户群体的分类、客户背景分析、客户购买趋势预测、市场的细分等。

④关联规则。关联规则是描述数据库中数据项之间所存在的关系的规则，即根据一个事务中某些项的出现可导出另一些项在同一事务中也出现，即隐藏在数据间的关联或相互关系。在客户关系管理中，通过对企业的客户数据库里的大量数据进行挖掘，可以从大量的记录中发现有趣的关联关系，找出影响市场营销效果的关键因素，为产品定位、定价与定制客户群，客户寻求、细分与保持，市场营销与推销，营销风险评估和诈骗预测等决策支持提供参考依据。

⑤特征分析。特征分析是从数据库中的一组数据中提取出关于这些数据的特征式，这些特征式表达了该数据集的总体特征。如营销人员通过对客户流失因素的特征提取，可以得到导致客户流失的一系列原因和主要特征，利用这些特征可以有效地预防客户的流失。

⑥偏差分析。偏差包括很大一类潜在有趣的知识，如分类中的反常实例、模式的例外、观察结果对期望的偏差等，其目的是寻找观察结果与参照量之间有意义的差别。在企业危机管理及其预警中，管理者更感兴趣的是那些意外规则。意外规则的挖掘可以应用到各种异常信息的发现、分析、识别、评价和预警等方面。

⑦Web 挖掘。随着互联网的迅速发展及 Web 的全球普及，使得 Web 上的信息量无比丰富，通过对 Web 的挖掘，可以利用 Web 的海量数据进行分析，收集政治、经济、政策、科技、金融、各种市场、竞争对手、供求信息、客户等有关的信息，集中精力分析和处理那些对企业有重大或潜在重大影响的外部环境信息和内部经营信息，并根据分析结果找出企业管理过程中出现的各种问题和可能引起危机的先兆，对这些信息进行分析和处理，以便识别、分析、评价和管理危机。

9.3　供应链管理

供应链管理(supply chain management, SCM)作为一种新的学术概念首先在西方被提出来后，很多人对此展开研究，企业也开始了这方面的实践。《财富》(Fortune)杂志就将供应链管理能力列为企业一种重要的战略竞争资源。在经济全球化的今天，从供应链管理的角度来考虑企业的整个生产经营活动，对广大企业提高竞争力将是十分重要的。

9.3.1 供应链管理的内涵

1) 供应链管理产生背景分析

进入 21 世纪,以全球化、客户需求个性化、产品生命周期变短等为特征的市场环境使得企业在面对快速变化市场的同时还要面临日益激烈的企业间竞争。为了能够集中精力培养自身的核心竞争能力,在恰当的时间、恰当的地点为恰当的顾客提供恰当的产品或服务,企业需要从整体流程的概念来进行管理,有必要对企业整个原材料、零部件和最终产品的供应、储存和销售系统进行总体规划、重组、协调、控制和优化,加快物料的流动,减少库存,并使信息快速传递,时刻了解并有效地满足顾客需求,从而大大减少产品成本,提高企业效益。供应链管理的出现可以归纳为以下几个原因。

(1)低物流成本的需要

随着科学技术的进步和扩大化、共享化,企业通过降低物料消耗和降低活劳动力消耗取得利润的潜力越来越小,而通过降低物流费用取得利润的潜力越来越大。因此,人们开始把降低流通领域费用称作"第三利润源"。近年来的一些研究成果表明,物流费用的比重上升到产品总成本的 30%~40%。因此,供应链的主体需要进行供需信息共享,充分了解需求和各节点库存状况以加强物流管理,降低物流费用,从而提高企业经济效益。

(2)实时营销(Real-time Marketing)需要供销企业的大力合作

随着消费者需求行为的个性化和不确定性程度不断增大,供销企业需要从分割、对立转向信息共享和合作,保持供应链中的信息透明和可视,将销售时点的信息同步传输到商品策划、设计、生产以及库存地点,按照客户需求实现设计、生产、物流、经营等决策的一体化,建立供需对应型营销体制。

(3)横向一体化战略需要供应链管理

为了能够提高竞争力和快速地响应市场,企业认识到必须摒弃过去从设计、制造直到销售都由自己负责的纵向一体化经营模式,转向集中精力和各种资源做好本企业能创造特殊价值、比竞争对手更擅长的关键业务工作,将其他非核心业务委托给另外的企业(供应商、外包商、销售商)完成,从而形成了横向一体化的管理思想。为了控制其他业务完成的质量、提前期和成本,横向一体化的企业需要与合作伙伴建立一种长期的战略联盟关系,并从整体上对构成的供应链业务流程进行规划和整合。

2) 对供应链管理概念不同理解

"供应链管理"的提出只有不到 20 年的时间,人们的理解还没有统一,从不同的角度出发,对供应链管理的理解也不尽相同。

(1)国外学者的观点

国外学者对供应链管理的理解,大体可以分为物流型、信息型和整合型三种观点。

①物流型。Houlihan 认为,"供应链管理是对从供应商开始,经过生产者或流通业者,到最终消费者的所有物质流动进行管理的活动"(1988 年)。Stevens 认为,供应链管理是对于"从供应商开始,经附加价值(生产)过程或流通渠道,到顾客的整个过程中,物质流动的管理"(1990 年)。

②信息型。Johannson 认为,"供应链管理是为实现商品调达而使用的手段,这种手段追求的是供应链参与者之间信息的恰当提供,供应链管理中各种成员间的信息流,对供应链全体的绩效而言是极其重要的"(1994 年)。

③整合型。Ellram 和 Cooper 认为,"所谓供应链管理就是为取得系统全体最高的绩效,面对供应商开始到最终用户整个网络的分析、管理"(1993 年)。

(2)我国学者的观点

2001 年 8 月 1 日起实施的《GB/T 18354—2001:物流术语》中对供应链管理进行了定义:"供应链管理是利用计算机网络技术全面规划供应链中的商流、物流、信息流、资金流等,并进行计划、组织、协调与控制。"

综合以上对供应链管理的定义,我们认为,供应链管理是以现代信息技术为基础的一种战略管理模式,通过供应链参与企业之间建立战略合作关系和信息共享,对产品的原料供应、加工组装、分销配送等过程进行集成,对贯穿整个供应链的商流、物流、信息流和资金流进行协调、控制,实现供应链参与企业共同降低经营风险、共同提高竞争力、共同获利的目标。

9.3.2 供应链管理的特点

1)管理目标呈现多元化特征和超常的性质

在传统的管理活动中,管理目标一般是针对现有问题来制订的,设计的管理行为主要着力于最终解决问题,因此管理的目标比较单一,供应链管理的目标则较复杂,它不仅追求问题的最终解决,而且关注解决问题的方式,要求以最快的速度、最优的方式、最佳的途径解决问题,并且,供应链管理的目标往往较少受到自身资源实力的限制,这是因为通过内外资源的集成使用,企业可以超越自身实力来进行管理目标定位,从而延伸企业的目标,显示出超常的性质。

2)管理视域极大拓宽

管理视域代表着管理主体行为的活动范围。管理视域越窄,管理行为就越受限制,管理的影响力度也就必然越小。在集成思想指导下,供应链管理的视野得到极大的拓宽,过去那种围绕企业内某具体部门,或某个企业或某个行业的点、线或面式的管理视域,现在已被一种更加开放的全方位、立体式的管理空间所取代。在这里,管理的触角从一个部门伸到了另外一个部门,从企业内伸到了企业外,从本行业伸到了其他相关的诸多行业。总之,管理视域是全方位、立体状的,从而为供应链管理提供了充分自由的运作空间。

3)管理要素更加多样,包容度大大增加

在过去的管理活动中,人、财、物是基本的管理要素。随着社会科技的进步,一方面,上述管理要素的内容不断演化更新;另一方面,各种新的管理要素也大量涌现,各种管理要素的重要性也相继发生转换。在供应链管理中,管理要素的种类和范围都比以往有更大的拓展。从人、财、物,到信息、知识、策略等,管理对象无所不包,几乎涵盖了所有的软、硬资源要素,因而使得管理者的选择余地大大增加,同时管理难度也进一步加大。由于供应链管理中知识、智力的含量大大增加,在许多情况下,信息、策略等软性要素常常是决定供应链管理成

败的关键。

4）管理系统的复杂度增加，系统边界日益模糊

企业供应链管理行为既是由企业内在本质所决定的受企业支配的各项活动的总和，又是随着外界环境的变化而变化受外在环境刺激所作出的各种决策和对策的反应，供应链管理行为所涵盖的不只是企业内部的技术行为，而是一系列广泛而又复杂的社会经济行为。另外，由于供应链管理的是追求企业内外资源要素的优化整合，打破了传统管理系统的边界限制，即企业的内部资源、功能及优势与外界的可以相互转化、协调及利用，形成一种"内部优势外在化、外部资源内在化"的态势，使管理的系统边界日益模糊。

9.3.3 供应链管理的内容

1）供应链管理涉及的主要领域

供应链管理研究的内容主要涉及四个主要领域：供应、生产计划、物流、需求（图 9.1）。供应链管理是以同步化、集成化生产计划为指导，以各种技术为支持，尤其以互联网/企业内联网为依托，围绕供应、生产作业、物流（主要指制造过程）、满足顾客需求的全过程管理。供应链管理主要包括计划和合作控制从供应商到用户的物料（零部件和成品等）和信息。

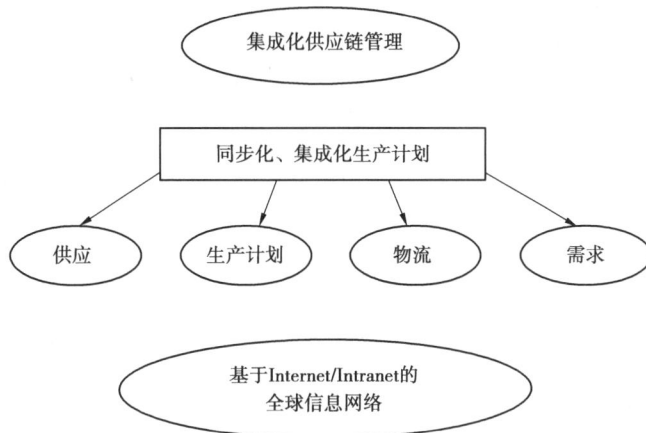

图 9.1 供应链管理主要涉及的领域

在以上四个领域的基础上，我们可以将供应链管理细分为职能领域和辅助领域。职能领域主要包括产品工程、产品技术保证、采购、生产控制、库存控制、仓储管理、分销管理。辅助领域主要包括客户服务、制造、设计工程、会计核算、人力资源、市场营销。

2）供应链管理涉及的主要问题

供应链管理涉及的并不仅仅是物料实体在供应链中的流动，供应链管理还注重以下主要问题：

①随机性问题。包括供应商可靠性、运输渠道可靠性、需求不确定性、价格波动影响、汇率变动影响、随机固定成本、提前期的确定、顾客满意度的确定等的研究。

②供应链结构性问题。包括规模经济性、选址决策、生产技术选择、产品决策、联盟网络等的研究。

③供应链全球化问题。包括贸易壁垒、税收、政治环境、产品各国差异性等的研究。

④协调机制问题。如供应—生产协调,生产—销售协调,库存—销售协调等。

此外,供应链管理还包括:战略性供应商和用户伙伴关系管理;供应链产品需求预测和计划;全球节点企业的定位、设备和生产的集成化计划、跟踪和控制;企业内部与企业之间物料供应与需求管理;基于供应链管理的产品设计与制造管理;基于供应链的用户服务和运输、库存、包装等管理;企业间资金流管理(汇率、成本等问题);基于互联网/企业内联网供应链交互信息原理等。

9.3.4 供应链管理方法与相关技术

1)供应链管理方法

（1）快速响应方法

快速反应(Quick Response,QR)是指在供应链中,为了实现共同的目标,零售商和制造商建立战略伙伴关系,利用 EDI 等信息技术,进行销售时点的信息交换及订货补充等其他经营信息的交换,用多频度、小数量配送方式连续补充商品,以实现缩短交货周期,减少库存,提高客户服务水平和企业竞争力的供应链管理方法。

（2）有效客户响应方法

有效客户反应(Efficient Consumer Response,ECR)的应用始于食品杂货分销系统中,分销商和供应商为消除系统中不必要的成本和费用,给客户带来更大效益而进行密切合作的一种供应链管理方法。ECR 以满足顾客要求和最大限度降低物流过程费用为原则,能及时作出准确反应,使提供的物品供应或服务流程最佳化的一种供应链管理战略。

（3）联合库存管理方法

联合库存管理(Jointly Managed Inventory,JMI)是一种在供应商管理库存(Vendor Managed Inventory,VMI)的基础上发展起来的上游企业和下游企业权利责任平衡和风险共担的库存管理模式。联合库存管理(JMI)强调双方同时参与,共同制订库存计划,使供应链过程中的每个库存管理者(供应商、制造商、分销商)都从相互之间的协调性考虑,保持供应链相邻的两个节点之间的库存管理者对需求的预期保持一致,从而消除了需求变异放大现象。任何相邻节点需求的确定都是供需双方协调的结果,库存管理不再是各自为政的独立运作过程,而是供需连接的纽带和协调中心。

2)供应链管理相关技术

（1）供应链管理的信息支持技术

在信息社会中,企业能否在激烈的市场竞争中生存和发展,关键是要看企业能不能及时有效地获得生产经营管理中所需的各种信息。供应链中的信息可以分为两大类,即供应链各节点间的信息和各节点企业内部的信息。信息是企业各层级、供应链的各成员间的密切配合和协同工作的黏合剂。

当今社会每天在全球范围内发生数以百万计的交易,每一笔交易的背后都伴随着产品的运动(物流)、资金的运动(资金流)和信息的运动(信息流)。供应链管理的信息支持技术就是为了优化业务流程、降低运行成本和费用而产生的。这些技术主要包括射频技术

（RF）、地理信息系统技术（GIS）、全球定位系统（GPS）、条形码技术等。

（2）基于 EDI 的供应链管理信息技术支撑体系

EDI 意为电子数据交换。国际标准化组织（ISO）于 1994 年确认了电子数据交换的技术定义：根据商定的交易或电文数据的结构标准，实施商业行政交易从计算机到计算机的电子传输。

在供应链管理的应用中，EDI 是供应链企业信息集成的一种重要工具，一种在合作伙伴企业之间交互信息的有效技术手段，特别是在全球进行合作贸易时，它是在供应链中连接节点企业的商业应用系统的媒介。通过 EDI，可以快速获得信息，减少纸面作业，更好地沟通和通信，降低成本，提高生产率，并且能为企业提供实质性的、战略性的好处，如改善与客户的关系，提高对客户的响应，减少订货周期，增强企业的国际竞争力等。

除了传统的 EDI 数据交换模式外，随着互联网的出现，也可以采用一种新的基于互联网的 EDI 模式：Internet/MIME 的 EDI 模式，因为互联网灵活多样的入网方式和开放统一的通信标准，消除了贸易伙伴之间的通信壁垒，而且收费标准低，带宽高，有利于降低 EDI 的通信成本和时间，因此利用互联网传输 EDI 单证，更适合于供应商对零散用户的库存管理。

（3）基于互联网/企业内联网的供应链管理信息技术支撑体系

当今存在的一个趋势是使用万维网和互联网/企业内联网进行供应链管理。供应链从本质上是以链的方式连接生产商、零售商、客户和供应商的一种业务过程，并在这个过程中开发和发送产品。在供应链中，所有的角色都结合在一个虚拟的技术和资源合作的组织内。其目标在于通过"平滑的"从生产产品到出售到客户手中的过程而获利，所谓平滑是指减少障碍，如库存费用等，这种平滑过程是通过提供及时的需求信息以及合作伙伴之间业务过程协作实现的。

互联网是基础，是网络基础和包括企业内联网、企业外联网在内的各种应用的集合；企业内联网强调企业内部各部门的联系，业务范围仅限于企业内部；企业外联网强调各企业间联系，业务范围包括贸易伙伴、合作对象、零售商、消费者和认证机构。企业内联网在供应链企业中的应用以及与互联网的集成，是不可避免的趋势。这种集成使企业的内部工作模式和相互间的合作方式都发生了改变，人们重视供应链管理的目的也从单纯的效率提高和减少成本转移到了更好的客户服务、增加客户的数量和提高收入上去。也就是说，供应链由原来的生产商推动型转换为客户的需求拉动型。

9.4　知识管理

知识管理（Knowledge Management，KM）是网络新经济时代的新兴管理思潮与方法，管理学者彼得·杜拉克早在 1965 年即预言：知识将取代土地、劳动、资本与机器设备，成为最重要的生产因素。受到 20 世纪 90 年代的信息化蓬勃发展的影响，知识管理的观念结合网际网络建构入口网站、数据库以及应用电脑软件系统等工具，成为组织累积知识财富，创造更多竞争力的新世纪利器。

9.4.1　知识管理的体系

企业知识管理的实质就是对知识链进行管理，使企业的知识在运动中不断增值。一个企业要进行有效的知识管理,关键在于建立起一个适合的知识管理体系。

知识管理体系总体上分为知识管理理念和知识管理的软硬件两大部分,具体组成部分如图9.2所示。其中,知识管理理念分为企业制度和企业文化两个方面,企业制度包括确立企业的知识资产和制定员工激励机制;企业文化包括企业共享文化、团队文化和学习文化,帮助员工破除传统独占观念,加强协作和学习;知识管理系统包括知识管理软件和硬件,知识管理的硬件对应的是知识管理平台,它是一个支撑企业知识收集、加工、存储、传递和利用的平台,通过互联网、内联网、外联网和知识门户等技术工具将知识和应用有机整合;知识管理的软件指的是一个建立在管理信息系统基础之上的实现知识的获取、存储、共享和应用的综合系统,通过文件管理系统、群件技术、搜索引擎、专家系统和知识库等技术工具,使企业显性知识和隐性知识得到相互转化。

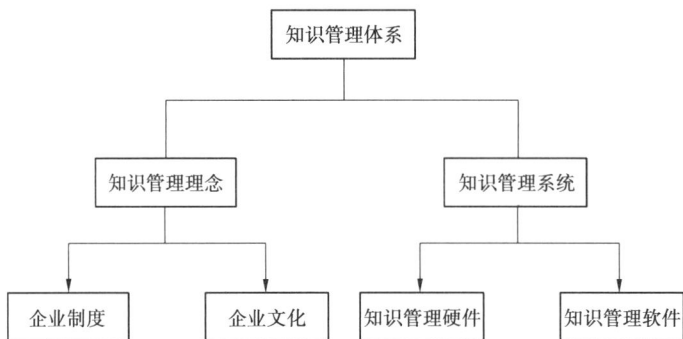

图9.2 知识管理的体系

实施成功的知识管理体系包括六个方面。

1) 企业最高管理者的管理职责发生了本质的变化

主要是制订知识管理战略,特别是建立知识创新激励机制、制度和政策,确立知识管理的方针和目标;建立核心能力的动态联盟,提高企业核心竞争能力;塑造知识型企业的企业文化,提高员工素质;建立新的资源分配机制和原则;主持知识管理体系的管理评价;实施企业再造,建立知识型企业的组织机构。

2) 设置知识主管(CKO)

专门负责企业知识管理工作,开发、应用和发挥企业员工的智力、知识创新能力以及集体创造力,通过一系列的知识管理活动提升企业竞争力。

3) 市场分析和顾客需求分析

对知识技术资本资源产品等市场进行分析,对知识技术产品的发展进行预测,对产品的市场占有率和竞争力进行分析;在对客户调查的基础上,作出客户现在和未来的需求分析以及客户的未知需求分析。

4) 知识资源管理

建立人力资本投资和管理体系;增加知识存量,与企业的业务流程相结合,调整企业知识结构。

5）建立企业知识管理系统

管理知识生产、交换、整合和内化,促进知识再生产过程形成良性循环,规避知识管理中的风险。

6）知识管理的评价和改进

制订知识管理的评价原则、方法和体系;实施客户满意度评价,并及时进行知识管理改进。

9.4.2　知识管理的流程

知识管理的流程是知识管理理论中的一个重要问题。目前,国内外的学者在研究知识管理内涵时是围绕着知识流程的分析进行的,可以说这是对知识管理流程最早也是最基本的认识途径之一。美国得而福集团创始人之一、著名经济学家卡尔·费拉保罗认为:"知识管理就是利用集体的智慧提高应变能力和创新能力,是为企业实现显性知识和隐性知识共享提供的新途径。"该定义突出了知识管理的核心流程应该是知识共享、知识转移和知识创新。根据知识管理的内涵来分析,我们认为,知识管理的核心流程有五个,即知识获取、知识组织、知识应用、知识传递与共享、知识创新。

1）知识获取

知识获取是知识管理流程中的第一个环节,也是确保其能有效运转的基础。知识获取是指从特定的知识源获取可能有用的问题求解知识和经验并转换为程序的过程。在知识获取阶段,不仅要收集企业自身知识,更要收集外部知识;不仅要收集显性知识如组织的文档、数据等,更要收集隐性知识如技能、经验等;不仅要有意识地收集知识,也要对"偶然获取"的知识给予关注。

2）知识组织

知识组织是指知识的融合和有序化的过程,就是运用一定的方法按一定的标准把知识对象中的知识因子和知识联系揭示出来,便于人们认识、学习、理解和接受,促进知识运用和知识创新。加强知识组织环节的管理有利于提高知识的规范化、标准化程度。

3）知识应用

知识应用就是知识从理论到实践的转化过程。当企业面临新的问题时,借助企业所掌握的显性或隐性知识,应用到实践中以解决问题,为企业创造价值。因此,知识应用是实现知识从知识形态本身到企业价值转化的拐点。

4）知识传递与共享

知识传递是解决知识在不同个体之间、不同内部组织之间以及不同组织和个体之间的有效传送问题。知识传递有正式的渠道和非正式的渠道之分。正式的渠道多依赖于企业或所拥有的设备、技术基础和规则制度进行,而非正式的渠道则多依赖于私人关系的建立和个人间良好的沟通能力。从根本上讲,知识传递是知识管理的动力,是知识共享的前提。

知识共享是指员工个人的知识财富(包括显性知识和隐性知识)通过各种交流方式(如电话、口头交谈和网络等)为组织中其他成员所共同分享,从而转变为组织知识财富。它是知识创新的源泉和重要前提。

5）知识创新

知识创新是在原有知识的基础上，通过群体成员大量的个人思维活动，伴随着成员之间的知识交流，相互反复激发、评价、修正，逐渐形成新的知识。

9.4.3 知识管理的实施

知识管理的实施是一项牵涉面广、复杂的系统工程，其成功实施只依赖先进技术的应用或者某一理论的应用是远远不够的。根据系统科学的思想和方法，考虑管理任务的层次（战略管理、战术管理和操作管理）及知识管理实施的关键因素（技术、系统、过程和人），知识管理的实施应采取如图9.3所示架构。其中，技术是构建知识管理系统的基础，主要考虑如何准确、快捷地将信息体内含的知识与工作实践中要解决的问题相关联。从根本上解决知识管理实施存在的知识获取、组织、应用、传递和共享、创新等问题。

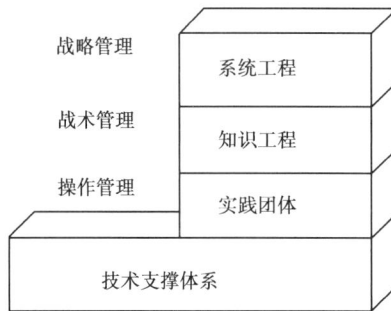

图9.3 知识管理的实施架构

1）系统工程提供思想和理论

知识管理渗透到企业的各个方面，有必要将其与企业的发展战略、业务流程、企业文化等整合在一起。知识管理作为新一代管理模式，在企业的运作中是一项系统工程。美国麻省理工学院教授彼得·圣吉1990年提出了"系统思考（system thinking）"的观点，把整个企业的经营看作一个系统，用全局的、整体的观点来看待组织发展问题。关于知识管理的研究，主要是沿着两条主线进行的：

①把重点放在信息管理上。信息管理的对象是信息资源和信息活动，信息资源是信息生产者、信息、信息技术的有机体，信息活动是指人类社会围绕信息资源的形成、传递和利用而开展的管理活动与服务活动。

②把重点放在人的管理上，研究者大都是具有社会科学与人文科学专业背景的人，他们着重研究人的行为、技巧和思维方式。由于知识管理的高度复杂性以及跨学科特点，兼有技术与人文两种具有交互作用属性，而知识的生产、传播与利用又形成了一个系统。因此，可以考虑把知识系统的研究提到系统工程的高度，对知识管理的研究开拓一条新途径。

2）知识工程提供方法和工具

"知识工程"是在1977年第五届国际人工智能联合会议上，由美国斯坦福大学计算机系教授Feigenbaum在作关于"人工智能的艺术"的演讲时首次提出，"知识工程是应用人工智能的原理与方法,对那些需要专家知识才能解决的应用难题提供求解的手段"。知识工程是人工智能学科的发展,它通过知识分析、建模等技术手段来设计和构建具有智能特性的知识系统,为知识管理实施提供了有效的方法和工具(表 9.1)。

表 9.1　知识管理与知识工程的对比分析

	知识工程	知识管理
战略	开发和保护智力资本	高效、有偿开发和使用智力资本
目标	是"知识"的工程,目的是建立一个基于知识的系统	适当的人,在适当的时间,在适当的地点获得适当的知识
对象	知识	知识、过程、人
实施内容	知识获取、知识表、知识推理	①知识的创造、获取、加工、存储和应用的管理;②与知识有关的各种资源和无形资产的管理
发展趋势	研究人、智能科学	研究人、知识科学
实施方法	从"转换"到"建模"	从"转移"到"利用"

3)实践社团是实施知识管理有效组织方式

如果将知识管理简单看成一种方法和技术,把知识管理的成功寄托在技术和人力资本的投入上,会导致许多企业陷入过分依赖技术、以技术为中心的误区。其实,人是知识管理中的关键成功因素之一,隐性知识能否有效地被挖掘并共享是知识管理实施成功的重中之重。实践社团就是有着同样的目标、工作或者兴趣的一群人,通过在不断发展的基础上相互影响,就他们共同关注的问题进行讨论,从而促进知识共享,加深某一领域的知识和专业技术。借助于现有的知识管理系统平台,组织中的实践社团既可以是虚拟存在的,也可以是实际存在的,它们的存在能够促进组织知识的共享与利用。在实施知识管理时,应注意积极引导和培育实践社团,不可忽视人在知识管理中的重要性。

目前,知识管理的实施理论研究在战略管理层次上,需要吸收系统工程的理论和研究成果作为实施的指导思想;在战术管理层次上,需要引入知识工程的方法和工具用于知识管理的实施;在操作管理层次上,需要采用实践社团的组织形式将知识真正变成企业的财富。未来的知识管理实施理论极有可能回归到对人的研究,尤其是对人类自身智能本质的研究,必须汲取智能科学的研究成果并将之融入知识管理实践,知识管理实施理论将进一步提升为知识科学,以一套科学化、规范化、系统化的理论来指导知识管理实践。

本章小结

电子商务管理工具与方法是提高电子商务管理效能的重要手段,主要包括企业资源计划、客户关系管理、供应链管理、知识管理等。

1.企业资源计划、客户关系管理、供应链管理被称为电子商务的"三驾马车"。企业资源计划提供的资源控制和管理系统能够确保企业对内部资源作出最合理的配置和开发,客户关系管理能够帮助企业有效提升对客户的反应能力,供应链管理可以帮助企业获得合作伙伴的战略支持以及高效满足客户的需求。

2.知识管理是电子商务时代的新兴管理思潮与方法。通过构建合理的知识管理体系,可以有效提升企业的知识创新能力,进而满足电子商务对企业创新能力的新要求。

问题讨论

1.简述企业资源计划、客户关系管理、供应链管理的联系与区别。

2.试讨论个性化服务技术和数据挖掘技术在当今互联网中的应用前景。

3.简述知识管理在电子商务中的应用价值。

课后案例

盒马之数字供应链革新

数字经济时代,供应链协同数字技术将成为市场核心驱动力。供应链管理是实现产业结构优化升级的重要途径,并且已从后台转入与用户接触的前台,直接决定着用户体验。以顾客为中心,应用数字技术创新的数字供应链革新是许多电商企业的战略目标。

盒马是阿里巴巴集团旗下以数据和技术驱动的零售连锁商超,线上线下同售的创新全渠道零售模式的开拓者。2016年1月,盒马鲜生第一家门店在上海浦东金桥开业。截至2020年8月,盒马开设自营生鲜门店近270家,主要分布在全国23个一、二线城市,年度活跃消费者超过2 600万,线上订单销售额占比高达70%。短短几年内,盒马鲜生迅速成长并发展成为生鲜零售头部企业,是因为具备竞争对手无法媲美的优势:支撑零售企业运营绩效的底层核心竞争力,归根到底,在于其供应链能力。正如盒马事业部对外公共副总裁沈丽所说,"疫情期间,盒马首次提出不断供、不涨价。是因为这么多年来,我们做新零售,最重要的是一直在深耕供应链,所以能够做到这两点。"那么数字技术是如何革新盒马的供应链运作流程、改进供应链决策、建立供应链竞争优势呢?

自从2016年1月开始第一家门店以来,盒马的供应链运营系统不断迭代和改进,实现全链路数字化运营。供应链系统发展过程分为三个阶段:数字化、可视化和数智化。

数字化是指盒马从底层把整个零售交易链路和供应链过程数字化改造。零售线上渠道数字化的同时,通过智能终端实现门店数字化,以及供应流程数字化。如,盒马实现线上订单门店履约,主要依赖于自主开发的悬挂链系统。基于数字化的软件和硬件设备,悬挂链系统物理实现让线上订单"拉动"门店的履约流程。订单一旦确认,履约即刻开始,分为拆分订单、同步拣选、包装商品、分派配送、配送送达五个步骤。

有了数字资产,可以还原业务过程,将每一个业务环节、业务关键点都做到可视化,从而帮助识别业务流程中存在的问题,明确改善机会。以生鲜食品加工中心为例,加工中心包括购买原料、加工成成品、包装形成可直接销售的SKU单品全流程。流程可视帮助盒马明确SKU单品成本,及识别成本增加的原因。是采购原料存在质量问题、原料加工损耗过大、还是仓储中心人工成本过高?从而针对性改进流程,降低损耗和成本。盒马通过全流程监控并跟踪货品的流动和损耗情况,可以做到 SKU 单品级别的全链路损益可视化。

第三个阶段是智能化,也叫数智化。利用大数据、人工智能技术和优化算法,实现决策智能化和流程优化,从而有效降低供应链成本,提升效率。如,盒马鲜生门店选址通过大数据完成。门店面积 4 000~5 000 平方米,采用纯租赁模式,一般选择在购物中心和商业地产。盒马选址会考虑门店所在区域的目标消费者密度、当地商业区基础、用户需求等信息。甚至参考该区域用户的手机淘宝使用率、支付宝使用率等数据评估该地区的电商、移动支付渗透率比例。选址主要看门店是否与目标顾客的生活社区匹配,也会考虑目标顾客的办公点如写字楼及学校等场所。线下门店的体验建立起消费者对盒马品牌的信任,从而转化为线上的用户。

作为新零售模式的引领者,盒马鲜生借助数字技术改进从农产品产地及基地源头,从采摘、打捞、包装、冷链运输到门店上架的整个供应链链路运营。在政策利好、科技向善的发展机遇面前,生鲜零售市场竞争异常激烈。面临挑战,如果盒马扩张门店,并同时开拓新业态,当前的供应链能力是否可以支撑未来的战略规划,盒马高层内部对数字供应链革新的讨论还在继续。

讨论:

结合案例,分析京东供应链管理的优势和创新点。

第 10 章

电子商务绩效评价

📖 案例导学

绩效考评：阿里巴巴

阿里巴巴从成立至今，曾连续五次被美国权威财经杂志《福布斯》评为全球最佳 B2B 企业间站点之一，更被誉为"真正的试卷级品牌"，哈佛大学也将马云和阿里巴巴纳入经营管理的实践囊括在 MBA 经典案例中。

从 2009 年底起，阿里巴巴 B2B 分销有 1 107 个涉嫌诈欺的公司加入阿里巴巴平台，其诈欺手段主要是骗取国家买家的预付定金，每宗诈欺个案受骗买家的付款金额平均少于 1 200 美元。提供高需的电子产品，以价格吸引，较低的最少购货量和相对不安全的付款方式进行交易。这些欺诈行为是在阿里巴巴内部近百名销售的协助下进行的。阿里巴巴认为，部分员工由于对业绩的过分追求，为了获取短期经济利益不择手段，导致公司的部分销售组织受到负面影响，从长远来看更可能对高层的价值观造成较大冲击。因此，阿里巴巴决定对此案件从上到下追究一切相关负责人的责任，这就引发了阿里巴巴高层人事的重大变动。

这次的高管辞职事件折射出阿里巴巴人事管理的一项核心特征：对企业文化的高度重视和坚决捍卫。这种诚信为本的理念是阿里巴巴员工绩效考评的重要依据。阿里巴巴将价值观和工作业绩放在同等重要的位置上考评员工，建立起与国际接轨的绩效考评体系。这种先进的绩效考评体系帮助阿里巴巴不断成长为今天国内首屈一指的网络公司。

📖 内容提要

绩效评价是现代企业管理的重要组成部分，把绩效评价的科学方法引入电子商务组织的经营管理中，建立一套科学合理且适合电子商务组织的绩效评价体系，有利于企业适时发现经营管理中的问题，制定有效的激励政策，培养企业核心竞争，提高经营管理效率，因此对于电子商务企业来说具有十分重要的现实意义。

📖 本章重点

• 电子商务绩效评价的基本概念。

- 电子商务绩效评价的主要方法。
- 电子商务员工绩效 KPI 指标。
- 电子商务团队绩效评价的指标体系。
- 电子商务组织绩效评价的指标体系。

10.1　电子商务绩效评价概述

目前,"绩效"是企业管理领域中出现效率较高的一个词语,来源于英文"Performance",原意是指正在进行的某种活动或者已经完成的某种活动。但现在对于绩效的理解,一般从三个角度来进行分析。①从管理学的角度,一般将绩效理解为:组织期望的结果,是组织为实现其目标而展现在不同层面上的有效输出,它包括个人绩效和组织绩效两个方面。②从经济学的角度,认为绩效与薪酬是员工和组织之间的对等承诺关系,绩效是员工对组织的承诺,而薪酬是组织对员工所作出的承诺。这种对等承诺关系,体现了等价交换的原则。③从社会学的角度,把绩效界定为:每个社会成员按照社会分工所确定的角色承担他的那一份职责。他的生存权利是由其他人的绩效来保证的,而他的绩效又保障了其他人的权利。但是,不管角度如何,都可以看出绩效包括三个层次,分别是组织绩效、团队绩效和员工个人绩效。组织绩效是指组织的任务在数量、质量及效率等方面完成的情况,应当包括三个方面,即有效性、效率和可变性。有效性是指满足顾客需求的程度,效率是指组织使用资源的节约程度,可变性是指组织适应未来变化的能力。

从本书的角度来看,主要是探讨组织绩效,即企业电子商务绩效、电子商务企业绩效和虚拟企业绩效。因此,可以将组织绩效定义为:组织在电子商务活动实施中在数量、质量及效率等方面的完成情况,从而对企业战略目标实现的贡献度,是企业信息战略价值的综合体现。

绩效评价也称绩效考评或绩效考核,对于这一概念的界定,学者也有不同的定义。有学者认为,绩效评价是指对员工的绩效进行评价以便形成客观公正的人事决策的过程。还有学者认为,绩效评价是指运用科学的方法和标准对员工完成工作数量、质量、效率及员工行为模式等方面的综合评价,从而进行相应的薪酬激励、人事晋升激励或岗位调整。绩效评价是对员工在一个既定时期内对组织的贡献作出评价的过程。从这些定义可以看出,学者多是从员工个人绩效的角度来谈绩效评价。但毫无疑问,组织绩效同样存在着评价问题。因此,有学者从组织的角度,将绩效评价定义为:运用数量统计和运筹学方法,采用特定的指标体系,依据统一的评价标准,按照一定的程序,通过定量、定性分析,对企业在一定的经营期间内的经营效益和经营者的业绩,作出客观公正的综合评价,以真实反映该企业的现实状况,预测企业未来发展前景的一门科学。

一般来说,电子商务绩效评价具有以下功能:

(1)认识功能

通过绩效评价可以对组织信息战略有比较全面、客观的认识,有一定的定量依据,避免主观印象起主导作用,从而为完善电子商务活动奠定认识论基础。

（2）考核功能

通过绩效评价可以考核组织在电子商务实施过程中各级管理层以及员工的业绩和管理水平。一个组织的电子商务战略绩效状况与企业领导层的能力与素质是分不开的,绩效评价有利于管理层的思想更新、作风改进和效率提升。

（3）引导与促进功能

通过电子商务绩效评价,可以将组织的信息行为取向引导到绩效中来,调动组织创造良好业绩的积极性,促进电子商务及企业各项事业顺利发展。

（4）挖潜功能

通过绩效评价可以发现企业间的差距,系统贯彻组织电子商务战略,整合公司、部门、团队和个人的目标,达到发挥优势,克服劣势,挖掘潜力,进一步提高绩效的目的,从而形成与提高企业的核心竞争力。

10.2 电子商务绩效评价的主要方法

10.2.1 主成分分析法

1）基本原理

在研究和实际应用中,会经常遇到多指标变量问题。由于指标较多,再加上指标之间有一定的相关性,造成信息重叠势必增加分析问题的复杂性。一旦盲目减少变量又会损失很多信息,容易产生错误结论,而主成分分析法的出现为解决这一问题提供了方便。

主成分分析法属于多元统计分析方法中的一种,是将研究对象的多个相关变量（指标）化为少数几个不相关的变量的一种多元统计方法。主成分分析法（Principal Component Analysis）也称主分量分析法、主轴分析法,是由霍特林于 1933 年首先提出的。

主成分分析法是一种多变量数学分析方法,利用降维的思想,以排除众多信息共存中相互重叠的信息,将众多具有错综复杂关系的指标（原变量）归结为少数几个综合指标（即新变量,也称主成分）,每个主成分都是原来多个指标的线性组合,同时,这些主成分要尽可能多地表征原指标的数据结构而不丢失信息,主成分互不相关,即正交。通过适当地调整线性函数的系数,既可使各主成分相对独立,舍去重叠的信息,又能将各原始指标所包含的不十分明显的差异集中地表现出来,使研究对象在主成分上的差异反应明显,便于作出较直观的分析判断与评价。

假定原来有 P 个具有一定相关性的指标（原变量）,利用主成分分析法的基本思路是:如果将选取的第一个线性组合即第一个综合指标记为 F_1,自然希望尽可能多地反映原来指标的信息。这里的"信息"最经典的方法就是用 F_1 的方差来表达,即 $\mathrm{Var}(F_1)$ 越大,表示 F_1 包含的信息越多。因此在所有的线性组合中所选取的 F_1 应该是方差最大的,故称 F_1 为第一主成分。如果第一主成分不足以代表原来 P 个指标的信息,再考虑选取 F_2 即选第二个线性组合,为了有效地反映原来的信息,F_1 已有的信息就不再需要出现在 F_2 中,用数学语言表达就是要求 $\mathrm{Cov}(F_1,F_2)=0$,称 F_2 为第二主成分,依次类推可以造出第三、第四……第 P 个主成分。不难想象这些主成分之间不仅不相关,而且它们的方差依次递减,因此在实际工作中,就挑选前几个最大主成分。虽然这样做会损失一部分信息,但是由于抓住了主要矛盾,并从原始数据中进一步提取了某些新的信息,这种既减少了变量的数目又抓住了主要矛盾的做法有利于问题的分析和处理。

2) 基本步骤

设 F 代表主成分,X 代表原变量共有 p 个,Z 代表对原变量标准化后的变量,i 代表各被评价样本共有 n 个,j 代表各评价指标,g 代表主成分的数量,x_{ij} 代表第 i 个样本的第 j 个指标数值,Z_{ij} 代表第 i 个样本的第 j 个标准化指标的数值,F_{ig} 表示第 i 个样本的第 g 个分量,即

$$F_{ig} = \sum_{j=1}^{p} L_{ij} Z_{ij} (i = 1,2,\cdots,n; j = 1,2,\cdots,p; g = 1,2,\cdots,p)$$

其中

$$\text{cov}(F_g, F_g + k) = 0, k \neq 0, g + k \leqslant p$$
$$\text{var}(F_1) \geqslant \text{var}(F_2) \geqslant \cdots \geqslant \text{var}(F_p)$$

利用主成分分析法进行多指标综合评价的基本步骤包括:

(1)原始指标数据的标准化处理

由于主成分是由协方差矩阵求得的,而协方差矩阵要受到指标量纲和数量级的影响,为了克服这一缺陷,就必须将原始数据标准化。一般采用标准化法,变换公式为

$$Z_{ij} = \frac{x_{ij} - \overline{x_j}}{S_j}$$

其中

$$\overline{x_j} = \frac{1}{n} \sum_{i=1}^{n} x_{ij}$$

$$S_j = \left[\frac{1}{n-1} \sum_{i=1}^{n} (x_i - \overline{x_j})^2 \right] (i = 1,2,3,\cdots,n; j = 1,2,3,\cdots,p)$$

经过变换后的数据,均值为零,方差为 1。

(2)建立标准化后的 p 个指标的相关系数矩阵 R

变量(指标)的相关系数矩阵 R 是主成分分析的出发点,其计算公式为

$$r_{ij} = \frac{1}{n-1} \sum_{i=1}^{n} \frac{x_{ij} - \overline{x_j}}{S_j} \frac{x_{ik} - \overline{x_k}}{S_k}$$

或

$$r_{ik} = \frac{1}{n-1} \sum_{i=1}^{n} Z_{ij} Z_{jk}$$

并且

$$R_{ii} = 1, r_{ik} = r_{ki}$$

(3)计算相关矩阵 R 的特征值及其相应的单位特征向量

R 的特征方程式为

$$|\lambda I_p - R| = 0$$

$\lambda_g (g = 1,2,\cdots,P)$ 为对该方程式求解得到的特征根,这是主成分 F 的方差,它的大小描

述了各个主成分在描述被评价对象上所起作用的大小。

对于特征根,有

$$\lambda_1 \geqslant \lambda_2 \geqslant \cdots \geqslant \lambda_p > 0$$

相应的标准化正交特征向量为

$$a_i = [a_{1i}, a_{2i}, \cdots, a_{pi}]^{\mathrm{T}}$$

(4)计算方差贡献率和累计方差贡献率

方差贡献率是用来表明每个主成分说明原始变量的信息量,一般用公式表示为

$$a_g = \frac{\lambda_g}{\sum\limits_{g=1}^{p} \lambda_g}$$

累计方差贡献率表示前面 k 个主成分保留的原始变量的信息量,用 $a(k)$ 来表示,其计算公式为

$$a(k) = \left(\sum_{g=1}^{k} \lambda_g \right) \left(\sum_{g=1}^{p} \lambda_g \right)^{-1}$$

(5)确定主成分的个数

一般来说,主成分个数等于原始变量的个数,如果原始变量个数较多,进行综合评价时就比较麻烦。所以,利用主成分分析对样本排序时,总是希望选取个数较少的主成分,同时还要使损失的信息量尽可能地少。确实主成分个数的实质就是要在 k 和 $a(k)$ 之间进行平衡,一方面要使 k 尽可能地小,另一方面要使 $a(k)$ 足够大,即以较少的主成分来取得原始变量足够多的信息。确定主成分个数的方法原则比较多,在实践中常把 $a(k) \geqslant 85\%$ 作为选取的阈值。

(6)给出各主成分的得分函数

主成分根据原始指标 $x_1, x_2, \cdots, x_p$,可表示为

$$f_i = a_{1i}x_1 + a_{2i}x_2 + \cdots + a_{pi}x_p (i = 1, 2, \cdots, k)$$

将原始数据代入上式中,就可以得到主成分得分矩阵

$$F = \begin{bmatrix} f_{11} & f_{12} & \cdots & f_{1k} \\ f_{21} & f_{22} & \cdots & f_{2k} \\ \vdots & \vdots & & \vdots \\ f_{n1} & f_{n2} & \cdots & f_{nk} \end{bmatrix}$$

(7)用主成分进行综合评价

各评价对象(样本)的表现由主成分反映,故可用主成分计算各样本的综合评价值,进而对各样本进行排序和比较。由于主成分之间互不相关,一般用加权算术平均来综合并且以各主成分的方差贡献率为权重,即

$$f = a_1 f_1 + a_2 f_2 + \cdots + a_k f_k$$

将各样本的主成分值代入上式可得到各样本的主成分综合评价值,进而可以进行综合比较和排序分析。

3)特点简要分析

主成分分析法作为一种寻找用较少的新变量代替原来较多的旧变量,而且使新变量尽

可能多地保留原来较多信息的方法,具有以下特点:

①适用面比较广。不仅适合在大型的调研数据分析中使用,对于全球性的数据比较更为有利,使得分析与评价指标变量时,能够找出主导因素,切断相关的干扰,作出更为准确的估量与评价。

②计算比较简洁。利用几个不相关的主成分作为原来众多变量的线性组合,在保留了原始变量的大部分信息的基础上,减少了计算量,进行综合评价时更简洁,在计算机普及的今天有较强的可操作性和一定的推广应用价值。

③指标权重确定比较客观。主成分分析方法是从定量的角度出发,充分利用全部数据中所包含的信息,无须专家咨询,运用主成分的贡献率作为指标的权重值,这样得出的权重值比较客观,是依据数据的统计规律测算的结果。

④可消除评价指标之间的相关影响。因为主成分分析在对原指标变量进行变换后形成了彼此相互独立的主成分,而实践证明指标间相关程度越高,主成分分析效果越好。

⑤可减少指标选择的工作量。对于其他评价方法,由于难以消除评价指标间的相关影响,所以选择指标时要花费不少精力。而主成分分析由于可以消除这种相关影响,所以在指标选择上相对容易些。

⑥应用也受到限制。并不是所有高维的数据都适合主成分分析。首先在数学上,要求随机变量 $X_1, X_2, \cdots, X_p$ 的协方差矩阵为 p 阶非负定矩阵。第二,数据具有一定的相关性才适合做主成分分析。相关性在一定水平之上使用主成分分析法比较好。

10.2.2 模糊综合评价法

1) 基本原理

在生产实践、科学实验乃至日常生活中,人们遇到的实际问题不仅存在确定和随机两类,还存在模糊问题。模糊问题是用来描述边界不清楚、分类衡量标准不明确的现象。在这种背景下,模糊数学应运而生。1965 年,美国自动控制论教授札德发表了《模糊集合论》,提出了隶属函数的概念,由此模糊数学发展起来。模糊数学拓宽了经典数学的基础,找到了一条解决概念划分上不确定性现象的方法。应用模糊数学可以研究处理有关模糊信息资料,使其量化、精确化,以反映模糊信息资料中的数量规律性。

模糊综合评价是模糊数学的一个应用方向,始于 20 世纪 80 年代后期。模糊数学理论用于评价的基本思想是,由于相邻评价等级之间具有模糊性,因而引入模糊隶属度作评价指标,能较好地反映等级,使评估方法具有合理性。常用的模糊评价方法有模糊综合评价法、模糊聚类评价法、模糊距离评价法和模糊数合成运算评价法等。

模糊综合评价法是以模糊数学为基础,应用模糊关系合成的原理,根据多个因素对被评价对象本身存在的形态或类属上的亦此亦彼性,将一些边界不清、不易定量的因素定量化,按被评判事物隶属等级状况进行综合评价的一种方法,是现在应用比较多的一种综合评价方法。运用模糊综合评价方法进行运算时,通常遵循多层次综合评判的原理,要先把被评判的同一类事物的多种因素,按其属性分成若干类大因素,然后对每一大因素进行初层次的单级模糊综合评价,在这个基础上再对初层次综合评判的结果进行高层次的多级模糊综合评判。

在客观事物中,一些问题往往不是绝对的肯定或者否定,涉及模糊因素,因此可以用模糊综合评价方法把原为定性评价的问题作定量评价。它以模糊变换为基础,用简单易懂的模型解决比较难以量化的问题,深受广大科技工作者的青睐,尤其适合对多因素、多层次的复杂问题进行分析,能发挥很好的评估效果。

2)基本步骤

利用模糊综合评价法进行综合评价的基本步骤是,首先确定评价对象的因素论域和评语等级集进而建立模糊关系矩阵,在确定评价因素权数向量的基础上,选择合成算子并最终进行评价和结果分析。具体如下:

(1)建立综合评价考虑的因素集

$$U = \{U_1, U_2, \cdots, U_k\}$$

(2)对每个 $U_k(k=1,2,\cdots,n)$ 进行综合评判

①根据 $U_k = \{U_{k1}, U_{k2}, \cdots, U_{km}\}$ 中各因素所起作用大小定出权数分配 $A_k = \{a_{k1}, a_{k2}, \cdots, a_{km}\}$,且 $\sum_{j=1}^{m} a_{kj} = 1$,其中 a_{kj} 表示 U_k 中第 j 个因素的权重。

②建立因素评语集

$$V = \{V_1, V_2, \cdots, V_t\}$$

③对 U_k 中每个因素 U_{ki} 按照评语集 $V = \{V_1, V_2, \cdots, V_t\}$ 的等级定出 U_{ki} 对 V_j 的隶属度 r_{kij} ($i=1,2,\cdots,m;j=1,2,\cdots,t$)。

由此组成 U_k 的评价矩阵 R_k 及综合评价 V_k

$$V_k = A_k \times R_k \{V_{k1}, V_{k2}, \cdots, V_{kt}\} (k=1,2,\cdots,n)$$

其中,模糊矩阵的合成类似于普通矩阵的乘积,将相乘换为"取小",将相加换为"取大"。

(3)对 U 进行综合评判

①按各 U_k 在 U 中所起作大小,给出其权重分配

$$A = \{a_1, a_2, \cdots, a_n\}$$

②由各 U_k 的评判结果 $V_k(1,2,\cdots,n)$,得出 U 的评价矩阵

$$R = \begin{bmatrix} V_1 \\ V_2 \\ \vdots \\ V_n \end{bmatrix} \begin{bmatrix} V_{11} & V_{12} & \cdots & V_{1n} \\ V_{21} & V_{22} & \cdots & V_{2n} \\ \vdots & \vdots & & \vdots \\ V_{m1} & V_{m2} & \cdots & V_{mn} \end{bmatrix}$$

③计算模糊综合评价结果,用 S 表示模糊综合评价结果,有

$$S = A \times R \{V_1, V_2, \cdots, V_t\} = (s_1, s_2, \cdots, s_t)$$

其中, s_p 表示综合评价结果对应评价等级集中的 $V_p(p=1,2,\cdots,t)$,表征评价等级。按最大隶属原则来取最终的评价结果。

3)特点简要分析

(1)模糊综合评价法的优点

①隶属函数和模糊统计方法为定性指标定量化提供了有效的方法,实现了定性和定量方法的有效集合。

②在客观事物中,一些问题往往不是绝对的肯定或绝对的否定,涉及模糊因素,而模糊综合评价法则很好地解决了判断的模糊性和不确定性问题,更加适合于评价因素多、结构层次多的对象系统。

③所得结果为一向量,即评价集在其论域上的子集,克服了传统数学方法结果单一性的缺陷,结果包含的信息量丰富。

(2)模糊综合评价法的缺点

①不能解决评价指标间相关造成的评价信息重复问题。

②模糊数学本身不能解决指标权重的确定,需借助其他的方法或人为确定,因而有可能造成各因素权重的确定带有一定的主观性。

③在某些情况下,隶属函数的确定有一定困难。尤其是多目标评价模型,要对每一个目标、每一个因素确定隶属度函数,比较烦琐。

10.2.3 粗糙集综合评价法

1)基本原理

粗糙集能有效地分析不精确、不一致、不完整的信息,对数据进行分析和推理,从中发现隐含的知识,揭示潜在的规律。粗糙集方法无须提供问题所需处理的数据集合之外的任何先验信息,仅根据观测数据删除冗余信息,比较不完整知识的程度(粗糙度)、属性间的依赖性与重要性,从而导出问题决策和分类规则。

粗糙集的功能和特性使它越来越多地用于综合评价当中,粗糙集应用于综合评价的全过程,主要有以下优势:

①粗糙集无须依赖先验信息就可以得出决策和分类的规则,因此只需要根据评价对象指标数据,就可以推理得出评价结果和评价对象的分类,胜过模糊评价等方法需要借助先验数据来确定指标的隶属度函数,简化了评价过程。

②粗糙集具有强大的属性约简功能,能够从大量指标中根据属性重要度或者区分能力,提取核心指标和约简指标体系,可以用于指标体系的筛选,剔除冗余和相关的指标,较之常用的统计方法筛选指标,粗糙集方法除了能处理定量指标外,还可以有效处理具有不确定性和需要主观评判的定性指标。

③粗糙集属性重要性原理,可以通过去掉该指标后对评价结果的影响度大小来反映各个指标对整个指标体系的重要性,从而得到指标的权重,较之常用的赋权方法,原理科学且更具有一定的客观性。

因此,我们可以建立基于粗糙集的多指标综合评价方法,这是一种基于数据驱动的方法,在综合评价过程中根据粗糙集属性约简原理将冗余的指标剔除,并根据数据本身的规律计算各个指标的权重,最后对评价问题进行综合评价。

2)基本步骤

(1)具体指标的选取

具体指标应具有以下特性:

①可操作性,要求指标易于获取和简洁明了。

②透明性,指标含义明确、公正、客观。

③完整性,指标设置的代表性和全面性。

④无冗余性,设置指标的独立性和无重复。

每一个具体指标都必须定义科学、内涵清晰、符合形式逻辑、外延明确,且尽量可以量化。每一个评价指标都是评价对象某个或某些属性的概括,因此必须在质和量上都可以明确界定。

我们在选取具体指标时,要明确指标的内涵、计算范围、计算内容、计算方法、计量单位等,有些指标需要专门构造。任何一个指标的构造过程都是一个逻辑思维过程,包括明确指标目的、给出理论定义、选择待构指标的标志、给出指标的操作性定义、设计指标计算内容和计算方法、实施指标测验等基本步骤。具体指标的选取思路如图 10.1 所示。

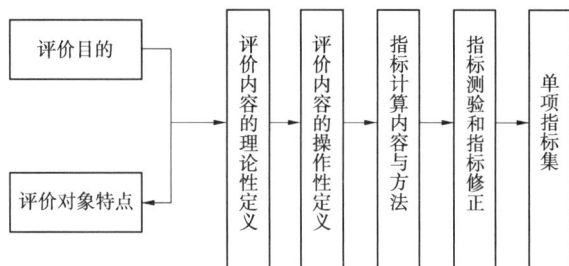

图 10.1　具体指标的选取过程

（2）指标体系整体构造

指标体系的整体构造,即明确指标体系中所有指标之间的相互关系和层次结构。指标体系可以以最简单的双层结构形式出现,即总目标层和指标层;或者分为三层结构,即总目标、子目标层和指标层。而对于指标体系的整体构造,应具备以下特性:

①系统性,应从多侧面揭示评价对象内部各因素之间的联系。

②尽量做到定性与定量结合、主观与客观结合。

③针对性,依据对评价对象的要求和期望来建立指标体系。

④揭示和预警功能,指标体系能反映评价对象的现状、监测评价对象的发展,并对评价对象的发展趋势进行预警。

⑤可比性,即指标体系对评价对象的评价是否有可比性。

一般说来,评价专家在设立了指标体系后应该采用 Delphi 法对其进行评价,并根据评价结果对单个指标的设置和整个指标体系的结构进行调整,反复数次,以获得一个较为满意的指标体系。

对象系统的评价指标体系常具有递阶结构,尤其是复杂对象系统,具有系统规模大、子系统多、系统内部各种关系复杂等特点,因而这类系统的指标体系呈现多目标、多层次的结构。我们应当按照人类认识和解决复杂问题从粗到细、从整体到局部的分层递阶方法,明确评价的目标系统,选用合适的指标体系,厘清指标间的隶属关系。

（3）指标体系的数学表达

指标体系的建立是综合评价的重要内容和基础工作,它将抽象的研究对象按照其本质属性和特征分解成为具有行为化、可操作化的结构,并对指标体系中每个指标赋予相应权重的过程,也是对客观事物认识的继续深化和发展。任何综合评价指标体系都包括指标、指标层次结构、指标权重以及映射关系四个基本要素。

如果用 E 代表指标值,S 代表层次结构,W 代表指标权重,f 代表映射关系,则指标体系可以表示成 $Z=f(E,S,W)$,也就是说,指标体系是由 E、S、W 三元数组相互联系、相互作用而构成的有机整体。指标体系的层次结构如图 10.2 所示。

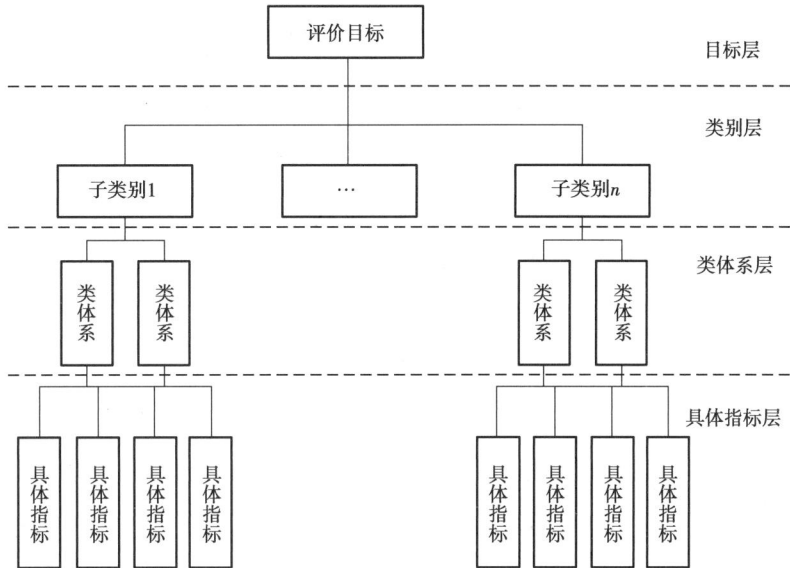

图 10.2　指标层次结构图

根据 $Z=f(E,S,W)$ 的映射关系,我们可以由指标值 E 和权重 W,通过合成得到综合评价结果。多指标综合评价的过程,实际上就是按照评价目标和规则,集成主客观因素的过程。将评价指标与权重相结合形成一定的价值函数,再与理想值进行对比,或者对多个评价对象进行优劣排序,最后得到评价结论。

3) 特点简要分析

将粗糙集应用于综合评价的特点如下:

①减少了数据的收集工作量,粗糙集方法可以将评估体系中的指标进行约简,所需要的数据就少了,这样就减轻了数据的收集人员的工作量,提高了评价效率。

②使评价指标体系适用范围更加广泛。粗糙集不仅能处理定量指标,还能处理主观定性指标;粗糙集不仅能处理完备信息的指标体系,还能处理信息不完备的指标体系。

③客观性强,能从指标数据中挖掘信息,根据属性重要性得到指标的相对重要性权重,避免了主观赋权的随意性。

④兼容性强,能与多种理论与方法相融合,如模糊集、可拓理论等,能实现优势互补,最大限度地利用指标信息。

⑤知识发现和规则生成,粗糙集理论能生成评价指标与评价结果之间的规律性知识,为实现智能化评价提供依据和知识储备。

10.2.4 灰色关联分析法

1) 基本原理

灰色系统理论是中国学者邓聚龙教授1982年3月在国际上首先提出来的。灰色理论是研究灰色系统分析、建模、预测、决策和控制的理论。它把一般系统论、信息论及控制论的观点和方法延伸到社会、经济和生态等抽象系统,并结合数学方法,发展出一套解决信息不完全系统(灰色系统)的理论和方法。灰色系统理论是针对既无经验、数据又少的不确定性问题,即"少数据不确定性"问题提出的,其研究宗旨强调信息优化,研究现实规律。所谓"灰",是介于"白"与"黑"之间的概念。"白"是指信息确定、数据完整,对应的有白色系统。"黑"是指信息很不确定、数据很少,对应的有黑色系统。而"灰"则是指信息部分不确定、部分确定;部分不完全、部分完全;部分未知、部分已知,对应的即是灰色系统。

灰色系统理论认为,人们对客观事物的认识具有广泛的灰色性,即信息的不完全性和不确定性,因而由客观事物所形成的是一种灰色系统,即部分信息已知、部分信息未知的系统,比如社会系统、经济系统、生态系统等都可以看作灰色系统。灰色系统理论认为,从广义上讲,任何系统都是一个能量系统。能量系统具有能量聚积或衰减的趋势,而指数规律是能量变化的一种描述。灰色系统理论的量化基础是生成数。灰色系统理论将随机量看作在一定范围内变化的量,称作灰色量。按适当的办法将原始数据进行处理,将灰色量变换成生成数,从生成数出发而得到规律性很强的生成函数,使灰色系统变得尽量清晰。这一过程称作白化过程。

灰色理论经过20多年的发展,已基本建立起一门新兴学科的结构体系,其主要内容包括以灰色朦胧集为基础的理论体系,以灰色关联空间为依托的分析体系,以灰色序列生成为基础的方法体系,以灰色模型(GM)为核心的模型体系,以系统分析、评估、建模、预测、决策、控制、优化为主体的技术体系。灰色朦胧集、灰色代数系统、灰色方程、灰色矩阵等是灰色系统理论的基础。在指导实践上,灰色系统理论已经成功地应用于工程控制、经济管理、社会、农业系统、水环境系统,并取得了可喜的成就。

由于人们对综合评价对象——被评价事物的认识也具有灰色性,因而可以借助于灰色系统的相关理论来研究综合评价问题。

灰色关联分析是研究灰色系统内部各因素之间发展变化的关联程度的方法,是一种较新的综合评价方法。所谓灰色关联,是指事物之间的不确定关联。灰色关联分析(Gray Relational Analysis,GRA)是灰色系统理论的一个重要分支,它是以各因素的样本数据为依据,利用灰色关联度来描述因素间关系的强弱、大小和次序的,从而判断引起该系统发展的主要因素和次要因素。灰色关联度则是描述事物间在发展过程中因素间相对变化的大小、方向和速度等,如果两因素在发展过程中相对变化基本一致,则认为两者关联程度大,反之亦反。

灰色关联分析的基本思想是根据序列曲线几何形状的相似程度来判断其联系是否紧密。曲线越接近,相应序列之间的关联度就越大,反之就越小。灰色关联分析法能比较出系统相关因素序列与系统特征序列的相似程度,如果将系统特征序列取为最优指标集,系统相关因素序列取为各方案的指标序列,并加入相应权重,采用灰色关联度作为测度去评价各方案与最优方案的关联程度,从而得到各方案的优劣次序,其中与最优指标集最相似的指标序列对应的方案即为最优方案。

2) 基本步骤

灰色关联分析评价法的核心是计算关联度。评价的基本思路是:从样本中确定一个理想化的最优样本为参考序列,通过计算各样本序列与该参考序列的关联度,对被评价对象作出综合比较和排序。具体的计算步骤如下:

(1) 无量纲化(初值化)

由于实际数据中不同因素的数据常有不同的量纲,要对它们进行比较、分析,首先应对数据通过初值化过程消除量纲的影响。

设参考数列为 X_0,被比较数列为 $X_i(i=1,2,3,\cdots,n)$,且

$$X_0 = \{X_0(1),X_0(2),\cdots,X_0(l)\}$$
$$X_1 = \{X_1(1),X_1(2),\cdots,X_1(l)\}$$
$$\vdots$$
$$X_n = \{X_n(1),X_n(2),\cdots,X_n(l)\}$$

对以上数据进行重新处理,并列入新的记号为

$$Y_0 = \{Y_0(1),Y_0(2),\cdots,Y_0(l)\}$$
$$Y_1 = \{Y_1(1),Y_1(2),\cdots,Y_1(l)\}$$
$$\vdots$$
$$Y_n = \{Y_n(1),Y_n(2),\cdots,Y_n(l)\}$$

其中,$Y_i(k)=\dfrac{X_i(k)}{X_i(l)}(i=1,2,\cdots,n;k=1,2,\cdots,l)$。

(2) 计算关联系数

令

$$N = \{1,2,\cdots,n\};L = \{1,2,\cdots,l\}$$

记

$$\Delta_1 = \min_{i\in N}\min_{k\in L}|Y_0(k)-Y_i(k)|$$
$$\Delta_2 = \max_{i\in N}\max_{k\in L}|Y_0(k)-Y_i(k)|$$
$$\Delta_3 = |Y_0(k)-Y_i(k)|$$
$$\xi_{0,i}(k) = \frac{\Delta_1+e\Delta_2}{\Delta_3+e\Delta_2}(k=1,2,\cdots,l)$$

式中,$\xi_{0,i}(k)$ 为 X_i 与 X_0 在 k 时刻的关系系数。Δ_1 和 Δ_2 分别表示所比较序列各个时刻绝对差中的最小值和最大值。因此比较序列相交,故一般取 $\Delta_1=0$。式中,e 是分辨系数,其意义是削弱最大绝对差数值太大引起的失真,提高关系系数之间的差异显著性,一般在 0 与 1 之间取舍,常取 $e=0.5$。

(3) 计算关联度

关联度分析实质上是对序列数据进行几何关系比较,若两数列在各个时刻点都重合在

一起,即关联系数均等于1,两数列的关联度也必等于零。另一方面,两比较数列在任何时刻也不可垂直,所以关联系数均大于0,故关联度也都大于0。因此,两数列的关联度便以两比较数列各个时刻的关系系数之平均值计算,即

$$r_{0,i} = \frac{1}{l} \sum_{k=1}^{l} \xi_{0,i}(k)(i \in N)$$

称 $r_{0,i}$ 为因素 X_i 对 X_0 的关联度,它反映了因素之间关系的密切程度。l 为比较数列的长度(即数据个数)。

(4)关联度排序

根据关联度的大小,对各评价对象进行排序,可建立评价对象的关联序。关联度 $r_{0,i}$ 表示参考数列和被比较数列接近程度的量化值,根据关联度的大小,可以确定参考数列和被比较数列的拟合程度的大小。一般假设参考数列为最优序列,如果关联度大,则表示数列 X_i 与参考数列 X_0 越接近,则在一系列的比较数列中为较优数列。因此,可根据关联度的大小对各评价对象进行排序,建立评价对象的关联序。

3)特点简要分析

(1)灰色关联分析法的优点

①灰色关联分析法弥补了用数理统计方法作系统分析所导致的缺憾,计算简单,通俗易懂,数据不必进行归一化处理,可用原始数据进行直接计算,更不会出现量化结果与定性分析结果不符的情况。

②与传统评价方法相比,灰色关联分析对数据要求较低,对样本量的多少和样本有无规律同样适用,只要有代表性的少量样本即可,计算量小,可以同时对多个对象进行评价且能够向被评价对象提供有效的反馈信息。

③灰色关联分析是将运行机制与物理原型不清晰或者根本缺乏物理原型的灰色关系序列化、模式化,进而建立灰色关联分析模型,使灰色关系量化、序化、显化,从而实现有参考系的、有测度的整体比较。

(2)灰色关联分析法的缺点

①由于与 $r_{0,i}$ 有关的因素很多,如参考数列 X_0,比较序列 X_i,规范化方式,分辨系数 e 等。只要这些取值不同,就会导致 $r_{0,i}$ 不唯一。

②现在常用的灰色关联度量化模型所求出的关联度总为正值,这不能全面反映事物之间的关系,因为事物之间既可以存在正相关关系,也可以存在负相关关系。而且存在负相关关系的时间序列曲线形状大相径庭,若仍采用常用的关联度模型,必将得出错误的结论。

③目前建立各种灰色关联度量化模型的理论基础很狭隘,单纯从比较曲线形状的角度来确定因素之间的关联程度是不合适的,甚至可以这样说,依据因素间曲线形状的相似程度来判断因素之间的关联程度是错误的。自然界中的事物是普遍联系、相互作用的,普遍联系和相互作用构成事物的运动和发展。相互联系的因素之间的发展趋势并不总是呈平行方向,它们可以交叉,甚至可以向相反的方向发展。很显然,完全线性相关的序列不仅仅是平行序列,只要是它们的相关程度是相等的。总的来说,目前的"规范性"准则欠全面、准确,应该进行修正。

④该方法没有考虑各个评价指标的相对重要程度,它把各指标等同看待,不能解决评价

指标间相关造成的评价信息重复问题,因而指标的选择对评价结果影响很大。

10.2.5 平衡记分卡

1)基本原理

平衡记分卡的设计思想是从企业战略与绩效指标相结合的角度出发,提出了平衡记分卡的概念框架,将其内容概括为以下四个维度:财务维度、客户维度、内部流程维度、学习与成长维度。这四个维度就构成了平衡记分卡的基本结构(图 10.3)。平衡记分卡就是企业通过财务(Financial)、客户(Customers)、内部流程(Internal Business Progress)、学习与成长(Learning and Growth)四个方面的指标来考核自身的业绩,展现企业的战略轨迹,以实现企业的战略目标。

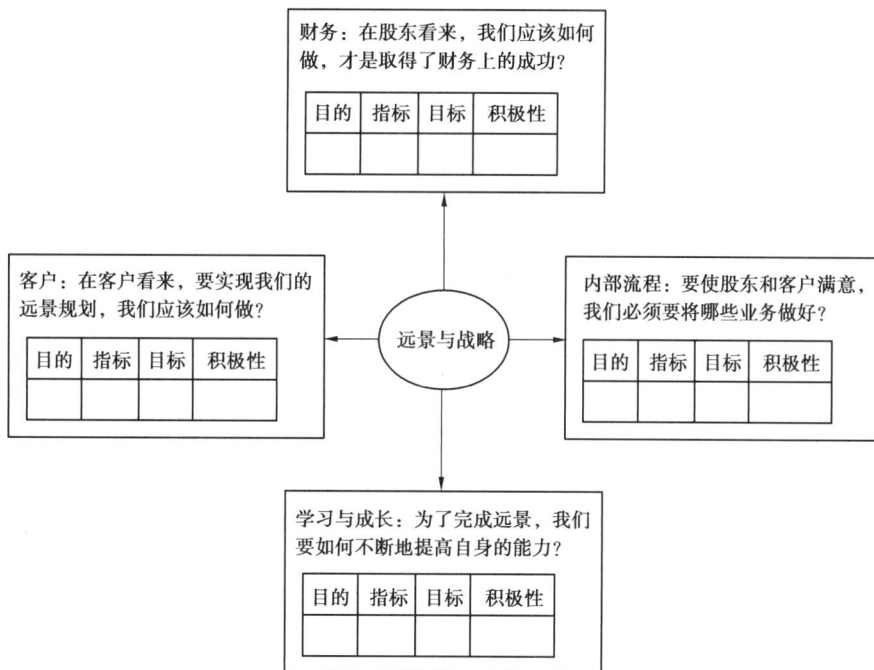

图 10.3 平衡记分卡结构模型

具体来看,平衡记分卡各个维度的内容分别如下:

(1)财务角度

财务角度的目标是解决"股东如何看待我们"和"企业的运作达到什么样的标准才能使我们的股东满意"这一类问题,告诉企业管理者他们的努力是否对企业的经济收益产生了积极的作用,是否达到了股东及出资人的要求,因此财务方面是其他三个方面的出发点,更是战略的归宿。常见的指标应在盈利指标、资产运营、偿债能力、增长能力等几方面考虑。

(2)客户角度

客户角度的目标是解决"顾客如何看待我们"和"要达成我们的财务目标,我们必须满足怎样的客户需求"这一类问题,体现了公司对外界变化的反应。客户核心衡量指标包括市场份额、客户获得率、客户保持率、客户满意度及获利率等。客户价值衡量指标则包含产品及服务特征、客户关系、企业形象和声誉等方面的指标。

（3）内部流程角度

内部流程角度的目标是解决"我们擅长什么"和"要使我们的股东和顾客满意，我们需要在哪些业务流程和内部运营上超越他人"这一类问题，平衡记分卡认为所有顾客的满意和财务目标的实现，主要归功于公司内部运营的高效和有序。主要包括创新流程、经营流程、售后服务流程等方面的指标，包括时间、质量、成本等指标。

（4）学习与成长角度

学习与成长角度的目标是解决"我们如何提高自己的能力"和"为实现财务目标和客户需要、内部运营，我们需要具备什么样的技能和知识"这一类问题，是使平衡记分卡之前的三个方面都能顺利达成的同时，实现企业长期成长的目标。学习与成长角度的相关指标主要包括：员工能力、信息系统能力和激励、授权和协作方面的指标，如员工保持率、员工生产率、员工满意度、战略信息覆盖率、合理化建议采纳率等指标。

2）基本步骤

（1）确定企业的远景与战略

高级管理层就企业的战略目标达成共识，并将该战略转化成一套完整的目标和测评体系，该体系能描述企业取得成功的长期驱动因素，企业的远景与战略要简单明了，并在内部上下（每一个部门、每一个员工）达成共识。

（2）成立平衡记分卡实施小组

负责诠释公司的远景和战略，将之转化为财务、客户、内部业务流程以及学习与成长四个层面的具体目标，并为这四个层面的目标找出最具有意义的业绩衡量指标。

（3）企业内部的沟通与联系

利用各种不同沟通渠道（如定期或不定期的刊物、信件、公告栏、标语、会议等）确保组织中各个层次都能理解长期战略，使各部门及个人的目标与之保持一致。

（4）设定里程碑

确定每年、每季、每月的业绩衡量指标的具体数字，并与企业的计划和预算相结合，注意各类指标间的驱动关系。

（5）业务规划

实现业务规划与财务规划的一体化，把平衡记分卡作为分配资源和确定优先次序的依据，保证长期战略目标的实施。

（6）反馈和学习

根据企业外部环境及内部形式的变化并听取员工的反馈，在实际工作中不断完善平衡记分卡系统，定期检讨、修正企业战略。

平衡记分卡作为一种绩效管理工具，突破了财务作为唯一绩效指标的衡量工具，也不是上述四个维度的简单相加。这四个维度应当具备内在的逻辑因果关系，做到了多个方面的平衡。与其他传统的绩效考核体系相比，卡普兰和诺顿认为，平衡记分卡有以下特点。

（1）以战略为中心

平衡记分卡将企业战略目标围绕财务、客户、内部流程、学习与成长四个方面依序展开为具有因果关系的局部目标，并进一步发展对应的评价指标。这些评价指标总把战略置于体系中心位置,一方面,它可以阐明企业的远景战略并且在整个组织中传播以达成共识;另一方面,它能够把部门目标、个人目标与企业的战略目标相结合,通过将员工个人报酬与考核指标联系起来的办法促使员工努力达到个人的绩效目标,从而实现整个组织的战略目标。所以,在一定程度上,平衡记分卡既是一个绩效管理系统,又是一个战略管理系统。

(2)实现财务指标与非财务指标的结合

由传统的会计假设和基本原则所决定,财务指标不可避免地带有重内部因素、轻外部因素,重短期、轻长期,重事后、轻过程等缺陷,这使得单纯依靠财务指标的传统绩效管理系统已不能够适应信息社会的要求。平衡记分卡突破了单一财务指标考核的限制,从客户角度、内部流程角度、学习与成长角度以及财务角度共同考虑设计综合性的绩效考核体系。这在一定程度上克服了传统绩效考核方法的局限性,实现了企业绩效考核的全面性和有效性,有助于企业获得长期稳定的经营和发展。

(3)实现有形资产与无形资产的配置

平衡记分卡试图提供一个能将财务资本(或有形资产)和智力资本(或无形资产)的有效配置联系起来、能够创造价值战略的全新框架。但是,与其他的业绩评价体系不同,平衡记分卡并不试图对无形资产进行估价,其在相当大的程度上采用数量单位(units)而非货币来对无形资产进行计量。因此,平衡记分卡的特点就在于能够清晰地表述无形资产如何与有形资产进行良好的配置,以创造异于别人的顾客价值观与良好财务业绩的过程。

(4)实现过程管理与目标管理的并重

平衡记分卡的另一本质特征是既注重对经营目标完成程度的管理,又注重对经营目标实现过程的管理。一个良好的绩效管理系统应该是过程管理与目标管理并重。以平衡记分卡为中心的绩效管理系统一方面通过财务指标来对企业目标完成程度进行管理;另一方面则以目标实现过程中的因果关系链为基础,分别设置客户、内部经营过程和学习与成长三方面非财务指标来对企业目标完成过程进行管理,进而达到过程管理与目标管理并重的效果。

(5)实现短期目标与长期目标的平衡

随着竞争的加剧和市场的快速发展,要求企业不仅要关注短期目标,更要注意监控与企业长期发展目标相关的诸多因素,如客户满意、员工的学习和发展等。平衡记分卡使用非财务指标和因果关系链,克服了单一财务指标的短期性和片面性,达到了兼顾短期目标和长期目标的目的,保持了两者之间的平衡,使企业能够完全地了解自己未来发展全方位的情况。

10.3 电子商务员工绩效 KPI 指标

10.3.1 KPI 的概念

关键业绩衡量指标也称 KPI,主要指利于企业落实经营目标,取得最大化经济效益的核心指标。目前,企业主要从宏观视角、微观视角确立企业员工的绩效指标。其中,宏观视角下,侧重于细化分解企业经营战略目标,得到细化的并具有可操作性的战略目标,促进战略的有效执行,能科学检测并确定指标。微观视角下,基于部门职责与工作标准设立绩效指标,确保各岗位员工都能按要求或按管理流程开展工作。

KPI 依据层级的不同能够分为以下三种：

1）企业 KPI

首先，研读企业设定的经营发展战略，厘清公司当年的重点工作内容，再从公司战略目标出发，明确会对经营目标落地造成重大影响的因素，形成员工工作业绩考核指标，建立其关键性指标结构。

2）部门 KPI

从企业级 KPI 切入，根据部门职能筛选指标并确立部门 KPI，定期对部门进行业绩考核，部门 KPI 起到承上启下的作用。

3）岗位 KPI

细化部门 KPI，依据各岗位关键职能下发相应的 KPI 指标，对员工工作业绩进行考核，经过员工和管理人员共同认证，制订岗位目标。

10.3.2 电子商务员工绩效 KPI 指标

员工的绩效考核的方法是关键绩效指标法（KPI），指标的来源根据员工所在部门决定，以及员工在部门里面的职位来确定指标的种类和相应的权重。基层员工绩效考核的周期分为月度考核和年度考核，月度考核只考核业绩指标，年度考核是业绩指标和能力指标。电子商务员工绩效评价的指标体系如表 10.1 所示。

表 10.1　电子商务员工绩效 KPI 指标

评价要素	具体指标
工作业绩	销售额
	指标完成率
	浏览量
	任务完成率
工作能力	销售服务能力
	计划执行能力
	沟通协调能力
	抗压能力
工作态度	纪律性
	积极性
	协调性
	责任感
	服务态度
工作潜力	学习能力
	专业知识

10.4　电子商务团队绩效评价指标体系

10.4.1　电商团队的概念

广义上但凡在互联网上进行交易、服务等各种贸易活动的行为均可称之为电子商务,而以电子商务为主要经营渠道的企业均可称之为电商企业。

区别于传统零售行业主业务流程从产品研发到生产制造,再到营销、售后服务的交付过程,快消、鞋服或食品等领域的多数中小电商企业为追求极致的反应和上新速度,在常规研发设计之外往往会同步通过买手选款迅速完成产品的需求端工作。挖掘到合适的产品后,则通过批发市场订购少量现货测款,后期再视推广效果选择换款或批量生产。考虑到因企业规模原因导致部分供应链工作不饱和,部分企业会选择将仓储配送及质检服务外包给第三方企业,其他文案设计、运营推广、销售服务、人力资源及财务等工作和传统企业性质相差不大,相关工作成果符合所推广的平台要求即可。故电商团队的核心职能为设计、买手、文案、美工、运营、客服、仓配及质量。

10.4.2　电子商务团队绩效评价指标体系

与电商企业相比,电商团队的绩效考核管理有其特殊性,团队的绩效管理需注重团队管理机制和内部沟通协调。在大数据时代,依托于主流电商平台开展业务经营存在着天然的掣肘,在互联网的节奏与平台制订的规则波动下经营也存在着巨大的不确定性,同时对比相对固定的线下终端流量,线上流量是动态的,稳定性和黏性都很难塑造,故如何关联流程上下游、提高内部运营效率、控制推广成本,从而快速实现盈利并提高企业存活能力,也极为考验企业电商团队的绩效管理水平。电子商务团队绩效评价指标体系如表 10.2 所示。

表 10.2　电子商务团队运营绩效评价的指标体系

评价要素	具体指标
财务绩效	销售利润率
	利润增长率
	销售费用率
	资产负债率
	存货周转率
市场绩效	销售额增长率
	市场占有率
	市场扩大率
	价格竞争力
	网站知名度
	网站美誉度

续表

评价要素	具体指标
网站绩效	注册用户增长率
	用户忠诚度
	访问者增长率
	与用户交互便捷性
	检索功能便捷性
	视觉吸引力
	信息更新频率
安全绩效	网上交易安全性
	网上支付安全性
	用户信息安全性
	收到商品完好性
服务绩效	顾客满意度
	收到商品完好性
	顾客满意度收到商品快慢度
	商品退换率
	顾客投诉率
	问题解决效率

10.5 电子商务组织绩效评价指标体系

10.5.1 实体企业电子商务运营绩效评价指标体系

实体企业指独立从事生产经营活动,拥有一定自留资金,实行独立经济核算,自主经营,自负盈亏,并能同其他经济组织建立经济联系和签订经济合同,具有法人资格的经济组织。对于实体企业来说,明确每一阶段的发展重点是非常必要的。企业电子商务绩效属于企业绩效的一部分,直接反映出电子商务的实施能否促进企业成长和发展。本书的实体企业电子商务绩效是指电子商务实施过程中所投入的各种资源的利用效率,即从实施成本和实施效果两方面来考察实施绩效。实体企业电子商务运营绩效评价的指标体系如表10.3所示。

表 10.3　实体企业电子商务运营绩效评价的指标体系

评价要素	具体指标
经费投入	网络基础设施建设及电子商务平台搭建费用
	电子商务活动运作费用
	电子商务活动人员培训费用
人员投入	电子商务活动管理人员数
	电子商务活动实施人员数
财务效果	电子商务销售额比例
	利润增加程度
	成本节约程度
	资金周转时间缩短程度
客户效果	客户满意度
	市场份额提升程度
	新客户增加率
	老客户保持率
企业整体效果	企业形象提升程度
	管理水平
	信息化水平
	按时交货能力
	调控库存能力
	创造销售机会能力
	员工素质提升程度

10.5.2　平台企业电子商务运营绩效评价指标体系

　　企业绩效评价体系不仅可以作为业绩测评手段,而且可以作为激励约束手段和企业发展战略的内部控制手段。平台企业作为企业的一种组织形式,其决策与发展也需要依托绩效评价,以此来考核虚拟企业的整体战略实施效果。构建平台企业电子商务运营绩效评价指标体系,将电子商务平台绩效评价提升为电子商务可持续发展战略的层面上,对指导电子商务的可持续发展奠定了良好的理论指导基础。平台企业电子商务运营绩效评价的指标体系如表 10.4 所示。

表 10.4　平台企业电子商务运营绩效评价的指标体系

评价要素	具体指标
财务维度	投入总额在营业收入总额中的比重
	业务收入总额在总业务税收入总额中的比重
	营业增长率
	利润增长率
客户维度	顾客保有率
	顾客增长率
	顾客投诉率
	网络市场占有率
	网页点击率
内部流程维度	平台交易界面友好程度
	网页服务创新能力
	网络业务处理能力
	网络交易纠纷处理能力
学习与发展维度	平台信息的灵敏度
	年交易额
	电子商务核心技术人员留任率
	发展建议采纳率

本章小结

　　电子商务管理的绩效评价是电子商务活动实施与优化的重要保障,通过绩效评价能够针对电子商务应用流程及其合理性提供评估依据。本章针对电子商务绩效评价活动介绍了主要的评价方法,并分别介绍了各自的基本原理、基本步骤和特点。在未来的电子商务活动中,绩效评价的问题将越来越引起重视。

问题讨论

1.何谓电子商务绩效评价?
2.试述电子商务绩效评价的几种典型方法及其应用。
3.简述电子商务员工绩效 KPI 指标。
4.简述电子商务团队绩效评价指标体系。
5.简述电子商务组织绩效评价指标体系。

课后案例

关于绩效考核的思考
——以广西南宁市闪购电子商务公司为例

广西南宁市闪购电子商务公司于 2014 年成立,主要是为近百家知名企业提供网络互动营销服务,策划和执行的项目涉及 IT、电子、汽车、快消、日化、服饰、金融、房地产、旅游等多个行业和领域。

由于南宁市闪购电子商务公司的规模比较小,公司人员平均年龄在 32 岁,大多数的人都拥有大专学历,目前公司人数为 56 人,除了高层管理者 2 人,其他员工共设了五个部门:客服、技术、财务、行政、营销。每个部门所分配员工数量如下表。

部门	技术部	人事行政部	财务部	营销部	客服部
员工数量	9	7	5	17	16

南宁市闪购电子商务公司的考核主要是由行政管理人员进行组织考核。现有的绩效考核周期主要有两个,分别是季度、年末。主要考核的员工分别是:部门主管、普通员工。部门主管人员主要由各个部门负责人和上级领导对其进行考核;普通员工主要由部门主管人员以及同级的人员对其进行考核。

公司采用百分制进行考核,考核内容及分值占比分别是:工作绩效(60 分)、工作能力(30 分)、工作态度(10 分)。南宁市闪购电子商务公司的绩效考核结果和员工的奖金发放数额、职位晋升相挂钩,考核分为三个等级:一级、二级、三级。绩效考核为一级的员工年终奖金为 2 万~3 万元;二级员工为 1 万元;三级员工为 5 000~8 000 元。连续三年考核都获得一级的员工,可晋升为单位的中层人员。

讨论:

结合案例,分析该电子商务公司的员工绩效考核存在哪些问题,并针对这些问题提出相应对策建议。

参考文献

[1] 阿拉木斯.如何建设电子商务的信用体系[J].互联网周刊,2004,10(4):72-73.

[2] 埃弗雷姆·特班,戴维·金,朱迪·麦凯,等.电子商务:管理视角(原书第5版)[M].严建援,等译.北京:机械工业出版社,2010.

[3] 埃弗雷姆·特伯恩,戴维·金,杰·李,等.电子商务:管理新视角[M].王理平,张晓峰,译.北京:电子工业出版社,2003.

[4] 白银,刘宏.电子商务企业的绩效评价研究[J].中国管理信息化,2010,13(2):108-110.

[5] 包国宪,王学军,柴国荣.虚拟企业的利益分配与协调研究[J].科技进步与对策,2012,29(24):123-126.

[6] 毕波.试论虚拟企业[J].中国工业经济,2001(5):75-77.

[7] 陈丹,赵树宽,巩顺龙.电子商务的信用管理体系构建研究[J].情报科学,2006,24(1):47-51.

[8] 陈金松.危机背景下虚拟企业的构建与运作风险防范[J].南都学坛,2013,33(2):117-118.

[9] 陈筠.建立电子商务环境下的企业组织模式[J].市场周刊:理论研究,2010,23(3):6-7,38.

[10] 陈深龙,张玉清,毛剑.综合风险评估工具的设计与实现[J].计算机工程,2007,24(17):927-929.

[11] 陈伟,张永超,马一博,等.高技术虚拟企业合作伙伴选择组合评价研究[J].科技与经济,2011,24(3):1-5.

[12] 成红.电子商务的物流模式分析[J].电子科技大学学报(社会科学版),2001,3(3):76-80.

[13] 程恒堂.我国电子商务时代物流模式的分析与选择[J].商业研究,2004(24):145-147.

[14] 程莉莉.项目管理仿真与软件应用[M].天津:南开大学出版社,2006.

[15] 储节旺,郭春侠,陈亮.国内外知识管理流程研究述评[J].情报理论与实践,2007,30(6):858-861.

[16] 褚福灵.管理通论[M].北京:经济科学出版社,2004.

[17] 大卫·辛奇-利维,菲利普·凯明斯基,艾迪斯·辛奇-利维.供应链设计与管理:概念、

战略与案例研究[M].季建华,邵晓峰,王丰,等译.上海:上海远东出版社,2000.

[18] 德博拉·L.贝尔斯.电子商务物流与实施[M].赵凤山,简学,等译.北京:机械工业出版社,2002.

[19] 董绍斌.中小企业电子商务运营模式与路径选择[J].企业经济,2011,30(12):93-96.

[20] 窦永香,赵捧未.关于知识管理实施理论的思考[J].图书情报工作,2007,51(2):38-40.

[21] 杜红权,郑备军,葛立成.加强与物流企业合作实现电子商务规模经济性:探析电子商务下的物流模式[J].物流科技,2003,26(2):22-25.

[22] 樊澎涛.网络营销对定价的影响[J].价格月刊,2008(8):10-11.

[23] 樊治平.知识管理研究[M].沈阳:东北大学出版社,2003.

[24] 范红,冯登国,吴亚非.信息安全风险评估方法与应用[M].北京:清华大学出版,2006.

[25] 方美琪,胡翼亮.网络营销[M].北京:清华大学出版社,2003.

[26] 冯英健.网络营销基础与实践[M].3版.北京:清华大学出版社,2007.

[27] 冯缨,梁洪.中小企业电子商务实施绩效评价研究[J].商业研究,2012(9):196-200.

[28] 冯芷艳,郭迅华,曾大军,等.大数据背景下商务管理研究若干前沿课题[J].管理科学学报,2013,16(1):1-9.

[29] 傅泽平.企业电子商务组织结构探析[J].情报杂志,2002,21(10):36-37.

[30] 甘早斌.电子商务概论[M].2版.武汉:华中科技大学出版社,2003.

[31] 高本河,缪立新,沐潮.供应链管理[M].深圳:海天出版社,2004.

[32] 葛伟,赵新伟.中小企业网络营销策略初探[J].中国商贸,2009(17):35-36.

[33] 关青.经济危机环境下中小企业的网络营销策略研究[J].内蒙古科技与经济,2009(17):3-6.

[34] 桂学文,王伟军.电子商务案例分析[M].北京:高等教育出版社,2010.

[35] 桂学文.电子商务物流[M].武汉:华中师范大学出版社,2001.

[36] 韩娜.虚拟企业组织管理问题[J].武汉商学院学报,2015,29(4):56-59.

[37] 何兵,吴应良.电子商务管理模式与信息技术的需求和支持关系[J].技术经济与管理研究,2002(1):41-43.

[38] 何军.大数据对企业管理决策影响分析[J].科技进步与对策,2014,31(4):65-68.

[39] 贺盛瑜.第三方物流的发展模式及发展策略[J].经济师,2003(7):31-32.

[40] 胡伟雄.电子商务安全认证系统[D].武汉:华中师范大学,2005.

[41] 黄京华,赵纯均.企业电子商务模式建立方法初探[J].清华大学学报(哲学社会科学版),2006(1):112-118.

[42] 黄曼慧,黄小彪.电子商务与物流业发展[J].重庆大学学报(社会科学版),2003,9(4):52-54.

[43] 黄敏学.企业电子商务[M].武汉:武汉大学出版社,2002.

[44] 姜保雨.论基于电子商务的组织创新[J].电子商务,2009(11):42-44.

[45] 姜红波.电子商务概论[M].北京:清华大学出版社,2009.

[46] 蒋云尔.知识管理的理论基础[J].淮阴师范学院学报,2003,25(6):729-733.

[47] 金江军.中小企业电子商务发展对策研究[J].中国管理信息化,2012,15(5):73-74.

[48] 孔伟成,陈水芬.网络营销[M].北京:高等教育出版社,2003.

[49] 雷晓辞.中小企业电子商务运营模式的推进与管理[J].辽宁行政学院学报,2011,13(1):53-54.

[50] 李鼎.电子商务基础[M].北京:首都经济贸易大学出版社,1999.

[51] 李东民,钟佩思,刘梅,等.基于业务流程的物流 Web 服务组合匹配研究[J].青岛农业大学学报(自然科学版),2009,26(1):56-60.

[52] 李甫民.商业企业网络营销策略分析[J].商业研究,2003(1):128-130.

[53] 李纲,张天俊,吴恒.网络营销教程[M].武汉:武汉大学出版社,2005.

[54] 李海刚.电子商务管理[M].上海:上海交通大学出版社,2009.

[55] 李花果.基于提高物流服务水平的物流成本研究[J].交通财会,2009(6):24-26.

[56] 李其芳.虚拟企业在协同环境中的合作[J].科技管理研究,2010,30(18):132-134.

[57] 李琪,张仙锋.电子商务项目策划的"四流五式"探讨[J].中国流通经济,2003(10):10-14.

[58] 李远远.基于粗糙集的指标体系构建及综合评价方法研究[D].武汉:武汉理工大学,2009.

[59] 李志萍,姚英华,郭丽楠.虚拟企业:未来企业组织模式[J].合作经济与科技,2011(3):39-40.

[60] 梁燕君.电子商务物流新旧模式之比较[J].商品储运与养护,2003,25(5):41-44.

[61] 林鲁生.谈电子商务企业组织结构设计[J].商业时代,2009(12):102.

[62] 林思俊.中小企业电子商务运营模式与路径选择[J].商场现代化,2015(11):35.

[63] 刘彩华,刘佳,韩树超.基于层次分析法的电子商务企业绩效评价探析[J].商场现代化,2012(1):76-77.

[64] 刘福德.我国中小企业网络营销现状及应用策略[J].商场现代化,2007(12):106-107.

[65] 刘刚.供应链管理[M].北京:化学工业出版社,2005.

[66] 刘俊斌.中小型制造企业电子商务解决方案研究[J].甘肃社会科学,2007(4):198-200.

[67] 刘兰娟,陈岗.企业电子商务运营模式研究[J].企业经济,2003,22(2):170-171.

[68] 刘士芳.物流管理与电子商务的关系[J].重庆电力高等专科学校学报,2004,9(4):31-35.

[69] 刘书庆,向淋勇.战略联盟与虚拟企业比较研究[J].工业工程,2005,8(4):38-41.

[70] 刘树安.电子商务企业绩效评价方法研究[J].现代经济信息,2010(22):89-90,92.

[71] 刘向晖.网络营销导论[M].2 版.北京:清华大学出版社,2009.

[72] 娄策群.信息管理学基础[M].2 版.北京:科学出版社,2009.

[73] 马克·J.施尼德詹斯,曹青.电子商务运营管理[M].王强,译.北京:中国人民大学出版社,2005.

［74］潘维琴.网络营销［M］.北京:机械工业出版社,2006.

［75］戚润州,杨爱霞.我国电子商务物流业的发展［J］.科技情报开发与经济,2006,16(1):125-126.

［76］齐二石.物流工程［M］.北京:高等教育出版社,2006.

［77］邱冬阳.论电子商务物流的八种模式［J］.中国流通经济,2001,15(1):4-6.

［78］瞿彭志.网络营销［M］.3 版.北京:高等教育出版社,2009.

［79］曲靖野,张向先,靖继鹏.虚拟企业联盟信息生态链的信息自组织机制研究［J］.图书情报工作,2014,58(16):23-29.

［80］饶坤罗.电子商务环境下的敏捷物流企业组织研究［J］.商业时代,2007(33):91,112.

［81］商丽景.物流成本管理［M］.上海:上海交通大学出版社,2008.

［82］沈江,周莉超,齐二石.铁路物流的电子商务策略及其应用系统［J］.计算机集成制造系统,2001,7(7):58-61.

［83］史达.网络营销［M］.大连:东北财经大学出版社,2006.

［84］仝丽娟.电子商务中企业的业务流程［J］.现代情报,2000,20(5):41-42.

［85］汪建文.企业物流管理的电子商务化应用对策［J］.中国市场,2007(28):18-19.

［86］王道平,何海燕.论电子商务与现代物流［J］.物流科技,2003,26(5):21-23.

［87］王国文,赵海然,佟文立.供应链管理:核心与基础［M］.北京:企业管理出版社,2006.

［88］王丽波,许晓兵.基于可拓学优度评价法的虚拟企业合作伙伴选择研究［J］.技术与创新管理,2012,33(1):65-68.

［89］王伟军.电子商务网站评价研究与应用分析［J］.情报科学,2003,21(6):639-642.

［90］王学东,商宪丽.基于虚拟企业冲突的协同管理研究［J］.经济师,2005(7):150,288.

［91］王学东.电子商务管理［M］.2 版.北京:高等教育出版社,2005.

［92］王学东.企业电子商务管理［M］.北京:高等教育出版社,2002.

［93］王战平.网络营销［M］.武汉:华中师范大学出版社,2003.

［94］魏寒露.电子商务下的物流管理［D］.北京:中国邮电大学,2004.

［95］吴迪.运营管理［M］.上海:上海财经大学出版社,2014.

［96］吴健.电子商务物流管理［M］.北京:清华大学出版社,2009.

［97］吴军,胡桃,杨天剑.电子商务物流管理［M］.杭州:浙江大学出版社,2009.

［98］吴清烈.电子商务管理［M］.北京:机械工业出版社,2009.

［99］吴忠,丁绪武.大数据时代下的管理模式创新［J］.企业管理,2013(10):35-37.

［100］肖生鹏,陈勇平.虚拟企业及其对我国企业管理组织的启示［J］.商业时代,2014(31):105-106.

［101］肖又贤.论电子商务信用保障机制的建立［J］.科技与法律,2003(3):18-21.

［102］谢兴龙,马克非,李晓峰.电子商务时代物流模式探索［J］.西安联合大学学报,2001,4(4):104-106.

［103］徐莉,赖一飞,程鸿群.项目管理［M］.武汉:武汉大学出版社,2003.

[104] 薛建改.虚拟企业成功运作关键因素分析[J].企业经济,2014,33(9):68-72.

[105] 薛建改.虚拟企业运作模式研究[J].生产力研究,2012(1):213-215.

[106] 闫强,胡桃,吕廷杰.电子商务安全管理[M].北京:机械工业出版,2007.

[107] 严伟.中小企业电子商务的模式选择[J].情报杂志,2008,27(3):112-114.

[108] 阎子刚,吕亚君.供应链管理[M].北京:机械工业出版社,2003.

[109] 杨敏杰,高长元.基于结构方程模型的虚拟企业合作绩效评价维度研究[J].科技进步与对策,2010,27(13):108-111.

[110] 杨艳.我国电子商务与信用信息管理系统整合的构想[J].情报科学,2005,23(2):194-197.

[111] 姚国章.电子商务与企业管理[M].2版.北京:北京大学出版社,2009.

[112] 叶茂林.知识管理及信息化系统[M].北京:经济管理出版社,2006.

[113] 易华,张文杰.企业物流成本的战略成本动因研究[J].中国流通经济,2008,22(12):41-44.

[114] 昝辉.网络营销实战密码:策略·技巧·案例[M].北京:电子工业出版社,2009.

[115] 张成海.供应链管理技术与方法[M].北京:清华大学出版社,2002.

[116] 张大斌.电子商务技术基础[M].北京:高等教育出版社,2008.

[117] 张铎,周建勤.电子商务物流管理[M].北京:高等教育出版社,2002.

[118] 张宏山.物流再造:应对电子商务发展的基础前提[J].中国市场,2008(10):88-89.

[119] 张华新.虚拟企业的运作模式研究[J].武汉理工大学学报:信息与管理工程版,2003,25(1):119-121.

[120] 张慧芳,文启湘.三流互动与电子商务的发展[J].中国流通经济,2002,16(2):33-36.

[121] 张基温,冯光明,王宁红.电子商务原理[M].北京:电子工业出版社,2002.

[122] 张伟年,朱宁.企业电子商务经营战略[J].中南财经政法大学学报,2006(2):103-107.

[123] 张小康,邓景毅.电子商务企业绩效评价体系[J].商业研究,2005(18):207-210.

[124] 张小栓,高明,张健,等.电子商务网站评价方法研究综述[J].情报杂志,2007,26(6):2-5.

[125] 张新祥,肖会敏,樊为刚.B2C电子商务网站综合评价[J].河南科学,2006,26(6):2-5.

[126] 张雪宁,刘莉.物流发展与组织模式的演进及其规律[J].深圳大学学报(人文社会科学版),2004,21(4):77-80.

[127] 章学拯.电子商务[M].上海:上海人民出版社,2001.

[128] 赵晶,朱镇,王飞,等.基于过程的企业电子商务绩效评价模型[J].管理工程学报,2010,24(1):17-24.

[129] 赵守香,姜同强,王雯.企业信息化[M].北京:清华大学出版社,2008.

[130] 曾建萍.中小企业电子商务运营模式的问题与管理策略[J].商业时代,2014(29):79-80.

[131] 郑称德,吴爱胤.供应链管理的发展、问题及第三方管理机制[J].南京大学学报,2003,

40（4）:152-160.

［132］中国电子商务协会.国际电子商务项目管理［M］.北京:人民邮电出版社,2004.

［133］周斌.中小企业电子商务模式与战略研究［J］.市场论坛,2012(1):54-56.

［134］周权.电子商务安全风险管理探析［J］.新西部(下旬刊),2008(4):217-218.

［135］周三多.管理学［M］.北京:高等教育出版社,2000.

［136］皱凌枫.中小企业电子商务的运作模式和路径选择探究［J］.中国商论,2013(1Z):94-95.

［137］朱迪·斯特劳斯,阿德尔·埃尔-安萨瑞,雷蒙德·弗罗斯特.网络营销［M］.4版.时启亮,金玲慧,译.北京:中国人民大学出版社,2007.

［138］朱国麟,崔展望.电子商务项目策划与设计［M］.北京:化学工业出版社,2009.

［139］朱虹.电子商务管理发展研究［J］.高校图书情报论坛,2006(2):57-60.

［140］朱圣堤,高韧.我国企业网络营销现状与发展策略［J］.商业时代,2008(15):81-82.

［141］朱堂勋.敏捷虚拟企业合作伙伴的选择与评价研究［J］.重庆电子工程职业学院学报,2010,19(5):153-156.

［142］庄小将,吴波虹.基于消费者购买行为的电子商务企业营销策略探讨［J］.商业时代,2009(27):86.

［143］宗刚,程建润.基于价值链的物流企业组织模式的探讨［J］.改革与战略,2006,22(8):109-111.

［144］邹丹,陈智高.电子商务中企业物流模式的分析及选择［J］.华东经济管理,2001,15(1):93-95.

［145］邹宪民.企业物流成本的管理与控制［J］.工业工程,2005,8(4):15-17.